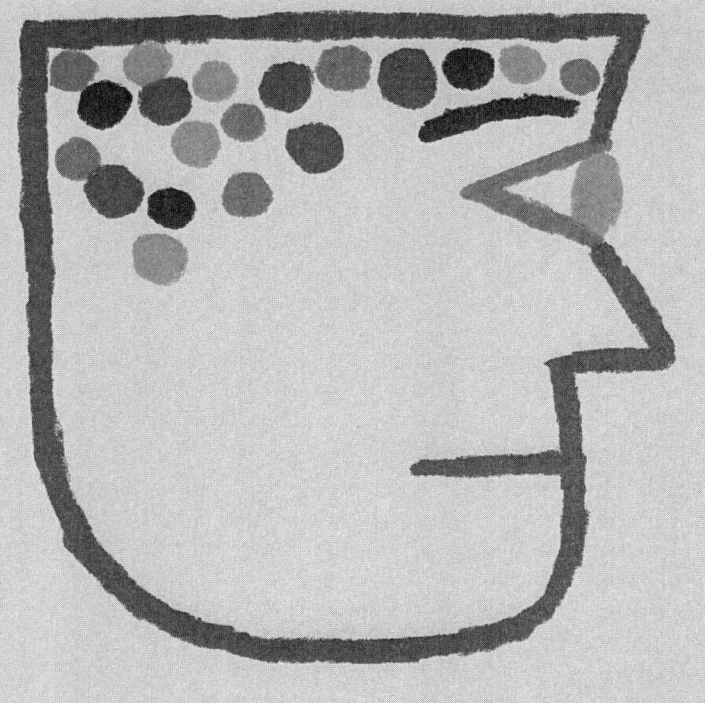

社会と向き合う心理学

サトウタツヤ　若林宏輔　木戸彩恵 編

新曜社

まえがき

　本書は，社会で実際に起きていることを題材にした，文化・社会心理学のテキストです。社会心理学・文化心理学，あるいは，一般心理学の授業でも使えるように工夫されています。本書の第一の特徴は，「二者関係＝最小の社会」という考えに立つ実験的な社会心理学についてはほとんど扱わず，私たちが日常的に意味する「社会」に関する現象をとりあげていることです。

　そのため，本書の内容は多岐にわたっています。グローバリゼーション，お小遣い，化粧や恋愛，中絶，難病・うつ・健康の話や，冤罪など法心理の話もでてきます。なかにはニュースで多少は知ってはいても，あまりなじみがない話もあるかもしれません。

　しかし，本書を読んでいただければ，いずれの話も，私たちの日常に深く関わっていて，心理学がそれらにどのように取り組んでいるかが理解できるでしょう。本書を通じて，こうした内容に触れ，考えを深めてほしいと思います。

　さらに，本書には，これらの心理学の内容を伝える以上に大切な役割があります。それは，本書を読むことで，専門的な心理学の知識を身につけるだけではなくて，私たち個人個人の生活にとって，そしてもっと広く，社会にとって重要な問題について，深く考え取り組んでいく，一般的な解決力，ジェネリックな力をつける，ということです。

　私たちが社会に出てから出会う問題は，簡単に解決ができないことばかりです。専門的な知識も重要ですが，ともすれば専門的な細部の枝葉に入り込んで森を見ないことになりがちです。ものごとや事柄の本質を考え，取り組む力が求められます。

　本書では，具体的な社会現象を考えるときの鍵として，文化心理学の視点と歴史的視点を強調しています。これらの考え方が，問題に対して向き合う力になると，著者たちは考えています。そのことも，本書を通じてお伝えしたいと思っています。

　どんな学問でも，何のために学問をするのか，というのは重要な問いであるはずです。私たちは，目標として「無用な争いのない世界，人が人を騙したりしない世界，という理想を目指す」ということを掲げました。研究の分野やテーマはさまざまでも，個々の知識や思考は，この理想のために収斂していくこ

とが望まれます。

　本書によって，困難でも，理想をもって問題に立ち向かっていく気概をもっていただければと思います。

　本書の編集はサトウの他，私のゼミ，いわゆるサトゼミの初期の所属メンバーである2人の若手研究者が担当しています。こうした人材が活躍してくれているのを頼もしく思っています。

　本書の出版に際しては新曜社・塩浦暲社長のお世話になりました。出版業界の状況が厳しいなか本書の意義を見いだしていただき，大変うれしく思っています。また，サトゼミの周りで若い研究者たちを陰に日向に支援してくれている多くのみなさんに感謝します。そして，この本を手にとってくれた皆さん！皆さんにも感謝します。本書で学んだことを社会で活かし，心理学に活かし，今後，出会うであろう難問に立ち向かってほしいと思います。

編者を代表して
サトウタツヤ

目　次

まえがき ——— i

序　章　この本が伝えたいこと ——————————————— 1

　　1　この本が伝えたい「心の仕組みを知ること」の大切さ　1
　　2　この本が伝えたい心理学の内容　2
　　3　この本が伝えたい知識のかたち　7

第1部　社会・文化とグローバリゼーション

第1章　応用社会心理学と文化心理学 ——————————— 11

　　1　心理学とは何か　11
　　2　社会とは何か，応用とは何か　15
　　3　未来の心理学 —— グローバリゼーション時代の心理学　18
　　4　個別を尊重しつつ普遍性を目指す立場としての
　　　「社会と向き合う心理学」　20

第2章　社会心理学から心の文化差へ ——————————— 21

　　1　自己　21
　　2　社会的認知　23
　　3　グループダイナミクス　27
　　4　心の文化差　29

第3章　文化心理学 —— 文化の違いと異文化変容 ————— 33

　　1　文化心理学 —— 記号から見た文化の定義　33
　　2　お小遣い研究から見た日韓のおごりの捉え方の違い　37
　　3　化粧をすることと文化　39
　　4　グローバリゼーション時代における日本文化のメタ認知　43

第4章　複線径路・等至性モデル（TEM）
　　　—— 人生の径路をとらえる ————————————— 47

　　1　あなたはどんな径路を歩んできましたか？　47
　　2　人生径路を描いてみよう —— 大学に進学するに至るまで　48

iii

	3	複線径路・等至性モデル（TEM）	50
	4	TEM で中絶経験をとらえる	56
	5	物語と質的研究の意義	63

第 2 部　法と心理学

第 5 章　法心理学と裁判員裁判 ———————————— 67

	1	法と心理学の接点と研究・学習の意義	67
	2	法心理学の歴史	69
	3	裁判員制度の開始と法心理学	74
	4	裁判員裁判評議の研究	77

第 6 章　被害面接・被害者学・刑罰論 ———————— 81

	1	被害の発生と捜査心理学	81
	2	被害者の軽視と被害者学の勃興	83
	3	二次被害とそれを防ぐための仕組み	88
	4	被害感情の問題と刑罰の問題 —— 応報感情を超えて	91

第 7 章　正義と公正感情 ————————————————— 95

	1	正しさ —— 公正・正義・司法	95
	2	ジャストワールド仮説と公正の方程式 —— わり算的世界	97
	3	家事労働における分配と公正	100
	4	争いを防ぐ，あるいは治める，平和構築のための心理学	103

第 8 章　共感と虚偽と道徳性 ————————————— 107

	1	法心理学における感情の問題	107
	2	コミュニケーションに見る社会的な共感	109
	3	共感の発達をとらえる	112
	4	同情と感情移入と共感	115

第 9 章　冤罪を防ぐ心理学 —— 目撃証言の誤りと虚偽自白 ——— 121

	1	戦後日本のいくつかの冤罪事件	121
	2	冤罪の原因としての目撃証言の誤りと虚偽自白	122
	3	供述分析	126
	4	供述分析の 3 次元的視覚化と裁判員裁判	129

第 3 部　厚生心理学

第 10 章　クオリティ・オブ・ライフとは何か？ ——— 135

- 1　クオリティ・オブ・ライフという概念　135
- 2　健康神話，そしてそれに埋め込まれている私　139
- 3　個人的な QOL　142
- 4　ナラティヴと厚生心理学　147

第 11 章　ライフ・エスノグラフィ —— 病いとともに生きる ——— 151

- 1　難病，特に神経難病とは何か　151
- 2　エスノグラフィによる文化の記述の意義　154
- 3　難病患者という文化の記述　158
- 4　エスノグラフィと厚生心理学　162

第 12 章　当事者研究のあり方 ——— 167

- 1　当事者研究という視座　167
- 2　当事者とは誰か　168
- 3　当事者研究とは何か　172
- 4　難病支援をフィールドとした当事者研究
   —— 当事者参加型アクションリサーチ　174
- 5　当事者性と厚生心理学　178

第 13 章　対人援助職のシステムとそのストレス ——— 181

- 1　対人援助職者とは誰か　181
- 2　病院における心理臨床　183
- 3　看護師のストレス　187
- 4　対人援助職と厚生心理学　192

第 4 部　現代社会の問題

第 14 章　現代社会と血液型性格判断 ——— 199

- 1　現代社会における血液型性格判断　199
- 2　血液型性格判断の社会心理学的な問題点　203
- 3　迷信を信じ続ける心理　207
- 4　迷信にだまされるな　210

第15章　現代社会とうつ病の治め方 ———————————— 211

1　現代社会におけるうつ病と自殺　211
2　うつ病の歴史と新型うつ病　214
3　大震災・大きな出来事とうつ病　218
4　うつ病と心理学の可能性　220

第16章　現代社会とゲーミング ——————————————— 225

1　ゲーミングというコミュニケーション　225
2　ゲーミングが必要な社会問題　227
3　ゲーミングの実際 —— 取調べ場面体験ゲーム　232
4　ゲーミングという表現の可能性　235

第17章　現代社会と「道草」 ———————————————— 237

1　環境心理学とは何か　237
2　子どもの道草研究から「識る」環境心理学　242
3　人生の道草と現代社会
　　—— 複線径路的に人生を見つめる目を養う　246

第18章　現代社会と青年期 ———————————————— 253

1　青年期という時代　253
2　青年と恋愛　255
3　青年期の親子関係　261
4　変化する現代社会と青年　264

第5部　社会と向き合うための方法論

第19章　涙なしの心理統計 ———————————————— 269

1　心理と統計の関係　269
2　平均値の比較　272
3　クロス表　275
4　多変量解析　277

第20章　未来を拓く質的研究法 —————————————— 281

1　質的研究法の意義　281
2　インタビュー　284
3　フィールドワーク　289
4　テキストマイニング　294

文　　献 ——— 301
人名索引 ——— 323
事項索引 ——— 327

【コラム】

1　中国における質的研究　　　　　　　　　　　　　　　　283

2　幼稚園での観察とインフォーマルインタビュー　　　　287

3　フィールドエントリーとその難しさ　　　　　　　　　294

4　質的研究における映像分析の可能性　　　　　　　　　299

装釘＝臼井新太郎
装画＝たつみなつこ

序　章
この本が伝えたいこと

1　この本が伝えたい「心の仕組みを知ること」の大切さ

　この本は，私たちが社会と向き合い，生きていくうえで大切な心理学について書かれています。伝えたいことが２つあります。まず第一に，心理学の内容です。もう１つは，もっと根本的なことですが，私たちの行動の仕組みを知ることによって，１人ひとりがより良く生きてほしいということです。ここで「良く」という価値が語られますが，私たちがイメージする「良い」とは，「人が生きていくことを邪魔されない」「理不尽に生命を奪われない」ということを根本に置く「良さ」です。このことを逆から表現すると，「誰かに人生を邪魔される人がいる」し，「理不尽にも生命を奪われている人がいる」ということです。

　この本の読者の多くは思春期の方でしょうから，その例をあげてみましょう（思春期が終わった方は，甘酸っぱい思い出として思い起こしてください）。

　　　同じクラスにいるクラスメート，自分より可愛くて（頭が良くて，でも，手先が器用で，でも何でもいいのですが）人気があるから，ちょっと懲らしめてやろう。

　　　自分が好きな人，それなのに，全然振り向いてくれない。きっと自分のことを知らないからだろう。もっと自分のことを知ってほしいのに，相手にもされない。チクショー，自分が苦しいのはアイツのせいだ，アイツさえ居なければ私（オレ・アタシ）はもっと楽になるはずだ。消してしまえ。

　このような気持ちは，人生のうちで一度くらいは胸に沸き起こる邪念だと思います。そして，こうした思いがあったとしても，何とか堪えて，日々を送っているのだと思います。しかし，なかには，そのバランスが崩れて，人を中傷したり，本当に傷つけたりしてしまう人もいます。

1

自分の思いにとらわれて人を憎み続けたり，その結果として相手の人が傷つけられたりするなら，本当に不幸なことです。こうした行動も，人の心の仕組みに沿って行われているのです。ですから，そうした仕組みを知ることによって，不幸な結末を少しでも少なくできればと思います。

　一昔前の心理学のテキストには「心理学は行動の科学である。行動を記述し制御し予測する学問である」というようなことが書かれていましたが，その目的については書かれていませんでした。ですから，心理学者の知見が，他国を侵略するための政治に使われてしまったりしたのです。心理学が科学であると威張ったところで，それが用いられて人が死んでいるのでは，何のための学問なのか疑問です。手塚治虫の有名なマンガ『鉄腕アトム』ではないですが，原子力は平和利用のみ，というような指針こそが重要なのだと思われます（ちなみに，日本の科学者・技術者がロボットを含む科学技術の軍事利用に消極的なのは，『鉄腕アトム』の影響が大きいといわれています）。

2　この本が伝えたい心理学の内容

　以下では日常生活にある，心理的なライフを紹介しましょう。私たちの生活は自分たちは気づかないのですが，心理学の原理によって説明できることが，けっこう多いものです。ここで，日常生活に即した心理学的現象について，簡単に紹介しておきたいと思います。心理学の扱う範囲は広いこと，また，私たちの気づかないところにも心理学が関係していることがわかると思います。

「これってずる～い！」も心理学？
　親戚のおばさんが久しぶりに我が家にきた。4月から高校生になるってことでお祝いまでもらっちゃった！　ラッキー！　でも，弟もちゃっかりお小遣いをもらってる。しかも額が同じ。もちろん，文句は言えないけど，アイツはせいぜい中3になるくらいなんだし，私のほうが年上なんだし，同じ額ってのはおかしくないかなぁ。

　これは，公正心理学のテーマです。私たちは自分が損している，あるいは損しているかもしれない，ということに敏感です。一方で，他者より得しているかもしれない，ということには鈍感です。高校生としてお祝いをもらうのは嬉しい。でももらった金額が弟と一緒だと不満。でも，おばさんの側から見れば，

事情は違って見えます。なぜならおばさんから見れば，姪っ子・甥っ子を同じように扱うのが公平だと思えるからです。つまり，何が公平か，ということは，立場によって，あるいは基準によって違うのかもしれません。〔→ 第7章〕

人の噂も心理学？

　悲惨な出来事が起きると，その被害者に悪い噂が流れることがある。加害者が危険運転致死傷罪に問われた福岡の事件（3人のお子さんが亡くなった事件）でも，悪いのは運転していた父親なのだ，というような噂があった。ネット上にもそういうことが書き込まれていた。いじめがあると，いじめられているほうだって悪い！というような反応も少なくない。なんでそういう弱いモノいじめみたいなことが起きるんだろう。モラルが低いのか？　だとすれば，モラルを高くすればなくなるの？

　これは社会心理学のテーマになります。

　なぜ，こんな噂が起きるのでしょうか。それは，私たちがある種の公正な処遇を求めているからなのです。

　悪いことが起きた人は，ずっと前に悪いことをしていた人だ，という理屈で「公正な世界」を保とうとするのです。これはいわゆる「後ろ向きの論理」というもので，正しくありません。では，どうして人はこういう理屈で「公正世界」を求めるのでしょうか。

　この世界が「公正世界」でないとするなら，自分にいつ災難が起きるかわからないからなのです。もし，どんな人にも悪いことが起きるのだとすると，自分にもいつかそういうことが起きるかもしれません。それは怖い！イヤだ！というわけで，悪い人にのみ悪いことが起きる，というふうにしておきたいのです。

　いわば，恐怖心が心ない噂を生み出しているのです。しかし，このことに気づく人は多くありません。被害者の遺族が二重に傷つくような噂は，どうにかしてストップさせたいものです。

　公正観というのは，普段は気にしていません。気にする場合でも，アンフェアだ！とかずるい！という結果だけを意識して，なぜそう思うのか，ということにはなかなか気が回りません。ましてや，そういうことの裏に以上のような心理的プロセスがあるとは，なかなか考えにくいものです。〔→ 第7章〕

序章　この本が伝えたいこと　3

冤罪も心理学？

　冤罪ということを最近聞くようになった。鹿児島県で 2007 年に起きた志布志事件では，選挙違反の疑いで逮捕された人たちが，実は無罪だったということが明らかになった。でも，無罪になった人たちはすべて「自分がやった」という自白をしたっていうじゃない？　やったと言った自分が悪いんじゃないの？っていうか，普通，嘘って，自分が有利になるためにつくものじゃないの？　やらないのにやったって言うことありえる？　不利な嘘なんてつくの？

　これは心理学のテーマになります。

　法心理学者の浜田寿美男氏は，やっていないことなのに，やったという不利な嘘を言うように追い込まれる，こういう虚偽自白のことを「悲しい嘘」と呼んでいます。日本の警察は優秀で，日本は犯罪率も低く安全な国です。それは確かです。ところがそういう事実がある一方で，日本で警察に逮捕されると 23 日間にわたって当局に拘束されます。この 23 日間というのは，他国に比べても大変長い期間です。この長い間，外界との連絡がきわめて制限されると，とにかく言われたとおりに認めてしまうほうが楽だという気になってしまう人がいることは，最近ではよく知られた事実になってきています。〔→ 第 9 章〕

プロファイリングも心理学？

　犯人の捜査にプロファイリングが使われるということを聞いたことがあるけど，プロファイラーって何をするの？

　これは犯罪心理学のテーマになります。

　プロファイルというのは横顔のことです。犯罪行為の状況から推測して犯人の横顔を描いていくのが，プロファイリングです。放火事件は連続性があることが多く，しかも地理的に特定しやすいので，プロファイリングの対象になりやすい犯罪です。犯人が，どこかに火をつけたとしましょう。では 2 回目はどうするか。人間って不思議なもので，1 回どこかに火をつけると，次にやるときに選択の自由度が著しく減るのです。実はそれほど自由に，どこでも選べるわけではないのです。1 回目の近くでやるべきか，いや，警戒が強くなっているはずだ，とか，だからといって全然知らない街に行ったら，居るだけで怪しまれるかもしれないし，ということで，結局自分が住んでいる場所の近くで探すしか，次に放火する場所はないということに気づきます。そして 2 回目の放火をすると，3 回目はますます火をつける場所が少なくなってしまいます。放

火犯の行動の自由はなくなり，捜査側の資料は増えることになるのです。連続放火犯が捕まるのは当然のことだといえると思います。連続放火事件の場合，その放火地点が犯人の居場所のヒントになるということは確実なようです。
〔→ 第6章〕

サークル活動も心理学？

　高校までは部活動一直線。サッカーに青春をかけてきた。楽しいことだけじゃなかった。でも大学になったらそういうのじゃなくて，のびのびと練習してサッカーを楽しみたいから，体育会じゃなくてサークルに入ってみた。でも，そこのサークルは大学内サークルで一番を目指す！みたいな感じだった。主将が張り切っている。それはいいんだけど，ミスする子には厳しいし，練習も厳しい。強くなりたくないとは言わないけど，人間関係をギスギスさせてまでやるのはサークルじゃないと思うんだけど。

　これはグループダイナミクス（集団力学）という社会心理学の話になります。特にリーダーシップ理論です。集団のリーダーには「P（課題や目標の達成を促す）機能」と「M（メンバーの人間関係や凝集性を維持する）機能」が求められると考えるのがリーダーシップPM理論です。先ほどの例は，リーダー（主将）がサークルの人間関係や集団の維持よりも勝敗という業績達成を重視している例だといえます。この理論によれば，最も生産性が上がるのはリーダーが両機能を兼ね備えている場合なので，この主将も人間関係に気を遣いながら目標達成をしてほしいものです。このリーダーシップPM理論を知っていると，自分のバイト先はどうか，ゼミはどうか，など分析することが可能になります。
〔→ 第2章〕

占いも心理学

　毎朝のテレビの占い，なんとなく気になっちゃうんだよね。今日はラッキー度2位だった！　それにしては気になる子には無視されちゃうし，いいことないみたい。でも待てよ，会えただけでも良かったのかも。これで占いが12位だったら，もっと悪いことが起きていたのかも。

　これは，ちょっと複雑です。占いは心理学ではありませんが，占いを気にすることや占いが当たった，当たらない，と思うことについては社会心理学や認知心理学の話になります。占いが当たったことが気になるのには，複雑なメカ

ニズムがあります。外れたことは忘れていて，当たったときのことだけ覚えている，というようなこともあるでしょう。血液型による性格判断も，同じメカニズムです。〔→ 第14章〕

> **カレー作り（料理）も心理学**
> 久しぶりにボーイフレンドができた〜。今度の日曜は部屋に呼んで料理を振る舞っちゃおう！　でも，練習しといたほうがいいなぁ。この前カレー作ったの，1年前だもんな。既製品のルーじゃなくて，カレー粉を使うのが私流。これで彼との距離を一気に縮めるぞ〜。むふふ。さて，味見をしよう。あれ，全然辛くない。もうちょっとカレー粉を足してみるか。辛くない。もう少し足してみよう。ダメだ。カレー粉が古いからかな？　えーい，面倒だ，一気に入れてみよう…… ひー辛い！　助けて，失敗した!!

　これは感覚・知覚心理学のテーマになります。私たちは外界のことを，はたして正確に認識できているのでしょうか？　心理学はこの問いにノーと答えます。たとえば，音のボリュームのことを考えてみましょう。ボリュームのつまみはゼロから量的に増えていきますが，聞こえるか聞こえないかは，Yes かNo か，つまり，ゼロイチの判断です。したがって，外界の変化に対応して音の大きさを感じているわけではないのです。このことは他の五感についても同様で，カレー作りの辛い・辛くないの味覚判断についても，辛くないと感じているときには，そこに大きさがないのでゼロということになります。しかし，カレー粉を足していけば確実に辛さは増しているわけで，ある点を超えたところで一気に辛くなってしまうのです。より専門的には，閾値の研究といいます。閾は「しきい」とも読みます。〔→ 第1章〕

> **化粧も心理学**
> アメリカに留学してきて1ヵ月。英語も勉強も恋愛も頑張るぞ！　日本に居たときはナチュラルメイクの女の子が好きだったけど，こっちではあまり見かけない。というか，普段は化粧をしてない人が多い。日本から来た女の子たちも，化粧をするとクラスメートから「今日はデート？」「昨日もデートだったよね？」というような感じのことを言われる。化粧をすればいいのかしないほうがいいのか，ノイローゼ気味になる日本人留学生の女の子もいる始末。もちろん，こちらの女の子が全く化粧をしないわけではなくて，ウィークエンドのパーティではバッチリ決めている。

化粧も心理学です。たとえば，ホリを深く見せる化粧を色彩の工夫によって作り出すことは可能ですが，これは一種の目の錯覚を起こさせるものです。また，化粧の他者に対するディスプレイの役割を果たす側面は，社会心理学や文化心理学が絡んできます。実は化粧の仕方は，社会の見えないルールによって制約されています。さらに，そのルールは文化によって違いますし，その時々で常に変化していきます。日本の大学生では，化粧をする人の場合，毎日ナチュラルメイクをするのが普通ですが，アメリカの大学では，ウィークデイはノーメイク，しかし週末に遊ぶときはバッチリ化粧，のようにオンオフがはっきりしているようです。日本人がアメリカで毎日化粧をしていると，「毎日遊びに行っている」というように見られることもあるようです。

　そして，普段はあまりルールのあることに気がつきませんが，異なる文化圏に移動すると，その違いに気づかされることがあり，あまりにギャップが大きいと，それが悩みの種になることもあります。いわゆる異文化適応の問題になってしまうのです。〔→ 第3章〕

　キリがないのでやめますが，こうした例は数多くあります。日常生活には，さまざまな心理学が潜んでいるのです。

3　この本が伝えたい知識のかたち

　人間の知識には，「宣言的知識」と「手続き的知識」があります。宣言的知識というのは「○○は▲▲だ」というような知識のあり方です。「日本の首都は東京」というような知識です。手続き的知識というのは，簡単にいうとやり方です。宣言的知識として「自転車の乗り方を知っている」人は，必ずしも自転車に乗れるわけではありませんが，手続き的知識を持っていれば乗れます。しかし自転車に乗れる人が，全員そのことを宣言的知識として説明できるわけではありません。手続き的知識としての「自転車に乗ること」は，宣言的知識とは異なる，ということがわかると思います。

　この本は，単に宣言的知識として，人の心の仕組みがわかるだけではなく，手続き的知識としての心理学の学習（学修）を目指します。この本（授業）で得た，人の心の仕組みに関することが，大学の他の授業や学生生活だけでなく，さらにはこれからの人生にも波及して，役立てていただけたらと望んでいます。

序章　この本が伝えたいこと｜7

ただし，心理学も広い学問ですし，日々その内容が更新されていますから，この本にすべてのことを記述することはできませんでした。したがって，この本では，章ごとに心理学の重要なテーマを1つ取り上げ，そのテーマをめぐってその章を構成することにしました。そして，本書で取り上げたテーマを貫いているのは，人間のライフ（生命・生活・人生）は，常に外界との相互交渉によって成り立っているということ，人間は，見通しを持ちながら行動するということ，そして，見通しを持たせるように文化（社会）が導くという視点です。少し難しい言葉でいえば，人間は，外界（社会や文化，他の人びと等々）によって決定されてしまう閉鎖システムではなく，文化によってその生き方をガイドされる（ときに抑圧される）けれども，時間的展望を持ちながら人びとや文化に働きかけて自分のライフを切り開きつつ生きている開放システムである，ということになります。

　この本には，一般心理学の授業で真っ先に出てくる，知覚・感覚・記憶等々の基礎的な心理学の話は出てきません。それらは基礎心理学の本（授業）で取り上げていますので，本書では，私たちのライフと心理学との関わりに集中しました。もっとも，経済心理学や政治心理学に関することはほとんど書かれていませんが，しかし，先ほどの原理を知っておくことができれば，本書に書かれていない内容についても，どのように考えるべきかがわかると思います。

　最後に，この本（授業）によって，単に宣言的知識を身につけて小さくまとまるのではなく，自分がより自由になるための思考法，他者を傷つけることのない生き方，を手に入れていただければ幸いです。文字通りには無理であっても，そこに近づくための手続き的知識を手に入れてもらえれば幸いです。

　この本の著者たちは，研究者・教師としてはまだキャリアが浅い，比較的若い世代ですが，これからの心理学を変える原動力となりたいと思っています。この本を読んだ皆さんも，ぜひ，本書で文化や社会を考える心理学の流れに加わり，人間のあり方を社会包摂的（social inclusive）にとらえ，より良い世の中を作る社会基盤（知的なインフラ）になるように頑張っていきましょう。

第1部

社会・文化と
グローバリゼーション

第1章　応用社会心理学と文化心理学

第2章　社会心理学から心の文化差へ

第3章　文化心理学 —— 文化の違いと異文化変容

第4章　複線径路・等至性モデル（TEM）—— 人生の径路をとらえる

第  章

応用社会心理学と文化心理学

1　心理学とは何か

1-1　心理学とは何か

心理学とは何か？と問われると，いくつかの答え方があります。

非常に素朴に答えると，人の心についての学問ということになります。

また，臨床心理やカウンセリングの基本になる学問という答え方もできます。

歴史という学問の内容がさまざまであるように，心理学もまた多様です。そのことは序章で紹介した例でわかってもらえたと思います。

　　感覚や知覚を扱う心理学
　　記憶を扱う心理学
　　感情を扱う心理学
　　性格や知能を扱う心理学
　　社会と人の関係を扱う心理学
　　人間の発達過程それぞれの時期について扱う心理学
　　動物との比較を行う心理学
　　環境・経済・法などとの関係が深い心理学

1-2　歴史と文脈効果

ここでは，心理学の歴史を簡単に見ることで心理学とは何かを学びます。歴史なんてイヤだという声が聞こえてきそうですが，歴史的思考は重要だし，実は皆さん，常にやっていることなのです。

気になる異性がいるとき（同性でもいいですが），どうしますか？　現在の趣味などを知ろうとするだけでなく，どこの高校出身か，とか，過去にどんな部活をしていたか，が気にならないでしょうか。過去の活動を知るということは，

11

大げさにいえば歴史的思考なのです。歴史的に考えるということは，今の姿を歴史的な文脈にのせて考えることを意味します。今のナントカくん（ちゃん）の様子は，過去の歴史を知ることによってより良く理解できるはずなのです。

　文脈で考えるということについてもう一つ例をあげましょう。もし右図のようなものを見たら，何だと思うでしょうか。数字の 13 にも見えるかもしれないし，アルファベットの B かもしれない。フェイスマークかもしれない。これをじっと見て考えても，なかなか答えは確信できません。

　ところが，もし，次の図のようであったらどうでしょうか？

図 1-1　ABC ？

　上の図と下の図は同じ形の図なのですが，下図において，多くの人はアルファベットの ABC と読むのではないでしょうか。つまり，この図形の意味が，文脈のなかに置かれたことによって明確になったといえるのです。

　歴史を知るということも，そうした意味を持っているのです。

　さて心理学の歴史です。心理学史についてより詳しく知りたい人は，サトウ・高砂（2003）を参照して下さい。

1-3　現在の心理学の土台としての近代心理学

　心理学の源流は，心のはたらきを知ろうとする学問です。これは 19 世紀までは哲学のなかで考えられていました。しかし，19 世紀中頃以降，物理学のなかに精神物理学という考え方があらわれました。

　これは主に感覚の実験心理学で，ウェーバーやフェヒナーの研究が有名です。ウェーバーは，ある重さのおもりからどれくらいの重さが増えれば「重くなっ

たと感じるか」という研究を実験的に行い，増えた重さそのものではなく，元になった重さとの比率が重要だということを発見しました。フェヒナーはウェーバーの考えを引き継ぎ，さまざまな実験方法を開発しました。そして，フェヒナーの法則と呼ばれる法則を提案しました。

フェヒナーの法則

$\gamma = k \log \beta / b$ （γは感覚の大きさ，βは刺激閾，kとbは定数）

　フェヒナー自身は心理学を構築しようというつもりはなかったのですが，心を科学的に取り扱おうとしていた人たちの支持を受けました。こうしたなか，ヴントが心理学実験室を公的なプログラムとして大学内に確立したのが1879年であり，この年が近代心理学成立の年とされています。進化論で有名なダーウィンが『人間の由来』を出版したのが1871年ですから，19世紀の末ごろに，人間の見方について大きな変動が起きていたことがわかります。

　ヴントが心理学実験室を公式に設け，そこで博士号を取得できるようにしたところ，世界中からいろいろな人が心理学を学びに来ました。そして，それらの人びとが母国に帰って心理学実験室を作り，心理学を普及していったのです。ヴントの心理学の特徴は，意識を重視し，内観という自分で自分の意識を冷静に観察する方法によって，意識を要素に分解することで心が理解できるとしたところにあります。そして実験によって意識の要素の変化をとらえ，心を理解しようとしたのです。なお，ヴントは精神を感覚知覚のような低次のはたらきと，思考認識などの高次のはたらきに2分し，高次の精神活動については文学や法律などを題材に理解すべきだとしていましたが，この考えは近年まで省みられることがありませんでした。

　そうしたなか，20世紀になると精神分析，行動主義，ゲシュタルト心理学という考え方が勃興し，それまでの心理学を否定しつつも心理学を豊かにしていきました。

1-4　20世紀の心理学

　精神分析はフロイトによって集大成されたもので，人間の無意識を理解することと生まれてからこれまで育ってきた環境（特に家庭環境）を理解することで，俗にノイローゼと呼ばれている苦痛的精神状態を改善することを目指しました。フロイトは無意識の力の源泉として性的エネルギー（リビドー）を重視

し，性的エネルギーの固着を取り除き健全に発達させることが，心理療法になると考えていました。成長の過程に発達段階という考え方を明確に取り入れたのも，精神分析の功績です。

精神分析からはさまざまな分派が生まれ，ユング，アドラー，エリクソンなどが，それぞれの学派を形成しました。ユングの心理学は故河合隼雄氏によって日本に紹介され，広く知られるようになりました。エリクソンは，日常の言葉にもなった「アイデンティティ」の探求者としてよく知られています。

行動主義はワトソンによって集大成されたもので，心理学が科学であるためには，目に見えない意識ではなく，行動を研究対象にすべきだと主張しました。動物に心があるかどうか，というのは今日でも大きな問題ですが，環境の変化に伴って行動の変化が起きるかどうかを検討すれば，人間も動物も同一の方法で分けることなく研究ができるというわけです。また，彼は徹底的な環境主義者であり，どんな人間になるかは生まれつきによってではなく，生後に与えられた環境の質によって決まると主張したため，アメリカン・ドリームを信じるアメリカ人の支持を得ることになりました。さらに，恐怖症などの状態も学習によって習得された行動だと考え，不適切な行動を消去することで症状を消失する行動療法の考え方も提示しました。行動主義からもまた，ハル，トールマン，スキナーなど，新行動主義といわれるさまざまな分派が生まれました。

ヴントたちの心理学に反対して起こったもう1つの流れにゲシュタルト心理学があります。ゲシュタルト心理学は，意識を要素に分解する考えに対して，部分ではなく全体を重視すべきだと主張しました。メロディは個々の音符の総和なのではなく，メロディ全体として理解される，ということがゲシュタルト心理学の主張したところです。主唱者のウェルトハイマーの他，ケーラー，コフカ，レヴィンが精力的に研究を行いました。ケーラーは，チンパンジーが道具を用いてエサを入手することを洞察によって学習すると主張し，学習者の能動的なあり方を重視しました。彼らはナチスドイツを嫌ってアメリカに移住し，戦後のアメリカ心理学の隆盛の土台を作ったということでも有名です。ゲシュタルト心理学とは直接関係しませんが，ロシアの心理学者ヴィゴツキーはケーラーの道具学習に影響を受け，人間と環境を媒介する記号が重要だとする心理学を提唱しました（記号については，第3章で述べます）。

20世紀中頃以降，意味を重視する心理学があらわれました。認知心理学は，行動主義がもっぱら刺激と反応の関係を研究したのに対し，刺激がどう生体によって認知されて反応をもたらすのかを重視しました。ミラーは「マジカルナンバー7」という論文を著し，人間が一度に記憶できるのは7つほどの項目で

あることを述べ，認知のはたらきと限界への関心が高まりました。臨床心理学においてはロジャーズがカウンセリングにおける来談者中心療法を唱え，来談者にとっての世界を理解することの重要性が認識されました。発達心理学においてはピアジェが，子どもの認識の発生を子どもが自然に遊んでいる場面に近い巧みな実験（臨床法的実験といわれます）を工夫して明らかにしました。行動主義のなかからも，直接の刺激がなくても観察によって模倣学習が起こることを重視するバンデューラがあらわれました。

さらに20世紀中頃以降は，社会について考える心理学も盛んになりました。第二次世界大戦の原因を作ったナチス・ドイツの残虐行為は戦後のアメリカ社会心理学のテーマの1つとなり，閉鎖的な環境下で，人間が権威者の指示に従いやすいことを示したミルグラムによる服従実験，普通の人でも，看守という肩書きや地位を与えられると，その役割に合わせて行動してしまうことを示したジンバルドーによる監獄実験などが行われ，命令に従う存在としての人間の残虐さを示し，社会に大きな影響を与えました。

以上，きわめて単純に心理学の流れを考えると，19世紀中頃までは，魂の学と心の学が未分化であり，19世紀末に，科学としての心理学が芽生え，20世紀前半は自然科学的心理学が最盛期を迎え，20世紀後半になって意味を重視する，社会科学的な心理学が影響力を持った，といえると思います。今後の心理学がどうなるかは，これからの皆さんにかかっています。

2　社会とは何か，応用とは何か

2-1　構成概念

心理学では，社会の定義は単純です。社会とは，2人以上の人がつくる関係をいいます。そこで，他者から見た自分も社会の一部ということになります。自己も社会心理学のテーマの1つなのです。

では，自己という概念は，昔から存在したのでしょうか？　人類の誕生以来，知能や性格や自己という概念が存在していたように考えてしまいますが，それは必ずしも正しくありません。

知能や性格や自己は「構成概念」と呼ばれます（サトウ・渡邊，2011a）。構成概念というのは，何かを説明するために便宜的に作った概念，ということです。便宜的というと何か悪いことのように聞こえますが，社会的に必要になったか

第1章　応用社会心理学と文化心理学 ｜ 15

ら作られた，ということです。

　発見は自然科学だけがするのではなく，人文学や社会科学は「概念」を作ることによって新しいことを発見していくことができます。「公害」「氷河期」「鎖国」などという概念は社会科学者が作った構成概念であり，それによって私たちの生活をより良く記述し，理解し，対応することができるようになったということを理解してほしいと思います。

2-2　自己と社会

　自己という概念が用いられ始めたのはいつごろでしょうか？　人間に現在の心理学が想定するような自己があると考えるようになったのは，17世紀末のイギリスです。経験主義者，ジョン・ロックが提唱しました。17世紀のイギリスは革命の時代でした（たとえば名誉革命が始まったのが1688年）。王でさえも追放されてしまう時代において，階級・家柄・職業などの社会的・身分的な地位は流動的となり，人格の同一性が揺らぎ始めたのです。そうした時期に，自己という概念が必要となったのです。

　心理学で自己について扱ったのは，ウィリアム・ジェームズです。自己については第2章で詳しく扱いますが，自分とは何ものか，という主体的な問いだけではなく，自分は他者から見たらどう見えるのか，ということを問題にした点がジェームズの自己論の特徴であり，だからこそ，社会心理学のテーマとして自己の問題が扱われるようになったわけです。

　その後，第二次世界大戦後には，精神分析の影響を受けたエリク・エリクソンが発達段階的な自己論を発表しました。発達・成長する過程におけるさまざまな社会から与えられた課題をどのように乗り越えていくのかが重視されました。エリクソンによると，誕生した後の最初の課題は基本的信頼の確立です。自分が生まれ落ちた時空が，基本的に信頼できる社会なのか，そうでないのかは，後の人生に大きな影響を及ぼします（もちろん初期に基本的信頼を確立できなくても修復は可能です）。そして青年期においては「アイデンティティ（自己同一性）」の確立が課題となり，それが到達できない場合がアイデンティティの拡散であり，一種の不適応と考えられるようになったのです。アイデンティティという語は，心理学の範囲だけにとどまらず，広く社会科学や人文科学にも広まっていきました。

　21世紀，自己論はどのように語られるのでしょうか。オランダの心理学者ヒューバート・ハーマンスが提唱した「対話的自己」論を紹介しましょう

(Hermans & Kempen, 1993)。この理論では，（それまでの自己理論が仮定したような）唯一の固定的な自己という見方を放棄します。個人を「～としての自己」が複数集まったものとして考えるのです。父母に対しては「子としての私」，恋人には「彼女・彼氏としての私」というのもあるでしょう。そのとき，「子としての私」は父母と何らかの対話を行いながら自己を構築していくととらえるのです。日本であれば「阿吽の呼吸」だったり「何も言わずにわかり合える」と思うのですが，西洋ではそのような考えはないようです。ただ，複数の自己が分裂するのではなく併存して全体として自己を形成しているというのは新しい考え方であり，グローバリゼーション時代の心理学にふさわしいものです（サトウ・渡邊, 2011b）。

さて次に，学問の応用，ということについて考えていきましょう。

2-3　学問と社会と応用

学問は社会の役に立つべきでしょうか？　それとも学問は，社会のことなど考えずに，研究者の興味のままに行うべきでしょうか？　こうした対立は，学問を志す者が考えねばならない非常に大きなテーマです。社会に役に立つことは応用的なものにすぎず，学者は基礎的なことをやるべきだ，と考える人もいるでしょうし，社会の役に立たないような学問を基礎的だといってありがたがるのは自己満足にすぎず，軽蔑すべき態度であると考える人もいるでしょう。

基礎と応用の対立はどの学問にも見られますが，ここでは新しい考え方である「モード論」を紹介して，無用な対立を避けるための方策を探りましょう（サトウ, 2012）。モード論は科学社会学における新しい理論で，学問のあり方を，学^{ディシプリン}範内の問題を解決するモード1と，社会の問題を解決するモード2に分類しようという提案です。たとえば心理学であれば，心理学の内部において面白い問題が存在し，それを解決していこうとするのがモード1です。たとえば，錯覚や錯視はいまだ完全に説明することができていません。たとえば満月が地平線近くにあると大きく見え，天空にあると小さく見える，という経験は誰でもしたことがあると思います。月がダイエットでもするならともかく，大きさが変わるはずがないのですから，これは錯視です。しかし，そのメカニズムは完全には解明されていません。こうした問題を解き明かすのは基礎研究といえるのかもしれませんが，モード論では「学範内問題解決のモード」と呼ぶのです。

社会問題でいえば，大震災後に起きた風評被害であるとかPTSD（大きなス

第1章　応用社会心理学と文化心理学　17

トレス後に起きる心の不調）を解決することは重要な問題です。ここで大事なのは，たとえ完全に解決できないとしても対処していくことが重要だということです。大地震の後に子どもたちが不安を抱えているのであれば，そのメカニズムを知ることも重要ですが，スクールカウンセラーが話を聞くことも重要です。このモード2の姿勢は応用といえるのかもしれませんが，モード論では「社会問題解決のモード」と呼ぶのです。このように，モード論では，基礎も応用も研究のモードが異なるだけで同じ問題解決であり，無用な対立を避けることができます。

　本書全体のモチーフは，基本的に「社会問題解決のモード」に立ちつつ，それに必要な知識を作っていくことが重要だということです。

2-4　モード2研究の光と影

　このように私たちは，基礎−応用の2分法ではなく，研究者のモードとして，モード1，モード2をその時々で選択して，現実の社会で問題になっていることを発掘してその解決法を心理学という学範（ディシプリン）の力で解決していく必要があります。

　ところが，ここで考えるべきことがあります。それは社会全体がオカシナ社会だったらどうするか，ということです。第二次世界大戦時のナチスドイツの例がその極端な例ですが，ある社会の目指す目標が人類の福利と厚生に反することがある，ということに留意することは重要です。

　そのようなときに人類の利益に反する研究を防ぐには，研究の目的や理念をしっかりと持つことが重要です。研究者自身は満足したとしても，研究の結果として人類が不幸になるようなことは避けるべきだ，という心意気を持つことが重要です。

3　未来の心理学 —— グローバリゼーション時代の心理学

3-1　グローバリゼーション

　さて，21世紀の現在において，私たちはグローバリゼーション時代にいるといえます。あらゆることが地球規模でつながっている時代です。移民や留学などでかつてとは比べものにならないくらい多くの人が各国と交流するように

なりました。私たちはこれまでのように物理的にも心理的にも狭い範囲の人たちとだけ付き合っていれば良いということにはなりません。

今後の心理学で最も重要な課題の1つは，異質に見える人びとどうしのコミュニケーションを促進し，それと同時にいざこざ／紛争を起こさないようにすることです。

3-2　ちょっとしたことで起こりうる相互の不理解

私たちは自分が考えていることが正しいと思いがちです。自分にとって理解できないことがあると，相手が悪いと考えがちです。しかし，異文化摩擦とかカルチャーショック，という言葉があるように，文化が異なると人びとの間で何らかのいざこざもしくは居心地の悪さが発生するということを，アタマでは理解しています。

たとえば，私たち日本人は宴会・パーティなどで，滅多に自分1人で飲み始めたり食べ始めたりしません。全員の食事・飲み物が揃って，誰かが「乾杯の音頭」をとらないと始められないのです。しかし，このようなことをする文化は実は稀です。

海外から来た留学生たちは，パーティで自分1人で飲んだり食べたりしない・できないことに，不思議な違和感を覚えています。

私など，こうした文章を書いているので，異文化摩擦には強いと思っているのですが，イタリアに行ったときにこういうことがありました。

知り合いの教授の家に行ったときのことです。

奥さんが手料理を作ってくれました。そして「ごはんよ～」と呼ぶ声がしました。すると，小さい娘さんが真っ先に飛んでいって，テーブルでパスタを食べ始めたのです。私の心の中では「こら！　客が来ているのに勝手に先に食べるとは何事！」という気持ちが芽生えました。これは自分でも不思議ですが，そのように思ってしまったのです。ところがイタリア人教授ご夫妻は，当然のことながら何も言わずにニコニコとしていました。

行儀が良い，悪い，ということも，実は自分の育った文化の範囲内でしか通用しないことなのだということを，改めて実感しました。

3-3　普遍的な考えを追究することの重要さ

食べるときにおいしく楽しくマナーを守って食べる，ということを意識しな

第1章　応用社会心理学と文化心理学　19

い文化はないと思います。しかし，その方法は異なる場合があります。これはアタマでは理解できることです。

　ところが，私たちの生活では，先のイタリアの娘さんのような行動は，理解不可能なことをするようにしか見えません。日本にきた留学生は目の前に食事があるのに食べないでいることに不思議な感情をもち，変だ！と思うでしょう。

　こういうときに，目の前で起きていることで右往左往しないことが必要です。「心理学的距離化（distancing）」が重要になります（Valsiner, 2007/2012）。人が何かやっているということは，おそらく何か目的があってやっているのだろう，と仮置（仮に考えてみること）することが重要なのです。目の前にある食事を個々人が食べ始める文化も，全員が揃って「いただきます」と言ってから食べる文化も，その目的は同じなんだと考えることが重要です。

　これが，文化心理学的に考える，ということです。

4　個別を尊重しつつ普遍性を目指す立場としての「社会と向き合う心理学」

　文化は決して国際交流シーンでのみ問題になることではありません。人が何人かで集まっているところには，必ず文化が存在します（いわゆるローカル・ルールも文化の一種です）。

　本書では，文化心理学の考え方を基本的にしながら，社会の問題を読み解いていきます。法や病いといった領域のことも扱いますが，それも1つの文化として考えていくのです。

　本書で扱う現象は多様です。その具体的な現象の具体的な問題を理解しその解決のためにアタマを悩ませることも大事ですが，その根本となる考え方を身につけることも重要です。現在の大学生の皆さんには，専門的な力と同じくらいジェネリックな力を身につけることが求められているように思います。

　ジェネリックな力とは何か。一般的でノーブランドな力です。つまり専門を学んで専門のことだけを身につけるのではなく，それを支える根本的な力のことです。本書を通じて，専門知だけではなく，一緒に一般的な力を身につけていきたいと思います。

第**2**章

社会心理学から心の文化差へ

1 自己

1-1 自己の理解

　あなたは，自分自身をどのように理解しているでしょうか。改めて問われると，答えに困ってしまう人も多いでしょう。答えを知る1つの方法に，「20答法」と呼ばれるテストがあります（たとえば，Kuhn & McPartland, 1954）。このテストでは，「私は＿＿＿＿＿」という下線部分に自分自身に当てはまることを自由に記述します。たとえば筆者であれば，「私の身長は175cmである」，「私は神経質である」，「私はもっと英語がうまくなりたい」といった具合です。自分自身について書けばよいのですが，すぐに埋まる人もいれば，10分くらいウンウンとうなりながら考える人もいます。いずれにせよ，20個完成したころには，あなた自身による「あなた像」がわかるので，ぜひ一度試してみてください。

　さて，このテストの過程では，自己をとらえるうえでのいくつかの視点が見えてきます。最初の重要な視点は，知る主体としての自己（I）と知られる客体としての自己（me）の違いで，ウィリアム・ジェームズ（James, 1892）は，このような自己の二重性について論じています。「20答法」に回答しているとき，皆さんは「私の出身地は○○だ」とか，「私は××という性格だ」というように自分自身を記述しています。このとき，自分自身を見つめているのが知る主体としての自己であり，「私の出身地は○○だ」とか「私は××という性格だ」というのは，知られる客体としての自己です。

　ジェームズはさらに，知られる客体としての自己を3つに分類しました。第1は物質的自己で，身体，衣服，財産などがこれに含まれます。第2の社会的自己は，他者が抱いている自分自身への印象であり，あなたと関係のある他者の数だけ，またはあなたが所属する集団の数だけ，異なる社会的自己が存在す

ることになります。第3の精神的自己は，意識状態，心的能力，心的傾向を指します。この分類に基づいて，もう一度「20答法」の回答を振り返ってみましょう。筆者の例ならば，「私の身長は175cmである」は身体的特徴なので，物質的自己といえるでしょう。また，「私は神経質である」と「私はもっと英語がうまくなりたい」は，筆者の性格や意識をあらわしているので，3番目の精神的自己ということになります。さらに，私の授業を受けたことのある学生は，私について「話がくどい」，「テストが簡単」といった印象を抱いているかもしれませんが，これらは社会的自己と考えることができます。

1-2　自己評価とその維持

　人は誰しも，自分は（少なくともある程度には）価値のある人間であると思いたいものです。一生懸命勉強した社会心理学の試験で不可をとったとしたら，多くの人は不快な気持ちになるでしょう。同じ試験を受けた親友の田中さんがクラスでトップの成績をとったことを知ろうものなら，なおさら自分がみじめになります。このような状況で，ある人は「社会心理学なんて，もとから興味がなかったよ」と言って，問題となる課題に対する自分の関与度を低下させるでしょう。また別の人は，「田中さんとは，遊ばないでおこう」と言って，友人との距離を変化させるかもしれません。

　テッサーの「自己評価維持モデル（Self-Evaluation Maintenance Model）」は，自己の評価を維持・増大するために，私たちが他者との関係性においてどのように行動するのかを説明します（たとえば，Tesser, 1988）。このモデルでは，自己評価の変動に関して，他者と自己の評価を対比させる比較過程と，他者の評価を自己に引き寄せる反映過程という2つの心理的プロセスが仮定されています。どちらの過程においても，他者と自己との「心理的距離」が近ければ近いほど，また他者の「成績」が優れていれば優れているほど，自己評価への影響は強まります。一方で，どちらの過程が活性化するか，またその結果として自己評価が高まるか低下するかは，問題となる課題との「自己関連性」によって決まります。比較過程が活性化しやすいのは，その課題が自己にとって重要な（自己関連性が高い）場合であり，親しい他者の優れた成績との比較は自己評価の低下を招きます。これに対して，自分にとって重要でない（自己関連性が低い）課題においては反映過程が活性化しやすく，親しい他者の優れた成績は自己評価の向上につながります。

　さて，この項の最初の例は，「心理的距離」が近い田中さんが，あなたにと

って「自己関連性」の高い社会心理学という科目で，優れた「成績」をとったのですから，比較過程が活性化して，あなたの自己評価は脅威にさらされるでしょう。このような場面では，課題との自己関連性を低下させたり，親友との心理的距離を遠ざけたりといった対応によって，自己評価の維持がはかられます。もちろん，もっと勉強をして，社会心理学に関連する別の課題で田中さんよりもいい成績をとるという対応もあるでしょう。一方，あなたの専門が物理学であり，社会心理学との自己関連性が低い場合は，反映過程が活性化します。親友の優秀な成績は自分にとっても誇らしく思え，自己評価は高まるでしょう。このような場面では，あなたは田中さんの優れた評価にあやかるために，親友との心理的距離をさらに縮めようと反応することが予想されます。

2　社会的認知

　人が他者や自分自身について理解する心のはたらきを，社会的認知といいます。社会的認知という言葉が指し示す研究の範囲をより狭義にとらえる場合もありますが，ここでは，私たちが他人の性格をどのように理解しているのか，私たちの信念や態度はどのように形作られるのか，失敗や成功の原因はどのように決められるのか，といった疑問を扱う研究を広い意味の「社会的認知」研究ととらえ，代表的なものを紹介します。

2-1　対人認知

　私たちが他者に対して抱く印象は，どのように決まっているのでしょうか。日々の生活のなかでは，印象の良い人もいれば悪い人もいます。皆さんも「感じの良い人」や「感じの悪い人」といえば，それぞれ2，3人くらいはすぐに思い浮かぶでしょう。しかし，あなたはなぜ，それらの人に良い印象や悪い印象を抱いているのでしょうか。もちろん，理由を具体的にあげることができるときもあります。「私に優しくしてくれるから」とか，「いつもわがままな態度をとるから」といった場合です。一方で，特に具体的な理由が思い当たらないことも多いのではないでしょうか。「なんとなく好き」とか，「いけ好かない」といった場合です。

　私たちは，部分的な情報に基づいて他者の全体的な印象を形成することが知られています。アッシュ（Asch, 1946）は，実験参加者に対してある人物の性

第2章　社会心理学から心の文化差へ　23

格特性として2種類の文章のうちいずれかを読み聞かせた後，その人物についての印象を評定してもらいました。1つ目の文章では，その人物の性格特性として「聡明な，器用な，勤勉な，あたたかい，決断力のある，実際的な，用心深い」がこの順序で参加者に読み上げられました。2つ目の文章では，同じ性格特性が同じ順序で読み上げられましたが，唯一「あたたかい」の部分が「つめたい」となっていました。その結果，1つ目の文章を呈示された参加者は2つ目の文章を呈示された参加者に比べて，その人物をかなり好意的に評価しました。もし私たちが個々の特性をまんべんなく考慮して印象形成をしているならば，たった1つの特性語の違いが全体の評価に大きく影響を与えることはないでしょう。この実験は，印象形成において特に重要な中心特性と，それほど重視されない周辺特性が存在することを示しています。

　さらに私たちは，他者の性格について全く知らなくても，その人の属性から自動的にイメージを持つことがあります。「弁護士だから真面目」とか，「関西人だから面白い」といった場合です。このように，特定の集団に対して私たちが抱く固定的なイメージを，「ステレオタイプ」といいます。ステレオタイプは私たちに素早く簡便な印象形成を可能にする反面，間違いや誤解を生むことも多く，偏見や差別といった社会問題と密接に結びついています。日本では，特定の血液型に否定的な性格特性が付与されることがありますが，これもステレオタイプに基づく偏見の一例であるといえます（第14章で詳しく述べます）。

2-2　態度

　態度という言葉は日常生活でも一般的に使われますが，心理学で用いられる場合は3つの要素に分けられます。第1は感情的要素で，好き－嫌いで表現される部分です。「サッカー観戦が好き」，「読書が嫌い」などがこれに当たり，態度の最も重要な要素です。第2は認知的要素で，信念や知識を指します。「サッカーは競技場で観るべきである」，「読書をすると頭が良くなる」といったものがこれに当たります。最後は行動的要素で，外から観察可能な具体的行為を指します。「毎週末はサッカー観戦に出かける」，「1年で100冊本を読む」といったものです。もちろん，これらの要素は互いに密接に関連しています。サッカーが好きならサッカーに対して肯定的な認知を持ちやすいでしょうし，サッカー観戦に出かける可能性も高くなることは，想像に難くありません。

　ところが，私たちは一見するとつじつまの合わない態度をとることがあります。たとえば，体に悪いとわかっているのにタバコを止められない人は大勢い

24

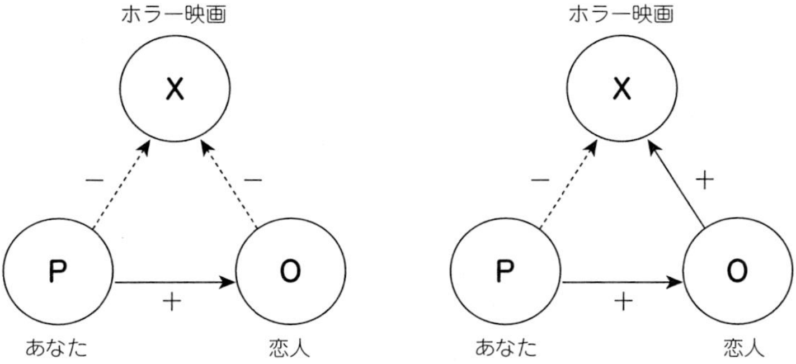

図2-1　バランス理論による「均衡状態」（左）と「不均衡状態」（右）の例

ます。また，別れたほうが良いと頭ではわかっているのに，だらしない恋人との関係を断つことのできない人も少なくありません。

　私たちはこういった矛盾に，どのように折り合いをつけるのでしょうか。認知的一貫性理論では，人びとは自分の態度に関するさまざまな認知間の一貫性を保とうとする基本的な動機を持っており，もし矛盾に気づいた場合，それをなくす方向に態度を変化させると仮定します。

　このような前提に立つ代表的な理論に，ハイダー（Heider, 1958）のバランス理論があります。バランス理論では，人（P）の態度を対象（X）と他者（O）との関連によって説明します。たとえば，ホラー映画（X）が嫌いなあなた（P）に，最近恋人（O）ができたという状況を考えてみましょう。恋人もホラー映画が嫌いであれば，3者間の矢印の符号（＋もしくは－）の積が＋となります（図2-1の左側）。このような均衡状態では，あなたの態度は一貫した状態にあり，態度を変化させる必要はありません。しかし，恋人がホラー映画好きであった場合，3者間の矢印の符号の積が－の不均衡状態になります（図2-1の右側）。不均衡状態は不快な緊張状態を生むので，あなたはそれを避けるために，自身の態度を「ホラー映画が好き（P → Xを＋にする）」もしくは「恋人が嫌い（P → Oを－にする）」というように変化させなければなりません。また，恋人の態度を「ホラー映画が嫌い（O → Xを－にする）」に変えることができたなら，やはり均衡状態がもたらされます。バランス理論は，私たちの態度とその変化を図式化することで，直観的な理解を可能にしてくれます。

2-3 原因帰属

　あなたには，いつも一緒にお昼ご飯を食べている友人がいるとします。その日，時間になっても待ち合わせ場所に友人は現れず，携帯にも連絡がありません。20分後，ようやく友人がやってきました。皆さんの多くは，友人がなぜ遅れてきたのか，その原因を追究したいと思うでしょう。このように，行為や現象の原因を突き止めようとする心のはたらきを，「帰属」といいます。この例で原因として考えられるものは実にさまざまです。友人自身がルーズであるかもしれないし，前の授業が長引いたせいかもしれません。ひょっとして，その日に限って，友人の時計が壊れていた可能性もあります。

　ケリー（Kelly, 1967）の「共変モデル」は，帰属のメカニズムを説明する包括的な理論です。共変モデルでは，一貫性，弁別性，合意性という３つの基準に基づいて，行為の原因が人（行為者），実体（行為の対象），状況（時，様態）のいずれに帰属されるかが推測されます。「友人があなたとの待ち合わせに遅刻した」という先ほどの例で考えてみましょう。この場合，行為者は友人，行為の対象はあなたです。一貫性とは，友人のあなたに対する遅刻という行為が，状況に関係なく起こるかどうかということです。弁別性とは，友人の遅刻という行為があなたにだけ起こるのか，それとも他の人に対しても起こるのかということです。最後に合意性とは，友人の遅刻という行為は他の人びとと一致しているのか，つまり，同じ場面で他の人も20分くらい遅刻してくるのかどうかということです。

　もし，友人はあなたとの待ち合わせではいつも遅刻し（高い一貫性），他の人との待ち合わせでも遅刻し（低い弁別性），他の人は同じ状況で遅刻しない（低い合意性）とすれば，友人の遅刻という行為の原因は友人（行為者）に帰属されます。友人が時間にルーズなのです。しかし，３基準の高低が変われば，原因として推測されるものも変化します。たとえば，上の例で弁別性と合意性が異なり，友人は他の人との待ち合わせでは遅刻せず（高い弁別性），他の人もあなたとの待ち合わに遅刻してくるのであれば（高い合意性），原因はあなた自身（実体）に帰属されます（あなたは嫌われているのかもしれません）。一方で，友人はあなたとの待ち合わせにいつもは時間どおり来ており（低い一貫性），他の人との待ち合わせでも遅刻せず（高い弁別性），他の人は同じ状況では遅刻しない（低い合意性）とすれば，おそらく友人にはその日何か特別な事情（状況）があったと考えることができます。なお，３基準の高低の組み合わせは，ここ

であげたものを含めて8通りあります。なかには原因を1つに特定できない組み合わせもありますが，ぜひ表を作成して，残りの組み合わせについても考えてみてください。

共変モデルは，その状況について豊富な情報がある場合は，私たちに合理的な帰属を導いてくれます。しかし，日常生活では，3つの基準の高低を特定するための十分な情報を得られないことも多いでしょう。それ以前に，1つひとつの出来事について，いちいち表を作っていたのでは疲れてしまいます。実際，私たちはいつも合理的に帰属を行っているわけではなく，むしろさまざまなバイアスのかかった帰属を行うことが知られています。

私たちは，行為の原因を環境や状況といった外的要因よりも，行為者自身の内的要因に帰属する傾向があります（Ross, 1977）。「基本的な帰属の錯誤」と呼ばれるこの傾向は，さまざまな場面で見られます。たとえば，あなたがディベート大会に参加して，くじ引きで特定の意見（たとえば，「死刑を廃止すべき」という意見）に賛成する側に割り振られたとしましょう。このような場合，ディベート大会であなたの主張を聞いた友人は，それがくじ引きで決まったものと知っていても，あなたの発言はあなた自身の態度を反映したものである（あなたは本当に「死刑を廃止すべき」と考えている）と推測する傾向にあります。

また，私たちは自分に都合のよい帰属を行いやすいことが知られています（これを「セルフ・サービング・バイアス」といいます）。成功は自分の能力や努力のおかげであり，反対に失敗は状況や別の人の責任であると考えると，私たちは自己評価を高く保つことができます。たとえば，テニスでミスをしたとき，自分の不注意や練習不足と考えるのは気持ちのいいものではありませんが，たまたま突風が吹いたとか，シューズが滑ったと考えれば落ち込まずに済みます。逆に，快心のショットが決まったとき，相手がミスをして甘い球を返してきたからであると考えるよりも，自分の運動神経がものをいったと思うほうが心地良いものです。

3　グループダイナミクス

日常生活を送るうえで，私たちは数多くの集団に所属しています。そして，本人がそのことに気づいているかどうかは別として，私たちは集団から影響を受け，また集団に影響を与えています。「グループダイナミクス（集団力学）」とは，集団にまつわる現象に注目した研究領域を指し，具体的には他者からの

影響やリーダーシップなどのトピックに関して盛んに研究が行われています。

3-1　多数派の影響／少数派の影響

　集団で何かを決める場面は意外に多くあります。小学校の学級会，仲良しグループでの卒業旅行の場所決め，サークルの部長選挙といった場面は多くの人が経験するでしょうし，最近日本に導入された裁判員制度も，代表的な集団意思決定場面です。このような場面では，他者の意見が自分の意見と異なる場合がしばしばですが，他の人の前で自分の意見を言うのはなかなか難しいものです。特に，自分以外の大多数が自分と異なる意見を持っているとわかると，黙って場の意見に従う人も多いでしょう。自分は北海道に行きたかったのに，みんなは沖縄に行きたがっているからしぶしぶ賛成した，といった場合です。このように，自分の意見や行動を他人に合わせることを，「同調」といいます。

　同調は，周りの意見が明らかに間違っている場合でも起こります。アッシュ（Acsh, 1951）は，参加者にある線分（標準刺激）と同じ長さの線分を複数の比較刺激のなかから選択してもらうという課題を用いて，集団状況における同調への圧力の存在を明らかにしました。図2-2に示されるように，正解はどう見ても3なので，参加者が1人だけで回答するときにはほとんど間違いようがありません。ところが，参加者を除く全員がサクラであり，誤った回答をするという集団場面では，参加者は周囲に合わせて誤った回答をすることが知られています。このような同調行動は集団が大きくなるほど強くなりますが，サクラのなかで1人でも正解を選択する人がいた場合，とたんに弱まることがわかっています。

　一方で，少数派の意見が集団全体に影響を及ぼすこともあります。モスコビ

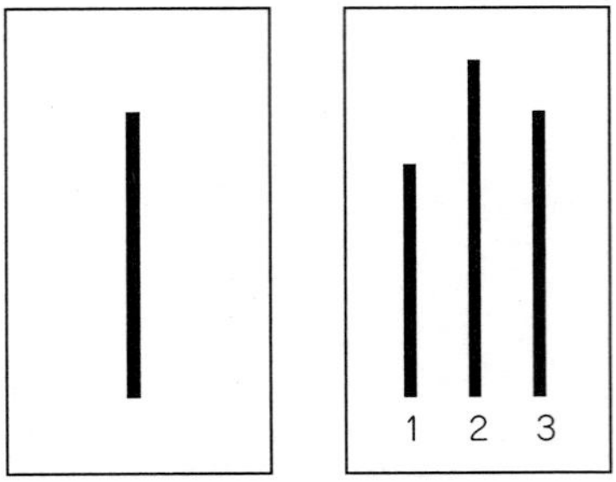

図2-2　アッシュの研究で用いられた刺激の例（Asch, 1951）

ッチら（Moscovici et al., 1969）は，6人の集団（うち2人がサクラで，4人が実験参加者）に「青」色のスライドを見せ，その色を答えさせるという実験を行いました。その結果，サクラが一貫してスライドを「緑」であると回答し続ける群では，明らかに「青」のスライドを「緑」と回答する実験参加者があらわれました。ところが，サクラの回答が「緑」で一貫しておらず，何度かに1回は正しく「青」と答える群では，「緑」と回答する実験参加者はほとんどいませんでした。この実験は，少数派が多数派の意見を覆すことは可能だけれども，そのためには少数派が常に一貫した態度をとり続ける必要があることを示しています。

3-2　リーダーシップ

　集団の目的はさまざまです。大学のサークルであればメンバー間で楽しく過ごすことが重要であることが多いですし，会社や企業では，生産活動によって利益を上げることが第一目標となる場合がほとんどでしょう。いずれの場合でも，集団にはその活動を維持し，目標に向かってメンバーを導くリーダーの存在が不可欠です。リーダーが頼りない集団は停滞し，メンバーの心は離れます。逆に，良いリーダーは集団に活力を与え，メンバーの凝集性を高めるでしょう。
　三隅（1984）は，課題や目標の達成を促す「P（Performance）機能」と，メンバーの人間関係を維持する「M（Maintenance）機能」を仮定し，これらの機能の高低の組み合わせによってリーダーシップを分類しました。この理論によると，最も生産性が上がるのはリーダーが両機能を兼ね備えている場合です。一方で，リーダーの機能がいずれも低い集団では，生産性は低下します。

4　心の文化差

　本章でここまで紹介してきた社会心理学の基本的な知見の多くは，主として欧米で実施された研究の成果です。皆さんのなかには，「日本においても同じ結果が得られるの？」という疑問を持つ人が当然いるでしょう。つまり，心のはたらきは文化によって異なるのか，それとも同じなのかという疑問です。意外に思われるかもしれませんが，社会心理学は長い間，人間の心理には普遍的プロセスがあると仮定し，心の文化差についてはほとんど注意を払ってきませんでした。このような反省を踏まえ，近年は文化の視点から心のはたらきをと

第2章　社会心理学から心の文化差へ　29

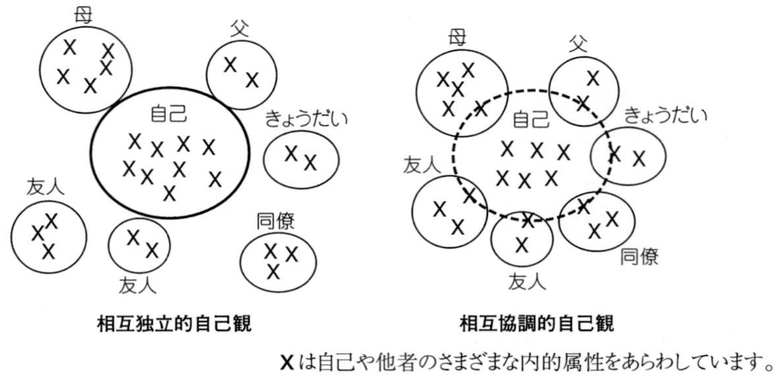

Xは自己や他者のさまざまな内的属性をあらわしています。

図2-3　相互独立的自己観（左）と相互協調的自己観（右）
（Markus & Kitayama, 1991 より作成）

らえ直そうとする研究が盛んに行われるようになってきました。

4-1　文化的自己観

　本章の最初に「20答法」を紹介しました。実は，このテストで自己のどのような側面により注目するかは，文化によって異なることが知られています。日本人を含む東アジア人は，「私は〇〇大学の学生だ」とか「私はサークルの会計係をやっている」など，所属する集団やそのなかでの役割に関する答えが多くなる傾向があります（皆さんはどうでしたか？）。一方で，欧米人は「私は社交的だ」とか「私は野球がうまい」などというように，性格や才能などについて多く答える傾向があります。このような回答傾向の違いは，日本人と欧米人では自己の捉え方自体が異なることを示唆しています。

　マーカスとキタヤマ（Markus & Kitayama, 1991）は，日本をはじめとする東アジア文化では相互協調的自己観が優勢であるのに対して，欧米文化圏では相互独立的自己観が優勢であると主張します（図2-3）。相互協調的自己観が優勢な文化においては，自己は他者との関係性のなかで成り立っており，他者の考えや役割を理解し尊重することが期待される存在です。それゆえ，自己と他者の間には明確な区別がなく，性格，好み，意見といった内的属性の一部も他者と共有されています。一方で，相互独立的自己観が優勢な文化では，自己は他者と明確に区別されます。つまり，自己は他者と独立したユニークな存在であり，態度や行動はあくまで自分の性格，能力，動機づけを反映したものととらえら

れます。

4-2　自己高揚

　自己の肯定的な評価を維持しようとする一般的傾向が存在することは，第2節で述べたとおりです。また，成功を内的要因に，失敗を外的要因に帰属するセルフ・サービング・バイアスの裏側にも，自己評価を高めたいという動機が存在するといわれています。しかし近年，欧米人の間で強く見られるこのような「自己高揚」の傾向は東洋人の間では弱く，全く逆の自己卑下傾向すら見られることが指摘されています（Heine et al., 1999）。たとえば，自分の能力について尋ねられた際，欧米人は自分の能力が他者よりも優れていると考える傾向にあるのですが，日本人は自分の能力はたいしたことがなく，自分よりも優れた人は他にたくさんいると考えるわけです。多くの日本人にとっては，このような自己卑下的な考え方は十分に理解可能であるばかりか，むしろ自己高揚よりも自然なのではないでしょうか。

　自己高揚におけるこのような差異は，先ほど述べた文化的自己観によって説明が可能です。他者に依存しない相互独立的な自己観を持つ欧米人にとって，自分が他者よりも優れた特性を持ち，独立して人生を切り開いてゆけると考えることが重要です。一方で，調和を重視する相互協調的な自己観を持つ人びとにとっては，自分に欠けている部分を批判的にとらえ，他者との関係をとりもつことがより重視されます。「出る杭は打たれる」ということわざにあらわされるように，少なくとも最近までは，日本の学校や会社で自己の独自性をことさら主張する態度は，好ましいとされてきませんでした。

4-3　包括的思考と分析的思考

　心の文化差に注目した研究は，ものの見方や考え方の様式自体が文化間で異なることを見いだしてきました。日本を含む東洋人の多くは，「包括的思考」と呼ばれる思考形態を持つといわれています。包括的思考においては，物事を理解するためには人や出来事それ自体に目を向けるだけでは不十分であり，その対象が他の事物とどのように関連しているかが重視されます。これに対して，欧米文化圏で優勢な「分析的思考」では，対象に内在する性質が重要とされ，周囲の物事との関連性というよりも，個々の対象が持つ性質どうしの共通性に注意が向けられます。言い換えると，東洋人は対象を全体の一部としてとらえ

第2章　社会心理学から心の文化差へ　31

ますが，欧米人は対象自体により注目する傾向にあるわけです。

　マスダとニスベット（Masuda & Nisbett, 2001）は，日本人とアメリカ人の大学生に対して，水の中を泳ぐ魚の動画を見せた後，その動画について覚えていることを自由に再生してもらうという実験を行いました。その再生内容を分析したところ，アメリカ人は魚などの目立つ対象について述べることが多かったのですが，日本人参加者は泡や水の色といった背景情報や，貝や海藻といった静止した物体にも目を向けることがわかりました。包括的思考を持つ日本人にとって，魚を理解するためにはその魚が住んでいる場所や状況を理解することが必要だったと考えられます。

　さて，本節の最後に，心の文化差を理解することの意味について考えてみましょう。最近，イタリアのプロサッカークラブに所属する長友選手のお辞儀パフォーマンスが話題になりました。お辞儀文化のない西欧人にとって，この行為は当初，奇異に思われていたかもしれません。しかし，日本人が他者への尊重や集団の和を重んじるとわかるにつれて，彼らもまた，お辞儀は自分が得点できたことに対するチームメイトへの感謝のあらわれであると認識し始めたことでしょう。私たちは，自分と違うもの，理解の及ばないものを拒絶し，ときに排斥することがありますが，理解することも可能なのです。心の文化差を知ることは，無用な争いを避けるだけでなく，相互理解を深めるきっかけとなるでしょう。

第**3**章

文化心理学
—— 文化の違いと異文化変容 ——

1　文化心理学 —— 記号から見た文化の定義

1-1　文化とは

「文化」は，誰もが知っている概念ですし，日常のなかでも頻繁に使用されます。でも，「文化って何？」と問われると，案外答えることが難しいのではないでしょうか。これこそ，私たちの日常に「文化」そのもの，そして文化という概念が，あたかも空気や水のように当たり前にある証拠なのです。自身の実践が自動化され，無自覚化されている状況を，「文化的無自覚（core-blind-ness）」と呼びます（香川, 2012）。

人は生まれ育った文化と異なる文化と関わることがなければ，取り立てて文化をもっているとは思わなかったり，自分の置かれている社会・文化的状況をあたかも世界中の誰にとっても当然のことと考えたりします。幅広い文化に触れる経験は，私たち自身の日々の活動や発達が，どれほど文化過程と関わっているかを知る機会を提供してくれます（Rogoff, 2003/2006）。

人の世界全体は文化化された世界であり，自然的なリソース（私たち自身や私たちの身の周りの環境）は，文化によって意味に満ちた世界の対象物へと変換されるのです（Fuhrer, 2004）。このように，私たちは文化とともに生きる存在であり，私たちがいくら頑張ったところで，文化と無関係に生きることはできないのです。

それにもかかわらず，「文化」といわれた場合に，多くの人は，「文化財」や「文化遺産」のような「伝統的」なものを思い浮かべ，自らの日常的な文化に対しては無自覚になりがちです。伝統的な文化以外にもサブカルチャー，ユースカルチャーなど，さまざまな文化が存在するのはご存知のとおりです。マンガはかつてユースカルチャーでありサブカルチャーでしたが，今や日本を代表する文化資産です。こう考えると，文化をいわゆる文化遺産のような，固定的

33

なものとしてとらえないようにする必要があります。「文化」は人びとによって構築されるものであるし，更新されていくものです。そして建築物のように目に見えるものも，アイデアのように無形のものも文化です。たとえば家族の形態もまた文化ですが，多世代から核家族へ，また同性婚を認める国もあるなど，その境界は変動しています。文化の境界づけは絶えず行われているのです。

1-2　文化と記号

ヴァルシナー（Valsiner, 2001）は，文化を「記号的な媒介であり，精神機能を組織するシステムの一部である。そうした機能は，個人間においても機能する」と定義しています。つまり，「記号（sign）」によって，私たちの精神過程や行為の仕方は「媒介（mediate）」され規定されるのです。

記号といわれたときに，皆さんは何を思い浮かべますか？　「＞」とか「★」のようなものを思い浮かべる方も多いでしょう。そのとおりです。でも，それだけではありません。道路の標識も記号ですし，言葉もまた記号です。友達の表情も，あなたに何かを伝える記号です。社会の中のありとあらゆるものは，人間に意味を伝達する限り，記号です。この本を読んでいる皆さんは，今まさに文字という記号を解読しながら，記号に付与されている意味を読み解いているということになります。

記号という概念は，心理学において特殊な意味を持っています。ロシアの心理学者ヴィゴツキーは，人の高次の精神機能とその発達は記号が介在していくことで自然的過程から社会的過程へと変容していくと考えました（佐藤, 2012）。つまり，人の行為と記号が組み合わさることで，人間の世界の見方が作り上げられたり，変わったりすることもありうるのです。

記号の意味が共有される範囲を，文化心理学では「文化」と呼びます。たとえば，友達にメールを送るときに顔文字を使う人も多いことでしょう。顔文字は，専門用語ではエモティコン呼ばれます。複数の別々の記号を組み合わせることから顔を作り出しているのですが，このエモティコンも文化によって異なります。よく知られているところでは，日本で使われるエモティコンは，（^_^）のようなものが一般的です。一方，西洋圏で使用されるエモティコンは，;-D のようなものです。さらにいうと，日本人は（^_^）を笑顔と認識しますが，アメリカ人はこれを笑顔と認識しないのです。なぜでしょうか？

これには表情表出の文化が影響します。実際に写真を撮ることをイメージして，笑顔になってみてください。どうでしょう？　あなたの口は，今開いてい

日本語の顔文字	(^_^) (^_-)-☆ (>_<) (´─｀)		
英語圏のエモティコン	;-)　　　:-D　　　:-(		

図3-1　日本語の顔文字とエモティコン

ますか？　それとも閉じていますか？　多くの人は口を閉じているのではない
でしょうか？　ところが，アメリカ人は口を大きく開いて笑います。それが，
(^_^) が笑顔としてアメリカ人に認識されなかった理由なのです（図3-1）。

　私たちは，「目は口ほどにモノを言う」とか「目で語る」とよく言いますが，
アメリカではそうはいきません。喜びの感情は万国共通であり，笑顔で喜びを
あらわすことも共通ですが，その表出の仕方には，口を強調するか，目を強調
するかといった違いが見られるのです。

1-3　心理学が扱う文化 ── 比較文化心理学と文化心理学

　日米における文化の違いのような現象を読み解いていく心理学の分野は，
「比較文化心理学」と呼ばれます。比較文化心理学では，ある文化とある文化
が異なるという前提に立って，それらを「比較」することに重点が置かれます。
ここでは，文化という定義も，国や地域，東洋・西洋というように明確に分け
られて，単純で極端な違いが強調されます。差異を強調することは，違いに優
劣を持ち込み，劣る者を救済しよう，教育しようという動向につながりがちで
した。

　これに対して，文化を私たちを動かす記号としてとらえ，記号が人の眼前に
立ち現れてくる様と記号が導く人の行為は，ある程度の共通性を持ちながらも
多様であるという前提に立って，その「多様性」を認めていこうというのが
「文化心理学」です。文化心理学は，これまでの比較文化心理学のように，あ
る文化とある文化を民族，国，地域に個別のものとして考えるのではなく，個
人と文化のダイナミックな関係性という視点からとらえます。したがって，こ
れまで文化的な差異としてとらえられてきたことも，その関係性における強調
点の違いとしてとらえ直されます。

　文化心理学と従来の比較文化心理学は，このように，「文化」概念自体の理
解が異なっています。整理すると，比較文化心理学は，文化を容器のようなも
のと見なし，人びとがそのなかに存在する，と考えます。一方文化心理学は，
文化は人びとが生み出すものであり，文化は人びとに属するととらえます。こ
のように文化を解釈する視点の置き方こそが，文化的な現象がどのように心理

第3章　文化心理学 ── 文化の違いと異文化変容 | 35

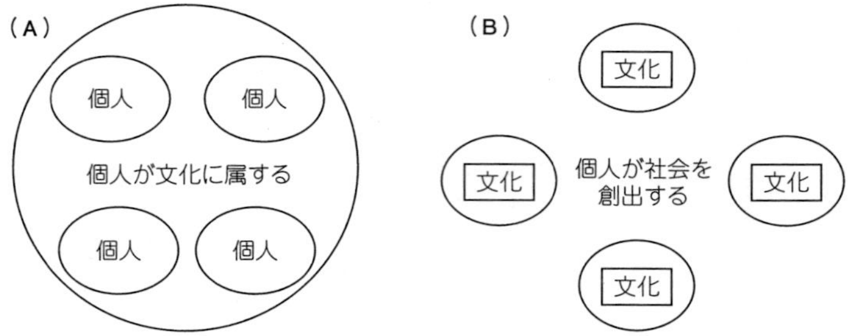

（A）個人が文化に属する　個人　個人　個人　個人

"容器"としての文化

（B）個人が社会を創出する　文化　文化　文化　文化

個人の道具としての"文化"

図 3-2　人が文化に属する（A），文化が人びとに属する（B）概念図
（Valsiner, 2012 を参考に作成）

的な機能を組織化しているかを理解するために重要なのです（Valsiner, 2011）。文化が人に属するという考え方はわかりにくいですが，これは図 3-2 のようにイメージすることで理解しやすくなるでしょう。

1-4　文化と寄り添いながら生きる私をとらえるために

　文化をとらえる視点の違いについて述べましたが，ここで改めて，文化とは何かについて考えてみましょう。文化は誰もが持っている身近なものなのに，遠い存在と考えられがちです。それは，社交ダンスやクラシック音楽のような，いわゆるハイカルチャーと呼ばれるものを私たちが「文化」としてとらえがちであるからです。けれども，これらは文化のほんの一面にすぎません。

　ダンスには，ストリートダンスやヒップホップ，日本でいえば盆踊りのようなジャンルがあり，また，音楽にもジャズ，ロック，R&B（リズム・アンド・ブルース），そして民謡や演歌のようなジャンルがあります。これらは，（一部は，ハイカルチャーになりつつあるものもありますが）いわゆるサブカルチャーと呼ばれるジャンルであり，かつてマイノリティとされてきた人びとの生活から生み出されてきたものです。これらも含めてすべて文化なのです。ハイカルチャーよりもサブカルチャーのほうがなじみがあるという人も多いかもしれませんね。

　ここまで繰り返し述べてきたように，文化とは決して特別で崇高なものだけを指すのではありません。「頻度の高い行為には文化的意味がある」と述べたのは，フィールドワーカーとして高名な箕浦康子ですが，まさに，人びとが繰り返し行う行為は文化であり，それぞれには背景があり，その文化とともに在

る人びとの姿があるのです。そして，そうした文化の背景にある人びとの実践を理解するための方法論が，文化心理学にはあります。

次の2節では，お小遣いと化粧という話題をとおして，日常的な文化についてさらに考えていきましょう。

2 お小遣い研究から見た日韓のおごりの捉え方の違い

2-1 東アジア圏のお小遣い文化

子どもたちにとって，お金は単にモノを買うための手段ではなく，人間関係を作るコミュニケーションのための媒介でもあります。そしてその人間関係のつくり方は，文化によって異なります。ここでは，日本，中国，韓国，ベトナムの子どもを対象としたお小遣いの研究について考えてみましょう（Yamamoto & Takahashi, 2007）。

この研究から，韓国では子どもたちがおごり合いをし，日本ではおごりは原則的には禁止されているという結果が見いだされました。その理由は，どちらも大人の貨幣の使い方の認識に基づいていると考えられます。日本では，おごることで力関係ができたり，相手に負担をかけたりすると考えられていますが，韓国では，おごり合うことは交友関係そのものであり，しないと水くさいと思われてしまうと考えられています。つまり，おごりの善し悪しに関する子どもの行動規範は大人社会をモデルにしています。初めは理由もわからずそれに従っていたのが，だんだんその原理・原則を理解していくにしたがって，お小遣いの文化が身についていくのです。

2-2 記号としてのお金とお金の使い方

何かを買うとき，また，何かのサービスを受けるときにお金を支払うことは，一見すると当然の営みのように見えますが，私たちは生まれたときから「お金」というモノを使えるわけではありません。

お金を使うためには，紙幣や硬貨の種類を識別し，物品や労働と等しい価値があるものとして交換されていることを認識しなければなりません。そして，どのようなときにどのようにして使うかというルールも理解する必要があります。お金はモノもしくはサービスを利用するための文化的「媒介」であり，私

第3章　文化心理学 —— 文化の違いと異文化変容 | 37

たちはその使い方を学ぶ必要があるのです。

実際，お金という記号を使うまでに，子どもはいくつかのプロセスを経験します。具体的には，欲しいものを親が子どもに買い与えます。そのため，ある時期までは，子どもはお金を使いません。そして，子どもが何かが欲しいときに「お金が欲しい」とお願いし，その理由が親に認められたときに，親が子どもにお金を与えるという時期があります。その後ようやくお小遣いをもらうようになって，自分で自由にお金を使うという経験をしたという人は多いのではないでしょうか（サトウ・渡邊, 2010）。

2-3　お小遣いをもらう・使うということ ── その経緯と交渉過程

さて，お金をマネージメントするということについて考えてみましょう。お小遣いを使うようになるまでには，次のようなことが起こりえます。

ある韓国の女の子は，学年が始まったときに親から定期的に定額のお小遣いをもらうようになりました。けれども，お金を使うことはほとんどなく，机の上にお金を置いておくというようなことが続いたので，親は「そんなことならお小遣いをやめる」と子どもに通告しました。女の子の側も，「それなら要らない」と応じたそうです。お小遣いをもらう前は，女の子は必要に応じて親と交渉して少額のお金をもらって買い物をするというかたちだったので，以前のようにしたのです。しかし，周りの友達がお小遣いをもらうようになると，その子は自分も再び定期定額のお小遣いが必要だと親に申し入れるようになりました（サトウ・渡邊, 2010）。このエピソードが示しているように，初期の段階では，子どもにとってお金は欲しいものを手に入れるためのただの手段にすぎず，お金の管理は（おそらく）面倒なものでしかありません。次の段階では，友達がお金を自由に使い始めることで，コミュニケーションのツールとしてお小遣いが必要になったというわけです。

お小遣いをもらうようになった後でも，お金のマネージメントの仕方には，いくつかの決め事や制約があります。たとえば，先に述べたように，韓国では，おごりは，友達と仲良くするという目的で認められる対人コミュニケーションのための道具になっていますが，日本では基本的にいけないことだと考えられ，多くの場合に親から禁止されます。

2-4　お小遣いを何に使うか

　自由に使えるお金があったら何を買うかという問いに対して，中国（北京）の子どもの1位は本でした。コンピュータ，音楽と続き，4位に「家族のために何かを買う」が入っていました。日本（大阪）の子どもの1位は衣服，2位がゲームで，3位は「無し」，4位が家でした。日本の子どものほうが自分の欲望に素直といえるかもしれません。しかし，「お金で買えないものは何か」に対する答えは日本でも中国でも同じで，命，愛，友達，家族があがりました（サトウ・渡邊, 2010）。

　ベトナムの子どもたちは，少額ですが新年に友達どうしでお年玉をあげ合っています。日本人からしてみるとちょっと考えにくいことです。ただ，お年玉は，その年1年間が平和に幸福に暮らせるように祈るためのものだという考え方に基づけば，その行為は決しておかしなことではないと考えられます。ベトナムの子どもどうしがお年玉を交換してお互いの無事を祈る新年のお祝いの仕方こそが，本来的な姿なのかもしれません。

3　化粧をすることと文化

3-1　記号としての化粧

　化粧もまた，私たちの日常に溶け込んでいる文化の1つです。これまでの研究で，日本人女性の約90％が日常的に化粧をしていることが明らかにされています（木戸, 2006; 柏尾・箱井, 2006）。これほど多くの女性が日常的に化粧をするのはどうしてでしょう。単純に，そのほうが人から美しく魅力的だと思ってもらえるからでしょうか？　それとも，素顔のままでは，お肌の荒れや昨日の夜更かしが目立ってしまうからでしょうか？

　多くの女性が化粧は誰からも強制されているわけでもないにもかかわらず，「しなければならない」ものだと考えています。特に，アルバイトを始める，就職活動を始めるなど，他人から大人社会の一員として見なされる必要がある場合に，それまで化粧をしなかった人がし始めるという現象がよく起こります。

　この現象は，化粧が未来行為を意味づけ方向づける，「促進的記号」として機能している可能性を示しています。なぜなら，日常的に化粧を始めるまでに，

第3章　文化心理学 —— 文化の違いと異文化変容　39

私たちは無自覚にさまざまな化粧に関わる経験をしているからです。たとえば，七五三のときには，子どもが特に望んでいないにもかかわらず親から半ば強制的に化粧をされます。これは，昔の通過儀礼（initiation）のような制度の名残であり，このときに化粧をしたからといって，その後すぐに子どもが化粧をするようにはなりませんが，晴れやかで嬉しかったことを覚えている人も多いでしょう。

　一方で，子ども時代の化粧は禁止もされます。最近ではキッズコスメと呼ばれる子ども向けの化粧品がおもちゃ屋さんで販売されていますが，幼稚園や小学校の先生は子どもの化粧が「不適切」であると考えるので，幼稚園や小学校に化粧をしていくと先生に怒られます。中学生や高校生に化粧を始める人も多いと思いますが，校則では禁止されている場合が多いのではないでしょうか。

3-2　化粧をするということ
── 記号の社会的デザインによって構成される行為

　「私らしい化粧」「個性的な化粧」といいながら，時代によって女性の化粧は皆どこか似ています。たとえば，ドラマの再放送や古い映画を観ているときに，「あー，こういうファッション，あのころ流行ってたよね」とか，「この女優さんのメイク，なんだか古臭い」と感じることもあるのではないでしょうか。それは，社会における記号として化粧がある一定の役割を担っており，記号の読み解き方を規定するコード（code）が存在しているからにほかなりません。

　おそらく，本書を読んでいる多くの女性は納得できるでしょうが，日本の女性向けファッション雑誌には，化粧のプロセスがこと細かく記載されています。なぜなら，日本では横並び意識が強く，人と同一であることと，その同一性のなかで微妙な差異を見いだしていくことが重視されるからです。一方，アメリカなどでは化粧品の細かな使い方が雑誌に掲載されることはなく，新しく発売された商品の簡単な説明とイメージ写真だけが掲載されるのです。

　ここまで，女性を念頭に化粧について述べてきましたが，化粧に関しては，男性も他人事ではありません。「化粧」という言葉と自分自身がうまく結びつかないと思うかもしれませんし，あるいは，「化粧なんて女々しいこと，男がするわけないでしょ？」と思う人も多いかもしれません。ですが，現代の高校野球の選手の多くは，眉毛の形がキレイに整えられていますよね。彼らと同じように眉毛の手入れをしているという男性も多いことでしょう。実は，これも立派な化粧なのです。これだけではなく，洗顔，洗髪，髭剃りなども，実は化

40

粧の範囲に含まれます。この根拠は，化粧が薬事法において「身体に意図的な加工を施す行為」と定義されていることにあります（薬事法, 2012）。男性が化粧という言葉に抵抗があるのもまた，社会的な記号として化粧が，男性の行為として不適切であると見なされているからにほかなりません。ただし，化粧の歴史をひもとくと，実は化粧が一般女性のものとなったのは，明治時代以降です。実際，明治天皇も化粧をしていましたし，それよりもずっと以前には，化粧をする主役は神官階級や高い地位にある男性だったのです。明治以降，いったん男性は化粧をしなくなりました。しかし，今では再び男性の化粧が見直されようとしており，化粧品メーカーは，そうした動向を逃さないように尽力しているのです。

3-3　個人の発達における化粧の取り込み

　さて，女性の化粧の話に戻りましょう。化粧は，肌を慈しむためのスキンケアと顔の形態の特徴を強調したり隠したりするメイクアップの2つに大きく分けることができます。ここで述べることは，特にメイクアップに関わる話です。メイクアップは行為としてきわめて個人的な営みでありながら，結果としての表出は社会的なものです。そのため，他者から「不適切」「適切」であると評価される年齢や時期があります。たとえば，小・中学生が化粧をすると先生にひどく怒られます。化粧をすることで，誰かに嫌がらせをしたり，先生を攻撃しているわけでもないのに，怒られるのです。よく考えてみると不思議ではありませんか？　逆に，化粧をしていないことが不適切とされることもあります。たとえば，成人女性が化粧をしていないと日本のなかではマナー違反といわれてしまうことがあります。たとえば，学生がアルバイトをするとき，「化粧くらいしていないと社会人として恥ずかしい」といって，化粧をするように促されることもあります。成人式で晴れ着を着る，フォーマルな服装をするときなどは，化粧をすることがもはや前提になっていますよね。

　このように，化粧をするのは，実は単純に自分が「したい」からという理由だけで説明できるのではなく，化粧をするよう社会から方向づけ（ナビゲート）されているのです。化粧行為を促進する力，抑制する力が複雑に絡み合い，結果として成人の女性は化粧をするようになるのです。その際に，社会から受ける影響の力を，「社会的示唆」といいます。社会的示唆に方向づけられながら化粧行為は形成されるのです。

　この方向づけには，親や友達とのコミュニケーションや，文化，国民性・地

第3章　文化心理学 ── 文化の違いと異文化変容　41

域性などが影響します。特に，日本での化粧行為には，「横並び」意識が強いため，多くの女性が化粧をし，なおかつ，化粧が濃くも薄くも見えない，自然に「見える」メイクが好まれるのです。それがナチュラルメイクです。そうした意味で，化粧行為は文化の学習の結果形成されたものであり，なおかつ共通の認識が共有されている文化のなかで維持されることになるのです。

3-4　カルチャーショックをとおした化粧文化に対する気づき

　では，ある文化で化粧行為を形成した後に，別の文化に身を置くことになったときに，化粧にも変化が見られるでしょうか？　この問題に関して，アメリカに留学中の女子学生たちにインタビュー調査をしてみました。すると，女子学生たちは一様に「アメリカでは大学に化粧をしていくと，今日何があるの？と尋ねられる」「化粧をすることによって，周りから浮いた存在に見られてしまう」というように語っていました。日本で過ごしているときは当たり前だった毎日の化粧が，ここでは「おかしな行為」とされてしまうのです。さらに，女子学生たちは，留学することによって，それまで何のために化粧をしていたかを考えるきっかけを得ることになります。そして，自分たちがいかに「社会」に向けた化粧をしていたか，いかに雑誌からの影響をそのまま受けて，いわゆる「男性ウケ」する化粧をしていたかに気づくようになったと語っています。

　異文化へ移行し，そこで過ごすうちにカルチャーショックを受けることはごく当たり前のように感じられます。ここで重要になるのは，化粧のような日常の何気ない行為でさえも，カルチャーショックと表現するに値するほどのインパクトを受けることです。それは本人も予期していなかったことでしょう。化粧のような日常の習慣化された行為に生じるカルチャーショックこそが，自らのこれまでの文化的行為に自覚的になるという意味において，大きなインパクトを持つのではないかと考えられます。

　そのインパクトの大きさは，カルチャーショックを受けた後の彼女たちの行為の変容過程からも読み取ることができます。彼女たちは，自らの化粧に対する価値観・意味を問い直し，そこからそれまでの化粧の習慣性をベースにしながらも，新しい文化にふさわしいかたちでの化粧へと自らの行為を変容させていったのです。こうした変容は，自らが異文化において「省察」を生み出し，それに適応していくための過程にあったわけですが，必ずしも海外に行かなければこのような経験ができないのではありません。就職活動の開始などのように，自分自身を振り返って疑問を投げかけるというきっかけ，あるいは自らが

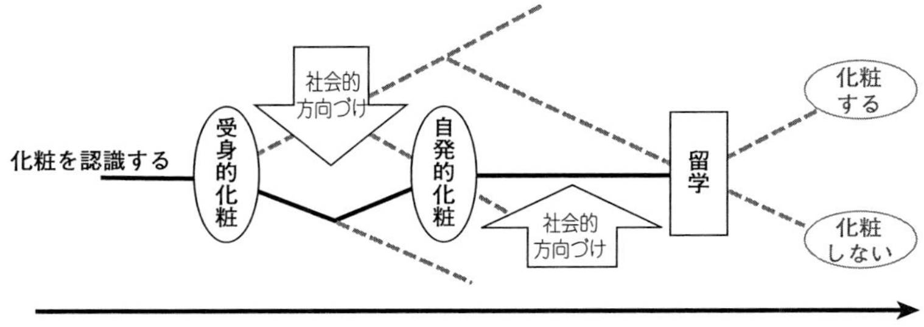

図 3-3　化粧行為の変容過程の概念図

変容する必要があるときに，自覚されうるものなのです。

4　グローバリゼーション時代における日本文化のメタ認知

4-1　現代社会を生き抜くための文化の捉え方

　文化にはそれぞれ違いがあり，もちろん，違いがあってこその文化だともいえるのですが，私たちは文化とどのように付き合っていくべきでしょうか？あるいは，皆さんは，文化とどのように付き合っていきたいと考えますか？

　文化を比較的固定されたものと想定して，それらの固定された文化間の「違い」を見つけることを目的とする比較文化心理学とは違って，文化心理学は，文化を固定されたものではなく，構築されるものである，そして更新されていくものである（石黒・亀田, 2010）という考え方を持ち，境界をはっきりと線引きすることが難しい文化にどのように関わっていくかを考えていく分野です。つまり，比較文化心理学よりも柔軟に文化をとらえ，人の心と文化の原理を考え，そして，そのなかで個人が「自分らしく」生きるということを根底から考えていくのです。「自分らしさ」とはよく使われる言葉であり，現代社会を読み解くためのキーワードにもなっていますが，私たちはまだそれを十分に使いこなすことができていないのではないでしょうか。

4-2　グローバリゼーション

　この章で見てきたように，カルチャーショックは，お金の使い方，化粧のような日常の小さな現象のレベルでも起こります。グローバリゼーション時代に

おいては，多くの小さな軋轢が，あらゆるところでもっともっと起こっていくことでしょう。単に違いを「良い」「悪い」といった次元で理解していくのでは十分ではないのです。文化を人間が生きていくためのガイドだとするならば，多くの人がより楽しく暮らしていくことを実現していくためにどうしたらいいか，どのように異なる文化を認識し，異なる文化に適応（これを心理学では「文化適応」といいます）していったらいいかを考えていくことが必要でしょう。つまり，日常の経験を俯瞰したときに，1つ高いレベルから現象の構造や原理を考えていくことが重要なのです。

　普通に暮らしている場合，私たちはあまり明確に意識することなく文化を受け入れます。いったん受け入れられた文化は習慣となって取り入れられ，その後問い直されることはなくなります。これを「ハビトゥス」といいます。文化とは広い意味でのハビトゥスであり，人びとはハビトゥスに従いながら行動します。いったん取り入れられるとハビトゥスは多くの場合，長きにわたって私たちの行動や行為に影響を与え続けます。自分らしく生きるためには，ハビトゥスを乗り越えていくために，どのように文化を理解するかということが大切な課題となるわけです。

4-3　自文化・異文化のメタ認知

　こうして考えると文化とは私たちを拘束する煩わしいものであるようにも見えますが，決してそうではなく，文化があるからこそ人びとが共通の理解を持てるのです。こうして文化は，私たちが自分らしく生きることを促進することもあれば抑制することもあるのです。こうした事実に，私たちはより自覚的になるべきだと筆者は考えます。自覚的になることにより，物事を相対化してとらえることができます。それによって，自分なりの意味づけをし，十分に理解をしたうえで「使いこなす」ことができるようになるわけです。心理学者のワーチは，このことを「自分のものとすること（appropriation）」という概念で説明しています。文化を自分のものとして，それを自在に使いこなしていくことは，私たちがグローバリゼーション時代を生きるためにとても重要なスキルです。なぜなら，自覚的に文化をとらえることで，文化に絡めとられてしまう可能性をぐっと減らすことができるからです。そして表面的に存在する違いに気をとられすぎないことは，文化をメタ認知することで可能になります。文化に対して少しでも自覚的になることで，自分たち自身の生活も充実し，新たな発見をすることもできるでしょう。大切なことは，物事の前提にとらわれすぎな

44

いこと，そして，その前提を，ときには打ち破ってみることかもしれません。

4-4　柔軟な文化理解 ── グローバリゼーションと多様化

　私たちの住んでいる世界は，急速にグローバル化しています。文化が違えば，いかにお互いが異なっているかを実感する機会も多いと思われます。人間の生活様式は驚くほど多様であり，言葉や習慣も異なっています。この多様性はどこから来るのでしょうか？

　こうしたことを柔軟に理解していくのが文化心理学です。文化心理学は，比較文化心理学のように，出来上がった差を理解するのではなく，個々の文化を人がどのように取り入れ，作っていくのかを理解する生成過程を扱います。

　たとえば，先ほど述べたメールの顔文字の研究からは文化差を知ることができます。表情を読むという方法が文化によって異なり，その結果，メールの顔文字のように比較的最近になってあらわれたものにも，それぞれの文化のなかでの意味が付与されているということもわかります。比較文化心理学の研究では，差を見いだすことを強調するため，たとえば日本とアメリカの違いが鮮明に立ち現れてきますし，すっきりとまとまった結果をもたらしてくれます。でも，比較心理学は，なぜそのような違いが生まれたのか，その違いにどのように接していけばいいかを説明してはくれません。

　表面的な行動の違いもたしかに面白いのですが，より大切なことは，文化を理解し合い，どうすれば共通の土台で相手と向き合えるか，という考え方をしていくことではないでしょうか？　違いを「変な習慣」として切り捨ててしまうのではなく，多様性を認め，その背後にある意味や人の存在を読み解くことができるなら，私たちはより寛容な気持ちで，気持ちよく多様な社会と向き合うことができるようになるのではないでしょうか？

　グローバル化している時代，心理学が果たすべき役割はますます大きくなるでしょう。文化が絶え間なく変容しているように，心理学の考え方も時代の要請に応じてグローバル化する社会に対応できるように変容しています。多様性を前提とし，人間の心は，人と人の用いる記号という媒介の組み合わせによって作られているのだ，と認識していることは，心理学の未来を切り開いていくための大きな一歩でもあるのです。

第**4**章

複線径路・等至性モデル（TEM）
── 人生の径路をとらえる ──

1　あなたはどんな径路を歩んできましたか？

　現在あなたが大学生であるとして，大学進学までの経歴について尋ねられたら，どのように語るでしょうか。大学生でない人は，現在の状態（高校生，大学院生，会社員，主婦，その他）に至ったことについて尋ねられた，と置き換えてください。なお，ここでいう経歴とは，履歴書に学歴として数行で書きあげるような内容のことではありません。あなた自身の経験の径路，固有の歴史のことです。最近は，キャリア，という言葉が使われますが，このキャリアの原義は轍です。車輪の通った跡が轍ですから，あなたがこれまで経験してきた歴史，つまり，経歴こそが，あなたのキャリアです（仕事＝キャリアではないことに注意）。大学進学までの経歴を尋ねられて語るということは，あなたの経験の歴史総体を語るということなのです。

　「大学や学部選びで迷いこそすれ，大学進学は当たり前のコースだと考えていました」「高校（あるいは中学校や小学校）から一貫教育で今の大学に進学して来たのです」「働くか大学に行くか，専門学校に行くかでずいぶん迷いましたよ」「もともと大学進学は全く考えていなかったのですが，ある出来事をきっかけに目指すようになりました」。簡単には，こんなふうに答えることができるかもしれません。そうした語りからは，個々人が歩み進めてきた尊い経験の軌跡が見え隠れしてきます。

　それでは，それぞれに対して順に，次のような問いを投げかけてみます。「当時，どうして大学進学が当たり前だと考えていたのだと思いますか？」「一貫教育を受けるなかで，あなた自身は進路について迷ったり，他の道を考えることはありませんでしたか？」「なぜ迷ったのでしょう。また，そこからどんなふうにして抜け出しましたか？」「どうして大学進学を考えていなかったのだと思いますか？　その状態から一変して，大学進学を目指すようになったきっかけは？」。さらに，話の流れに応じて，また，やりとりを重ね対話が深まる

47

なかで，家庭環境や経済的な後ろ盾，友達からの影響，教師への思い，きょうだい構成・関係，学業におけるつまずきや困難・危機，重要な他者や出来事との出会い，その時々の感情や認知の有り様，それぞれの事柄に対する現在の評価や意味づけ，将来の夢，今後の歩み進めて行きたい方向性……，などが語り出されるかもしれません。

　大学1，2年生の人は，大学に入るまでの経緯が記憶に新しいかもしれません。他方で，大学3，4年生の人は，むしろこれから社会に出て行くことのほうに，より意識が向けられているかもしれません。また，学年を問わず，日々濃密な大学生活を過ごし，飛ぶような時間感覚の人もいれば，逆に，目標を見失い，まるで時間が止まっているように感じられる人もいるかもしれません。時間はすべての人に平等に与えられているといいますが，個々人の経験とともにある時間の流れは，さまざまに異なっているでしょう。そうした，時間とともにある個々人の現在の状況と密接な関わりを持ちながら，大学に来たこれまでの径路が語り出されるのです。

　なおここでは，大学進学者を読者に想定して論を進めていますが，日本では2010年において，大学・短大・通信制・放送大学進学者が59.1％であった（文部科学省生涯学習政策局調査企画課，2011）ことに明らかなように，高校卒業後に大学へ進学することが当たり前の道でも人生の王道でも決してないことを，付け加えておきたいと思います。

2　人生径路を描いてみよう ── 大学に進学するに至るまで

　さて，こうした個々人のライフコースを，どのようにとらえ描き出すことができるでしょうか。過去の歩みをたどることが，自己をかたちづくり，さらには，これから歩んでいく方向性を展望することにつながっていくでしょう。その意味では，あなた自分自身の大学進学に至った径路をとらえ返してみるとよいのですが，手始めに，次の事例をもとに径路を描いてみましょう。この事例は複数のデータを組み合わせた架空のものです。

　　現在大学2回生です。見てのとおり，社会人入学です。心理学を学びたくてね。行政の職に就いて30年あまり，いろんな部局を渡り歩き，上司にも恵まれて，責任を伴うがやりがいのある仕事を任され，役職にもついてきました。一方で，ずっと心理学を学びたいと思い続けてきたのです。ずいぶん

昔のことですが，高校生のころ，大学受験を考えていたときから心理学には興味を持っていました。しかし，周囲の友達は法学部や経済学部を目指していましたし，両親からも強く勧められて，自分でも納得のうえ，経済学部を受験することにしました。成績は良かったので，いくつかの大学から合格通知を受け，難なく入学しました。大学で学んだ経済学は，面白かったですし，社会の動向をとらえるうえで大変役に立ちました。ただね，働くなかで痛感してきましたが，やはり経済を支えているのも，社会を作っているのも，人なのですね。まさにその人びとが，社会の歪みや軋轢のなかで，しんどい思いをしている姿も見てきました。

　行政に関わっているとね，人の挙動がよく見えてくるんですよ。それに，職場の部下がうつ病で休職することも，けっこうありました。同じ出来事に直面しても，ストレスを抱える人がいればそうでない人もいる。私は後者だったわけですが，一方で，休職後復帰する部下をどのように受け入れるかという課題を抱えることになりました。どんな組織でも，人がいてはじめて動くのです。1人ひとりの人間を見ずして，何を大事にするのかと。こんなふうに人の生き様に惹きつけられ関心をもつようになったのは，もともとあった心理学への興味ゆえだと思いますが，行政職を通じて，人の生への関心が少しずつ膨らみ，いつしか，やはり心理学をきちんと学びたいと思うようになりました。父もまた行政職に就いていたのですが，幼い時分より父からよく話を聞いていましたので，たとえ心理学を専攻したとしても，行政職を目指しただろうと思います。ですので，職業生活は，行政職が天職と思えるぐらいに充実していました。しかし，それをやめてでも，心理学を学びたいと思うようになったのです。将来的な経済面での不安がなくはなかったのですが，幸い妻が，妻も公務員なのですが，背中を押してくれました。すでに大学を卒業して自立しているひとり息子も励ましてくれ，早期退職制度を利用して，大学を受験することに決めました。

　久しぶりの受験勉強はけっこう大変で，一時は参りましたが，妻が応援してくれていましたので何とか踏ん張りました。そして，社会人入試の枠で合格することができました。大学に入ってからは，正直，希望とともに不安な面も出てきましたが，職場の仲間が研修会に講師として招いてくれたりもしまして。ありがたいことです。今後もこのようなかたちで大学で学んだことを社会に還元していくことができればという思いもありますし，また，大学院に進学したいとも考え始めています。

　現在籍を置いている大学に，高校卒業後そのまま —— 数年の浪人経験がある場合もあるでしょうが —— 入学した人からすれば，特殊な事例と思われるかもしれません。しかし，前述したように，また，生涯教育や生涯発達という観点

を踏まえると，「中学校卒業 → 高校入学・卒業 → 大学入学・卒業」という一本道だけが，学業に従事する有り様ではないのです。もっといえば，小学校や中学への入学・卒業というライフイベントでさえ，教育システムに埋め込まれたなかでの経験だということができます。このことには深入りせず，語りから，どのような径路を描くことができるかを考えてみましょう。図4-1は，その一例として描いてみたものです。

　実は，複線径路・等至性モデル（Trajectory Equifinality Model: TEM）という方法論（サトウ，2009）の考え方を用いて，図4-1を描きました。図では，「非可逆的時間」として，左から右へと向かう矢印が引かれています。非可逆的時間とは，人のライフ（いのち，生活，人生）は，決して後戻りすることのない持続的な時間の流れのなかで実現する，ということが含意されている時間概念です。目的に基づいて「大学に進学する」に至る径路が描かれていますが，非可逆的時間の他にもいくつかTEMの基本概念が用いられています。

　以下では，TEMという，人の発達や人生径路をとらえる方法論について紹介していきます。TEMは，質的研究法として開発・精緻化されましたが，研究の文脈を離れても，人のライフの有り様をとらえるのに有用な思考枠組みとなっています。TEMは，時間的経過のなかで社会とつながりながら生きる1人ひとりの人 —— あなた自身もその1人なのです —— への理解を深める一助となるでしょう。

3　複線径路・等至性モデル（TEM）

3-1　複線径路・等至性モデルとは

　TEMは，等至性（equifinality）の概念を，人の発達に関する文化的な事象の心理学的研究に組み込もうと考えたアメリカの文化心理学者ヤーン・ヴァルシナーの創案に基づく，質的データを分析・記述するための方法論です。字義どおり，複線径路，すなわち，人の発達や人生径路の多様で複線的な有り様を，歴史的・文化的・社会的な背景文脈と時間経過のなかで，結節化される行動や選択のポイント（等至点，以下で説明）とともにとらえ描き出す手法です。

　TEMの特徴は大きく2つに分けられます。1つは，人間を開放システムととらえるシステム論に依拠しており，人間を要素に分断するのではなく，背景文脈に埋め込まれた発達の有り様や人生の径路に留意する点です。もう1つは，

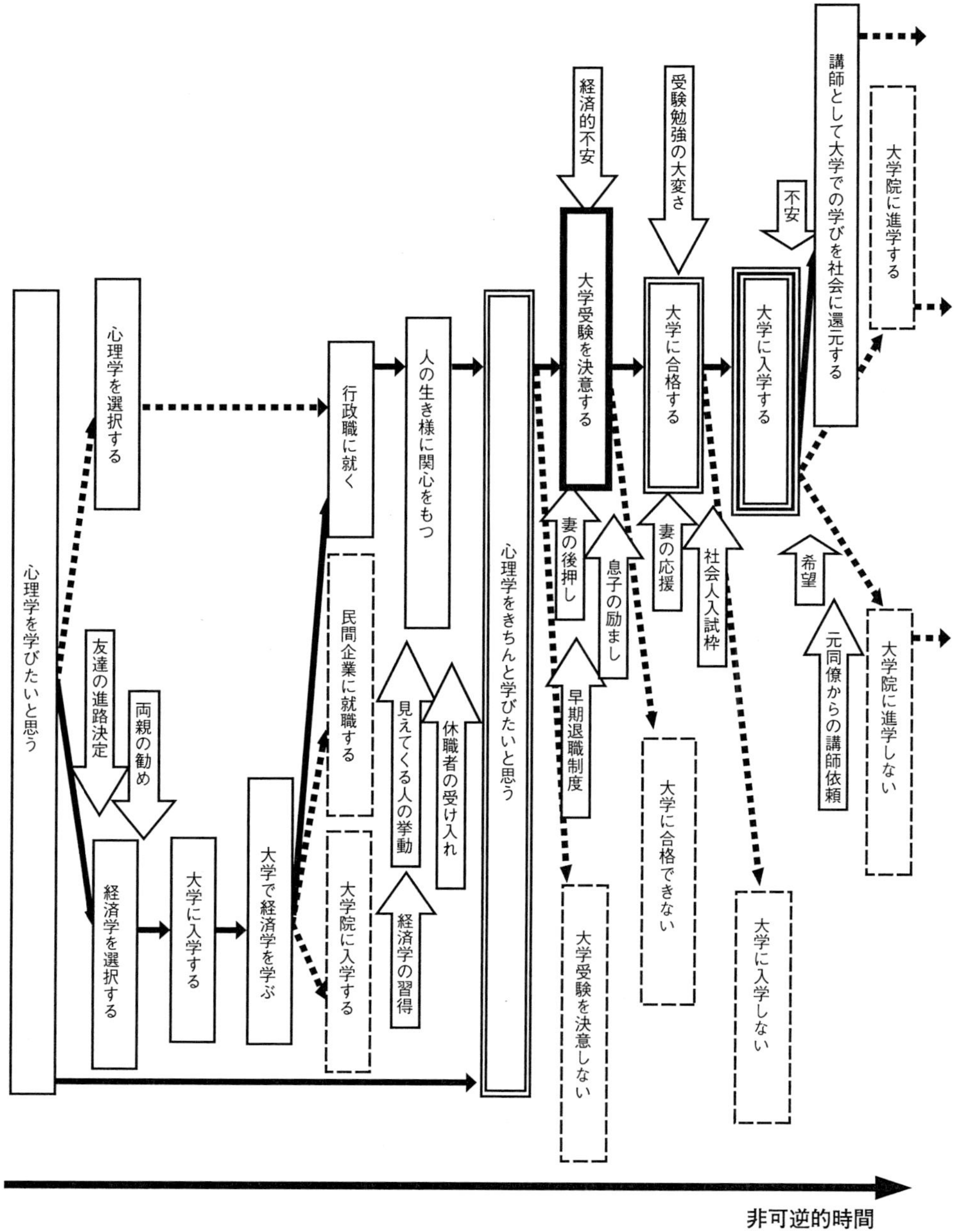

図4-1　大学に入学するまでの径路

第4章　複線径路・等至性モデル（TEM）—— 人生の径路をとらえる | 51

人の生きる有り様から時間を切り離すことなく，個人に経験された時間の流れを大切にして変容・安定プロセスをとらえる点です。すなわち，人が生きる場（空間）と時間の流れを重視し，その時空におけるライフの有り様を丁寧にとらえるための方法論であるといえます。

3-2　TEM の最小単位と基本概念

TEM ではいくつか重要な概念が生成されていますが，まずはシンプルに，最小単位の TEM 図から，基本概念の理解を進めていきましょう。

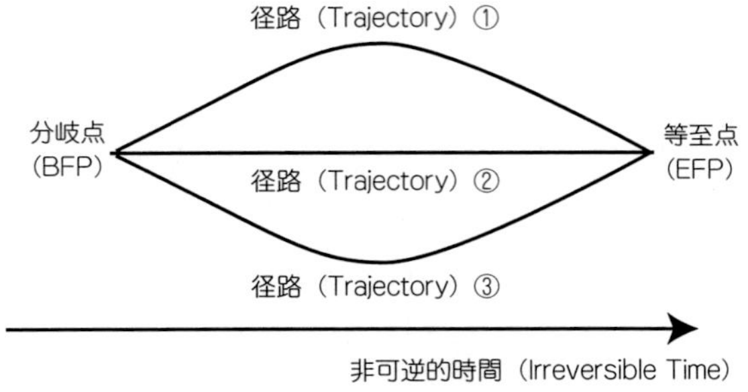

径路（Trajectory）①

分岐点
（BFP）

径路（Trajectory）②

等至点
（EFP）

径路（Trajectory）③

非可逆的時間（Irreversible Time）

図 4-2　TEM の最小単位（安田・サトウ，2012）

「等至点（Equifinality Point: EFP）」とは，等至性の概念が具現化されたもので，個々人がそれぞれに多様な径路（Trajectory ①～③）を歩みながらも等しく（equi）到達する（final）ポイントのことです（安田, 2005）。非可逆的な時間（irreversible time）経過のなかで，歴史的・文化的・社会的な影響を受けつつ結節化されるポイントであり，行動や選択や感情の有り様として焦点が当てられます。研究に際しては，このポイントを経験した人が対象とされ，その経験を等至点として設定します。つまり，等至点は研究目的に応じて定められ，分析する最初の時点で設定することによって，等至点に至る径路の多様性がとらえやすくなります。なお，等至点として焦点化される経験は，歴史的・社会的・文化的なさまざまな影響を受けて構造化されており，研究目的に基づいてある経験を等至点として抽出することを，「歴史的構造化サンプリング（Historical Structured Sampling: HSS）」と呼びます。

「非可逆的時間」とは，決して後戻りすることのない時間の持続性を含意する時間概念です。個々人の経験の外側にあって時計で刻まれ計測されるような客観的な時間ではなく，人間のライフの持続とともにある時間です。個人の行

動や選択は、非可逆的な時間経過のなかで、それまでの歩み（経験の軌跡＝径路）と分かちがたく結びついており、かつ、事前に結果を決定しえない不定さのなかでなされる、と考えられます。

たどり着くポイントがあれば、分かれゆくポイントもあるでしょう。それが「分岐点（Bifurcation Point: BFP）」です。分岐点は、すでにそこにあるような固定的なものではなく、むしろ、人が歩みを進めるなかで生じるものです。分岐点もまた、非可逆的な時間のなかで、歴史的・文化的・社会的な影響を受けながら人が経験する行動や選択、感情や認識の有り様として結節化されます。径路が分かれてゆくポイントは、見方をかえれば収束ポイントでもあることから、分岐点は等至点に、また等至点は分岐点にもなるということができます。

非可逆的時間のなかでは、分岐点から等至点の間には、歩みうる「複数の径路（Trajectories）」があらわれると想定されます。もちろん、数限りなく径路が存在するわけではありません。時間の持続のなかで未来に向かう可能性に開かれつつも、ある文脈に埋め込まれた一定の制約下で、複数の径路が存在するのです。

実際には、人の発達や人生径路は図4-3のように描かれます。等至点はJで、分岐点はB、C、D、E、F、G、Hであらわされています。実線は実現した径路であり、可能性として存在が想定される径路は点線で記されています。聴いたり見たりして把握した現象 —— 研究では、インタビューや観察によって得られたデータ —— からは明確にとらえられなくても、描くことに意味がある径路を積極的に記していきます。点線で実現可能な径路を明示することによって、人の発達や人生径路の決して一本道ではない多様性と複線性をとらえ可視化することができるのです。

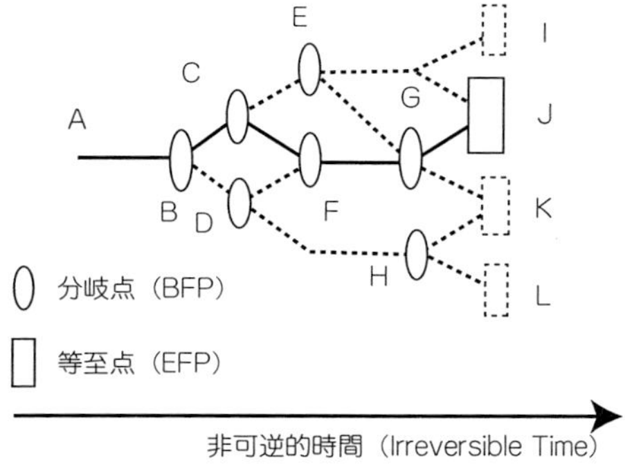

図4-3　TEM の基本図

第4章　複線径路・等至性モデル（TEM）—— 人生の径路をとらえる　53

可能な径路を描こうとすることは，現象の捉え方，すなわち，問いの発し方や観察の立ち位置を設定する工夫にもつながります。なぜなら，結果としてある１つの径路が実現するわけですが，歩み進める途上でありえた他の可能性を検討しようとする視点が芽生えるからです。また，ありえるのに見えなくなっているという意味では，歴史的・文化的・社会的文脈に埋め込まれたなかで，ある限定的な立ち位置から現象を切り取っている自らの視点を絶対的なものとすることなく，背景文脈を読み解く鍵にもなります。可能な径路の先には，可能な選択肢が見えてもきます（図 4-3 の点線の長方形 I，K，L）。

3-3　その他の重要な基本概念

　他の重要な概念として，「必須通過点（Obligatory Passage Point: OPP）」があります。必須通過点とは，もともと地理的な概念で，ある地点に移動するために通らなければならないポイントという意味です。「必須」とは，「通常ほとんどの人が」という程度に理解してください。本来大きな自由度を持ちえるはずの人間の選択や行動が，一定の点に制約的に収束し，等至点への径路が阻まれている状態が描き出されます。義務教育課程への入学など，制度的に存在し，典型的には法律で定められているような制度的必須通過点，法律で定められているわけではないけれども個人の意思のみでは避けがたい七五三などの慣習的必須通過点，制度的でも慣習的でもないにもかかわらず，多くの人が経験する天災や戦争などの大きな社会的出来事を指す結果的必須通過点があります。必須通過点の分析は，制度や法律などによる制約的な力はもとより，歴史的・文化的・社会的に形成された価値観が内面化した認識や感情の有り様を，発見する手がかりにもなります。
　そうした，必須通過点にかかっている，等至点へと向かう歩みを阻害・抑制する力のことを，「社会的方向づけ（Social Direction: SD）」といいます。個人の行動や選択に制約的な影響を及ぼす，社会文化的な諸力を象徴的にあらわした概念です。分岐点に作用する力でもあります。社会的方向づけとは逆に作用する，援助的な力のことを「社会的ガイド（Social Guidance: SG）」といいます。制度的な支援や，両親や友達など周囲の他者からの物心両面における支えなどがあります。分岐点や必須通過点として焦点化される行動や選択などを，促したり後押ししたりする力として概念化されています。社会的方向づけや社会的ガイドが拮抗し競り合う状況下で，結節化されるポイントと分かれゆく径路が生じるので，これら諸力のせめぎ合いをとらえることを通じて，人の行動や選

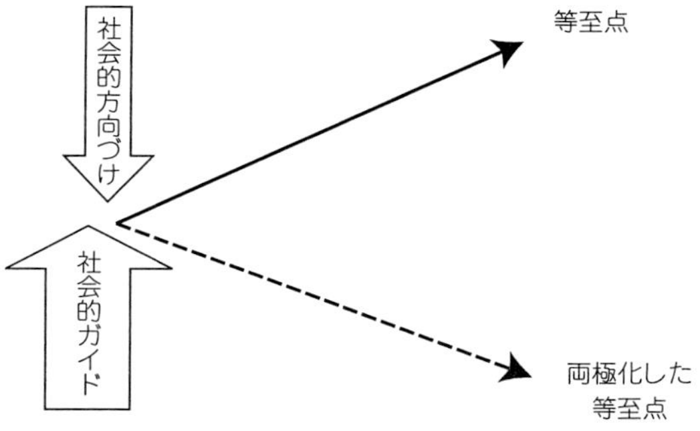

図4-4　社会的方向づけと社会的ガイドのせめぎ合い

択がなされる様相をとらえることができます。分岐点や必須通過点において，阻害的・抑制的な力である社会的方向づけを援助的な力である社会的ガイドが上回ったとき，等至点へと向かう力が生まれ，実現可能な径路として開かれることとなります（図4-4）。

　なお，径路が分かれてゆくポイントで何が起こっているかを，価値や信念の変容との関連で分析する理論に，「発生の三層モデル（ Three Layers Model of Genesis: TLMG）」があります。

　さてここで，等至点は，決して目指すべき唯一の到達点として設定されているのではないことを覚えておきましょう。研究目的に基づいて，いったんある行動や選択や認識の有り様を等至点として焦点化すると，まるでそのポイントが目指すべき絶対的なゴールであるかのように認識されるかもしれません。しかし，これまで述べてきたように，文脈の影響を受けながらも選択や径路は複数存在し，等至点として焦点化される経験もその1つです。また，等至点からも径路が分かれゆくのであり，等至点は，そうした多様性・複線性に埋め込まれた1つのポイントにすぎません。したがって，等至点を定めることによる価値の絶対化や単一的思考を防ぐために，等至点とは反対の事象，あるいは補集合的な事象を，「両極化した等至点（Polarized-EFP: P-EFP）」として設定することが重要です。つまり対極的な等至点を設定することによって，そこに通ずるありえる径路を可視化したり，その径路が実現しにくいのはなぜかと問いを立て，その制約を読み解く契機が与えられます。こうしたことを通じて，当事者の経験世界をより豊かに描き出すことができるのはもとより，研究者自身の視点の拡張や分析へのリフレクション（反省的考察）が促進されます。こうした分析プロセスにおける効用を踏まえ，両極化した等至点は，等至点の設定とあわせて行うとよいでしょう。

第4章　複線径路・等至性モデル（TEM）—— 人生の径路をとらえる

以上の基礎概念を踏まえて，今一度図4-1を確認してみてください。理解が
進むでしょうか？　あるいは疑問が湧いてくるでしょうか？　図4-1をたたき
台にして，いろいろと修正してみるとよいでしょう。

3-4　複線径路・等至性アプローチ（TEA）

　TEMでは，それぞれが対象とする現象を丁寧にとらえることが目指される
なかで，他にも必要な概念が生み出されています。ただし，初めて学ぶ人は，
上記基本概念によるTEMへの理解を深めたうえで，目的に応じて必要な概念
を用いるとよいでしょう。またTEMは，前述の歴史的構造化サンプリング
（HSS），ならびに発生の三層モデル（TLMG）と統合して，複線径路・等至性ア
プローチ（Trajectory Equifinality Approach: TEA）という考え方としてまとめら
れています（図4-5）。つまり，人のライフを，時間軸上の変容と安定・維持に
着目しその有り様を描く方法論としてTEMが中心にあり，HSSという対象抽
出の理論，TLMGという文化的記号を取り入れて変容するメカニズムを仮定し，
理解・記述するための理論とともに，文化心理学の新しい方法論の全体的な体
系を形成しています。（データ収集や分析・記述に関するさまざまな工夫も含めて
より詳しく学びたい人は，安田・サトウ（2012）を参照してみてください。）

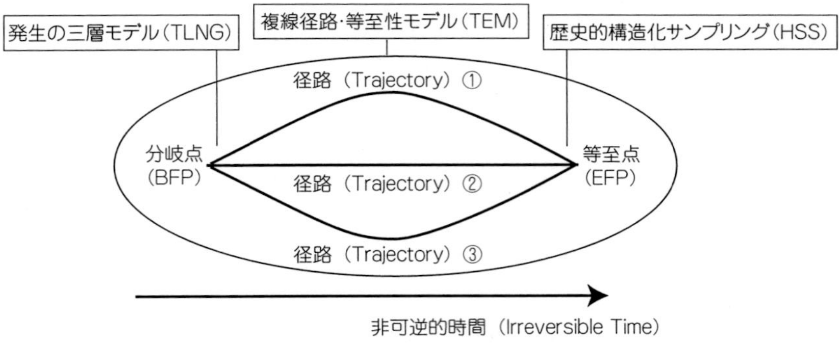

図4-5　TEMとHSSとTLMGの関係（安田・サトウ，2012）

4　TEMで中絶経験をとらえる

　次に，TEMによってどのように現象がとらえられるかの実例として，未婚

の若年女性の中絶経験をとらえた研究（安田ら, 2008）を紹介しましょう。

4-1　中絶経験の進行プロセス

　図 4-6 は，20 歳前後の未婚の時期に中絶をし，手術後 2 年以上経過した女性 3 人の，中絶経験の語りをもとに描いた，「中絶手術をする」ポイントを等至点とする TEM 図です。中絶手術をするに至るまでと手術以後について，感情や認識，遭遇した出来事（行動や選択）を，時間経過のなかでとらえながら，中絶経験を可視化することがこの図の目的です。

　この分析では，必須通過点が複数焦点化されています。つまり，中絶の前提となる妊娠（またはその可能性）の始まりを意味する「身体の変化に気づく」，女性たちに妊娠を確定的なものにし，中絶手術をする選択のきっかけとなった「医師による妊娠の診断を受ける」，さらに，中絶手術を受けるまでに 3 人ともが経験した，「『不安』と『気づきたくない』との葛藤の開始」，「（中絶ができる）病院を探し，訪れる」，「（中絶を決めた後に）承諾書にサインする」が，必須通過点として焦点化されています。

　中絶手術をするか否かは妊娠 21 週までの短期間に選択しなくてはならず，決めた後は，手術に向けて実際に行動することが求められます。重苦しい気持ちとは裏腹に，そのプロセスにおいて対処すべきことは多くあり，そうした緊迫した有り様が，必須通過点を多数設定することによって表現されています。

　中絶経験の進行プロセスは，①「『身体的変化の気づき』から『医師の診断』まで」，②「『医師の診断』から『中絶手術』まで」，③「『中絶手術』以降」の 3 期に分けて描かれています。

　①「不安」であるがゆえに気になってしかたがないという気持ちと「気づきたくない」気持ちとの葛藤に揺れながら，病院に行く前に妊娠検査薬を使い，病院を探し訪れるという行動を起こしている時期。この間の径路は 3 人ともほぼ同様で，多様性が見られるのは，いつパートナーもしくはその他の人物に相談するか，ということです。

　②中絶手術が可能な病院を探し，手術にかかる費用や承諾書を工面するといった，現実的な行動が必要とされる時期。このときは，妊娠していることに対する思い，病院から受ける対応，パートナーとの関係自体に個別性が見られることが明らかにされています。

　③生まれるかもしれなかった赤ちゃんとの別れをもたらす中絶手術により，新たな気持ちが生じる時期。時間経過のなかで，中絶経験が，それぞれに，自

第 4 章　複線径路・等至性モデル（TEM）—— 人生の径路をとらえる｜57

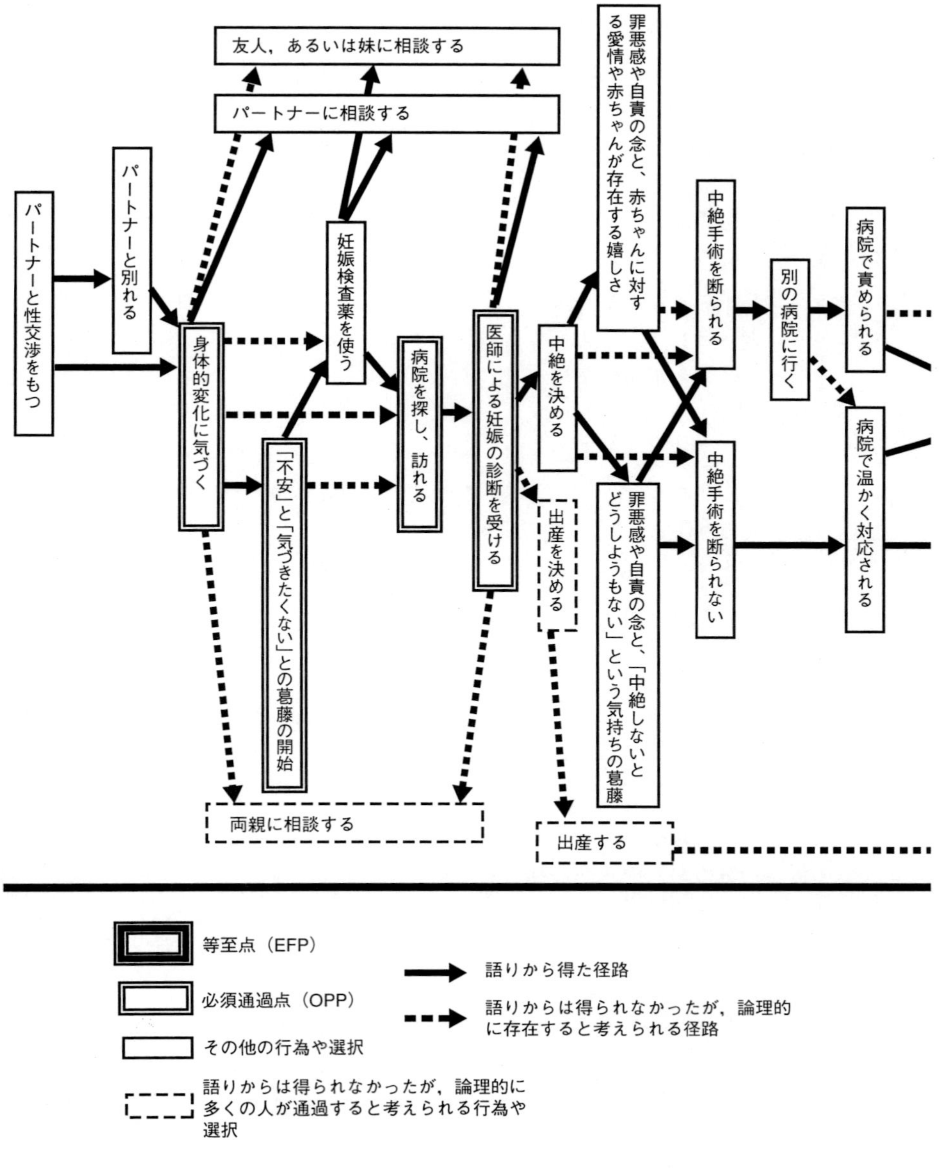

友人，あるいは妹に相談する

パートナーに相談する

パートナーと性交渉をもつ

パートナーと別れる

身体的変化に気づく

妊娠検査薬を使う

病院を探し、訪れる

医師による妊娠の診断を受ける

中絶を決める

罪悪感や自責の念と、赤ちゃんに対する愛情や赤ちゃんが存在する嬉しさ

中絶手術を断られる

別の病院に行く

病院で責められる

病院で温かく対応される

中絶手術を断られない

「不安」と「気づきたくない」との葛藤の開始

出産を決める

罪悪感や自責の念と、「中絶しないとどうしようもない」という気持ちの葛藤

両親に相談する

出産する

等至点（EFP）

必須通過点（OPP）

その他の行為や選択

語りから得た径路

語りからは得られなかったが，論理的に存在すると考えられる径路

語りからは得られなかったが，論理的に多くの人が通過すると考えられる行為や選択

図4-6　中絶経験における気持ちや認識、

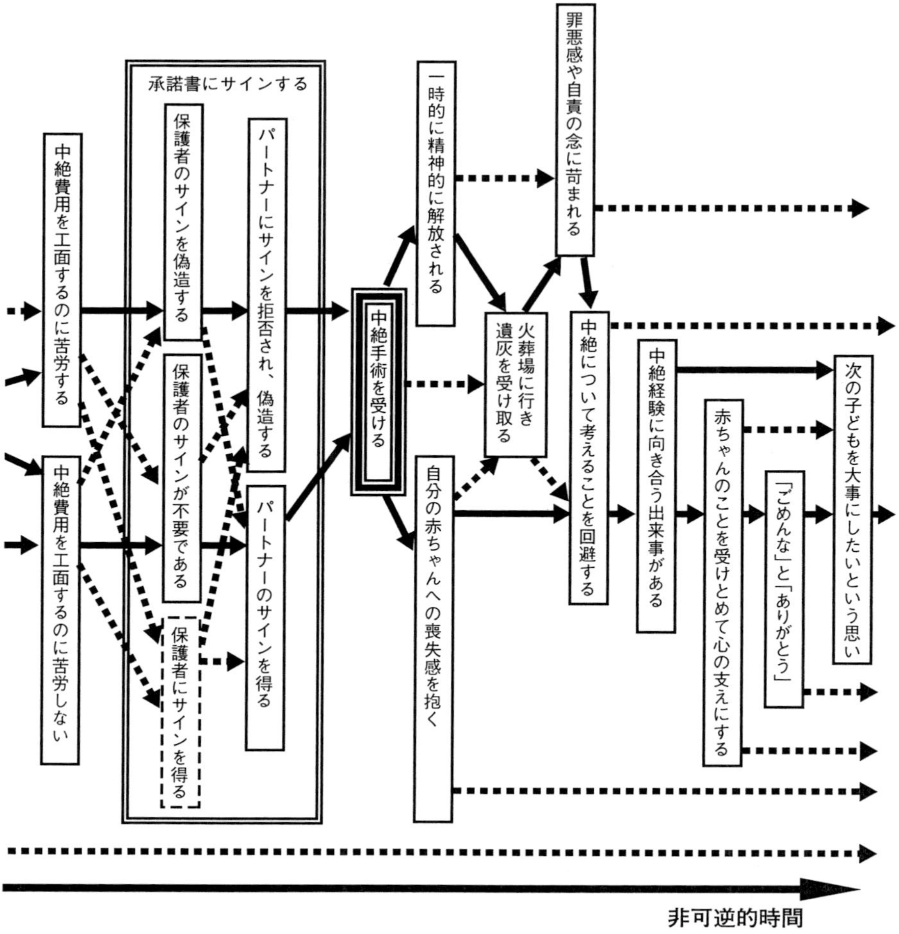

中絶費用を工面するのに苦労する

中絶費用を工面するのに苦労しない

承諾書にサインする
保護者のサインを偽造する
保護者のサインが不要である
保護者にサインを得る

パートナーにサインを拒否され、偽造する
パートナーのサインを得る

中絶手術を受ける

一時的に精神的に解放される

罪悪感や自責の念に苛まれる

自分の赤ちゃんへの喪失感を抱く

火葬場に行き遺灰を受け取る

中絶について考えることを回避する

中絶経験に向き合う出来事がある

赤ちゃんのことを受けとめて心の支えにする

「ごめんな」と「ありがとう」

次の子どもを大事にしたいという思い

非可逆的時間

注）両親やパートナー，友人や妹に相談した場合，相談したこと自体が，中絶経験に新たな変化をもたらす偶然のきっかけとなる。とりわけ、中絶は、パートナーとの関係を抜きにして語ることができないため，パートナーとの関係に関する図を別途提示する（図4-7）。

行為や選択の変化の径路

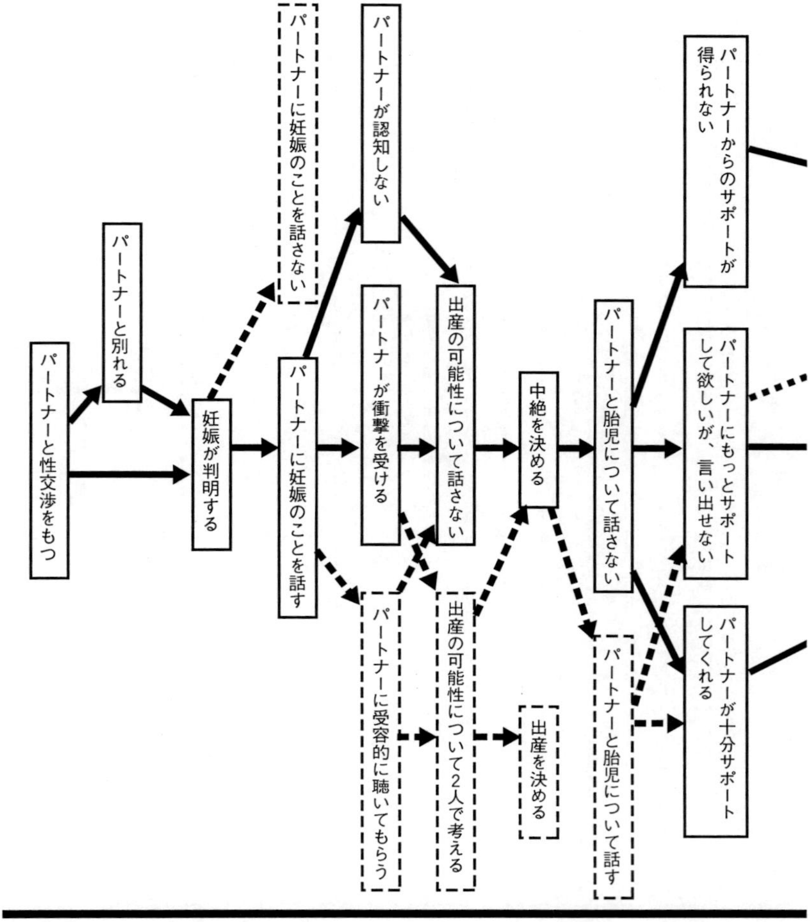

図 4-7　中絶経験における

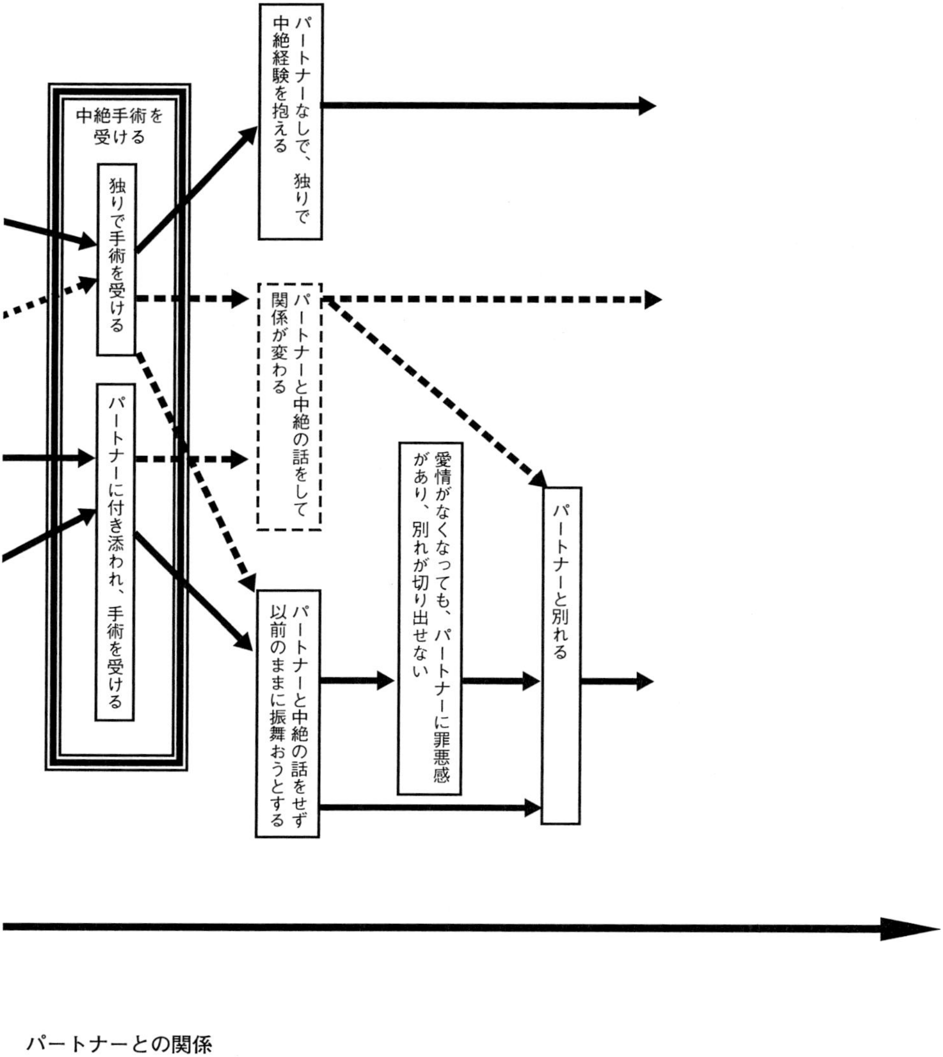

中絶手術を受ける

パートナーなしで、独りで中絶経験を抱える

独りで手術を受ける

パートナーと中絶の話をして関係が変わる

パートナーに付き添われ、手術を受ける

パートナーと中絶の話をせず以前のままに振舞おうとする

愛情がなくなっても、パートナーに罪悪感があり、別れが切り出せない

パートナーと別れる

パートナーとの関係

分にとって意味あるものとして問い直されていく時期でもあります。

このように，TEM を描くことによって，中絶経験の変容プロセスが，必須通過点として焦点化したいくつかの質的な転換点をメルクマールにして明示化されています。なお，この図では両極化した等至点が設定されていませんが，出産するというもう一つの選択肢が見えていないことが問題だと考えることもできます。

中絶経験は，パートナーとの関係を抜きにすることはできません。とりわけ，妊娠や中絶についてパートナーに相談すること自体が中絶経験に変化をもたらす偶然のきっかけ，すなわち「偶有性（contingency）」の始まりとなり，その後の行動や選択に何らかの影響を及ぼしてゆきます。図 4-7 には，パートナーとの関係性に焦点を当てて，時期を区分してプロセスが描かれています。

偶有性とは，偶然の一致にむすびついていますが，単に偶然の事象というわけではありません。そのときの文脈とともにある，一回性で必然的で反復不可能な事象であり，それによってその後の歩みが非可逆的に変化していくという，新たな生成をも意味する概念です。このように，いったん TEM 図を描いた後で，さらに焦点を当ててとらえたい部分（区分された特定の時期，分岐点などの変容ポイント，人間関係や集団などシステムの有り様など）について別の TEM 図を描くことにより，その現象を多面的にとらえることが可能となります。

4-2　見えにくくなっている選択・径路の可視化

TEM では，歴史的・文化的・社会的な文脈に埋め込まれていて意識化しにくかったり見えにくくなっている径路を，積極的に描いていくことによって，人のなす選択や行動，歩んでいく道の多様性と複線性を可視的に示すことが，要点の１つです。こうした観点から，上記の中絶プロセスの研究では，可能性として制度的・論理的に多くの人がたどると考えられる行動や選択についての検討がなされています。それは「保護者にサインを得る」という行動と，「出産を決める」という選択です。前者は，慣習的な取り決めであれ，通常必要であるとされる手続きです。しかし，ここで，「保護者にサインを得る」という選択行動に至らなかったことには，中絶に特徴的なさまざまな要因のために，その経験を語ることができなかったことが関係しています。このように実現しなかった「保護者にサインを得る」選択行動を可視的にすることは，中絶経験の語れなさの有り様のひとつを浮き彫りにするのに役立っているといえます。また，「出産を決める」選択径路を可視化することによって，未婚の若年女性

の妊娠を，単に予防すべき深刻な事態だとしたりスティグマを押しつけるだけではない社会の有り様 ── 妊娠に伴うさまざま決定を当事者が下せるように，可能な選択肢を提示するという教育的営み ── につながることが見えてきます。

　このような，経験のプロセスを丹念に追う研究は「質的研究」といわれますが，対象とするデータが必然的に少数であることが多く，よって，とらえられた現象を丁寧に提示することはもとより，収集したデータからは明示的ではないがありえると考えられる現象を浮き彫りにすることもまた重要です。TEMは，それを可能とする方法論なのです。

5　物語と質的研究の意義

　この章では，当事者の経験を，社会との接点を視野に入れ，時間とともにあるプロセスとしてとらえる TEM の枠組みについて述べてきました。私たちの日常的な行為は，持続的な時間経過のなかで，特定の文脈に埋め込まれた，一回性で反復不可能な事象であり，その後の行動や選択につながっていきます。意識的に選び取って行動することもあれば，さほど意識せずに行為することもあるでしょう。いずれにしても，過去の行為は振り返って語るほかに表現のしようがなく，それゆえに，語られたことは「あとづけ」でしかないと認識されるかもしれません。しかし，何らかの行為に関して，現在の時点における評価や意味づけも含めて語られることが，当事者にとっての物語的真実なのです。それは，「あとづけ」という言葉で批評されることとは異なる次元の，過去を引き受け，今後に歩みを進めていこうとする当事者にとっての，まぎれもない生きられた経験の語りではないでしょうか。

　人は唯一無二の自己物語を生きています。その経過においては，自らの経験をうまく意味づけられない場合があるかもしれません。語るように要請されたとしても，整理がつかない混沌とした状況であるがゆえに，語りを紡ぐことができないことだってあるでしょう。しかし，そのように，人生における迷い道に入り込んでしまい，過去を振り返ることもできなければ未来への時間的展望を持ちえないような不定さに絡め捕られた今があったとしても，自らの行動や選択がプラスの意味に反転する日もまたやってくるでしょう。

　さて，ここでは，TEM を紹介する事例を提示するにあたって，分析の手順を詳細に示すことはあえてしませんでした。あくまでも，TEM による分析を体験していただくことに主眼をおきました。TEM に限らず方法の手順は，絶

対視されがちです。そして，手順さえ踏襲すればよいと考えるような雑な研究が増えがちです。それは，生きた現象を丁寧にとらえるという質的研究の本来的意義を見失わせることになりかねません。こうしたことを，荒川ら（2012）は，質的研究の「手続き厳密化−論考粗雑化」パラドックスと呼び，質的研究の手続き化による単線思考誘発（単線径路誘発）を危惧しています。

　もう一つ，研究の対象者数についてですが，TEM では扱う対象の数について，「1・4・9の法則」というものがあります。すなわち，対象が1人だと，個人の経験の深みを探り径路をより詳細に描くことができ，4±1人だと多様性と共通性がとらえられ，9±2人だと径路の類型化が可能である，という法則です。データ数を変えて描けば，また異なる特徴が明らかになるでしょう。自分自身の大学進学に至る径路を 400 字程度で記述してデータ化し，たとえば3〜5人でグループになって，人数分のデータを対象に TEM の枠組みで径路を描いてみても面白いでしょう。

第 2 部

法と心理学

第 5 章　法心理学と裁判員裁判

第 6 章　被害面接・被害者学・刑罰論

第 7 章　正義と公正感情

第 8 章　共感と虚偽と道徳性

第 9 章　冤罪を防ぐ心理学 —— 目撃証言の誤りと虚偽自白

第 **5** 章

法心理学と裁判員裁判

1 法と心理学の接点と研究・学習の意義

1-1 法と心理学の接点

　2001 年に発足した日本の法と心理学会は，その設立趣旨として，法と心理学という研究領域についてこのように述べています。「法に関わる出来事は優れて人間的現象であります。そして心理学は人間的現象の解明を目的とした科学です。その意味で法学にとって心理学的知見はきわめて有用であり，心理学にとっても法という領域は生きた現実の問題を扱う魅力的な分野です。」

　「法と心理学（law and psychology）」という表現を，なんだか奇妙に思った方も多いでしょう。司法領域における心理学の応用という意味では，「裁判心理学」や「法心理学（forensic psychology）」などの言葉もあるのですが，あえて「法と心理学」となっているのには理由があります。本書第 1 部 1 章ですでに述べられているモード論からすると，法と心理学は「モード 2」を目指しているといえます。つまり，「○○心理学」のように，心理学研究の延長として，心理学にとって都合の良い司法の要素だけを取り出して心理学研究者だけが理解して終わる研究では，「社会問題解決のモード」は成立しません。またその研究が法学の分野にとって有用となるわけでもありません。心理学がより社会に有効な知識生産を行い還元していくためには，司法というフィールドに沿ったかたちでの研究が必要となります。さらに，法学・心理学双方が同じ問題に取り組み，互いの理解のなかで「解を共有する」（サトウ，2012）ことが重要だと考えられます。

　このように，日本の法と心理学会では，法学と心理学が対等な関係を目指すために，「と」が挟まれています。しかし，心理学の分野としては「法心理学」に統一されつつあります。

1-2　法心理学を研究・学習する意義

　司法が扱う対象または司法の分野における問題の多くが人間的・心理学的問題ですから，法心理学という研究領域では，司法における心理学的問題を対象としています。このような司法と心理学の関係を構築するためには，2つの学 範（ディシプリン）の相互理解が必要になってきます。基本的に司法の場では，法律という一般的・抽象的規範という大前提に基づいて，それを具体的・特殊的事例という小前提に適応しようとします（若林, 2011）。つまり，刑法に窃盗罪が「他人の財を取ること」と規定されている場合には，窃盗事件と思われる事例が発生すると，その事例の被害者が「他人」に当てはまるのか，取られたものは「財」になるか，被告人の行為は「取る」行為に当たるのか？という解釈の余地があるわけです。

　このような法のあり方に対して，心理学が可能な貢献は大きく分けて2つあります。1つは，人間心理に関する一般理論を大前提としての法律・制度へと応用することです。たとえば，記憶の不確実性を明らかにすることで，目撃者証言の聴取手続きのガイドラインを作ることが可能です。2つ目は，個別事例における当事者の心的状態を評価・記述することで，たとえば事件の被告人の自白供述が本人の意思によるもの（任意）かどうかを評価することです。

　一方，心理学の立場から，法心理学領域には2つの意義が見いだせます。1つは，心理学の既存の理論や法則をより社会的な場面に適応して検証してみること。2つ目は，司法という場面特有の人間の行動や思考の実際を新たに理論化するということです。

　また，司法の問題を法学と心理学が協働して研究することで，その成果が制度や社会に還元され，再びその新しい制度や社会の仕組みが社会に生きる人びとの行動や考え方に影響を与えるという入れ子的・有機的な関係があると考えられます。司法においては深い人間理解が必要であり，また人間の生きる社会をより人間らしい法によって守るためにも，法心理学研究は重要な意義を持っています。

2 法心理学の歴史

2-1 法学の転換期と心理学の黎明

　現在ではこのような視点から研究を行っている法心理学領域ですが，歴史的に見ると，司法と心理学の接点が生まれたのは近代心理学の登場とほぼ同時期に，ヨーロッパで始まりました。法の歴史は紀元前からその端緒が見られるように長く，一方で，近代心理学の誕生は，1879 年にドイツのライプチヒ大学でヴントが世界初の心理学研究室を開設した年とされています。なお，心理学が独立した学問として整備された背景には，社会全体における「人間概念の拡大」がありました（サトウ，2003）。この当時，「人間」とは西欧白人男性だけ（man）を意味するものでしたが，19 世紀末になると進化論を背景として，人間概念に女性，子ども，異民族，精神病患者，そして犯罪者も含まれるようになってきます。そして刑事政策の分野では，19 世紀中期から末期には，旧派刑法から新派刑法への転換が起きていました。著名な新派刑法学者であるリストは，当時の犯罪発生件数の推移を初犯者と累犯者に分けて検討し，その結果明らかになった累犯者の再犯率の高さに基づいて刑法改革を唱えました（牧野，1919）。これ以降，司法の基準は「犯罪の結果」に基づく刑罰から，「犯罪者の性質」に基づく刑罰を与える目的刑論へと移行していくのです（西田，2006）。

2-2 証言心理学としての法心理学の勃興

　そのような社会背景を受けて，世界初の法と心理学のコラボレーションは，1893 年にヴントの研究室で学んだキャッテルがアメリカで行った学生の記憶の正確さを調べた研究だとされています。フランスでは「知能検査」の先駆者として有名なビネが 1900 年に被暗示性の研究として，証言者が質問によってどのような影響を受けるかを調査しました。またドイツではシュテルンが上演型実験で証言の不正確さを検討しています。加えてシュテルンは証言心理学に関する雑誌を創刊して，これは後に世界初の応用心理学雑誌『Zeitshrift für angewandte Psychologie（応用心理学論考）』となりました（Bartol & Bartol, 2006）。彼らはこの時期に，今日「証言心理学」として考えられる研究をしているのです。これは法心理学と同様に教育分野での応用研究も兼ねており，ある種の知

性を発言の正確さや曖昧さから測定する技術を検討していたと考えられます。この当時，心理学は社会的ニーズとして，人間の精神機能への客観的検討の期待をさまざまな分野からもたれていました。

キャッテル 　　　　　　　ビネ 　　　　　　シュテルン

図5-1　証言心理学を興した心理学者たち

2-3　犯罪捜査への影響

　新派刑法への変遷と共に，捜査手法の変化も同時期に起こっていました。累犯者への注目は犯罪捜査の科学的研究手法の確立へとつながり，特に「生来性犯罪人説」を唱えた人類学者のロンブローゾは，身体測定技術を応用し900人近くの犯罪者と，同数程度の兵士の身体的特徴の分類・比較を行いました（越智, 2012）。犯罪という現象を実証的な方法で研究した点において，彼は犯罪研究の祖と考えられます。ロンブローゾの発想は生理的指標（血圧・脈拍等）の利用へと結びつき，これが現在のポリグラフ検査（嘘発見器）へと発展していきます。

2-4　認知心理学の発展と生態学的心理学の視点

　第2次世界大戦以降，法心理学の領域が社会に再び注目され始めたのは，1960年代に入って認知心理学 —— 特に記憶心理学の発展 —— が引き金となりました。「認知心理学（cognitive psychology）」という言葉を作ったナイサーは，認知心理学のうち記憶研究が実験室だけで研究されるべきではなく，より現実的状況を考慮した（生態学的妥当性 ecological validity）研究がなされるべきであ

ると唱えました。そしてナイサーは，著書『観察された記憶』でシュテルンの証言実験論文（Stern, 1904）の現実的手法（突発的な事態の記憶の研究方法）を再評価しました。このような潮流が生まれるなか，ロフタスが記憶の生態学的研究として目撃証言を扱いながら，記憶研究としても有意義な研究を行いました（Loftus et al, 1974, 1975, 1978）。彼女は専門家として法廷で証言を行い，目撃証言の不確実性を司法の世界に広める大きな契機を作ったのです。

2-5　法と臨床心理学との接点

　これまでは実験心理学的な観点から法心理学について述べてきましたが，これらとは異なる文脈で臨床心理学もまた，法心理学研究の１つの柱として位置づけられます。司法における臨床心理学研究は主に非行臨床と犯罪者矯正の観点から発展してきました。20世紀以前において精神病者は「悪魔に取り付かれた邪悪な人間」として，非行・犯罪を犯した場合には社会から排除される存在でした（藤田, 2010）。先述した応報刑論から目的刑論への移行に際し，目的刑論の思想には再犯をいかに防ぐかという視点が含まれており，ここから「罪を犯した者の社会復帰」を司法が考えるようになっていきます。1900年代に入り，フロイトによる精神分析の登場と共に臨床心理学が社会に認知されるようになると，精神病患者は悪魔ではなく人間であるということと同時に，彼らに対する医療・治療の必要性が理解されるようになります。この視点は非行者・犯罪者をどのように矯正するかという点につながりました（矯正心理学）。1940年代前後にはアイヒホルンが，浮浪児施設での経験から，非行少年は親との情緒的関係を経験していないことがその問題であると主張しました。彼は治療方針として，少年たちの行動に対する許容的態度の徹底をとおすことで，情緒的結びつきを獲得させることを重視しました。また精神分析派のヒーリーは非行臨床の事例研究に基づいて，非行少年の精神的葛藤や情緒的苦悩を共感的に理解する心理力動的アプローチを唱えました。このようなセラピストと子どもの情緒的・共感的関係を重視する関係療法は，非行少年の治療援助に大きく貢献しました。またこの治療姿勢は児童相談所で心理援助に従事していたロジャーズの「来談者（クライアント）中心療法」の発想へと結実していくこととなります。司法における「共感」の持つ可能性については，第8章で詳しく述べます。

　驚くべきことですが，法と臨床心理学の歴史のなかでは長い間被害者が軽視されていました。これはかつて「刑事裁判において対峙するのは加害者と被害

第5章　法心理学と裁判員裁判　71

者ではなく，国家とその法律を犯したとされる被告である」（小西, 2008）とい
う司法のあり方があったことも一因でした。1960年代後半になり，特に欧米
では人権擁護活動が活発化し，マイノリティの権利を高める動きが社会的に広
がっていました。このような背景から臨床心理学においても，犯罪被害者支援
の活動が開始されました。法と心理学における被害者支援については第6章で
詳しく触れます。

2-6　日本の法心理学

　日本の法心理学の祖は寺田精一（図5-2）であるとされています。寺田は，
東京帝国大学で日本心理学の祖・元良勇次郎に師事し，先述のリストに学んだ
日本の新派刑法学者の巨星である牧野英一との協働をとおして，多くの法心理
学研究を残しました。彼の研究の多くは当時のヨーロッパにおける法心理学研
究の紹介や，その日本への適応であり，また臨床心理学的性質が強いものでし
たが，一方で日本初の目撃証言実験を行ってもいます（若林・佐藤, 2012）。残
念なことに，寺田は1922（大正11）年に33歳の若さで夭逝してしまい，彼の
研究も法心理学自体も，日本では長く顧みられることはありませんでした。そ
の後，第二次世界大戦前後になり，植松正が法心理学の中心的立場をとりまし
た。植松は日本大学文学部心理学専攻を卒業後，東北帝国大学法文学部法律学
専攻に再入学し，卒業後は検事・判事を務めています。植松は法学と心理学の
双方に通じた者として，供述の信頼度に関する実験研究も行っています。また
彼は，聾唖者が可罰的認識力があることを実証的に示し，刑法によって定めら
れた「聾唖者の刑の軽減」を削除することを求めました。
　その後，日本では1963年に犯罪心理学会が設立，1990年には日本臨床心理
学会が『裁判と心理学』を出版するなど，徐々に司法の側に心理学的知見の必
要性が認識され始めます。そして，現在の「法と心理学会」の隆盛に重要なエ
ポックメーキングを務めたのは，1990年以降の発達心理学者・浜田寿美男に
よる供述分析研究です。浜田は甲山事件，足利事件など日本の刑事裁判史上著
名な冤罪事件の自白供述の分析に携わりました。浜田の自白供述分析は，日本
司法における「取調室の不可視性」と「調書という二次的資料」の問題点を考
慮したものでした（浜田, 2005）。このように実際の事件への供述分析研究は法
実務家との連携をもたらし，またそれを世に周知させたことで日本の法心理学
領域の隆盛に貢献しました。この冤罪と法心理学の関係については第9章で詳
しく述べます。また浜田の供述研究は，「人が記憶を語る」という現象に対し

図 5-2　日本の法心理学の祖・寺田精一
（写真は雑誌『心理研究』（大正 11 年第 12 巻 4 号）に追悼論文「故寺田精一氏の追悼」に
掲載されたもの）

て示唆に富む内容でもありました。これは先述のロフタスの研究に刺激を受け
た日本の記憶心理学者たちにも影響を与え，2001 年の法と心理学会の設立ま
でつながることになります。そして時を同じくして，日本の司法では「司法へ
の市民参加」── 裁判員制度成立 ──への議論が始まっていました。

2-7　法への社会心理学の影響

　歴史からは少し離れますが，社会心理学のなかでも心理学における「公正感
（fairness）」研究は法学領域に大きなインパクトを与えたと考えられます。テイ
ラーら（Taylor et al., 1997）は，個人がさまざまな状況において感じる公正感を
モデル化しました。司法において「何を公正・正義（Justice）とするか？」は
非常に大きな課題であり，基本的には理念的な観点から正義論が唱えられてい
ました。テイラーらの研究は，個人が何かを公正と感じるには，分配や手続き
といった公正を判断する状況のなかの複数要素にそれを求める傾向があること
を示しました。特に，手続き的公正（procedural justice）は，法学領域で制度手
続きの公正感を向上することが重要であると理解され，今でも制度構築のうえ
で有益な理論・モデルとして使用されています。この法心理学における公正研
究について，詳しくは第 7 章で述べます。

3　裁判員制度の開始と法心理学

3-1　裁判員制度とは

　日本では，2004（平成16）年5月21日「裁判員の参加する刑事裁判に関する法律」が成立し，2009（平成21）年5月21日より裁判員制度が施行されたことで，市民参加型の裁判 —— 裁判員裁判 —— が開始されることとなりました。裁判員制度では，刑事事件のうち「法定刑の重い重大犯罪」（司法制度改革審議会，2001）について，市民裁判員6名と専門裁判官3名がともに公判に参加して評議し，被告人の有罪無罪の決定（判決）有罪の場合には量刑の決定を行う制度です。ここで，法定刑の重い犯罪とは，殺人罪・強盗致死傷罪・傷害致死罪・危険運転致死罪・現住建造物等放火・身代金目的誘拐・保護責任者遺棄致死・覚せい剤取締法違反です。裁判員裁判では，これまで「法の裁き手」として裁判に関わることがなかった市民が裁判に参加するわけですから，従来の法律の専門家 —— 裁判官，検察官，弁護人 —— が中心となって行ってきた刑事裁判と，その内容や進め方が大きく変わる必要がありました。裁判員制度の開始は，日本の法心理学領域にも大きな転換期を生みました。これまで裁判官という特別な人びとによって行われてきた刑事事件の判断が，市民によって部分的に担われることで心理学研究の対象にすることが可能になったためです。また司法制度全体が市民裁判員に与える影響力を早急に調べる必要性が生まれてきました。

3-2　裁判員制度で新しくなったこと

　裁判員裁判の基本的な流れを図5-3に示します。以下では，裁判員制度によって変更された制度手続きについて触れておきます。

公判前整理手続き

　市民に裁判に参加してもらうにあたり，従来の裁判のように，ときに数年以上もの長い間裁判に参加してもらうというわけにはいきません。よって，従来裁判内で行われていた証拠の吟味を裁判（公判）前に裁判官・弁護人・検察官で行い，争点を絞り込んでから市民参加の裁判を開廷することで裁判の充実・

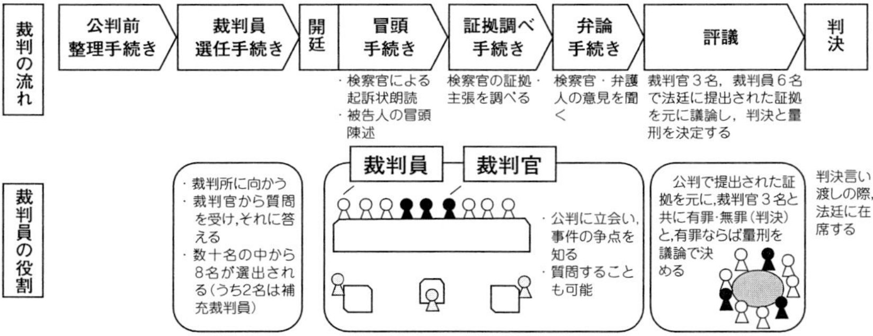

裁判の流れ

| 公判前整理手続き | 裁判員選任手続き | 開廷 | 冒頭手続き | 証拠調べ手続き | 弁論手続き | 評議 | 判決 |

・検察官による起訴状朗読
・被告人の冒頭陳述

・検察官の証拠主張を調べる

・検察官・弁護人の意見を聞く

裁判官3名，裁判員6名で法廷に提出された証拠を元に議論し，判決と量刑を決定する

裁判員の役割

・裁判所に向かう
・裁判官から質問を受け，それに答える
・数十名の中から8名が選出される（うち2名は補充裁判員）

裁判員　　**裁判官**

・公判に立会い，事件の争点を知る
・質問することも可能

公判で提出された証拠を元に，裁判官3名と共に有罪・無罪（判決）と，有罪ならば量刑を議論で決める

判決言い渡しの際，法廷に在席する

図 5-3　裁判員制度の流れと裁判員の役割

迅速化を図っています。これを公判前整理手続きといいます。

裁判員選任手続き

　市民が裁判員に選ばれる場合，地方裁判所ごとに，市町村の選挙管理委員会がくじで選んで作成した名簿に基づいて，翌年の裁判員候補者名簿を作成します。次に，事件ごとに裁判員候補者名簿の中から，くじで裁判員候補者が選ばれます。裁判員候補者のうち，辞退を希望しなかったり，質問票の記載のみからでは辞退が認められなかった場合には，指定された選任手続き期日に裁判所に行く必要があります。裁判所では裁判長が候補者に対して，不公平な裁判をするおそれの有無，辞退希望の有無・理由などについて質問を行います（裁判員のプライバシー保護の観点から原則非公開）。

　最終的に，このなかから6人の裁判員が選任され，その日のうちに公判に参加することになります。また裁判員が何らかの理由により途中で裁判に参加できなくなる場合に備えて，補充裁判員も2名ほど選任されます。

公判開始以降の手続き

　選任された裁判員は，裁判官と一緒に，刑事事件の法廷（公判といいます）に立ち会います。公判では，証拠書類を取調べ，証人や被告人に対する質問が行われます。裁判員から，証人等に質問することも可能です。ここで裁判員たちに吟味される証拠は事前の公判前整理手続によってあらかじめ提出される内容が決定されています。

評議・評決

　証拠がすべて提出され公判が終了すると，今度は事実を認定し，被告人が有

第5章　法心理学と裁判員裁判　75

罪か無罪か（判決），有罪の場合はどんな刑にするべきか（量刑）を，裁判官と一緒に議論し（評議），決定します。このとき，評議を尽くしても，意見の全員一致が得られなかったとき，評決は，多数決により行われます。ただし，裁判員だけによる意見では，被告人に不利な判断（被告人が有罪か無罪かの評決の場面では，有罪の判断）をすることはできません。この場合，裁判官1人以上が多数意見に賛成していることが必要となります（特殊多数決）。この点を除き，有罪か無罪か，有罪の場合の刑に関する裁判員の意見は，裁判官と同じ重みを持っています。

判決宣告・裁判員の任務終了

　評決内容が決まると，法廷で専門裁判官の裁判長が判決を宣告します。この判決の宣告をもって，裁判員としての役割は終了します。

3-3　裁判員制度実施後の運営現状

　裁判員制度は 2009（平成 21）年 5 月 21 日に開始されて以降，2012 年現在までで 3 年が経過しました。裁判員制度の実施後の状況について（図 5-4），法務省の調査によれば，2011（平成 23）年度 12 月までに裁判員裁判で 3,173 人の被告人に判決が言い渡されました。また裁判員裁判における判決人員の内訳は，罪名別で，強盗致傷事件 755 人（23.8 ％），殺人事件 727 人（22.9 ％），現住建造物等放火事件 293 人（9.2 ％）の順です（図 5-4 左）。また，裁判員裁判で裁判員に選ばれた市民は 18,326 名おり，性別は，男性が 54.8 ％，女性が 43.0 ％（無回答が 2.3 ％）となっており，年齢もほぼ各年代からまんべんなく選ばれています（職業については図 5-4（中央）を参照）。また平均的な審理期間は，

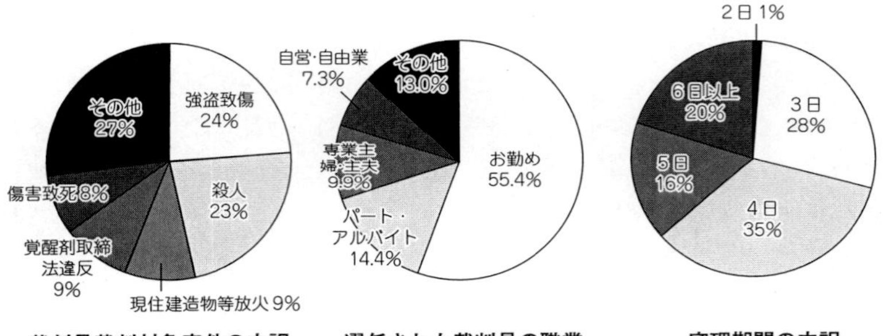

裁判員裁判対象事件の内訳　　**選任された裁判員の職業**　　**審理期間の内訳**

図 5-4　法務省による，裁判員制度の実施後の状況（2011）

63.8％の事件が4日以内で終了し（図5-4右），判決の内容を決めるための評議の時間は平均約8.8時間となっています。

4　裁判員裁判評議の研究

　裁判員制度の諸問題と心理学はどのように関係するのでしょうか。いくつかテーマがあります。たとえば，公判中の法律用語の難解さが裁判員の理解度に与える影響について（藤田, 2005; 山崎・仲, 2008; 後藤, 2008），また公判を聞いた一般市民が持っている公正に関する感覚とその公正感に被害者参加制度など制度手続きが与える影響について（白井, 2008; 綿村ら, 2010; 佐伯, 2011）といったものがすでに研究されています。ここでは公判（や，それ以外）でさまざまな情報にさらされた裁判員たちが裁判官と議論することになる「評議」過程の問題と，その問題に対する心理学研究について触れておきましょう。

　評議とは議論の場ですから，これは心理学的にいえば，「集団問題解決（group problem solving）」，または「集団意思決定（group decision making）」の分野としてすでに多くの蓄積があります。

4-1　SDS に基づく陪審研究の実態

　法心理学に限っていえば，デイヴィスらによる社会意思決定図式（Social Decision Scheme : SDS）が1970年代に始まって以降もいまだに陪審研究に強い影響力を持っています（Devine, 2001）。デイヴィスは集団意思決定の最終選択は，集団の構成員があらかじめ持つ問題に対する認識（初期選好）の多数派の意見が通りやすいことを示しました（Davis, 1973）。つまり，集団で問題を解決する場合，議論の中身とは別に，初期選好の偏りの比率によって集団の結論をより良く予測できることを示したのです。裁判でいえば，評議する以前に有罪と思っている人が多数派であれば，その評議の結論は有罪となるということになります。よって，SDS がすべての意思決定過程に適用できるとすれば，陪審制度のように市民だけで行う意思決定は司法の立場からすると非常に危険なものとなります。なぜなら，裁判において初期選好とは法廷に提出されていない証拠や情報に基づいて作られる可能性があり，これを司法では「予断」または「偏見」と見なして，公正な裁判の妨げと考えるためです（直接証拠主義）。よって，デイヴィスらのモデルに従えば，市民だけで議論する陪審研究におい

第5章　法心理学と裁判員裁判　77

て重要なことは，評議する以前に陪審に与えられる情報にバイアスや誤りがないかということとなり，法心理学研究の多くが，この評議前までの裁判員の初期選好になりうる情報の検討を行っています。

4-2　日本の裁判員裁判評議の不測性

　日本の裁判員裁判の評議は，市民 6 名と職業裁判官 3 名の参審制であることはすでに述べたとおりです。裁判員裁判評議のメンバーの構造は，SDS で予測している「評議する全員が市民」という陪審制度とは状況が異なることがわかります。このように集団メンバー内に何らかのステータスの違いがある状況を「成員異質性」と呼び（杉森，2002），裁判員裁判で想定される成員異質性は専門裁判官と市民裁判員の知識格差と考えられます。陪審制とは異なり，裁判員裁判では，法の専門家である専門裁判官が評議に加わることによって，良い意味で裁判官の専門的な知識によって裁判員がその判断に影響を受ける場合（専門性勢力），市民の意見を取り入れながら司法判断の妥当性を確保することにつながります。一方で，法の素人である裁判員が裁判官という法の専門家が言っている（正当性勢力）というだけの理由で，裁判官の意見を鵜呑みにしてしまうという悪い可能性もあります（杉森ら，2005）。杉森ら（2005）は，裁判員は，裁判における情報処理が多い（認知的負荷が高い）場合，正当性勢力に影響を受け，判断に偏りが出ることを実験から示しています。

　実験的に評議過程を再現するこれらの手法による知見は有用であり，裁判官がどのように機能するかによって評議の判決が異なるのであれば，その点を司法の場が改善していく必要があります。一方で，専門裁判官の影響力を実験的に再現することの難しさから，実験による再現にも生態学的妥当性の点で限界があります。また SDS での予測は評議の内容自体を考慮しないことも，1 つ問題点としてとらえることができるでしょう。なぜなら，市民参加型の裁判において重要なことは，市民の意見が司法の判断のなかに反映されることであり，すなわち市民の意見だけがそのまま通ることでもないからです。その意味で，評議の内容自体の質が問題の根幹とも考えられます。また裁判における評議は，陪審制度，参審制度を問わず，その制度プロセス自体は原則非公開です。これは市民の判決（または量刑）に絶対的な決定権があるためで，それを再び問い直すということはないわけです。そのため，これまで法の分野でも心理学の分野でも評議の中身について調査するということはありませんでした。しかし，近年この評議で議論される内容を研究する指向も生まれつつあります。では，

以下の図を見てみましょう。

　筆者はオーストラリアのデラハンティ教授と共に，オーストラリアの模擬陪審評議と，日本の模擬裁判員裁判評議の逐語録をテキストマイニングの手法を用いて分析しました（図5-5）(Delahunty & Wakabayashi, 2012; テキストマイニングについては第20章を参照)。各図は，コレスポンデンス分析による評議メンバー個人と使用頻度の高い単語との共起関係を示しています。評議内で使用頻度の高い語（たとえば，「証拠」や「証言」）とは，その評議で重要なトピックまたは概念であると考えられます。逆に，個人が自分が重要だと思うトピックスほど，会話のなかでより多く使用していると予想されます。よって各人と重要トピックの共起関係を示すことで，評議におけるメンバーごとの意見構造を示すことができます。

　注目してほしいのは，各評議におけるメンバー（○と●）の図中の位置関係

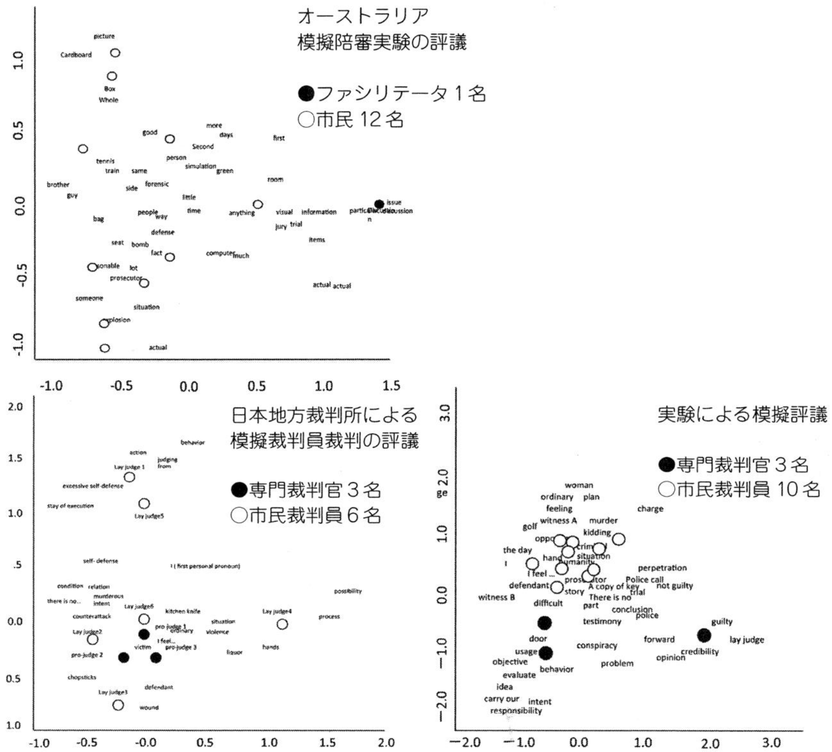

図5-5　テキストマイニングを用いた評議過程の構造分析

第5章　法心理学と裁判員裁判 | 79

です。図中の文字やメンバーの距離が近ければ近いほど，それらは共起した（よく同時に出現した）ことを意味します。つまり，各メンバーの位置の距離が近いほど，似たような重要トピックを多く発言しているということです。この図から明らかなことは，まず図左上のオーストラリアの陪審評議はファシリテータ（●）が右端に位置し，陪審員たちが図全体の上下に分かれて位置しているということです。一方，図左下，日本の裁判員裁判では専門裁判官（●）が図中央近くに集まり，その周りに裁判員たち（○）がバラバラに位置しています。そして図右下の実験的に行われた人数比の異なる日本の模擬裁判員裁判では，裁判官（●）と裁判員（○）が上下に分かれていることがわかります。

　この図では「近くに配置されているほど同じ内容（トピック）をよく言葉にした」ということを意味していますから，陪審（図左上）と実験模擬裁判員裁判（図右下）では，話し合いで重視された内容がその上下のグループによって極端に異なっていたということになります。しかし，同時に，これは市民どうしの対立なのか，市民と専門家の対立という点で両図は異なっています。裁判員裁判の意義からすれば図右下の，市民の数が 10 名の場合の評議では市民が市民の考えによって議論を進めていた可能性があります。一方，通常の日本の裁判員裁判（図左下）は，一部の裁判員（○）は裁判官（●）の近くに位置していますが，一部の裁判員は離れたところに位置しています。このことから裁判員のなかには裁判官と同じ観点で話をした者がいた一方で，一部の裁判員は全く異なる観点から議論に参加していた可能性が考えられます。2 つの裁判員裁判評議の違いは裁判員の人数比が異なるという点です（市民 6 名と市民 10 名）。人数比が異なることでこのように評議の意見構造が異なるというのであれば，何が最も市民意見をくみとりながら法の妥当性を保つ評議を構築することができるのかについて議論の余地があることになります。

　現状の裁判員制度の評議構成員の人数比に関しては，裁判員制度の開始が決まったときからさまざまな議論がなされたようです。しかし，そこに心理学の知見や実証的な知見が導入された様子はありません。また，上記のような 1 つの研究から直ちにどちらの評議の人数比が良いかということはいえません。それは法学者との協働，そして社会のなかで議論されていかなければならないでしょう。よって法心理学領域ではそのような議論が可能になるようなプラットフォームとして整備されるべきであり，それこそが「社会問題解決のモード」を意味することになります。

第 **6** 章

被害面接・被害者学・刑罰論

1 被害の発生と捜査心理学

1-1 被害の発生

　もしも私たちが犯罪被害に遭ったとしたら，あるいは被害を目撃したとしたら，特殊なケース（たとえば，警察に訴えることにより，不利益を被る可能性がある場合など）を除き，一刻も早く警察に届け出ることでしょう。事件の報告を受けた警察は，容疑者の特定に向けて捜査を行います。犯人が確保された場合であっても，刑事裁判で容疑者を起訴する準備に向けて，警察は捜査を行うことになります。捜査では，犯人の手がかりとなる可能性のあるあらゆる情報を収集することが重要です。犯行現場に残された犯人の痕跡 —— たとえば，毛髪，汗，唾液，血液，細胞片 —— や，被害者および事件の目撃者から得られた証言は，容疑者の特定において重要な情報となります。

　しかし，事件に関連する情報が得られたとしても，それらの情報から信頼性の高い情報を抽出し，十分な分析が行われなければ，目的に到達することは困難でしょう。たとえば，犯行現場から犯人の痕跡が発見されたとしても，何をもってそれが犯行時に残された痕跡だと判断するのか，事件の目撃者や被害者から証言が得られたとしても，それらはどの程度信頼できるのか，は重要な問題です。犯人が現行犯逮捕されない限り，犯行現場の状況，犯行現場に残された犯人の痕跡，目撃者や被害者の証言，被害者の交友関係に関する情報などから，事件概要を類推し，容疑者を割り出さなければなりません。得られたどの情報が事件と関連するのか，関連しないのかを判断するのは人です。

　アメリカでは，1992 年に 2 人の弁護士によってイノセンス・プロジェクト（冤罪を晴らすためのプロジェクト）が立ち上げられました（Dwyer et al., 2003/2009）。イノセンス・プロジェクトは，DNA 鑑定によって無実が明らかとなった受刑者（死刑囚を含む）が，2010 年までに 297 人にのぼったこと，その誤判の

81

72％が誤った目撃証言に因ることを明らかにしています（イノセンス・プロジェクト，ホームページより）。このことは，目撃証言や状況証拠に基づく司法判断の信頼性を揺るがす大事件でした。DNA 鑑定は古くから行われていましたが，その精度は低く，鑑定結果の正誤をめぐって裁判で争われることもありました。現在，DNA 鑑定の精度は，ほぼ 100％とされますが，これも確率計算上のことであり，指紋のように 100％同定できる手法ではないことには注意が必要です。

　容疑者を正しく特定し，誤判を防止するうえでも，科学研究および心理学研究を推進し，その成果を捜査に活用することが必要といえるでしょう。

1-2　捜査心理学

　捜査心理学は，証拠の発見・収集・保全にあたって，心理学で得られた知見を活用します。容疑者を裁判にかけるかどうかを決定するにあたっても，捜査心理学が活用されています。

　捜査心理学者の渡辺（2009）は，捜査心理学の主領域として，「犯罪捜査および捜査の意志決定」「犯罪者の行動」「研究の方法論とデータ分析」の 3 つをあげています。「犯罪捜査および捜査の意志決定」には，目撃証言の心理，認知的面接，供述の妥当性分析，「犯罪者の行動」には，犯罪者の行動に関する理論，プロファイリングのための推定理論，犯罪者の地理的行動などが含まれるとしています。

　ここでは，犯罪者の行動，特にプロファイリングについて，少しご紹介したいと思います。

プロファイリング

　プロファイリングは，犯行現場に残された犯人の痕跡から，犯人に関する情報 —— たとえば，年齢，性別，職業 —— を推測するのに利用される手法です。事件の特性と犯人の特性との間に関連性を見いだし，捜査中の事件に活用するのです。犯人の特性をあらわすと思われる情報を効率よく収集し，捜査を行うことで，容疑者特定の可能性が高まることが期待されます。

　ブル（Bull, 2007/2010）によると，プロファイリングは，大きく，地理的プロファイリングと個人の特徴に関するプロファイリングの 2 つに分けられます。地理的プロファイリングは，犯人の居住地を推定するために用いられ，距離減衰理論（principle of distance decay theory），合理的選択理論（rational choice theory）に基づいています。前者の理論から「犯人が 2 つの対象のうち 1 つを選択しなければならない場合，他の条件が等しければ，より近いほうを選択する」ことが，後者の理論から「強盗は，高額な利益を得るためには，労力が大きくとも遠くに移動する」ことが導き出されます。また，犯人が犯行を避ける自宅周辺区域のことを緩衝域（バッファー・ゾーン）と呼びます。さらに，日常活動理論（routine activities theory）とパターン理論（pattern theory）に基づくと，犯人にとってなじみのある地域で犯行に至ることが予測されます。

　個人的特徴に関するプロファイリングは，大きく分けて 3 つに分類することができます。それぞれ，統計的プロファイリング，臨床プロファイリング，アメリカ連邦捜査局（FBI）によるプロファイリングです。統計的プロファイリングでは，解決済みの事件で蓄積された膨大なデータベースを利用し，犯人の行動と犯人の個人的特徴に関連性を見いだします。そしてその関連性を実際の事件に適用し，犯人の特徴を推論するのです。一方，臨床プロファイリングは，過去に捜査にあたった個人的経験に基づいて，犯人の特徴を予測します。また，アメリカ連邦捜査局（FBI）によるプロファイリングは，連続犯の面接に基づいて犯罪者の類型を行うものです。しかし，臨床プロファイリングは個人的経験に基づく一貫性に欠くものであるという理由から，アメリカ連邦捜査局（FBI）によるプロファイリングは，少数の犯罪者を対象にしているという理由から，他のプロファイラーから批判されています。

　日本の刑法犯は凶悪犯，粗暴犯，窃盗犯，知能犯，風俗犯他に細分化されますが，平成 23 年の刑法犯全体の検挙率は 31.4 ％，最も検挙率の高い凶悪犯は 72.6 ％となっています（平成 23 年版　警察白書）。刑法犯の検挙率が決して高い数値ではないことを考えると，捜査心理学のますますの発展が望まれます。

2　被害者の軽視と被害者学の勃興

2-1　犯罪者の処遇と被害者の軽視

　犯罪者が少年の場合，成人の場合よりも，更生の可能性が高いと考えられます。したがって，成人と同じ処遇ではなく，刑罰は成人よりも軽くなります。

　少年法が施行されたのは，1948（昭和 23）年 7 月です。20 歳未満の者に少年法が適用されました。この法律の目的は，「少年の健全な育成を期し，非行のある少年に対しては性格の矯正及び環境の調整に関する保護処分を行うとと

もに，少年及び少年の福祉を害する成人の刑事事件について特別の措置を講ずることを目的とする」（少年法第一条）とあります。つまり，犯罪者が20歳に満たない場合，成人の場合と異なり，矯正や環境を整える特別の措置をとること，また，少年の心身の健全性に害を及ぼす犯罪（たとえば児童買春，児童ポルノ）を厳しく取り締まることを目的としています。特別の措置とは，保護観察（社会のなかで更生を図る）を受けるか，児童自立支援施設，児童養護施設，少年院のいずれかの福祉施設に送られることを指します。検察に送られ，刑事裁判を受けさせることもあります。いずれも，家庭裁判所の審判によって決まります。

少年法が施行された背景には，当時の社会状況がありました。昭和23年といえば，戦後まもない，厳しい社会状況にあった時期です。食糧難，住宅難，就職難のために市民の生活は苦しく，多くの戦争孤児が置かれた状況はさらに厳しいものでした。そうした状況を反映するように，戦後，少年の犯罪率は高まり，この傾向は昭和26年まで続きます。少年の犯罪率は，1.12％から1.28％と推移し，同じ時期の成人の犯罪率が0.98％〜1.01％の間を推移しているのと比較して，高い数値となっています（昭和36年度版 犯罪白書）。

犯罪が発生する1つの要因として，環境要因があげられます。「衣食足りて礼節を知る」という言葉があるように，生きていくのに困窮する過酷な経済的環境にあって，人は礼節を知る余裕はなくなっていきます。当時，触法少年の多くは，戦争孤児でした。親を戦争で失った子どもたちです。少年法は，過酷な経済的環境にある戦争孤児が存在する時代を背景に施行されました。少年犯罪の原因が環境によるところが大きいという考え，矯正教育や環境を整えることによって犯罪を防止できるという考えが根底にありました。

その後，少年犯罪はどのような推移をたどったかを見ると，戦後の混乱した状況から抜け出すにしたがい，減少していきます。1951（昭和26）年を境に少年の犯罪率は減少し，1954（昭和29）年には0.90％（成人の犯罪率は0.84％）となりました。経済的環境が良くなり，少年をとりまく環境も良くなったことが原因と考えられます。

1946（昭和21）年〜2006（平成18）年にかけての殺人・強盗の少年検挙人員の推移（平成19年度版 犯罪白書）をみると，殺人で検挙される少年は1965（昭和40）年以降，強盗で検挙される少年は1960（昭和35）年以降減少しています。強盗については，1997（平成9）年から2003（平成15）年にかけて増加していますが，これは警察が犯罪をより厳しく取り締まった結果だといわれています。警視庁は1997年6月初め，少年非行対策を従来の「ソフト」路線か

ら「徹底検挙」に方針転換しています（1997年6月29日　毎日新聞東京朝刊）。こうした背景として，1980年以降に発生した凶悪な少年犯罪の影響があげられます。1980年の金属バット両親殺害事件，1988年の名古屋アベック殺人事件，1988年の女子高生コンクリート詰め殺人事件，1997年の神戸連続児童殺傷事件，2000年の大分一家6人殺傷事件など，連日，メディアに詳細かつセンセーショナルに取り上げられ，事件の残虐性が世間に大きな衝撃を与えました。しかし，こうした凶悪犯罪は，いつの時代にも発生しており，1980年以降，凶悪犯罪が増加したというわけではありません。成人の刑法犯，少年の刑法犯の認知件数は，ともに2004（平成16）年から2010（平成22）年にかけて減少し続けています。成人の刑法犯の認知件数は，2004（平成16）年が2,790,136件（うち少年は144,404件），2010（平成22）年が1,585,856件（うち少年は85,846件）となっています（平成22年度版　犯罪情勢）。

　しかし，2004（平成16）年と2006（平成18）年の内閣府調査では，80％以上の市民が治安は悪化したと回答しています。法社会学者の河合幹雄はこうした現象を体感治安の悪化と名づけています（河合, 2004）。客観指標では治安は悪化していないが，私たちの感覚としては悪化したと感じているという現象のことです。体感治安の悪化から厳罰化を求める声は次第に大きくなり，2007（平成19）年11月には，改正少年法が施行されることになりました。大人と同じ刑事罰を受ける年齢を16歳以上から14歳以上に引き下げ，16歳以上で被害者を故意に死亡させたような場合には，原則として刑事処分を受けることになったのです。つまり，14歳であっても家庭裁判所の判断で，少年刑務所に入れられる可能性があるのです。こうした厳罰化傾向が強まった要因として，メディア報道のあり方，犯罪被害者をとりまく状況の変化が指摘されています。

　次に，被害者をとりまく状況の変化について見ていきたいと思います。

2-2　被害者をとりまく状況の変化

　近代法治国家においては，犯罪被害者の存在は無視されてきたといえます。被害に遭った苦しみに加え，家族を守れなかった被害者遺族の自責の念，ときには被害者にも非があったかのような世間の好奇の目にさらされることの苦しみは，想像を絶するものです。また，加害者のプライバシーが保護されるため，加害者の氏名や住所，その処遇についても知ることさえできませんでした。被害者を苦しめるのは，精神的な面ばかりではありません。経済的負担も大きなものでした。加害者が犯行時に被った怪我や服役中の病気は税金で治療される

のに対し，被害者が負った怪我の治療費が得られる保証はありませんでした。被害を受けて仕事が続けられなくなったとしても，生活の保障もありませんし，たとえ裁判で慰謝料の支払いが加害者に命じられたとしても，支払い能力のない場合は，支払われることもありませんでした。

1997（平成 9）年 1 月 1 日〜 1999（平成 11）年 3 月 31 日に有罪判決が言い渡された犯罪の被害者および遺族を対象にした調査によると，111 件の殺人等の犯罪で謝罪を受けたものは約 25 ％，示談が成立したのは約 10 ％，賠償金の全部または一部の支払いを受けたものは約 18 ％にすぎません（平成 11 年版犯罪白書）。

このように，犯罪被害者をとりまく状況は過酷なものでしたが，こうした状況が明らかにされることも，被害者や被害者遺族が加害者に対する怒りを表明する場もほとんどありませんでした。しかしこれは，日本に限ったことではありません。世界に共通してみられることでした。

2-3　被害者学の勃興

被害者をとりまく状況に変化が見られるようになったのは，20 世紀後半に入ってからです。その変化はまずヨーロッパにおいて見られ，アメリカ，オセアニア，日本へと広がっていきました。「被害者学」という新たな研究領域が確立されたのも，20 世紀後半に入ってからです。「被害者学」の定義はさまざまですが，「犯罪・災害・事故の被害の原因を明らかにし，被害者（被害者家族）が受けるさまざまな影響，有効な支援方法について学際的研究を行う学問」と考えられます。

被害者に光が当てられ，被害者学が勃興したのは，何によるのでしょうか。グッディ（Goodey, 2004/2011）は，イギリスで被害者（および被害者学）が重要になった要因として，以下をあげています。そして，これらの諸要因が重なり合って，刑事司法や社会的正義における犯罪被害者の地位を向上させたとしています。

・公式な犯罪率の増加
・犯罪調査による大量の隠れた犯罪の発見
・大衆の間での犯罪恐怖の高まり
・増加する犯罪および社会秩序違反活動に対する大衆の不寛容な態度
・加害者処遇モデル（矯正プログラム）が失敗し，被害者と連携する応報的

司法にとって代わられたこと
・無防備な被害者に対する犯罪や，刑事司法制度による被害者の不当な扱いについてのメディア報道
・女性に対する暴力または児童虐待の問題についてのフェミニストの認識と政治化
・増加する犯罪率の政治化。つまり政治家が犯罪率の増加現象を巧みに利用して「法と秩序」，「犯罪制圧」，被害者問題などに有権者の目を集中させ（政治的失敗や難問を素通りして），選挙の勝者となること
・被害者をも含む市民憲章，あるいは患者の権利の獲得に向けた運動

　日本においては，体感治安の悪化，厳罰化傾向の高まり，女性に対する暴力や児童虐待の問題がクローズアップされる状況があらわれました。メディアの事件報道が，次第に凶悪事件の残忍性，被害の大きさを強調するような報道の仕方に変わってきたことも指摘されています。河合（2000）は，1998年3月から1998年11月にかけて朝日新聞に掲載された被害者に関連する記事を分析し，意図的に諸機関の活動や立法に影響を与える報道キャンペーンが行われたことは明白としています。また，新聞社は，記者，新聞社，識者のコメントでは，決して厳罰化の主張はしていないが，声欄で読者に語らしめたり，被害者に心情吐露の形で言わせ，見出しや紙面構成を通して，結果として，被害者への注目を厳罰化に結びつけているとしています。

　家庭内で暴力が行われるという意味でのドメスティックバイオレンス（DV）自体は古くから存在しますが，それが問題化したのは，女性運動の高まりによります。2002年4月には，「配偶者からの暴力の防止及び被害者の保護に関する法律」（DV防止法）が施行されました。児童虐待に係る事件の検挙件数は，2005年（222件）から2010年（354件）にかけて毎年増加し（平成23年版　犯罪白書），大きな社会問題となっています。また，政治家の犯罪者に対する強硬な姿勢も示されるようになりました。1989（平成1）年以降停止されていた死刑執行は，1993（平成5）年に再開され，鳩山邦夫法務大臣は，2007（平成19）年と2008（平成20）年に13人の死刑を執行しました。グッディ（2004/2011）が指摘した，イギリスで見られた状況の変化は，日本においてもみられることになったのです。

　1973年，エルサレムで世界被害者学会（WSV）第1回シンポジウムが開催され，1982年には東京でWSVが開催されました。そして，犯罪被害者をとりまく過酷な状況は少しずつ改善されていきました。1981（昭和56）年1月1日，三菱重工ビル爆破事件（1974年に発生した無差別爆弾テロ事件。8人が死亡）を契

第6章　被害面接・被害者学・刑罰論　87

機として，国が犯罪被害者や遺族に給付金を支給する犯罪被害者等給付金制度が施行されました。2000（平成12）年5月には，犯罪被害者やその遺族の心情や被害回復を目的として，犯罪被害者保護法が施行され，公判手続きを傍聴，公判記録の閲覧および謄写が可能となりました。また同年に，刑事訴訟法が改正され，被害者が裁判で意見陳述を述べること，2008（平成20）年には被害者参加制度が導入され，一定の限度で証人尋問や被告人質問が認められることになりました。

　被害者や被害者遺族が発言の機会を得た一方で，刑罰は応報的な色合いを強め，この傾向は少年犯罪に対してもみられるようになりました。

　1999年に発生した光市母子殺人事件では，被害者家族がメディアで加害少年に対する怒りを露わにし，極刑を望むと述べました。犯行当時18歳1ヵ月であった少年の死刑が確定しています。2010年に発生した石巻3人殺傷事件では，裁判員裁判で被害者遺族の意見陳述が示され，犯行当時18歳7ヵ月であった少年に死刑判決が下されています。

3　二次被害とそれを防ぐための仕組み

3-1　二次被害 —— セカンドレイプ的事態，冤罪的事態

　性被害者が警察に通報した場合，身体に残る犯人の痕跡を病院で採取され，事件について詳細な聴き取りが行われます。聴き取りは1回限りではありません。被害者は，複数回にわたって，事件の詳細を話さなければなりません。加害者との関係，事件とは直接関係のないと思われる私生活についても話さなければなりません。裁判になれば，裁判官，検察官，弁護人による尋問が行われ，再度，被害や私生活について話すことになります。一刻も早く忘れたい忌まわしい被害について，長期間にわたり，繰り返し話し，思い出さなければならないことは，被害者にとって屈辱であり，精神的負担の大きさははかりしれません。また，周りに知られることも恥ずかしいことです。こうしたことを考えて，警察に訴えること，裁判に訴えることを躊躇し，泣き寝入りする被害者は少なくありません。

　犯罪被害者支援団体「被害者サポートセンターおかやま（VSCO）」（岡山市）が，岡山県内4大学の女子学生約1300人を対象にした性的被害に関する調査（回収率45.3％）では，44.8％が性的被害を経験しており，性被害で深く傷つ

いた経験があるとした113人のうち82.3％は警察に届けていないこと，届けなかった理由として「被害を他人に知られるのが嫌」「自分にも責任があると思った」「届け出によって，さらに傷つく」などをあげていることを明らかにしています（2011年11月24日，読売新聞）。

被害者に何度も繰り返し，事件について質問をすることは，被害者にとって苦痛であるばかりか，事件の真相を明らかにするという点においても損失です。

3-2　二次被害を防ぐための仕組み —— 子どもの面接法など

皆さんのなかには，自分の記憶の正確性について，強い自信を持っている人がいるかもしれません。あるいは，強い自信を持って話す人の記憶は，自信なさげに話す人の記憶よりも正確であると思う人がいるかもしれません。しかし，心理学の研究によって，本人が自信を持っている場合であっても，その人の記憶がいつも正しいとは限らないことが明らかにされています。USBメモリなどの記憶媒体は突然壊れたりしますが，人の記憶は突然消失することは少ない代わりに，記憶の一部が変容しやすく，どの記憶が変容したかを明確に区別することは難しいことが，研究によって明らかにされたのです。

さらに，記憶が変容する傾向は，一般に，大人と比較して子どものほうが強いことが明らかにされています。自分では本当のことを話しているつもりでいても，実際には事実ではなく，冤罪を生じることさえあります。

アメリカの冤罪事件として有名なマクマーチン裁判は，複数の子どもの間違った記憶が引き起こした冤罪事件の1つです。1983年，カリフォルニア州で保育園に務めるレイモンド・バッキーは，幼児虐待の罪で告発されました。子どもの証言に基づいて，100件の罪で告発されたのです。裁判は長期化し，被害者とされる子どもが法廷で証言を行いました。1987年に11歳と12歳の少女，1988年に8歳と11歳の少女，13歳の少年が，保育園で受けた性的虐待について，法廷で生々しく証言しています。しかし，その証言内容は矛盾に満ちたもので，1990年に無罪が確定することとなりました（Butler et al,, 2001/2004）。この裁判は，全米史上最長の性的虐待事件裁判で，最悪の冤罪事件として知られているものです。

どうしてこのようなことが起こるのでしょうか。その原因の1つとして被暗示性があげられます。被暗示性は，子どもが大人よりも強い傾向にあるので，事件の聴き取りを行うときにはより慎重になる必要があります。

仲（2004）は，欧米では早くから心理学者が警察や政府に協力し，子どもの

第6章　被害面接・被害者学・刑罰論　89

表6-1 子どもに対する望ましい面接法（仲, 2004 から一部改編）

① ラポールを重視する	十分な時間をかけてラポールをつくり，子どもが話しやすい，リラックスできる環境を用意する。
② 自由ナラティブを重視する	自発的に話してもらうことを重視し，面接者はできるだけ口を挟まず，積極的に聴取する。こうすることで暗示や誘導の影響を低減する。
③ オープン質問を重視する	質問を行う場合は，できるだけオープン質問を行う。また，質問は，できるだけ面接の最後のほうで行う。
④ クローズ質問は控える	「はい・いいえ」質問や「AかBか」などの選択式の質問はできるだけ避ける。
⑤ 丁寧に終了する	中立的な話題で面接を終了するよう心掛ける。また子どもが不安になったり，連絡をとりたいと思った場合に備え，連絡先を告げる。協力に感謝する。

面接法の開発が進んでいるとしています。また，コーケンらが開発した構造面接法，ユーイらがカナダ警察と作成したステップワイズ面接法，ブルらがイギリス内務省に協力して作成したフェーズドアプローチには，表6-1のような共通点が見られるとしています。

　ラポールとは，子どもと面接者との間に信頼感が築かれた状態のことをいいます。また，オープン質問とは，「何を見たのかしら？」のように，自由に答えてもらう質問のことです。

　仲（2004）は，上記の子どもの面接法においては，大人を対象とした面接法に比べてラポールが強化されているとしています。そして，メモンとウォーカー（Memon & Walker, 1999）の提唱するラポール段階のグランド・ルール（基本ルール）をあげています。グランド・ルールには，子どもが嘘と真実を区別できるかの確認，「知らない」「わからない」と言う練習，面接者が質問を繰り返す意味（確認のためであって答えを正すためではない）や面接者が間違ったことを言ったときには訂正できることの確認が含まれます。

　英国警察では，子どもや障害者，トラウマティックな体験のある人に，上記の面接法が実施されています。面接の様子はビデオ録画を行っており，裁判に証拠として提出されます。

　日本の警察では，こうした面接法はまだ導入に至っておらず，事件や事故の聴き取りは異なる人が何度も行うことになります。児童虐待が増加している現状，性被害者の多くが泣き寝入りしている現状を考えると，聴取方法の早急な改善が必要だと思われます。

4 被害感情の問題と刑罰の問題 —— 応報感情を超えて

　現在の刑罰には，市民の犯罪を抑止し，再犯を防ぐ効果が期待されます。それと同時に応報的な意味もあります。犯罪者が刑罰を受けることを知れば，人は罪を犯さないようにするでしょうし，刑罰に服した者は再度罪を犯さないようにすると考えられます。また，犯罪者は，相応の刑罰を受けるべきだとも考えられます。

4-1　近世日本の刑罰

　近世にさかのぼってみると，諸外国の多くと同様，わが国においても残虐な処刑が行われていたのは，広く知られるところです。江戸時代，衆人の目の前で処刑がなされ，死体がさらされました。また，身体の一部を切り取る刑罰，入れ墨を入れる刑罰も存在しました。こうした刑罰は，市民に恐怖を喚起させる見せしめの効果がありました。刑罰は被害者に代わりお上が犯罪者に与えたのです。仇討ちも存在しましたが，これは武士にのみ許されたもので，藩の許可が必要でした（1873（明治6）年に廃止されました）。

　近代になり，これまで見られた残虐な身体刑は廃止され，矯正教育が導入されました。1900（明治33）年に感化法が施行され，各府県に設けられた感化院で，16歳未満の触法少年を成人の犯罪者とは別に収容し，教育を受けさせました。矯正教育により，再犯を防ぐ効果が期待されたのです。

　そして現代，被害者（被害者遺族）の司法参加が認められ，さらにまた，これまでになかった新しいアプローチ —— 修復的司法 —— が見られるようになりました。修復的司法によって，犯罪被害者と加害者の当事者が，直接的に関わることになったのです。

4-2　修復的司法

　「修復的司法」とは，被害者，加害者，コミュニティの三者間で，犯罪によって壊された関係を修復する試みの総称です。修復的司法では，裁判のように，検察官，弁護人がそれぞれ被害者，加害者の主張を代弁するのではなく，第三者が立ち会いのもと，当事者間で直接的に，関係の修復を図ることになります。

第6章　被害面接・被害者学・刑罰論　91

トンポロウスキら（Tomporowski et al., 2011）は，修復的司法について次のように述べています。

　　修復的司法は，地域に根差した草の根運動として1970年代に始まりました。修復的司法にはさまざまなヴァリエーションがあるように，修復プロセスも多様です。……
　　何がその犯罪で起こったのか，誰が傷ついたのか，どのように問題を解決するかについて，被害者，加害者，地域住人が話し合うのが望ましい修復的司法のプロセスです。……
　　修復的司法は，被害者に，自分が受けた傷について話し，質問する機会を与え（そうすることで立ち直りの過程を支援します），加害者には犯罪の責任をとらせ，加害者の人生に望ましい変化が生じる機会，地域の一員として再復帰する機会を与えます。また修復的司法は，地域社会に，犯罪の発生原因を理解し，被害者と加害者の問題に関与し，支援する方法を提供します。

　修復的司法は，争いのある当事者と第三者で話し合いにより解決を図るという点において，調停と同じ機能があるように思われますが，地域社会との強い関係が見られるという点で異なっています。金井（2011）は，修復的司法の思想は，もともと世界各地で始められたさまざまな実践や実験的取り組みのなかから生じてきたこともあり，そこには各地域に固有の事情や，異なる伝統・文化・宗教を背景とする独自の価値観が反映されているとしています。
　それでは，文化が異なれば修復的司法の形態は，どのように異なるのかについて確かめるために，フィンランド，ニュージーランドの修復的司法について概観したいと思います。フィンランドの修復的司法について，吉田（2007）は次のように述べています（一部改変）。

　　1983年，ヴァンター市で「被害者と加害者との調停（Victim-Offender Mediation, VOM）」プログラムが試行されたのが，フィンランド最初の修復的司法と考えられます。その有効性が明らかにされ，約20年で，修復的司法がフィンランド全土に普及しました。VOMでは重大犯罪を扱うことは少なく，被害の程度の比較的小さい暴力犯罪，財産犯への適応が多く見られます。また，VOMは主として福祉施設の一環として行われ，刑事司法制度を構成するものではありませんが，VOM事務局や調停者は，警察，検察，裁判所と連携をとります。被害者と加害者どちらかがVOMの利用を申し出て，双方が同意した場合，調停が開始され，調停によって被害者側と加害者側の合意が成

立した場合には，起訴，判決にも大きな影響を与えることになります。調停者は概ね 30 時間の研修を受け，自治体に採用されたボランティアです。VOM の利用はやがて青少年から成人に広がっていきました。

金井（2011）によると，VOM の始まりはキリスト教メノー派による自発的な取り組みの構想にあり，メノー派教徒のゼアによって積極的に展開されていきました。つまり，フィンランドで行われている修復的司法は，宗教的基盤をもとにしていることになります。また，民間のボランティアが調停者であること，刑事司法とは独立に行われるが連携しているという点に特徴が見られます。
　次に，ニュージーランドでの修復的司法についてみてみましょう。千手（2004）は，次のように述べています（一部改変）。

　　1989 年にニュージーランドで施行された，修復的司法「児童，青少年及び家族法」は，ニュージーランドの先住民族であるマオリ族の司法アプローチと，後に入植したヨーロッパ人の司法アプローチの統合です。

ヨーロッパ人が入植する以前のマオリ族の法体系については，千手（2004）は次のように述べています（一部改変）。

　　植民地支配によって，マオリ族の司法システムが崩壊され，文化，価値がほぼ解体されました。ヨーロッパ人が入植する以前，マオリ族には，生活のあらゆる面において「規則」が存在していました。たとえば，正誤についての明白な概念を有する，悪事に関する法，ティカンガ・イ・ンガ・ハラ（tikanga I nga hara）がありました。そして，悪事の責任は犯罪者個人にではなく，その者が属する社会的・家族的環境における均衡の欠如にあると考えられていたのです。不均衡の根源は，集団的なかたちで取り組まれる必要があり，とりわけ，犯罪者と被害者の家族との間の不均衡は，調停を通じて回復されなければなりませんでした。

マオリ族の法体系は，まさに修復的司法のアプローチそのものだったということがわかります。ニュージーランドの修復的司法は，入植者の司法アプローチと先住民族の司法アプローチの融合である点，国の司法制度として青少年の修復的司法が成立しているという点が特徴的です。
　フィンランド，ニュージーランドのケースを概観してみると，修復的司法は，現代の望ましい司法制度のように感じられます。しかし，問題点も指摘されて

います。金井（2011）は，批判や問題点を大きく分けると，刑事司法システムに関わる問題と，被害者・加害者・コミュニティといった，犯罪に関わる当事者の立場から見た問題との，2つに大別できると指摘しています。前者は刑事手続きのどの段階で実施するのかといった問題，すべての犯罪に適用するのは難しいといった問題です。後者は，たとえば，和解や赦しを強制されるのではないかといった被害者側の不安です。

　そして，日本の場合には，加害者に対する被害者の処罰感情の激しさばかりに目が向けられがちで，厳罰化が当然のものとして受け止められている状況があり，修復的司法の早急な制度化は回避されるべきとしています。

　修復的司法に，コミュニティの果たす役割が大きいことを考えると，コミュニティとのつながりが希薄な多くの現代日本人にとって，修復的司法を受け入れることは容易でないように思われます。日本の文化に根差した，他の国とは異なる修復的司法のあり方を模索する必要があるでしょう。また，厳罰化の1つの原因と考えられる体感治安の悪化が，偏った情報に基づいてもたらされていることを考えると，犯罪について正しい認識を持ち，矯正教育や被害者学についても広範な知識を持つ必要があると思われます。

第7章
正義と公正感情

1 正しさ —— 公正・正義・司法

1-1 「正しさ」とは何か

「正しさ」とは何でしょうか。すぐには考えが浮かばないかもしれません。「まず，正しいことを思いつくだけあげていきましょう」と言ったところで，おそらく正しいことをあげていくのは難しいでしょう。しかし，「正しくないこと」に考えをめぐらすと，いくつか思いつくのではないでしょうか。

たとえば，人に暴力を振るう，であるとか，お店で売られているものを盗む，無銭飲食する，といったことが思い浮かぶかもしれません。どうしてこれらのことが正しくないと感じるのでしょうか。暴力を振るってはいけない，対価を払わずにサービスを利用できない，といったことが法律に定められているからでしょうか，それとも，法律がなくとも，それは正しくないことだからでしょうか。

法律の話になりましたが，法律やルールに従うことは正しいでしょうか。正しくない場合はあるでしょうか。海外に目を向けると，麻薬を持ち込んだだけで死刑になるという法律のある国もあります。お酒を飲むと刑罰が加えられる国や，浮気をすると女性だけが罰せられるという法制度を持つところもあります。また，海外では死刑制度のある国のほうが少ないという現状があります。現在日本では死刑制度を廃止するかどうかの議論が行われていますが，死刑制度は正しいのでしょうか，正しくないのでしょうか。

以上のように法律や制度のことを考えてみると，正しさは固定された唯一絶対のものではないことが想像できるでしょう。「何が正しいのか」という問いへの答えを出すことは，必ずしも簡単ではないかもしれません。しかし，法律が私たちの生活に大きな影響を与えており，私たちの人生を左右するような力を持っている以上，「何が正しいのか」を考えないわけにはいかないでしょう。

95

本章では，「正しさとは何か」を考えるときの手がかりになるような考え方を紹介していきたいと思います。

1-2　理念的正義と主観的公正

　正しさとは何か。その答えの1つは，古くさかのぼれば古代ギリシア時代の正義概念にあります（中山，2011）。当時の正義は，社会の秩序を維持するためのものであったとされていますが，今日の司法も，同じ役割を担っていると考えられます。法律および制度によって社会のなかで何が悪であるのか，ということが定められ，その法律に違反したときには罰せられるというシステムがあることで，何が正しく，何が正しくないかということが明示的に決められているといえるでしょう。司法によって定められている正義は，いわば，私たちの行動規範や，社会におけるあるべき姿の理念としてとらえることができます。

　一方，司法のシステムによって正義が明示されているからといって，私たちは必ずしもその単一の正義に従って行動するというわけではありません。最初に例をあげたように，私たちは，現状で定められているすべての法律に対して正しいと思えるわけではなく，従いたくない，正しくない，と感じる法律も存在しえます。私たちは，司法によって定められていることを正しいものととらえているのではなく，司法に定められている諸理念に同意し，その1つひとつを正しいと感じているからこそ，それらに正当性を感じ，正しさの感覚を持つと考えられるでしょう（Tyler, 2006）。

　このように，現状において司法が定めているような社会理念としての「正しさ・正義」が，私たち1人ひとりが「何が正しく何が正しくないか」を判断した結果として感じている「正しさの感覚，公正感」と必ずしも一致するというわけではありません。言うまでもないことですが，司法の定めている「正しさ」と，個々人が持っている「正しさの感覚」や個々人が公正と感じるものが一致していないのであれば，それは問題であり，一致させるような歩み寄りが必要となってくるでしょう。しかし，個々人にとっては何が正しく，何が正しくないのでしょうか。私たちは何に正しいと感じ，何に正しくないと感じるのでしょうか。司法における正義と私たちの感じる公正さをできるだけ一致させようとするとき，私たちがどのような状況で公正と感じるのか，どのように公正さの感覚を得るのかを知ることは必須の課題となってきます。

　そこで本章では，個々人がどのような状況で公正さを感じるのかという問いに答える心理学的知見を紹介していきたいと思います。具体的には，①人がど

のように正しさと向き合っており，正しくないことに出会ったときにどう対処するか，②人がどのように正しさを決めているか，どのような状況を正しいと感じやすいか，③二者間で紛争が起こったとき，どのように互いの納得を引き出して新しい正しさを見いだすことができるのか，について学んでいきたいと思います。ここでの個人が感じている「公正さ・公正感」あるいは「正しさの感覚」とは，個人が何かの物事に対して納得ができない，受け入れられないという感覚（不公正感），および現在の社会で起きている物事や自分の身の回りに起きていることが妥当あるいは正当であり，受容できると感じる感覚（公正感）を指します。本章は，社会がどうあるべきであるのか，を直接議論するよりはむしろ，個々人がいつ，どのようなときにどのような心理過程をとおして「正しい，受け入れられる，納得できる」あるいは「正しくない，受け入れられない，納得できない」と感じるのかについての研究知見を紹介しています。

2　ジャストワールド仮説と公正の方程式 —— わり算的世界

2-1　公正世界信念

　私たちは，「正しさ」や「正義」ということを意識しようとしていまいと，何が公正であって何が公正でないかという判断を常に行っており，また知らず知らずのうちにその判断を都合の良いほうに歪めてしまうということがあります。そういった状況を説明する概念として，「公正世界信念（belief in just world）」という考え方があります。

　公正世界信念とは，「自分たちは公正な世界に生きている」という世界観であり，世の中のすべての現象は公正であってほしいという欲求ともいえるでしょう（Learner, 1980）。こういった世界観にしたがって物事を見ている場合，自分の行っている努力は報われる，いま正しいことを行っておけば後でいいことが起きる，といったように考えます。たとえ後に報われることがない可能性が現実にあったとしてもです。また，この公正世界信念の欲求があるとすると，その人は何か不公正を感じる出来事に出会ったときに，その不公正が起こった理由を考えようとします。たとえば，あるところで暴行事件が起きたという報道を見たとします。そのとき，実際には被疑者と被害者の間に何の接点もなく，被害者はただその場に居合わせただけであったとしても，その被害にあった人にも何か落ち度があったに違いない，と考えてしまうなら，それは公正世

第7章　正義と公正感情　97

界信念の反映です。

このように，私たちは「世界は公正であってほしい」と願い，公正であることが望ましいと考える傾向にあります。その根拠として，私たちは自分が行ったことに対して過度の返報や利益を受け取ることに対しても不公正と感じがちです（Tyler, 2001）。たとえば，授業中に隣の人が落としたペンを拾って渡しただけで「お礼に図書カード 1000 円分をお送りします」と言われても，特別な理由がない限り，その図書カードを受け取るということはしないでしょう。私たちは，何が公正であり，何が不公正であるかということへの感覚を持っていますが，一方で，不公正と感じたことを公正なものと見なそうとしてしまうということがある，という事実にも自覚的であることが必要です。

2-2　公正判断の基準

先ほど，意識の有無にかかわらず，私たちは公正さの判断を行っていると述べました。では，私たちは何を公正と感じ，何を不公正と感じているのでしょうか。ここでは，私たちがどのような状況を公正あるいは不公正と感じるのかを考えていきたいと思います。

資源（食べ物やお金などの目に見えて実在するものから人の気持ちや地位名声などの目に見えないものまで）を分配することに関わる公正のことを，「分配的公正（distributive justice）」と呼びます。この分配的公正の文脈において，公正かどうかの判断には主に 3 つの基準があると考えられます。第一に，「衡平（equity）」の基準です。この衡平基準を重視している場合，各自の投資した資源と受け取った報酬とが見合うように，成果を上げた人により多くの資源を配分することが公正とされます。第二に，「平等（equality）」の基準です。この平等基準を重視する場合には，資源を均等配分することが公正ととらえられます。第三に，「必要性（need）」の基準です。この必要性基準を重視している場合には，資源を必要としている人に多くの資源が分配されることが公正と見なされます。

例をあげると，3 人での引っ越し作業を終えたときにおにぎりを 6 個持っていたとします。衡平の基準を重視すれば，最もよく働いた人におにぎりが 3 つ配られ，次によく働いた人に 2 つ，最も働かなかった人に 1 つという分配をすることが公正と考えられます。平等の基準に従えば，誰がどれだけ働いたかにかかわらず，各人に 2 つずつ分配されます。もし必要性の基準を重視するとすれば，朝ごはんを食べずに来て倒れそう，という人に 3 つあるいは 4 つのおに

ぎりが配分され，残りのおにぎりをあとの2人で分け合うということになります。このように，何かの資源を分配する状況において何が公正であり不公正であると考えるかは，その判断の背景にある基準によって異なってくるといえます。

2-3 公正判断の方程式

ここまでは資源の分配における基本的な公正さの判断の原則を紹介してきましたが，どうしてそのように3つの基準のようなものがあるのでしょうか。複数の基準が存在する理由の説明の1つに，集団の目標の違いが基準を分けているという考え方があります（Deutsch, 1975）。つまり，集団が目標としているものによって，その集団に関与している人びとによって重視されるものが変わってくるという考え方です。（たとえば，集団の目標が成果を上げることであれば衡平基準，集団の目標が足並みを揃えて不満を出さないようにすることであれば平等基準，集団の目標が困ったときには助けられたいということであれば，必要性基準が重視されるということになります。）

この考え方を発展させるかたちで，大渕（2004）は，公正の感覚を「公正＝処遇／適格性」という数式で表現しています（図7-1）。つまり，公正感とは1つの集団においての適格性と個人が受けた処遇の釣り合いによって形作られるものである，と考えることができます。ここでの処遇は，個人が受けた対応や結果であり，適格性は「ある人がどの程度の資源を受けるに値する資格を持っているか，権利を持っているかということ（大渕, 2004, p.46）」を意味しています。その適格性は集団の目標あるいは集団においての正義が反映されています。具体例をあげると，ある家族を1つの集団と考えたとき，もし子どもの教育を家族のなかで最も重視しているのであれば，どれだけきれいな家に住み，毎日ごちそうを食べ，毎年旅行に行くことができていたとしても，子どもが留学し

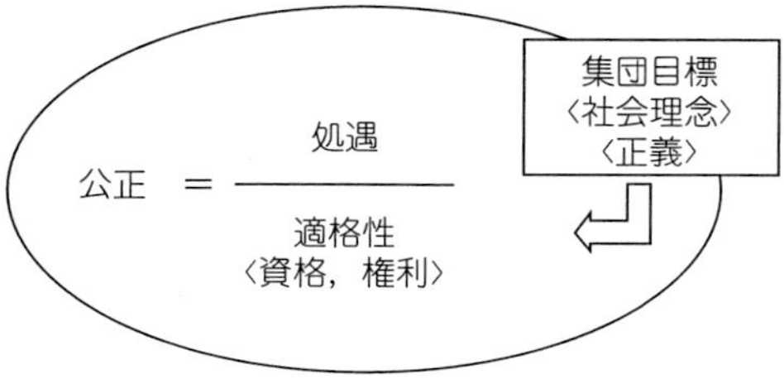

$$公正 = \frac{処遇}{適格性〈資格, 権利〉} \quad \boxed{\begin{array}{c}集団目標\\〈社会理念〉\\〈正義〉\end{array}}$$

図7-1 公正と正義（大渕, 2004）

たいというときに資金を出すことができなければ，その家族のなかでは不公正が生じたということになります。言い換えれば，教育に関することに優先して家族の資金が向けられるという適格性に対して，留学に行けないという処遇は釣り合わないということになり，不公正が生じたということになります。もしこの家族が，働かざるもの食うべからず，の考え方を重視しているのであれば，留学に行くと言っている子どもが働いていない場合には，留学するという適格性はなく，留学に行けないという処遇も公正となります。

3 家事労働における分配と公正

3-1 家事労働の公正感を規定する要因

個人が感じる正しさの感覚や公正さの感覚をより具体的に理解するために，ここでは家事労働の分担を行うなかで感じられる公正感の研究を紹介していきます。家事労働分担の公正感に関わって，近年では，どうして一見量的には偏っている家事労働の役割分担が不公正とは見なされないのか，という問いに注目が集まり，欧米圏を中心に多くの研究が行われてきました。つまり，家事役割も仕事役割も担っている共働きの女性が，どうして家庭内の役割分担を不公正と見なさないのか，ということが問題となり，その解明が試みられてきたのです。

夫婦の家事分担に関わる公正感の代表的な理論的枠組みでは，家事労働の分担に対する公正感には，「結果の価値づけ（outcome values）」，「比較参照（comparison references）」，「正当化（justifications）」の３つの過程が影響しているといわれています（Thompson, 1991）。まず，結果の価値づけとは，担っている分担自体に満足しているかどうかです。たとえば，掃除洗濯をすること自体が楽しいといったように，役割をこなすこと自体が楽しいと感じている，あるいは自分が役割を担い行っていることによって家族との人間関係がより良くなっていると感じられると，家事労働の分担を不公正とは感じないと考えられています（図7-2）。

比較参照は，自らが行っている役割を他者が行っている役割と比較するという過程です。つまり，自分やパートナーと自分とで行っている分担が周囲の人びとと比較して不当であると感じると，不公正さを感じるのです。たとえば，自分が行っている分担はパートナーが行っている分担より多いとか，自分のパートナーが行っている役割は，友人のパートナーが行っている役割よりも少な

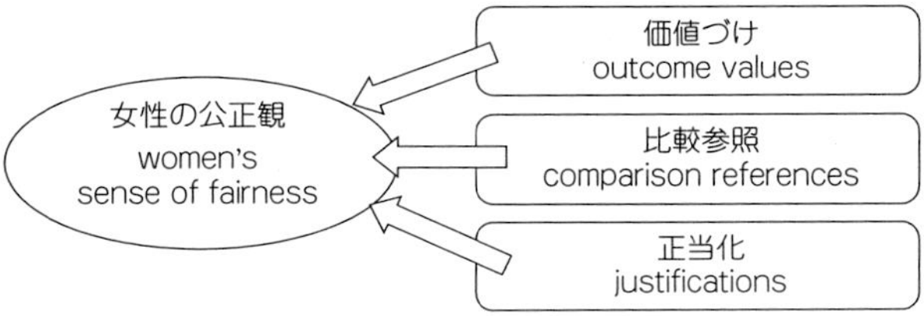

図7-2 トンプソンによる公正感の規定因の概念図（Thompson, 1991; 滑田, 2011 より）

い，といったように感じると，不公正さを感じると考えられています。

　正当化は，自らが行っている役割を正当であると考える過程です。たとえば，パートナーは自分よりも多く働いてお金を稼いできているから，自分は家庭のことをたくさん行いたい，と考えるなどです。この正当化がなされると，一見量的に偏った役割分担に対しても不公正感を抱かないと考えられています。

表7-1 トンプソン（Thompson, 1991）**の理論的枠組みに依拠して行われた諸研究の結果**
（滑田, 2011）

枠組みにおける過程	検討した内容と諸研究	公正感との関わり
価値づけ	役割をこなすことから得られる喜び（Gager, 1998）	役割をこなすこと自体が喜びであり，分担にも公正さを感じる
	感謝（Blair and Johnson, 1992; Hawkins, Marshall, and Meiners, 1995）	パートナーから感謝されることで，分担を公正と感じる
比較参照	関係比較，自分とパートナーの比較（Gager, 1998; Kluwer, Heesink and Van de Vliert, 2002; Mikula et al., 2009）	自分の分担とパートナーの分担を比較することと不／公正感は関連（また，比較する頻度が多いと，より不公正さを感じる）
	他者比較，自分と同じ状況にいる同性あるいは平均像との比較（Gager, 1998; Mikula et al., 2009）	自分・パートナーと同性の男性と比べたときには分担を公正と感じる
正当化	勤務している時間と地位（Coltrane, 2000; Mikula et al., 2009）	（女性の）働いている時間や地位と公正感との関連（長時間仕事をしていることと，地位が高いことが，不公正感と結びついている）
	相互の合意による分担（Hawkins et al., 1995）	分担が二人で決められたものであれば公正と感じる
	意見を伝える機会や相互のやりとり（Kluwer et al., 2002）	分担に関わって，意見交換や相互やりとりを行う機会があれば，公正と感じる

第 7 章　正義と公正感情　101

以上のことをまとめると，担っている分担自体に満足している，周囲も同じような分担を行っている，正当化する理由がある，といったときに，その行っている役割分担を公正と感じます。逆にいえば，担っている分担自体に楽しみや喜びを見いだせず，役割を担うことによって家族生活の維持に貢献できていると感じておらず，社会や周囲の人たちは自分が行っているような分担を行っておらず自分の行っている分担は負担が大きいと感じ，どうして自分が家事を行っているのか正当化する理由を考えることができない，といったときに，人は自分の行っている家事分担を不公正と感じがちであるといえます。この理論的枠組みは，数々の研究によって実証されています（表7-1）。

3-2　文化や社会的状況と公正感

また，公正感は社会で一般的に考えられていることや社会の状況，風潮といったものとも無関係ではいられないことを，いくつかの研究は示しています。たとえばグリーンスタイン（Greenstein, 2009）は，約30の国々の統計調査を用いて，ジェンダー平等指数（どれだけ性別による偏りがない状況が実現されているかを示す度合い）と家庭内の役割の公正感との関連を調べました。その結果，ジェンダー平等指数が高い国ほど，その国の人びとはより平等なかたちに近い家庭内の役割分担を公正と感じており，日本を含めたジェンダー平等指数が低い国では，どちらかのパートナーに偏った家事分担に対しても不公正感が抱かれないという傾向が示されました。つまり，文化や社会的状況によって，どのようなことに対して公正さを抱くのかが異なってくる可能性があります。

3-3　多元的な公正判断

これまで，家事労働を行うなかでどのような分担を公正と感じるのかということに関して，いくつか公正感に影響する要因を紹介してきました。しかし，公正感に影響しているそれらの要因は，それぞれが独立に影響しているのではありません。むしろ，複数の基準や過程がごちゃまぜになったかたちで，公正さの判断が行われているといえます。たとえば，先ほどの家事労働分担の文脈でいえば，他者との比較を行うことと公正感が関わっていると述べましたが，他者と比較する際には，役割分担の量だけでなく，その内容やそれぞれが置かれている状況も同時に比較しています。つまり，複数の視点を持ちながら，全体としての比較をしているということです。研究では，何が公正さの判断に影

響を与えたのか，ということを明らかにしようとしますが，現実には1つの公正さの判断と見えることにも多様な公正の判断材料が含まれているということもありえると考えてよいでしょう。

3-4　相互作用的公正

　家事労働分担の公正研究に見られるように，人間関係や対人関係のなかで不公正さを感じるということはよくあることです。必ずしも家事労働分担の研究から生まれた概念ではありませんが，人間関係や対人関係において感じられる公正さを心理学的に説明する考え方として，「相互作用的公正（interactional justice）」という概念が提案されています（たとえば，Bies, 2005）。家事労働分担の場合では，自らが行っている役割に対してパートナーが無関心であり，誠実さや相手を尊重する気持ちに欠けた対応を受けているという理不尽さのような感覚を覚えて不公正さを感じるという経験は，読者の皆さんも一度や二度，あるのではないかと思います。

4　争いを防ぐ，あるいは治める，平和構築のための心理学

　公正に関わる研究は，人びとの間の平和な関係の構築を実現するために行われてきたといっても過言ではありません。近年では，実際の争いの解決に関わる分野でも公正感の研究が進められています。前節で示したような家事労働分担に関わる公正さの判断がより大きな争いに発展するかはわかりませんが，人間関係のなかで互いの主張が食い違うことから大きな争いに発展することはあります。もしその当事者自身で争いを治められないときは，法的介入による解決が行われることにもなりえます。具体的には，争っているどちらかが裁判所を通じて訴訟を起こす，あるいは調停の申し立てを行うなどの手段，あるいは近年では裁判外の紛争解決手段（Alternative Dispute Resolution: ADR）と呼ばれる方法によって解決を図ることとなります。こうした第三者が両者の主張の公正さをとりもつといった場合においても，同じ裁判結果に対して納得あるいは満足した結果を得ることができる場合と得ることができない場合があることを，心理学的研究は示してきました。ここでは，それらの心理学的研究の蓄積から生み出された知見を紹介していきます。

4-1　手続き的公正

　上記の話のように個人間あるいは集団間で争いが起こり，その解決が裁判に持ち込まれたとします。そこでは法的な決定が下されることになりますが，当事者たちは，その結果に満足するかどうかはもちろんのこと，その決定が下されるまでの手続きの過程にも注目する（「手続き的公正 procedural justice」）ということが，これまでの研究で明らかになっています。それに加えて，公正な手続きが行われた際には，たとえその結果が不利あるいは不本意なものであっても，その結果を受容する傾向がある（手続き的公正効果 procedural justice effect）ということも報告されています。

　では，どうして人びとは手続きを重視し，それによって手続き的公正効果が生まれることになるのでしょうか。手続き的公正やその効果を説明する考え方として，心理学的研究から以下のような3つのモデルが提案されてきました。

道具的モデル

　このモデルは，「手続きが公正に行われることによって，得られる結果がより望ましいものに近づくため，人びとは手続きを重視する」という説明を行っています（Thibaut & Walker, 1975）。もっと具体的な文脈に沿って考えると，裁判の訴訟においては，発言の機会があればそれだけ自らの主張も認められる可能性が高くなるため，平等に発言機会があったかどうかが重視されるという説明です。つまり，発言がより望ましい結果につながると人びとは考えている，という考え方です。

集団価値モデル

　一方，発言の機会が多い場合でも，実際には必ずしも望ましい結果が得られるとは限りません。しかし，そういった場合でさえ，人びとは手続きや発言の機会を重視します。この現象を説明するモデルとして集団価値モデルがあります。このモデルでは，発言をして主張を伝える機会があることで，その当事者は所属している集団のなかで自らの主張を聞いて理解してもらい，自らの立場を認めてもらえているという感覚を持ち，心理的な満足を得るという説明を行っています（Lind & Tyler, 1988; Tyler & Lind, 1992）。

関係モデル

　また，人びとは発言の機会だけでなく，決定者が中立であること（neutrality），決定者に信頼がおけること（trustworthiness），より丁寧な扱いを受けていること（respect and dignity）が重要であるということも研究によって示されています（たとえば，Tyler, 2000）。これらはまとめて，関係モデルと呼ばれています。

4-2　手続き的公正の表裏一体の側面

　意思決定や第三者が介入する際の公正さの判断において，人びとは手続きを重視し，手続きが公正であった場合には，たとえ得られた結果が望ましくないときですら，その結果を受け入れる傾向があるということは先述したとおりです。この手続きを重視するという心理過程は，望ましくない結果を得た際の不平不満を低減させる役割を果たすことにもなり，紛争をうまく治めることに効果を発揮すると考えられます。一方，手続きが公正であることによって，本来であれば受け入れたくないような望ましくない結果まで受容せざるを得ない状況が発生することも想定できます。おそらく，頑なに自分にとって望ましい結果だけを追い求めても争いが収束に近づくことはなさそうですが，どれだけ手続きが公正であっても，本来自分の望んでいた結果が得られるとは限らない，ということを弁えておくことも，紛争の当事者になった際には重要となってくるでしょう。

4-3　争いの解決へ向けた挑戦

　「正しい／正しくない」「納得した／納得しなかった」と感じることは，多かれ少なかれ，生活しているなかで誰もが経験していることでしょう。しかし，そういった公正さや不公正さの感覚というものはいつでも誰でも同じではなく，出来事との接し方や立場が異なれば，同じ物事に対しても公正と感じたり不公正と感じたりすることがあります。「私たちはどのように公正さと向き合っているのか」「どのようなときに人は納得するのか」といった問いに答える知見を，これまで心理学は提供してきました。しかしこれからは，争いが起きたとき，あるいは争いを未然に防ぐために，どのように人びとが歩み寄ることができるのかということ，もっと広くいえば，どのようにすれば多様な考え方のなかで公正な社会の制度や取り組みを実践していくことができるのかということに，考えをめぐらすことが求められています。

第7章　正義と公正感情 105

多様な価値観が存在するなかで公正な状況を作り出すためには，1つの考え方，1つの公正基準に固執しないということが大事になってくるでしょう。争いの双方が自分の利益のことのみを考え，少しも譲歩する姿勢を見せないのであれば，事態は硬直し，争いは互いに納得のいくかたちでは解決しないと思われます。2人の子どもたちがオレンジを分ける際に，一方は焼き菓子のために皮を得て，もう一方は果物として果実を得て満足する（Fisher et al., 1981）という話のように，互いに利益を得るかたち，あるいは互いに損をした感覚が少なくなるようなかたちで争いを治めたいものです。そのためには互いの主張，背景，立場を尊重し，理解したうえで，自らも情報を開示し，互いに譲歩できる余地を探っていく態度が何よりも求められることのように思います。

　一方，争いが深くなればなるほど，強い情動によって争いのかたちが強固に維持されていくでしょうから，当事者のみでの解決だけではなく，第三者が介入する解決方法，および第三者が介入できるような状況づくりにも目を向ける必要があるでしょう。強く否定的な情動によって突き動かされている争いは，単純な理想論や浅薄な技術だけでは解決へと導かれません。事象の説明や理論の構築がどれだけ実際の紛争の解決や防止に貢献できるのかは，私たち研究をしている人たちに突きつけられている挑戦でもあります。

第**8**章

共感と虚偽と道徳性

1 法心理学における感情の問題

　司法の分野において議論されている問題の1つに，感情の扱い方があります。こと刑事裁判においては，本来裁判の公正性を期すために，感情的な判断は可能な限り避けられてきました。つまり，感情に押し流されて判断が下ってしまうことは法の厳格さや精密さを維持することに反すると考えられてきたためです。そのような一見「無情」な裁きに対して，近年議論が起きています。刑事裁判の歴史からすれば，最初に「犯罪人の発見」がありました。つまり，それまでの歴史では，犯罪者の背景は議論されず，犯罪者＝処罰の対象でしかなかったのですが，犯罪者を理解しようとする動きが起こったのです。これは，犯罪を予防し，犯罪者の社会復帰を支援するうえで意味を持っていました。しかし，近年の動向として，犯罪者の権利は守られる一方で，被害者の権利は守られていない，被害者の声が司法に届いていないという意見が強くなりました。このような世論を受けて日本では，2008年12月1日から被害者参加制度が開始されました。そして2009年以降始まった裁判員制度では，市民がその判断を下す側になりました。本来，法の裁きは両者に平等であるべきですが，近年の動向を考えれば，これは加害者・被害者のどちらに感情移入をするかが判断の決め手になりつつあるといえるのです。よって，法心理学において感情を議論することは重要であり，そのポイントとなる心理学的事象が「共感」であると考えられます。

1-1 司法における共感

　まず，法における共感は，裁判の際の感情要因や非行少年への面接，法律相談の面接の際の要因としてとらえられてきました。

　相談面接では，聴く技法として共感的コミュニケーションが大切であると述

107

べられています。「このような技法を用いて，面接場面，特に面接の初期の段階で相談者との間で信頼関係を形成することが重要となる」（下山, 2007）とされています。

　また，情報の共有のための基本技術として，コミュニケーションの促進要因として，共感的理解があげられ，「相談者の言うことを批判したり評価したりせずにそのままを受容する態度を示す。この態度は相談者を支援する・肯定するというのとは異なり，あるがままにそれを受け入れるというものである。そうすることによって，相手方は安心してコミュニケーションを進めていくことができる」（菅原, 2007）とされています。

　藤田（2010）は非行臨床の文脈でのなかで共感的二者関係や，共感的心理療法に言及し，「自身のケースをもととしてセラピスト − クライエント間のいわゆる共感的二者関係を拠りどころとしてクライエントが自ら内面的成長を遂げ，非行から脱却していくプロセス」を示しています。

1-2　裁判における感情要因

　裁判における感情要因としてはヌスバウム（Nussbaum, 2010）が，『感情と法』の中で，共感（同情）について取り上げ，刑事判決では，「『〔証拠に〕つなぎ留められた』，つまり『理に適った』同情は判決手段の一部であって，それについてはすべての人が同意している」としています。また，被害者への同情の適切な役割にも言及し，「被告に共感を求めて陪審に訴える機会があるのなら，被害者の遺族もまたこの機会を持つべきである」と主張する人が「法律における同情の役割を擁護する者」のなかに入ると述べています。そのうえで，「被告に対する『つなぎ留められた同情』──（中略）── を支持しながらも，被害影響陳述に懐疑的であるということは全く矛盾しない」としています。結論としてヌスバウムは「同情が判決手続に組み込まれていることに同意しており，同情を消し去ろうとする企ては基本的権利の侵害である」としています。

　法と感情の関係は以前より議論の対象となってきました。特に先述のとおり，日本においては 2009 年に裁判員制度が発足し，市民が裁判に参加することから裁判に関わる心理的要因の検討が活発になってきています。裁判員が適切に機能するかといった懸念としても，感情的要因の及ぼす影響が考えられてきました。

　司法への市民参加においては先人であるアメリカでは，証拠の提示の際，陪審員に対し被害者への共感や同情感情を喚起するよう仕向けられたと考えられ

108

る映像が提示され，問題となったこともあります（Austin, 2010）。

　また，日本においても諏訪（2010）は，刑事裁判における被害者参加制度の問題点を述べた論文の中で，「更なる問題は，裁判の民主化のほうであるが，検察庁は，これを『重罰化』ととらえ，他方，弁護士会は，『無辜の不処罰主義の実現』ととらえており，ベクトルは全く正反対の方向を向けている。わかりやすい裁判ということで，検察庁は組織的に劇場型の訴訟を繰り広げ，その目的を十分達成しているが，反面，弁護士の方は，時間や労力不足で，これに対抗できていない。国民は，検察官の論告求刑と弁護人の最終弁論の中で求める量刑に差が生じている場合，どちらの主張に共感できるか考え，結局共感できるほうの量刑主張に近いところで刑を決定しているように思われる。情状弁護が難しい事案において，検察官は求刑を重くし，それに近い判決が出ているという現実がある。これが昨今，裁判員裁判で重罰化が進んでいる理由であろう。」と述べています。

　以上のように感情や共感（同情）はある側面では法にとっては必要な要因であり，ある側面では，不公平にならぬように考慮される必要がある要因であるとされています。共感や同情は感情として存在している以上，制限することはほぼ不可能に思えます。ヌスバウムも，「被告には同情を引くような証拠を量刑審理で提出する憲法上の権利があり，この権利を奪うことは——（中略）——憲法違反である」としています。これは，アメリカの話ですが，日本においても裁判員裁判が始まり，感情要因としての共感や同情には今後さらに注目が集まるでしょう。

2　コミュニケーションに見る社会的な共感

2-1　共感とは

　一見，冷徹で合理的な世界に見える法律の世界でも共感が重要な問題となっていることを見てきましたが，共感は司法の分野に限らず，福祉，教育，哲学，経済等々，人文学の世界ならどこでも関与している概念といえます。

　それでは次に，司法制度の中だけではなく，もっと一般的な他者との関係のなかで共感を見ていきましょう。共感は，他者とのコミュニケーションのなかであらわれることが多い現象です。

　社会心理学では，共感は洞察や対人的正確さを支える要因として検討がなさ

第8章　共感と虚偽と道徳性　109

れてきました。「人を理解するにはその人がどんな人なのかを見抜かなければいけない，人を見抜くといってもエスパーじゃあるまいし，そんなことができるわけがない。でも，たまに他人の気持ちがわかったりすることってあるような気がする。この感覚って，人を理解する要因になるんじゃないか？」と思ったかどうかはわかりませんが，共感は社会的洞察（social insight）や対人的正確さの要因として言及されてきました。洞察（insight）というのはゲシュタルト心理学の流れをくんだ概念で，人が論理的なステップに頼らず，直観的に問題の解決を得ることをいいます。

　共感を測定する最初の質問紙尺度といわれている共感性尺度（Dymond, 1949）が作成されて以来，共感はもっぱらその認知的な側面が重要視されてきましたが，ストットランド（Stotland, 1969）が共感の情動的側面の重要性を指摘して以来，共感は，認知的立場，情動的立場の両立場から検討が試みられてきました。現在ではデイヴィス（Davis, 1996）が提言した，共感の概念は認知的能力と情動的感情の結果を含む多次元的な概念であるという考え方が有力となり，他の心理学領域にも受け入れられ始めています。

　コミュニケーションによって症状や悩みを軽減していく臨床心理学や心理療法においても，共感は重要視されています。精神分析においてはフロイト（Freud, 1905）が早い段階で，ジョークや無意識との関連で共感について言及していますが，臨床心理学や心理療法において共感が重視されるようになったのは，ロジャーズ，コフートの存在が大きいといえます。ロジャーズ（Rogers, 1957）は，「治療的人格変化の必要十分条件」の第5条件として「共感的理解」をあげており，コフートは「『共感』を治療において不可欠な要素として重視し，自己愛のはたらきに焦点を当てた独自の『共感理論』ともいえる新しい精神分析理論を構築した」（安村, 2008）とされています。臨床心理では，カウンセラーの資質として，より実践的に共感の概念が用いられています。

2-2　行動を動機づける要因としての共感

　では，なぜ，共感は心理学において長年着目され，研究がなされてきたのでしょうか？　これには，共感することによって何かしらの行動が喚起されるという点が大きいようです。

　特に，共感が援助行動を喚起する要因と考えられていることは，共感が重要視される大きな一因といえるでしょう。メーラビアンとエプスタイン（Mehrabian & Epstein, 1972）は，感情的な共感と援助行動，攻撃性の関連を検討しました。

110

その結果から共感性が高い人は，低い人に比べて援助行動を起こしやすく，攻撃行動が少ないことを指摘しています。また，バトソンら（Batson et al., 1981）は，課題に失敗した人に罰として電気ショックを与えるという場面を実験参加者に見せて（実際には電気ショックが与えられたような演技），実験参加者に電気ショックの刺激の程度を軽減できる機会を与えると，電気ショックの犠牲者への共感的な配慮の経験がある場合には愛他的な援助行動が喚起されるとしています。一方，共感が欠如していて，対人的に冷淡な行動をとるとされるサイコパスや犯罪者の共感性の様相も注目を集め，検討がなされています（Smith, 1978; 出口・大川, 2000; 岡本・河野, 2010 など）。

　また，共感はコミュニケーションにおける嘘とも関連しています。嘘とは単なる間違いではなく，意図的にだますことです。渋谷・渋谷（1993）は，対人関係における嘘のイメージとタイプを検討しています。嘘のイメージとしては，悪いもの，消極的肯定，積極的肯定，総論的記述の 4 タイプに分類でき，積極的肯定が嘘のイメージとして最も回答が多いとしています。また，嘘のタイプとしては①予防線，②合理化，③その場逃れ，④利害，⑤甘え，⑥罪隠し，⑦能力・経歴，⑧見栄，⑨思いやり，⑩ひっかけ，⑪勘違い，⑫約束破り，に分類されるとしています。⑨の思いやりは他者のためを思ってという点で，共感の結果起こる嘘と考えることができます。

　しかし，共感と嘘は友好な関係ばかりではありません。共感を利用した嘘や，共感を損なう嘘なども存在するでしょう。共感を利用した嘘は詐欺などに代表されるもので，東日本大震災でも，義援金を騙った詐欺が横行しました。これは，義援金の活動に共感したり，被災された方に同情して義援金を出すといった考えに付け込んだ嘘にあたるでしょう。また，共感を損なう嘘は日常よく見られます。嘘がばれればたいていは信頼や信用と同様に，共感も失われるでしょう。風邪を引いたと言って学校を休んだのに，友人と繁華街でバッタリ会い嘘がばれれば，次から風邪を引いたと言っても信用もされませんし，心配もされないでしょう。

　共感の多くは他者とのコミュニケーションによって喚起され，人間の行動を動機づける要因のようです。相手により，状況によって共感できないことがあっても仕方がありませんが，共感を一種の能力ととらえるなら，それを高めることも可能です。道徳教育によって，共感を教育するというのも，共感できる力を育てるという意図があるように思います。多くの刺激に触れ，多くの他者と接し，共感の体験を増やしていくことが，共感には必要なようです。

第 8 章　共感と虚偽と道徳性｜111

3 共感の発達をとらえる

3-1 能力としての共感の発達

次に，コミュニケーションにおける現象や行動の喚起要因としての共感から，個人内の能力としての共感に着目してみましょう。共感能力の測定は，先述したとおり，共感性尺度の開発によって大きく発展しました。現在でも質問紙法や，場面や映像を提示しての実験，乳幼児を対象にした共感現象の観察，脳科学などを用いた生理指標など，多くの側面から調査が試みられています。また，さまざまな年齢や文化を調査対象にして，研究が行われています。

なかでも幼年期や学童期，青年期など発達における共感性の向上は人間が社会化していくうえで重要であるという理由で 1930 年代から注目され，検討が行われています（Eisenberg & Strayer, 1991; Hoffman, 2000; 登張, 2003 など）。当初は，思春期，青年期を中心に共感の発達の検討が行われていましたが，ピアジェが幼児のモラル観の獲得や，幼児の自分を中心とした視点からの脱中心化の過程の検討を試みて以来，乳幼児の共感の発達に関心が集まりました。というのは，脱中心化とは，つまり自分の視点ではない他者の視点を考慮することですから，共感と似ています。このことから，新生児にも共感性はあり，共感の発達は新生児期から始まるのではないかという仮説のもと，共感の発達の検討が行われています。

3-2 共感の発達の指標

共感の発達の指標としてはいろいろと考えられますが，先ほど述べた「嘘」もその１つです。嘘も共感も，他者の視点の取得が大きく関連しているからです。嘘は，単純に見えて複雑な心のはたらきです。2 者間の嘘であれば，相手が何を考え，何を望み，何を嫌がるかといったことを考慮しなければなりません。3 者間以上になると，利害関係や，自分以外の他者間の関係性を考慮しなければならないなど，その構造はいっそう複雑になることは容易に想像できるでしょう。幼児が自分を中心に成り立っていた世界からいかに脱し（脱中心化），他者のことを考慮に入れた関係性を形成し，関係性を壊さないようにするために時として嘘がつけるようになるということは，他者に共感ができるようにな

ったと考えられます。共感にとって嘘は，コミュニケーションの観点から見れば肯定されがたいことであるとしても，発達的には重要な指標なのです。

　ホフマンは，共感の発達を，共感的苦痛の発達理論に沿って展開し，共感を「自分自身よりも他人の置かれた状況に適した感情的反応」と定義し，それは他者の苦境に対する共感的苦痛であると仮定しています。そして共感的苦痛の発達は，「新生児の反応的泣き」から「その場の状況を離れた他人の経験についての共感」まで，5つの段階を経て発達するとしています（Hoffman, 2000/2001）。また，共感的苦痛の発達に伴って，共感の様式も変化するとしています。

　初めに見られる共感現象と考えられているのは，1人の新生児が泣き始めると，周りの新生児も泣き出すという現象です。この現象をもとに，共感の能力は生来的に持ちうる能力であると考えている研究者もいます。生後4ヵ月を過ぎるころからは，共鳴動作ともいわれる模倣行動が見られるようになりますが，これはいわば身体的な共感ととらえることができます。メルツォフとムーア（Meltzoff & Moore, 1977）は新生児の他者の動きへの模倣を検討し，養育者の顔の動き（笑顔や舌を出すなど）を模倣することを示しています（図8-1）。本当に同じような表出をしていて驚きます。

　ホフマンは，生後1年目の終わりには，幼児は「他の赤ん坊の苦痛に受け身でなく反応し始め，明らかに自分自身の苦痛を減らすように工夫された行動を

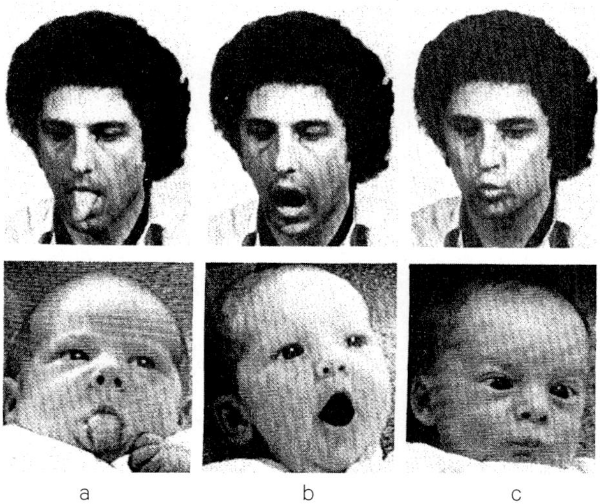

図8-1　2～3週間目の幼児模倣のビデオテープ録画からのサンプル写真
（Meltzoff & Moore, 1977 より引用）

とり始める」とし，この段階の共感を「自己中心的な共感的苦痛」であり，「向社会的な動機づけの先行条件」であるとしています。

　生後2年目の始めは，「疑似自己中心的な共感的苦痛」（Hoffman, 2000）と呼ばれる段階にあたり，「明らかに向社会的動機であって，子どもは他者を助けようとするが，その行為は間違った方向に行ってしまう。なぜなら，この段階の子どもは他人の内的状態についての洞察が欠けているため，自分にとって助けとなることが他者をも助けることになると考えているからである」としています。例としては，ほかの子どもが泣いているのを見たときに，自分の好きなおもちゃを手渡したり，自分の母親を連れて行って慰めようとしたりします。

　そして，生後2年目の後半には「他者の苦痛の事実に共感はできないけれども，犠牲者の役割をとることはできるし，ある状況での犠牲者の必要を考えることもできる」としています。「本当の共感的苦痛」（Hoffman, 2000）と呼ばれるこの段階は，「成熟した共感のすべての要素を持っていて，生涯をとおして成長し発達し続ける」とされています。

　以上の共感の発達は観察や実験によって検討がなされていますが，共感の発達を測定する際によく用いられるのは質問紙法です。質問紙による調査は小学校高学年から，高齢者に及ぶまで，広い範囲の調査対象者に用いられてきました。そして，小学生〜大学生にかけて，共感を示す傾向が成長することが示唆されてきました（登張, 2003 など）。著者の研究でも10代から80代にかけての計950名に質問紙調査を行ったところ，55歳までは共感性が上昇し，その後一定に落ち着くという傾向が見られました（図8-2）。ほかにも，描画法を用いた共感の検討も試みられています。

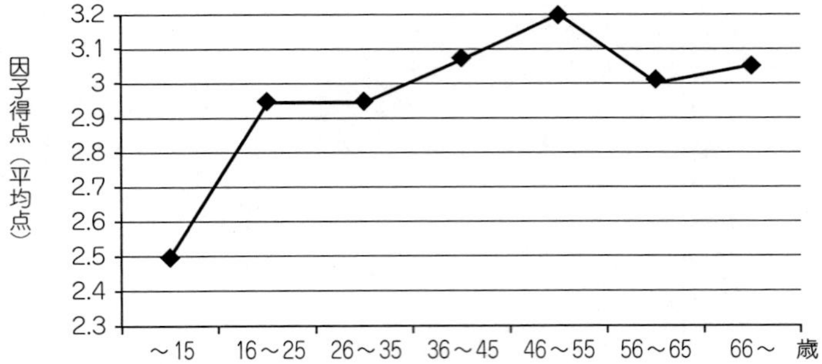

図8-2　共感の発達

3-3 社会的能力としての共感

　共感の発達は，今ではさまざまな社会的能力の重要な要因とされています。
WHOのライフスキル教育プログラム（1994）でも，共感はライフスキルの
中核をなす要因として取り上げられています。ライフスキルとは「日常で生じ
るさまざまな問題や要求に対して，建設的かつ効果的に対処するために必要な
能力」（川畑ら，1997）とされており，生活を送るうえで必要とされる能力です。
また，道徳教育においても共感の必要性が注目され，川崎（2009）は，「道徳
教育は子どもたちが思いやりある行動をとることができるようになることを目
的とし，達成するには子どもたちの共感する力を伸ばすことが重要である」と
指摘しています。さらに，共感は協調性との関連でも研究がなされています。
登張（2010）は協調性をレビューしたなかで，共感との関連に触れています。
登張は協調性を同調と協力の両方を含む概念であり，「非利己的で，他者に対
して受容的，共感的，友好的に接し，他者と競い合うのではなく，譲り合って
調和を図ったり協力したりする傾向」であるとし，共感とは「社会的絆の形
成・維持に関係があり協調性との関連が深いと考えられる」としています。こ
のように共感は社会的な能力との関係から，現在の社会において重要視されて
います。共感の発達は今後も，生涯発達の観点や社会的な能力の一要因として，
さまざまなかたちで検討が続けられるでしょう。

4　同情と感情移入と共感

　これまで，何気なく共感という言葉を使ってきましたが，最後にこの共感と
いう言葉について説明します。その際，必然的に感情移入や同情の話もするこ
とになります。

4-1　共感と類似概念

　さて，共感という言葉は，目や耳にしない日がないほど日常に浸透した言葉
であると思います。現に今こうして原稿を書いているときでも，テレビから
「それは共感できない」というフレーズが聞こえています。では，共感とは何
でしょうか？　言葉は知っていても，正確に説明するのは困難ではないでしょ

うか。今皆さんが考えている一般の人に広まって定着している共感は，心理学でいう共感とは異なったものかもしれません。

　共感という概念は，同情，感情移入，同調，共鳴など似ている概念が多く混同して使用されることがよくあります。特に，多々ある類似概念のなかでも同情や感情移入は共感との類似性が高く，区別が困難な概念といえます。重要なのは，それぞれの言葉や概念がどういった意味を持つのかということです。

　これらの言葉の定義は，心理学の辞書でも多種多様で，一貫性は見られません。そこで本章では共感を，「他者の情動状態を知覚することに伴って生起する代理的な情動反応」，同情を「他者が感じている感情状態を知覚し自分も同じ感情状態を経験することであるが，一般にその感情は悲哀とか苦痛といった否定的なものに限られる」，感情移入を「自分自身がいだいている感情を，対象としてかかわりを持っている相手に注入することによって，相手に移行させる。そして自分の感情が移行されたのにすぎない対象の状態を，相手自身がいだく感情状態として認知する過程」（いずれの定義も，『心理学辞典』1999）という意味で使用します。

　ところで，読者の皆さんの実感としては，同情はしてほしくないが，共感はしてほしいということがありませんか？　同情には共感より少し否定的な，してほしくないものというイメージが付与されているようです。実はこの感覚にも，共感という言葉の歴史的背景が関連しています。

　共感の重要な研究者であるリップス（Lipps, 1903）（図8-3）はドイツの哲学者，心理学者で，もともと感情移入に近い意味で使われていた Einfühlung を心理的な文脈に応用しようとし，すでに哲学や美学の領域に存在していた Sympatheic の概念のポジティブな側面を表したものとして，現在認知されて

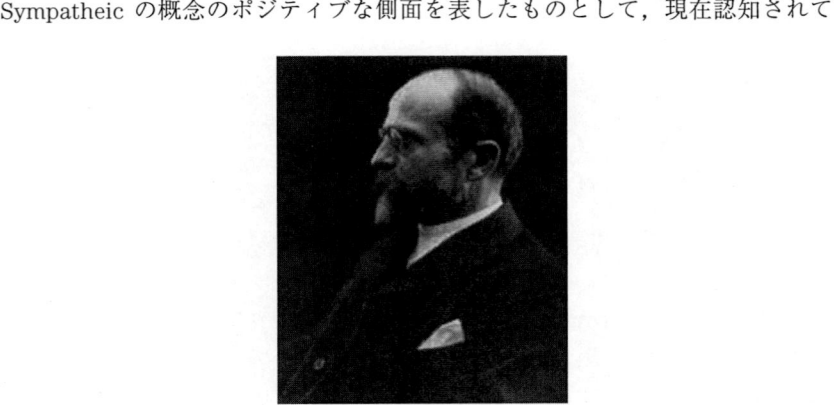

図8-3　リップスの肖像

いる empathy の概念に近い意味を持たせたとされています。ティチナー（Tichener, 1909）がこのドイツ語の概念を紹介した際の訳語が enpathy です。

　リップス以降，empathy はアメリカ，ドイツ，フランス，日本などの世界各国に，また，社会，発達，臨床，精神分析，性格など各心理領域に広まり，盛んに言及されていきます。その過程で，心理学の領域において 1950 年代まで主流であった sympathy という語が，以降は empathy の語に取って代わられていきました。しかし，取って代わられる段階で，それぞれの概念について明確に定義がなされなかったため，現在でも，他者の感情や考えていることを理解するという現象をあらわす言葉として，empathy と sympathy の両方が研究者の任意のままに用いられています。リップス以降約 100 年も検討がなされていますが，いまだ定義は明確には決まっていません。心理学では各心理学分野，各研究者によって定義はなされてはいますが，共通認識としての明確な定義はありません。（本章では，empathy を共感，sympathy を同情と訳して使用します。）

　日本語として共感が導入されたのは第二次世界大戦後（仲島，2006）とされていますが，その時期にはすでに同情の言葉と概念があり，共感の概念の役割を果たしていました。しかし，同情はその座を共感に奪われ，悲哀や苦痛といった但し書きがつく言葉となってしまいました。対して，感情移入の語と概念は，日本における心理学の初期にリップスの美学の概念や感情移入の概念を積極的に取り上げていたためか，共感，同情とは明確に区別され，リップスが述べた感情移入の概念に近い意味のまま現在まできています。

4-2　日本における共感概念

　さて，共感という言葉は，実は，1921 年の新聞の市民投稿の中で出てきているのです。では心理学の世界に共感という言葉はなかったかというと，それまでも共感という言葉自体は存在していました。しかし，現在の意味とは違って，「共感覚」と呼ばれる，赤い色を見れば気分が高ぶり，青い色を見れば気分が落ち着くといったような感覚をあらわす言葉でした。戦後に empathy の概念が流入し，現在の意味のような共感という語が成立するまで，共感の語の役目は「同情」が果たしていました。

　現在の意味で共感という語が成立したのは第二次世界大戦後ですが，概念としては，1882 年の段階で，すでに『心理新説第三』（倍因氏：アレクサンダー・ベイン（著），井上哲次郎（訳））の中に，情緒論の中の 1 章として同情が取り上げられ，「同情ハ，他人ノ感應ヲ想見シ，其感應ヲ自己ニ起ル者ト同一視シテ，

感動ヲ生ズルヲ謂フ」と定義されています。この定義は，共感の概念とほぼ変わらない概念といえます。

　また，日本における最初の心理学者とされる，元良勇次郎の著『心理学』(1889) にも同情についての言及があり，「同情ハ其字義ニ由リテ明カニ解サル、如ク他人ノ感情ノ外ニ現ハル、ヲ観テ自身ノ精神中ニ之レト同様ナル感情ノ發スルヲ云フ。」とされています。

　このように，現在の意味のような意味における共感は「同情」と言われていたのが，戦後共感という言葉に取って代わられたという歴史があります。

　共感が出現した後に，同情には悲哀や苦痛という但し書きが付くようになったと考えられます。とはいえ，現在においても，共感と同情という語の区別はありますが，意味としては混同して使われていることが多いようです。

4-3　共感研究

　次に共感の心理学的研究ですが，リップスのころから，共感研究は現象の観察や記述に注力が注がれていました。オールポート（Allport, 1937）は現象としての共感に関心を寄せ，ロジャーズ（Rogers, 1957）は，カウンセラーにおける資質として，共感に言及しています。

　ダイモンド（Dymond, 1949）が共感性の尺度を作成し，共感研究は 1960 年代に最盛期を迎えます。現象としての共感の観察や記述から，共感を測定しようという研究動向に変容を見せ，社会心理では，年齢，性別，発育環境における共感性の違い，共感性の測定法，人格心理では個人の共感の特性，発達心理は，共感の発達構造の探求，臨床心理では，カウンセリングにおける共感の実質的な活用などに注目が集まり，急速に研究が発展していきました。

　現在の社会心理学では共感の概念は認知的能力と情動的感情の結果を含む多次元的な概念であるといった考え方が有力となり，他の心理学領域にも受け入れられ始めています。さらに，1975 年に右脳前頭葉に損傷を受けた患者が，言語の感情的な意味をくみとれなくなった症例を機に脳機能への関心が芽生え，1996 年にリゾラッティら（Rizzolatti et al., 1996）によってミラーニューロン・システム（模倣による学習，他者の意図の理解，言語の起源に関係しているとされる神経細胞およびシステム。子安・大平, 2011 参照）が発見されて以来，脳科学による共感研究が勃興し，fMRI など脳の活動をスキャンする技術を用いて視覚的に共感現象をとらえる試みが行われています。

　このように現在においても，共感と同情の関係・異同については明確な答え

は得られてはいませんが，もしかしたら，「他者のことを思いやる」という意味では，この2つの言葉を区別するのはあまり意味がないことなのかもしれません。

　心理学を飛び越え，人の関わる学問には共感はどこにでも潜んでいます。共感は，コミュニケーションを円滑にする要因の1つです。一方，共感はコミュニケーションにおいて，援助や嘘などの行動を喚起，コントロールする要因ですし，発達心理学の観点から見れば，子どもの社会化や発達を推し量るための重要な指標の1つとされています。司法においても，共感は感情要因としての役割とともに，裁判の公平さを阻害する要因となる可能性も秘めています。

　このように，共感が完全に善いものであるということはないでしょう。共感を強要されたり，共感しないからといってグループから排除されてしまう，といった事態もあるように見えます。自分の思っている感覚や捉え方だけではなく，他の考え方や捉え方があるということを頭の片隅に置いておく姿勢が，共感，ひいては社会において大事になってくるでしょう。その姿勢を持つことは，真に共感をするということ，他者を理解するということの大きな一歩となるでしょう。

第9章
冤罪を防ぐ心理学
—— 目撃証言の誤りと虚偽自白 ——

　「冤罪」という言葉を，皆さんはご存知でしょうか。冤罪というのは簡単にいうと，「自分がやってもいない犯罪について犯人にされてしまう」ということです。あまり身近な話ではないかもしれませんが，もし皆さんが冤罪に巻き込まれたら……と想像してみてください。「自分はやっていないのだから，警察や裁判所で説明すればわかってもらえるはず」「そもそもやってもいないことを自白しなければ冤罪なんて起こらない」と考えるかもしれません。しかしながら，自分がやってもいない罪で逮捕，起訴されたうえに長期間拘留されたり，やってもいないことを自白してしまったり，という事例は実は数多くあります。そして挙げ句の果てには，無実の罪で死刑判決を受けてしまうということが現実として起こっているのです。この章では，特に刑事裁判において冤罪がどうして起こるのか，そしてどのような手法で防ぐことができるのかということについて，心理学の観点から考えていきたいと思います。

1　戦後日本のいくつかの冤罪事件

　戦後まもなく起こった有名な冤罪事件としては，「免田事件」（1948 年，熊本県で起こった一家 4 人殺傷事件），「財田川事件」（1950 年，香川県で起こった強盗殺人事件），「松山事件」（1955 年，宮城県で起こった一家 4 人放火殺人事件），「島田事件」（1954 年，静岡県で起こった幼女誘拐殺人事件）があります。この 4 件がなぜ有名なのかというと，いずれの事件も，一度，死刑判決が確定したものの，のちに再審請求（判決が確定した後に裁判のやり直しを求めること）を行ったことで，事件発生から何十年も経ってようやく無罪が確定した事件だからです。こうした戦後まもないころに起こった事件では，多くの場合，拷問を伴う強引な取調べが行われており，通常では考えられないような違法捜査が頻発していました。

　しかし，冤罪事件は戦後まもなく起こったものばかりではありません。現代

121

の日本でも冤罪事件は起こり続けています。たとえば，「志布志事件」と呼ばれる事件では，2003 年，鹿児島県にある集落の 13 人が公職選挙法違反の罪で逮捕され起訴されました。しかし 2007 年には全員（ただし公判中に 1 人が病気で亡くなっています）に無罪判決が出ました。また 2002 年に富山県で発生した連続婦女暴行事件について逮捕され（そして「自白」），起訴，有罪判決を受けた男性がいったん服役したのち出所しました。しかし 2007 年になって真犯人が現れ，すでに服役を終えていた男性の無実が判明したという驚くべき事件，「富山氷見事件」もあります。1990 年に発生した「足利事件」では，当時のDNA 鑑定の証拠によって逮捕（そして「自白」），起訴された男性が無期懲役の判決を受けて服役しました。しかし再審請求を行い，DNA 鑑定のやり直しを行ったところ，男性の DNA と犯人の DNA が一致しなかったことが判明し，結果として 2010 年に男性の無罪が確定しました。さらに 1967 年に茨城県で起こった強盗殺人事件について 2 人の男性が逮捕（そして「自白」），起訴されて無期懲役の判決を受けた「布川事件」もあります（この事件では，男性らを「犯人」だと証言した人もいました）。男性らが再審請求を行ったところ，2005 年に再審開始が言い渡され，2011 年になってついに 2 人の男性の無罪が確定しました。これらの冤罪事件では被告人のほうが長い歳月をかけて再審を求め，ようやく認められたのですが，一般に再審請求が認められることは非常に困難で，司法の世界では「再審はラクダが針の穴を通るようなものだ」と言われています。また，多くの時間を費やして無罪を勝ち取ったとしても，逮捕，拘留された時間や，精神的苦痛を回復することはできません。

さて，ここまで見てきたように，冤罪事件は戦後まもない現代とはかけはなれた状況で起こるのではなく，最近になってからも起こっているということがわかります。それでは，冤罪はなぜ起こるのでしょうか。次に，冤罪が発生する原因について考えてみましょう。

2 冤罪の原因としての目撃証言の誤りと虚偽自白

刑事裁判で扱われる証拠には，①証人，②証拠書類，③証拠物の 3 種類があります（最高裁判所，2012a）。裁判官（あるいは裁判員）は，裁判のなかで取り調べた証拠のみをもとにして事実を認定し，被告人の有罪，無罪を判断することになります。しかし，その証拠自体が誤ったものであったらどうなるでしょうか。どんなに公平，公正な裁判が行われたとしても，判断の根拠となる証拠そ

のものに誤りがあれば，裁判官らの判断は根底から覆される，つまり冤罪が生まれてしまうのです。

　事件の種類にもよりますが，刑事裁判で争点となることが多い証拠として，上記の①，②に関連する「目撃証言」と「被告人の自白」の２つの供述があげられます。そしてこの２つの供述のなかで，特に事件が発生して比較的，日が浅いうちにとられる「供述調書」は，裁判において重要な役割を果たします。そのため，この「供述調書」が誤っていた場合，裁判の結果に大きな影響を及ぼしてしまいます。つまり，冤罪が発生する原因としては大きく分けて，（先に見たような「足利事件」でのDNA鑑定の誤りのように）科学的鑑定が誤っている場合と，証拠となった供述が誤っている場合の２つがあるわけです。ここからは，後者の「供述が誤ってしまうこと」について見ていきましょう。

　冤罪の原因となる供述の誤りは，「誤った目撃証言をしてしまうこと」と，自白獲得を目的とする取調べによって「虚偽自白が生み出されること」，という２つに分けられます。そして日本の裁判では，この２つの「目撃証言」と「自白」が重要な役割を持っています。つまり誤った目撃証言や虚偽自白によって有罪，無罪が大きく左右されてしまい，冤罪が生み出されてしまうのです。もちろん，事件に関わった人たちはわざと冤罪を作り出そうとして間違った証言や自白をしているわけではありません。ではなぜ，誤った目撃証言や虚偽自白が生じるのでしょうか。誤った目撃証言や虚偽自白が発生する詳しい過程についてみていきましょう。

2-1　目撃証言

　目撃証言が誤る可能性があるのは，大きく分けて「目撃者が事件を目撃した時点」と，「目撃者が事件を思い出す時点」，「目撃者が警察や検察の捜査段階で証言をする時点」の３つの時期があります。

目撃者が事件を目撃した時点での誤り

　まず「目撃者が事件を目撃した時点」を見てみましょう。これは，目撃した状況や目撃者自身の状態に起因する誤りです。これにはたとえば「凶器注目効果（weapon focus effect）」があります。ロフタスらの研究では，凶器を持った犯人を目撃した場合，凶器のほうへ注目してしまい，犯人の顔や服装など，犯人自身の特徴への注意が妨げられてしまうということが示されています（Loftus et al., 1987）。ほかにも，目撃した場面の明るさ，目撃した時間の長さ，目撃者

第９章　冤罪を防ぐ心理学 —— 目撃証言の誤りと虚偽自白　123

のスキーマ効果，目撃時の情動的要因等，目撃した時点ですでに情報が誤ってしまう可能性があるということが，多くの研究で示唆されています。

目撃者が事件を思い出す時点での誤り

次に，「目撃者が事件を思い出す時点」を見てみましょう。これは警察や検察で証言を行う前に起こってしまう誤りです。1つの事件の目撃者が複数いた場合，警察や検察で証言する前に，目撃者どうしで話し合ってしまったり，テレビや新聞など，目撃時以外の情報を得てしまったりすることがあります。これは，「事後情報効果（post-event information effect）」と呼ばれています。ロフタスらの研究では，事件や事故を目撃した後に情報を与えると，その情報の正誤にかかわらず，のちの目撃証言へ影響してしまうということが示されています（Loftus et al., 1975）。ほかにも，アッシュの研究（Asch, 1951；線分の長さを比較する実験で複数の「サクラ」が選択したものを，被験者も誤って選択してしまうということを示したもの）で示されたような，ほかの目撃者への「同調」という問題についても研究が行われています。

目撃者が警察や検察の捜査段階で証言をする時点での誤り

最後に，「目撃者が警察や検察の捜査段階で証言をする時点」を見てみましょう。目撃者が正しい情報を目撃し，それを保持し続けられたとしても，警察等の捜査機関で証言する際に不適切な手続きを経て証言を記録されてしまい，結果的にはその目撃証言が誤ったものになってしまうということがあります。これにはたとえば，ラインナップの問題があります。ラインナップとは目撃者が犯人を識別するための写真帳のことです。このラインナップでは，たとえば「無意識的転移」の問題があります。ほかにも目撃者は一度に複数の写真を提示されると，相対評価で選びやすくなってしまうことや，ラインナップを見る際の捜査官の教示によって目撃証言が影響されてしまうことなども問題です。またロフタスらの研究では，質問の仕方によって目撃者の証言は変化してしまうことが示されています（Loftus et al., 1974）。

なお日本では『目撃供述・識別手続に関するガイドライン』が，2005年に法と心理学会から発行されています。このガイドラインによって，心理学的観点による目撃証言の問題を指摘し，改善することが目指されています。さらに，目撃証言の誤りに関しては，目撃者の証言の正確さと目撃者自身の証言の正しさの自信の程度について調べる「正確さ－確信度の関係（A－C関係）」の研究や，子どもや高齢者の目撃証言の正確さについて調べる研究など，さまざまな

研究が行われています。

このように，目撃証言は誤る可能性があるものです。そのため目撃証言が間違いであったとしても，それを「間違いである」と正しく判断できる手法が必要になります。

2-2　虚偽自白

日本では，逮捕されると最大23日間の身体拘束を行うことが認められています。一方，欧米の勾留期間は数時間から数日です。このことから，わが国の勾留期間は欧米に比べると大変長く，日本の「人質司法」という特性が如実に表れているといえます。日本の「人質司法」では，被疑者は逮捕されると「代用監獄」に身柄を拘束され，警察の留置場において24時間すべての行動を制限されながら取調べを受ける状況に陥ります。つまり，被疑者は自らの身柄が警察へと「人質」にとられることとなり，取調べは相当の厳しさを伴うものになります。

こうした状況を鑑みて，取調べという場に厳しさが生じる要因として，浜田（2001）は「①日常生活からの遮断による心理的不安定と通常ネットワーク隔離による孤立無援化，②取調べの間中の，基本的生活のすべてにわたる他者の管理と自由の制限，③自白を迫る取調官による不条理な非難，④事件への何らかの負い目と長期の取調べによる被疑者の人生そのものへの言及」という4点をあげています。こうした取調べの厳しさによって，否認による不利益，刑罰への非現実感，現在の苦痛から逃避願望という状態へと被疑者は追い込まれ，最終的には「犯人」になって「自白」してしまうのです（浜田，2005）。

取調べの厳しさに屈してしまい，「犯人」になったとしても，それだけでは被疑者が苦しさから解放されることはありません。取調官は被疑者に対し，犯行について詳しく供述するよう求めます。無実の被疑者が取調べの苦しさに屈して自白すると，今度は「犯人」になったつもりで犯行の筋書きを考えなければならないのです。しかしながらその「犯人」は実際に犯罪を行ったわけではないため，整合性を持った供述を行うことには無理があります。そこで，取調官がその供述へ指摘や訂正を加え，筋書きが練り直されていきます。この過程の繰り返しで，およそ矛盾のない虚偽自白が生まれるのです（浜田，2001）。

浜田（2005）はこうした虚偽自白を「悲しい嘘」と呼んでいます。無実の被害者は「私がやりました」と「自白」することで，「犯人になる」ということを選択し，「みずからをおとしいれる嘘をつく」ということを悲しくも選択す

るのです。たしかにこうした選択は取調官によって，「強制」を受けたもので
はあります。しかし，最終的に犯行筋書きを考え，供述し，そして出来上がっ
た供述調書に対して「間違いない」と署名押印するのはまぎれもなく，被疑者
本人なのです。浜田はこれを「強いられた自発性」と呼び，これこそが虚偽自
白の特徴であるとしています（浜田, 2010）。

　このように，虚偽自白をするまで，被疑者は非常に長い時間をかけて追い詰
められていくのです。そして一度，虚偽自白をしてしまうと，裁判でその虚偽
性を主張したとしても，なかなか認めてもらえないという事実は，初めに見た
数々の冤罪事件の例を見るまでもないのです。そのため，自白調書が「虚偽で
ある」ということを示すための手法が求められます。

3　供述分析

　上に述べたように，冤罪の原因としては目撃証言の誤りと虚偽自白という問
題点があることがわかりました。つまり冤罪を防ぐためには，目撃証言や自白
を正しく判断できるようにすることが求められます。そこで考えられたのが，
供述分析という方法です。

3-1　供述分析とは

　目撃証言が誤りである，あるいは自白調書が虚偽であるという可能性を示す
指標を検出するためには，供述調書を丹念に読み解く作業から証言や自白の形
成のプロセスを浮上させる必要があります（浜田, 2001, 2005）。これが供述分析
です。この手法は，一見すると裁判官が従来行っている調書の読み方と差異が
ないように見えます。しかし「当事者」の視点から事件の渦中にある人間の心
的作用に沿って供述調書を読み解こうとしているという点で，浜田のアプロー
チは心理学的であるといえるのです（高木, 2006）。

　もちろん，最初に述べたように冤罪事件の発覚が相次いでいるわけですから，
その対策としてさまざまな方法（被疑者ノートの差し入れ，取調監視官の設置な
ど）が考えられています。このなかで最も声高に叫ばれ，かつ，最も議論され
ているのが「被疑者取調べ録音・録画制度」（以下，取調べの可視化）です。こ
れは，取調べの様子を録音・録画することで，その場における取調官からの圧
力を監視することを目的としたものです。しかし，現状としては，わが国の取

126

調べの可視化は，その対象が「裁判員裁判対象事件」であり，被疑者が自白内容を確認している場面のみです。このことから「可視化」されるのは，全取調べ過程のごく一部に限られてしまうということになります。取調べが全面的に可視化されない限り，取調室という場における圧力を監視することはできません。しかしたとえ，完全な可視化が実施されたとしても，多くの課題が生まれることは容易に想像できます。たとえば被疑者の「自白」や事件の核心部分に関する発話のみを提示して，あたかも自発的に供述をしているかのような編集による，恣意的な録画記録が生まれてしまうといった問題です。また，場の圧力を全面的に記録できたとしても，監視するだけでは不十分でしょう。なぜなら，その記録が本当にその場の圧力を正確に反映しているとは限らないからです。さらに映像というインパクトの強い素材によって，自白の信用性が過大評価されてしまうことも十分に考えられます。取調室という圧力の場から出来上がってくる供述調書というものが，裁判においての証拠として重要な役割を持っている以上，その調書の作成過程の監視も必然的に重要になるでしょう。

3-2　供述分析の世界的な歴史

　グッドジョンソン（Gudjonsson, 1992/1994）は証言や調書の評価に関する供述心理学的技法の1つとして，供述分析をあげています。供述分析は供述の信用性を判断するための手法で，ドイツの心理学者ウンドィッチによって開発されました。ウンドィッチは，虚偽自白の検出における発見方法論上の仮説として，真実の被告人はその供述に「直接性，多彩で生き生きしていること，即時的正確性と心理学的一致性，順序の首尾一貫，現実親近，具体性，細目の豊富，独創性，（中略）個人的特徴」を持つと主張しました（Undeutsch, 1967/1973）。ウンドィッチはこの基準に基づき，別途確認された事実と供述との一致性などによる分析を提唱しました。

　そしてさらにこのウンドィッチの供述分析を発展させ，体系化を行ったのがスウェーデンの心理学者トランケルです。トランケルは，供述の現実分析（現実基準を設けてこれに沿って分析する方法），形式的構造分析（供述をその他の情報とともに分析する手法）を提唱しました（Trankell, 1972/1976）。こののちも，欧米では，供述に対する分析手法の新しい試みが行われています。

3-3　日本における供述分析の歴史

　このように 20 世紀に入ってからヨーロッパで始まり発展を遂げた供述分析ですが，この手法を日本独自の分析手法へと発展させたのが日本の心理学者，浜田です。浜田は「甲山事件（1974 年，兵庫県で起こった 2 人の園児の死亡に関する冤罪事件。1999 年に無罪が確定しています）」で子どもの証言に関して専門家証言を行って以来，供述，特に虚偽自白に関する供述分析を行っています。浜田は，特に供述調書そのもののなかにあらわれる変容を，その供述が録取された時間に沿って検討します。供述調書に混じる変容について，被疑者が嘘をつかなければならない理由のある「嘘」なのか，それとも被疑者の体験した事実でないがゆえに生じてしまう「嘘の間違い」であるか否かを検討しているのです。

3-4　浜田式供述分析と東京供述心理学会の分析手法

　浜田の供述分析は「浜田式供述分析」と呼ばれ，表 9-1 に示したように「嘘（変遷）分析」，「無知の暴露分析」，「逆行的構成分析」，「誘導分析」の 4 つの手法からなります（大橋，2005）。
　さらに，東京供述心理学研究会が供述聴取という場面を尋問者と被尋問者とのコミュニケーションととらえ，そのやりとりについて分析していくという手法を提唱しました。東京供述心理学研究会式手法は，会話分析やプロトコル分析などの他領域の分析手法を取り入れています。

表 9-1　浜田式供述分析の 4 つの手法

嘘（変遷）分析	供述における変遷の中で，嘘をつく理由の有無を分析し，真犯人の嘘として整合的に理解できるか否かをみる
無知の暴露分析	犯人ならば当然知っているはずのことを知らない，ということがあるか否かをみる
逆行的構成分析	そのときには知る由もなかった内容の供述があるか否かをみる
誘導分析	そのときに把握されていた証拠状況から誘導できる範囲に収まった供述であるか否かをみる

4 供述分析の3次元的視覚化と裁判員裁判

さて，ここまで冤罪の原因となる誤った目撃証言と虚偽自白，それらを判別するための手法として供述分析について説明しました。最後に，その供述分析を裁判員裁判へ応用するために開発されたツール，KTH CUBE システムを紹介します。

4-1 裁判員とわかりやすい裁判

2009年5月に始まった裁判員制度によって，日本では一般市民のなかから選ばれた裁判員が一部の刑事事件の裁判へ参加することになりました。裁判員制度では審理を「迅速」かつ「わかりやすく」することで，一般市民にとって司法をより身近なものにすることを目指しています（最高裁判所, 2009）。

しかし裁判員裁判には問題もあります。被告人が自白しており，事件内容も単純なものであれば，裁判員制度の目指す「迅速」で「わかりやすい」裁判が可能でしょう。けれども，最高裁判所が裁判員を経験した市民を対象に行った調査では，被告人が裁判で罪を認めている事件（以下，自白事件）と罪を認めていない事件（以下，否認事件）を比較すると，審理内容の理解しやすさは，否認事件のほうが低下しています（最高裁判所, 2012b）。否認事件では多くの場合，証人や供述調書などの証拠が増加します。今回の調査でも裁判員が審理中に「理解しにくい」と感じた点には「事件の内容が複雑」，「証拠や証人の数が多数」といった回答があったと報告されています（最高裁判所, 2012b）。

4-2 裁判員と冤罪

さてここで，裁判員裁判で供述調書の記載が正しいのかどうかが争われる場合，どのようなことが起こるか考えてみます。裁判員裁判で否認事件が扱われ，被告人の自白を含む供述調書の任意性が争われた場合には，裁判員は供述調書の任意性について判断する必要が生じます。皆さんは，被告人が無実であれば，犯してもいない罪について自白するはずはない，と思うかもしれません（ここまで読んできて，そのように考える人が少なくなっているとよいのですが）。しかし，先にあげた足利事件の例を見るまでもなく，罪を犯していない人間が自白を行

第9章 冤罪を防ぐ心理学 —— 目撃証言の誤りと虚偽自白 | 129

い，それが供述調書に記載され裁判に用いられるということは実際に起きているのです。さらに海外の研究では，虚偽自白を行う人の大半は，正常な認識と判断を持つ成人であるということが報告されています（Leo & Drizin, 2004/2008）。虚偽自白とそれに基づく冤罪はここまで説明してきたように，刑事裁判では一般的なことなのです。

さらに，無実の被疑者は「正常な」成人として，犯してもいない犯行筋書きを語るため，虚偽自白の内容は巧妙に作られたものとなってしまいます。そのため，虚偽自白の任意性判断は非常に困難な作業となります。虚偽自白の任意性を裁判官が誤り，無実の人を冤罪におとしいれるという事件は後を絶たないのが実状です。専門家である裁判官でさえ誤りをおかして冤罪を生み出している以上，素人である裁判員が誤りをおかす可能性は否定できません。裁判員制度による裁判員裁判は，一般市民が冤罪に関わるかもしれないというリスクをもあわせもつものであるといえるでしょう。

4-3　供述分析の視覚的工夫

従来は，裁判官が供述調書を読み込んで自白の信用性の判断を行っていました。しかし裁判員裁判では，法廷や評議室のなかで同じ作業を裁判員も交えて行うことになります。そこで「わかりやすい」裁判を実現するためには，供述調書が信用できるか否かを判断するための工夫が必要であり，その鍵となるのが視覚的な工夫です。

供述分析や司法の実務では以前から，エクセルなどの表計算ソフトを用いて，変遷を視覚的にあらわすという工夫が行われていました。供述を録取した時間を縦軸，供述者の別を横軸に置いて一覧表を作ることで，複数人の供述を整理することができます。しかし，この手法では肝心の事件自体の時間の流れを一覧で示すことは困難です。そうした従来の視覚化をさらに進めたのが小笠原（2006）の研究です。この研究では，被告人らの間で複数の対立する主張を複線径路・等至性モデル（サトウ，2009；以下，TEM）を用いて整理しました。対立の起きている裁判では，検察官と弁護人すなわち被告人らあるいは被告人の間の主張が対立するものの最終的には1つの結果，刑事裁判では何らかの「被害事実」に到達します（等至点）。このことから，TEM を用いることで2つの対立する径路について検討することが可能になりました。

小笠原の研究（2006）によって，事件における対立軸，原事件の流れを2次元として整理することができました。しかしこの手法を用いても，供述者ごと

の供述の時間順序を視覚的に示すことはできません。そこで原事件の時間の流れ，事件における対立軸，供述の時間順序の 3 つの次元をそのまま活かすには 3 次元表現が必要になるのです。

4-4　供述分析の 3 次元的視覚化としての KTH

　情報の 3 次元表現の 1 つに KACHINA CUBE システム（以下，KC; 斎藤・稲葉，2008）があります。KC は，地域の歴史や文化に関する断片的な語りを，対象となる 2 次元地図に，語りの時期という時間の 1 次元を加えた 3 次元空間へ格納・蓄積するものです。その地域に関するそれぞれの人の語り（以下，フラグメント）を時間的・論理的な順序に基づいて繋ぎ合わせることで，物語性を持つナラティヴを継承することを目的としていたのが KC です。

　この手法をもとにして，供述調書の整理に 3 次元的な手法を取り入れたのは山田（2011）でした。山田はこの手法を KTH CUBE システムと名づけ（以下，KTH），刑事事件の裁判で扱われる供述調書を，事件自体の時間の流れ，供述調書の録取された時間の流れという 2 つの時系列と，事件の争点，被告人の別に沿って提示することを目指しました。

　KTH 作成のためには，①先に紹介した浜田式供述分析を用いて，供述調書を整理します。供述調書を録取された時間順に並べ，事件の流れを検討し，その事件における着目点，あるいは事件のなかの争点で整理します。次に事件のなかで争点となった検察官・弁護人の対立をあらわすために，②TEM を用いて，対立項目を設定します。これによって被害の起こる地点（等至点）までにありえた事象の視覚化を行います（図 9-1）。そして最後に，この TEM で描かれた径路を，供述調書が録取された時間の順番に積み重ねます。このとき，③KC を用いるため径路の項目 1 つ 1 つをフラグメントとして設定します。これにより供述調書の内容についても参照することができます。またフラグメントは被告人ごとに色分けしているため，視覚的に区別することもできます。この供述分析の 3 次元視覚化の方法は，上記の①～③という 3 つの手法の頭文字をとって「KTH CUBE システム」と名づけられました（山田ら，2012）。

　KTH を用いて供述調書を参照することで，被告人が検察官の主張には沿わない供述を一貫して行っていることや，供述が途中で変容している人がいることが視覚化されました（図 9-2）。この視覚化された供述をもとにして，供述の一貫性や変容性について，裁判官や裁判員らがその内容や原因について検証するきっかけになる可能性が示唆されています。今後は検証実験でその効果を確

第 9 章　冤罪を防ぐ心理学 ── 目撃証言の誤りと虚偽自白 ｜ 131

かめ，より良い理解支援を目指すことが求められるでしょう。このように，供述分析は冤罪を防ぐために心理学が貢献できる分野の1つといえるのではないでしょうか。

開始	掴む	接触	転倒	対峙	暴行	強奪	致傷	強奪	逃走
	両手	抜ける	転倒	無	無	無		有	
走る	右手				両手・両肩		倒れる		逃げる
	左手	抜けず	保持	有	右手・左肩	有		無	

図 9-1　KTH の元となる地図

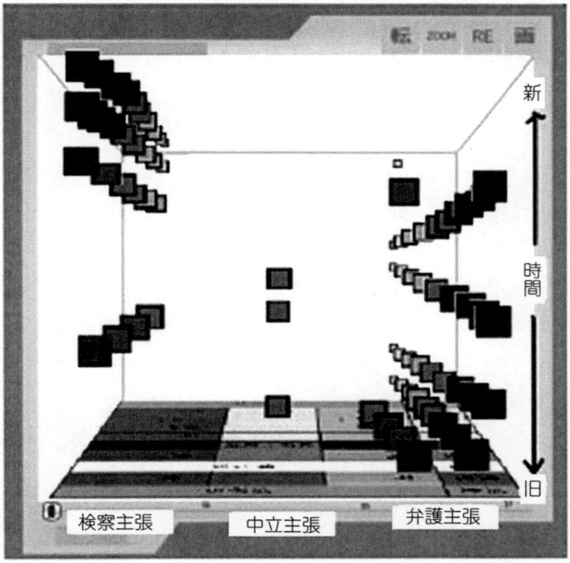

図 9-2　KTH CUBE による視覚化

第 3 部

厚生心理学

第10章　クオリティ・オブ・ライフとは何か？

第11章　ライフ・エスノグラフィ —— 病いとともに生きる

第12章　当事者研究のあり方

第13章　対人援助職のシステムとそのストレス

第**10**章

クオリティ・オブ・ライフとは何か？

1 クオリティ・オブ・ライフという概念

クオリティ・オブ・ライフ（Quality of Life: QOL: 生活の質）という言葉を知っている，あるいは聞いたことがあるという人はたくさんいると思います。世界保健機構（World Health Organization: WHO）は，QOL 概念を『文化や価値観により規定され，その個人の目標，期待，基準および心配事に関連づけられた生活状況に関する個人個人の知覚であり，その人の身体的健康，心理状態，依存性レベル，社会関係，個人的信条，および周りの環境の特徴とそれらとの関係性を複雑に含んだ広い範囲の概念』と定義し，WHOQOL という QOL 尺度を開発しました。しかし，QOL 概念は多義性があり，明確な定義が定まっていません。本章では，厚生心理学の立場から QOL 概念に焦点を当て，医療や社会，ヒトをつなぐ QOL 概念と心理学との新しい関係性について述べたいと思います。

1-1 QOL の定義と概念モデル

萬代（2010）と福原（2001）によると，QOL 研究の歴史は 1940 年代末，アメリカの外科医カルノフスキーによる悪性腫瘍患者の QOL に関する研究に端を発するとされています。しかしこの当時は QOL という言葉が存在していませんでした。QOL という言葉が一般に普及したきっかけは，1960 年代初頭，アメリカの大統領委員会が社会指標として QOL を公式に使用したことによります。QOL 概念は，1947 年に発行された健康憲章における健康の定義「……単に疾病がないということではなく，完全に身体的・心理的および社会的に満足のいく状態にあること」と同義に扱われ，その後も WHO の QOL の定義をはじめ，さまざまな QOL の定義やモデルが提案されています。

ロートン（Lawton, 1983）は，QOL を「個人的及び社会・規範的な基準に基づいて，個人が置かれたシステム（個人－環境システム）を，過去，現在，将

135

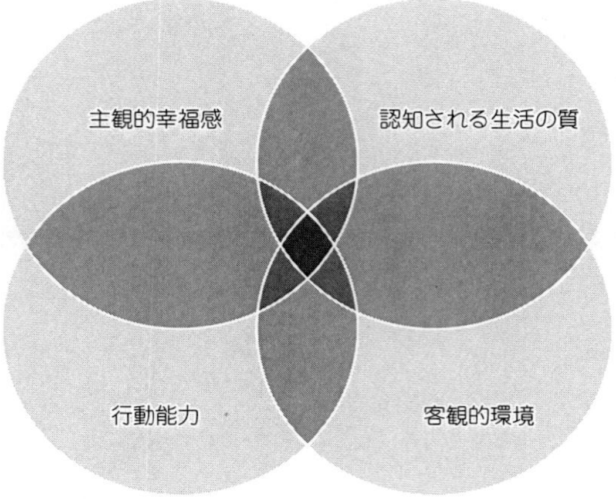

図10-1　ロートンの QOL 概念モデル

来のあらゆる時点で多元的に評価したもの」と定義し，QOL あるいは「良い
生活（good life)」の構成要素として，①行動能力（behavior competence)，②客
観的環境（objective environment)，③主観的幸福感（subjective well-being)，④認
知される生活の質（subjective quality of life）をあげています。この要素には，
生命維持や生活機能，自立の程度などの個人に関わる行動能力や物理的・人的
環境のような客観的指標だけでなく，個人の経験から成り立つ全体としての幸
福感や自分自身の行動能力を主観的にどう評価しているのかといった主観的指
標も含まれています。これらを QOL の構成要素と考え，ロートンは図 10-1 の
ような概念モデルを提案しました。これらの構成要素は相互に関連し合ってい
るものの，独立して価値を持つものととらえられています。

　さらに，三重野（2001）は，図 10-2 のように QOL の概念枠組みを提案して
います。このモデルでは，個人の持つ欲求や信念などの複合体が，他者との関
係性や個人に提供される公共財，自然環境との共生と相互に関連し，時間や情
報，経済状況との関係性のなかで QOL は価値づけられると考えられています。
つまり，個人に焦点を合わせた「生活者の質（QOL)」とその個人をめぐる
「環境的側面の質」との相互関係のなかに，時間や情報，経済とが加わって
QOL が評価されるということです。

　このように考えると，人が人として生きるうえで何らかの関係性を持つすべ
てのものが，その人の QOL を構成しうる要素であると考えることもできます。

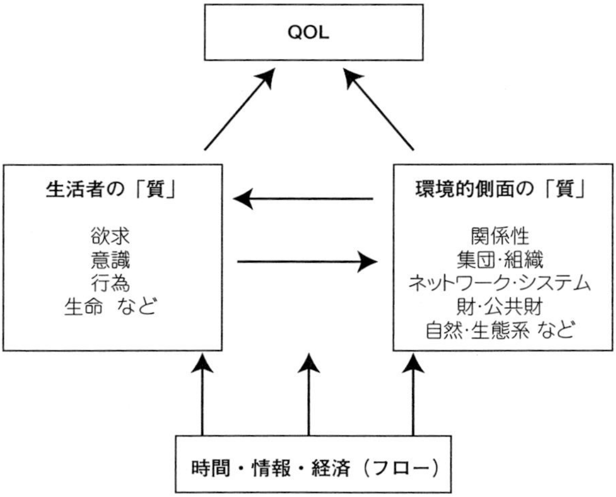

図 10-2　QOL の概念枠組み（三重野, 2001）

1-2　医療と QOL

　多様な学問領域において QOL 研究が発展するなかで，医療における QOL 研究はその他の学問とは異なり，独自の発展を遂げてきたといわれています。現在，医療看護領域で最もよく用いられる QOL 概念は，健康関連 QOL（Health-Related Quality of Life: HRQOL）であり，生きがいや幸福感，健康に関連しない QOL（No Health-Related Quality of Life: NHRQOL）とは区別されています（図 10-3）。福原（2002）は，HRQOL を「疾患や治療が患者の主観的健康感や日常的な活動，社会的活動に与えるインパクトを定量化したもの」と定義しており，HRQOL の構成要素として，主観的健康観（well-being）と日常生活機能（functioning）をあげています。いずれも医療介入によって改善できる可能性のある領域に測定範囲を限定しているのが特徴です。フェイヤーズとマッキン（Fayers & Machin, 2000/2005）は，HRQOL の定義がいまだ漠然としたものであることを指摘しつつ，一般的合意（コンセンサス）が得られた概念の構成要素として，「全般的健康，身体機能，身体症状や薬物毒性による症状，情緒機能，認知機能，役割機能，社会的機能，性機能，および実存的問題」をあげています。

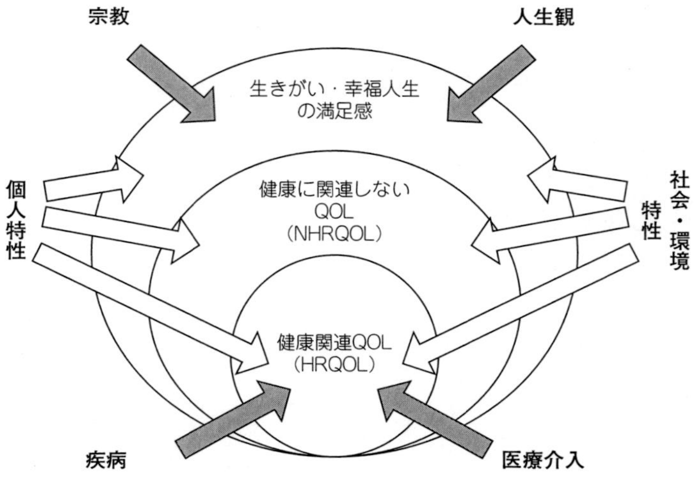

図 10-3　健康関連 QOL の概念図 （福原 , 2001）

1-3　QOL の Life —— 生命の質・生活の質・人生の質

　さらに，日本では Quality of Life の "Life" を和訳する場合，「生活」だけで
なく，「生命」や「人生」などの意味もあり，Life をどう訳すかによって QOL
という言葉が指す概念レベル，構成要素が異なります。表 10-1 はそれぞれの
QOL が示す概念レベル，対象となる事象，構成要素を一覧表にしたものです。
この一覧表を見れば，QOL 概念自体が広義な概念であり，QOL 研究がさまざ
まな目的に沿って発展していることがわかります。

　QOL 概念は客観的 QOL と主観的 QOL に区別されており，客観的レベルで
は，生物レベル，個人レベル，社会レベルでもたらされる障害について扱いま
す。生物レベルでは，"Life" を「生命」と訳し，治療や手術などにより生物
学的・身体的機能の症状の改善を目指します。他にも，個人レベルや社会レベ
ルで扱われる障害は，能力障害や社会的不利に関するものであり，"Life" は
「生活」や「人生」と訳されます。他方，主観的レベルでは，心理的・実存的
レベルから QOL 概念をとらえ，具体的には「体験としての」障害や不満感を
示します。"Life" は「体験としての生」と訳され，他の概念レベルよりは包
括的で，患者を主体とした視点から検討がなされています。また，医療者や研
究者が，「生命」・「人生」・「生活」のどの側面の質を医療やケア介入の目標と
しているのかによって，求められるサポートや対応方法，改善目標も異なって

表10-1　障害とQOLの構造と対応（早原, 2001, p.367）

	客観的			主観的
障害	生物レベル 機能・形態障害	個人レベル 能力障害	社会レベル 社会的不利	心理的・実存的レベル 体験としての障害　→　不満感
生 / Life	生命	日常生活	社会生活・人生	体験としての生
QOL	生命の質	生活の質	人生の質	体験としての人生の質
対応	↓（医療）	↓（リハビリ・介護）	↓（リハビリ・福祉）	↓（カウンセリング）
結果	治療 症状改善　→	ADLの向上 生活の安心　→	社会参加・役割 将来への安心	受容・精神安定　→　満足感

きます。「生命」であれば，治療や症状の改善をすることが重要になりますが，「人生」や「生活」であれば，生活の介助や社会参加へのサポートが重要となってきます。

2　健康神話，そしてそれに埋め込まれている私

2-1　健康神話 ── 病者は不幸か？

　先に述べたとおり，健康の定義が広義のQOLの定義と同義的に扱われていることもあり，両者には密接な関係があります。私たちが「健康」を想像するとき，心身ともに病気がなく，元気な状態を想像します。私たちが日常的にサプリメントを服用したり，健康に良いと考えられる生活を志したりするのは，健康を維持するあるいは病気を予防するためでもあります。日常生活を平穏に過ごしたい，病気をせずに健康でありたい，という欲求は人間の根源的な欲求といえなくもありません。しかし，過度の健康志向や医療化（医療的な問題でなかった事象まで，近代医療の治療の対象となっていくこと。たとえば，通常の老化まで，医療の対象とされる）は，「病気」であることは「悪いこと／不幸なこと」であるという風潮を生み出したり，病気や障害を抱える人の人権を無意識のうちに傷つけたりするおそれがあります。私たちの生きる社会には，慢性的な疾患や障害を抱える人もいます。治療法が確立されていない難病や回復の見込みがない障害により身体機能に困難を抱える人は，「不健康な」状態であり，「不幸」な状態にあるといえるのでしょうか？　そして，私たちが病気を抱える病者のQOLは低いと決めつけてしまうことで，病者の生きる可能性を妨げるようなことにはならないでしょうか？

2-2　逸脱としての病気

　現在の健康観に多大な影響を与えたと考えられる概念の1つに，パーソンズの「病人役割」があります。パーソンズ（Parsons, 1951）は社会が病人に期待する役割として，以下の4点をあげています。

　① 病気にかかった状態に対して，本人は責任を問われない
　② 通常の社会的役割から一時的な免除が与えられる
　③ 「望ましくないもの」としての病気の定義を受け入れ，この状態から回復
　　しようとする義務がある
　④ 専門家（＝医師など）の援助を求め，これと協力する義務がある

　パーソンズは，「健康」概念と「病気」概念を分離し，「病気」である状態を通常（＝健康）からの逸脱形態としてとらえています。さらに「医療はこの逸脱形態に社会的な統制を与えるもの」ととらえられており，「逸脱状態にある患者は，強制的にあるいは義務的に統制状態（健康な状態）に戻らなければならない」としています。この理念において，病者は医療へ積極的に協力しながら回復することを目指し，通常の社会的義務に復帰することが望まれています。
　しかし，パーソンズの病人役割理論は急性疾患，つまり「回復」を前提とした病気を対象としており，慢性疾患や難治性疾患，精神疾患を抱える患者はこれに当てはまらないことが指摘されています。この理論に基づく健康観では，健康であることがポジティヴに評価され，健康でないことはネガティヴに評価されるでしょう。そして，回復の見込みがない病いを抱える病者のライフは，本人の意思に関係なく，生涯にわたってネガティヴな評価を受け続けることになります。

2-3　アウトカム評価を測定するものとしての HRQOL 尺度

　医療において QOL あるいは HRQOL を測定する主な目的は，治療法やケア介入のアウトカム（結果）評価やその改善，患者の意思決定，患者とのコミュニケーションの促進，限られた医療資源の分配など，医療介入方略を正しく評価し，医療の質を公正に確保するために用いられています。特に HRQOL は患者立脚型アウトカムと呼ばれており，患者の視点を内包するアウトカム指標と

して重視されています。そのため，計量心理学の観点から QOL 概念を測定項目として再構成し，さまざまな尺度や測定法が開発されています。

HRQOL を測定する尺度は，「包括的尺度（一般的尺度）」と「疾患特異的尺度」，「QOL の特異的局面のための測定尺度」に分類されます（Fayers, et al., 2005）。さらに包括的尺度（あるいは一般的尺度）は「健康プロファイル型尺度」と「選好に基づく尺度」に大まかに分類されています。「健康プロファイル型尺度」は，QOL に含まれるさまざまな領域を 1 つにはまとめず，多次元のまま表現しようとする尺度です。代表的なものに SF-36（Medical Outcome 36-Item Short Form）や SIP（the Sickness Impact Profile）などがあります。他方，選好に基づく尺度は，効用値を測定するという目的のために QOL を 1 次元で表現しようとするものです（福原・鈴鴨, 2001）。代表的なものに EuroQOL（EQ-5D）があります。

「包括的尺度」はいずれも，疾患や状態にかかわらず包括的な使用を意図したものであり，健常者にも援用することができます。他方，「疾患特異的尺度」は個別の疾患における患者の QOL をとらえようとするものです。疾病ごとに特有の症状や病態に焦点を当て，対象となる疾病を抱える患者の QOL を測定します。「ある特異的局面に特化した測定尺度」は，調査者が測定したい機能に焦点化して一般的な QOL を測定するものです。たとえば，障害の程度，あるいは身体機能を測定するために開発されたバーセルインデックス（Barthel Index: BI）は，日常生活動作（Activities of Daily Living: ADL）に特化した QOL 尺度の例としてあげることができます。

現在では，HRQOL 尺度やそれらの信頼性や妥当性の検証，実践場面での応用などを目的とした研究は膨大な数にまで発展し，新しい尺度が開発され続けています。これらの研究が発展される一方で，HRQOL 尺度の問題点や課題もまた明らかになりました。その課題の 1 つは，身体機能が低下する疾病を抱える患者は，QOL も必然的に低く評価されるという点です。さらに，身体機能が低下した状態を「死んだほうがマシ」と評価してしまう HRQOL 尺度も存在します（詳しくは，サトウ, 2010 を参照のこと）。これは，先に述べたように HRQOL がアウトカム指標の 1 つとして位置づけられており，医療介入の主となる身体機能への効果や影響を正しく評価するために起きうる問題であると考えられます。しかし，身体機能が低下した患者でも，それを補助する機械や適切な人的支援を受けられれば，必ずしも QOL が低いと評価されないことが明らかになっています。また HRQOL 尺度によっては，「QOL が低い」と評価された患者が，その評価を苦痛に感じる事例なども報告されています。

第 10 章　クオリティ・オブ・ライフとは何か？　141

3 個人的な QOL

3-1 全人的医療と患者報告型アウトカム

　近年の医療現場では，全人的医療に代表されるような患者の主体性や自律性を重視する立場が注目されています。全人的医療とは，「『病』そのものを診るのではなく，病気を抱えた人の身体的，心理的，社会的側面を診るとともに，その人およびその人をとりまくさまざまな要素を幅広くとらえながら実践していく医療」のことです（鈴木, 2008）。医者や看護婦だけでなく，医療現場において患者や患者家族に関わる多専門職者（たとえば，理学療法士や臨床心理士，検査技師，薬剤師など）がチームとなって治療を行う「チーム医療」も，全人的医療としての試みの１つといえます。

　患者を「疾病」だけでなく包括的にとらえようとするこの動向は，QOL 研究やアウトカム評価研究にも影響を与えました。現在では，より患者の主観性を反映するアウトカムとして，患者報告型アウトカム（Patient-Reported Outcomes: PROs）が提案されています。PROs は，QOL の評価を患者に委ねるプロセスを内包するアウトカム指標であり，患者の視点を加味した尺度項目を構成したアウトカム指標である患者立脚型アウトカムよりも，さらに患者の主体性や主観性を重視したアウトカム指標となっています。つまり，PROs は，患者の QOL を 3 人称的視点（第三者である医療従事者）から客観的に評価するのではなく，患者自身が自分自身の QOL を報告（評価）することを重視しています。

3-2 iQOL とその評価法である個人の生活の質評価法（SEIQOL）

　この動向を受け，患者の個別性や主体性を重視した QOL 評価法（Individualized Quality of Life Instrument）が開発されています。これらの評価法の共通点は，調査者との面接のなかで，患者自身が QOL を構成すると考えられる領域を自ら語り，それらの領域を自ら評価する点です。これまでの QOL 評価法では，統計理論を用いて，信頼性と妥当性が容認された質問項目だけを選別して尺度化していました。しかし，QOL は本来，個人個人にとって異なるものです。患者の主体性や個別性を考慮するには，1 人称的な視点で経験される個人の

QOL（individual Quality Of Life: iQOL）を評価する必要があります。オーボイルら（O'Boyle et al., 1993, 1994）は，人間の QOL を「個人内・個人間で異なる主観的問題を包含する多元的な構成概念である」と考え，①共通性よりは個別性と具体性を重視すること，②家族や周囲の人びととの相互作用の重要性に着目すること，③構成要素の相対的重要性（重みづけ）を考慮することを重視し，個人の生活の質評価法 – 直接的重みづけ法（the Schedule for the Evaluation of Individual Quality of Life-Direct Weighting: SEIQOL-DW）を開発しました。SEIQOL-DW は，調査者との面接のなかで病者自身が自分自身の QOL にとって重要な領域を回答するため，項目自己生成型の QOL 評価法とも呼ばれています（サトウ，2010）。

3-3　SEIQOL-DW でとらえる iQOL の例

では，具体的な事例をとおして SEIQOL-DW を用いた iQOL を見てみましょう。SEIQOL-DW の具体的な手順 は表 10-2 のとおりです（大生・中島，2007）。まず調査者（医療従事者）は，患者に患者の QOL にとって重要な領域（Cue）の名称とその具体的な内容を 5 つあげてもらい，記録用紙に記入します（ステップ 1）。次に，各々の充足度（レベル）を視覚的アナログ尺度（Visual Analog Scale: VAS）を用いて評価してもらいます（ステップ 2）。その後，5 色に色づけされた専用のカラーディスクを用いて，各領域間の相対的重要度／重みを直接的に評価してもらいます（ステップ 3）。最後に，充足度と相対的重要度を掛け合わせたもの数値化し，患者の iQOL を領域と数値であらわします（ステップ 4）。このとき，患者の iQOL は 0 から 100 の数値で表現されます。数値が高ければ

表 10-2　SEIQOL-DW の手順

	手続き	注意事項
ステップ 1	「現時点であなたの生活にとって重要な領域は何ですか。5 つ挙げてください。調査対象者の QOL に重要な生活領域・項目（領域）を 5 つ挙げてもらう	このとき領域の定義と具体的な内容を明らかにする
ステップ 2	各領域の充足度（レベル）を評価する	視覚的アナログ尺度を用いて，記録用紙に記入
ステップ 3	各領域の相対的重要度（重み）を評価する	5 色に色づけされた専用のカラーディスクを用いて，重みづけを色で表現してもらう
ステップ 4	各領域のレベルと重みを掛け合わせたものを SEIQOL インデックスとして数値化する	（$0 \leq x \leq 100$ で数値化される）

高いほど患者の QOL も高いと判断します。

　著者は，デュシェンヌ型筋ジストロフィー（Duchenne Muscular Dystrophy: DMD）患者の A 氏（29 歳／男性）を対象に SEIQOL-DW を用いて iQOL 調査を実施しました。DMD は進行性の遺伝性疾患の 1 つとされていますが，現在のところ治療法が見つかっておらず，生活を営むためには医療的支援や介助サポートが不可欠になります。A 氏は，医療施設で長期にわたり療養しており，基本的にはベッド上で生活しています。食事・トイレ・移動などの際には医療従事者や家族による介助が必要ですが，1 日に 2 時間程度，車椅子で病棟周辺を自由に移動することができ，病棟行事や活動に参加したり，同病棟にいるきょうだいや友人と話したりしています。

　A 氏は，自分自身の QOL にとって重要な領域を「生活環境」，「外出・外泊」，「人的な協力」，「経済（お金）」，「趣味」と報告しました（表 10-3）。各領域の充足度（レベル）は，「趣味」と「外出・外泊」に関しては，ある程度充足していると判断していますが，「生活環境」や「経済（お金）」に関しては満足し

表 10-3　A 氏の iQOL（領域，具体的内容，レベル，重み，SEIQOL インデックス）

領域	具体的内容	レベル	重み（%）	レベル×重み
生活環境	基本的な生活。動かない部分が増えたことにより，体に負担をかけないような生活	37	28	10.4
外出・外泊	実家だけでなく，病棟以外の場所に行く	72	17	12.2
人的な協力	介護を支援する人の存在	51	28	14.3
経済（お金）	医療や趣味に使うお金	28	4	1.1
趣味	音楽鑑賞・PC・ドラマ・映画鑑賞	70	23	16.1
			SEIQOL インデックス	54.1

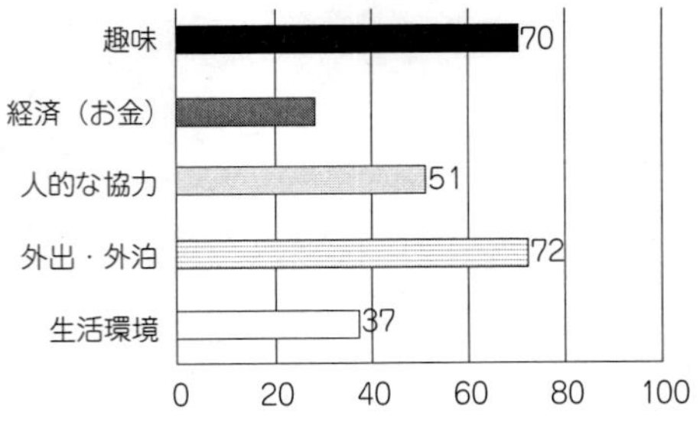

図 10-4　領域のレベル

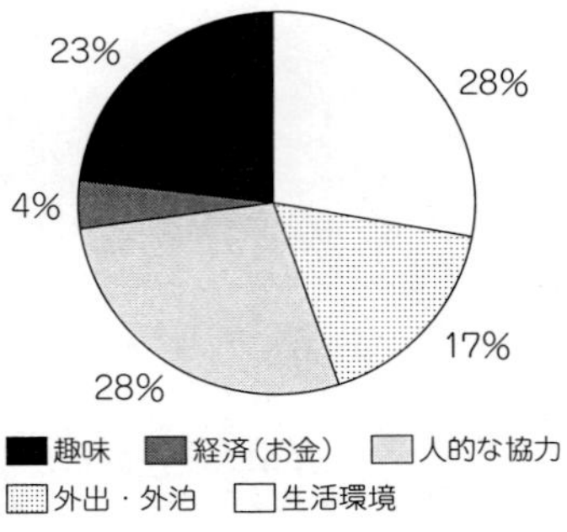

図 10-5　領域の重み

ていない状態と評価しています（図 10-4）。相対的重要度は，「生活環境」と「人的な協力」に重み付されており，先ほど充足度が低下していた「経済（お金）」の重要度は低めに評価されています（図 10-5）。これらの数値を掛け合わせて算出される iQOL の値は 54.1 になります。

A 氏自身の QOL を A 氏自身が評価することによって，私たちは A 氏の日常生活を理解するとともに，医療サービスをはじめとする A 氏をとりまく人びとや制度に対するニーズがどこにあるのかを理解することができます。たとえば，A 氏は「生活環境」を相対的重要度が高いにもかかわらず，充足度が低い領域と評価しています。A 氏の考える「生活環境」，つまり「基本的な生活」や「体に負担のかけない生活」ができるようにするために，私たちはどのようなサポートができうるのかを考えることで，患者の視点から構築される適切な医療やケアの介入を実施することが可能になります。

3-4　変容する iQOL

サトウ（2012）は，iQOL の可能性について，「回答者が自分なりに重要なものを提出することで，生活全体を理解する手がかりになるもの」と述べており，主観的な回答だから意味がないというような見方を否定しています。iQOL から病者のライフを検討することは，病者自身の価値観や信念だけでなく，その人をとりまく周囲の他者や環境の変化などを知る手がかりにもなるのです。

福田・サトウ（2012）は，DMD 患者の B 氏（31 歳／男性）に SEIQOL-DW を用いた継続的な調査を実施しました。DMD が進行性疾患の 1 つであることは先ほど紹介しましたが，幼児期に発症した身体機能の低下は，年を重ねるごとに重症化していきます。そのため，ADL を重視する HRQOL 尺度では，彼らの意思に関係なく，QOL は徐々に低下していくと評価されてしまいます。しかし，SEIQOL-DW を用いて DMD 患者の iQOL 調査を実施した結果，彼の iQOL は，個人の体調や医療介入により変化し，さらに病態の進行や調査期間中に起こったライフ・イベントによって変容することが明らかになりました（表 10-4・図 10-6）。

1 年目の調査で「家族」「趣味」「自治活動」「PC」「スタッフ」をあげていた B 氏の iQOL は，2 年目の調査時に自身の体調不良が認識され，「医療スタッフの支え」や「人の（精神的な）支え」など，周囲の人のサポートに関連するものが QOL を構成する重要な要素になります。また，iQOL に対する評価も 64.3 から 58.0 へと低下しています（表 10-4）。しかし胃瘻造設手術を経験した 3 年

第 10 章　クオリティ・オブ・ライフとは何か？　145

表10-4　B氏の領域の変容とSEIQOLインデックス（福田・サトウ, 2012）

	試行 1	試行 2	試行 3
領域・項目（領域）	PC 趣味 自治活動 スタッフ 家族	趣味 人の支え（精神的な） 医療スタッフの支え 体の管理 外出	趣味 読書 会話すること 外出 追っかけ行為
SEIQOL インデックス	64.3	58.0	65.6

＊網掛けの部分は変容した領域を示す

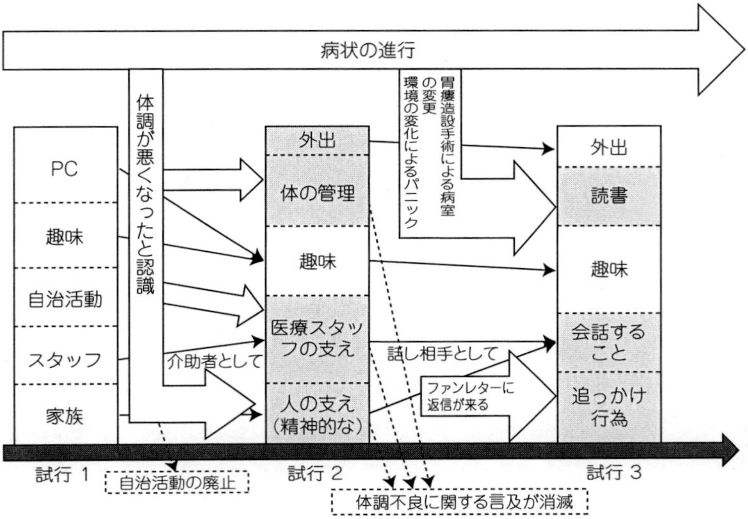

図10-6　領域の変容と関連するライフイベント
網掛け部分は変容した領域を示す。

目の調査では，「人の支え」に関連する領域は減少し，あこがれの芸能人の番組やブログを読むといった「追っかけ行為」が新たに出現します。iQOL に対する評価も1年目の評価と同等になり，2年目と3年目との間に実施された医療的介入も適切であったと評価することができます。1年目と3年目の QOL 評価は数値としては同程度ですが，ライフ・イベントの発生により，B氏のiQOL は異なった要素で構成されています。患者の iQOL は医療や病いに日常的に占領されているわけではなく，体調不良という認識や医療介入場面，病いによる苦痛を感じたときなどに再認識され，患者のライフに影響を与えるよう

146

になります。よって，患者の iQOL もまた，病いに直接的に支配されているのではなく，環境や周囲の人びととの関係性のなかで構築され，それらとの相互作用によって変容していくものと考えることができます。

このように，SEIQOL-DW は，病者自身が QOL に関連すると考えられる領域やその評価基準を決定することができるため，その人の価値観や信念をQOL 評価にダイレクトに反映させることができると期待されています。さらに，調査者は面接時に語られる患者の QOL に関するナラティヴ（語り）に傾聴することで，病者の経験や「いま‐ここ」にあるライフを知ることができ，病いや障害を抱える患者「像」としての患者ではなく，よりダイナミックな個人のライフ（iQOL）を知ることができます。

特に，有効な治療法が確立されていない医療の現場では，QOL 向上を目標とした医療・看護的介入やケア介入を行うことが重要であるといわれています。患者の iQOL を理解することは，患者の病態や病態が及ぼす身体的・社会的・心理的影響を患者視点で理解することができ，患者のニーズに適した医療やケアを提供する指標の 1 つになりえるでしょう。

4　ナラティヴと厚生心理学

4-1　人生 with 病い

私たちが暗黙裡に抱く健康観や患者「像」に対して，大沼（2007）は，「普段大きな病いに直面することなく何気なく生活をしている人にとって，病いを抱える人の話を聞くと辛そうとか大変そうとかと否定的な目線で見てしまう。しかし，自分で生活することが困難で入院生活を余儀なくされたり，介護を必要とする生活を送っている人にとっても毎日の生活があり，人生がある。病いを抱えた人生で成功を収めた人もたくさんいるし，治らなくとも病いとうまく付き合いながら幸せに暮らしている人もいるだろう。何かができるから幸せである，もしくは何かができないから不幸だというものはなく，個人個人の生活の価値観は異なっていて，幸せの基準も人それぞれではないだろうか。」と述べ，この視点を「人生 with 病い」と呼びました。大沼は患者を「疾病」や「病い」の視点からとらえるのではなく，「病いとともに生きる生活者」ととらえ直すことで，病者のライフをより丁寧に記述することを提案しています。文化心理学を源流に持つ厚生心理学もまた，病者を患者「像」ではなく生活者と

第 10 章　クオリティ・オブ・ライフとは何か？　147

位置づけることから出発しています。医療における厚生心理学は、病者の生きる生活空間や時間もまた生活者にとっての1つの文化を形成しているという前提に立ち、どのような文化的空間や時間のなかで病いを抱える生活者のライフが成り立っているのかを、制度や文化、社会なども含めた病者のライフ「全体」としてとらえることを目指しています。私たちが暗黙のうちに想像している健康観に代表されるようなネガティヴな患者「像」ではない、病者のライフはiQOL の変容（本章 3-3）でも示したように、日常的に疾病や医療に占領されているわけではないといえるでしょう。よって、「人生 with 病い」や厚生心理学に依拠するアプローチは、HRQOL 尺度が測定する患者としてのライフと日常生活を営む生活者のライフを融合し、あるいは両者の境界をあえて不透明にとらえることで病者のライフを厚く記述するのであり、SEIQOL は医療現場やQOL 研究に生活者の視点を組み込む1つのツールととらえることができるでしょう。iQOL という1人称的視点から QOL を考えることは、患者1人ひとりのライフを考慮しながら、制度や文化、社会といった大きな枠組みにボトムアップ的に個人の視点を反映させることを可能にします。

4-2　病いを語ること・聞くこと

　iQOL の1人称的な視点を QOL 研究に反映させるうえで、ナラティヴ（語り・語る行為・物語）は重要な役割を持ちます。患者が「いま－ここ」で体験しているライフをナラティヴを媒介にして評価することは、第三者である私たちあるいは医療従事者が患者の生きる空間を理解することにつながります。つまり、ナラティヴというかたちで提示される患者のライフには、「病いの経験」だけでなく、患者の生きる生活空間や患者の生きてきた時間、その人の信念や価値観、意味などが表現されています。

　「病いを語ること」は心理学をはじめ、医療人類学や臨床社会学など多岐にわたる学問領域で扱われています。クラインマン（Kleinman, 1988/1996）は、身体症状や生物学的問題としての「疾患（disease）」と、体験としての「病い（illness）」を区別しています。「病い」という言葉を、病者やその家族メンバーやより広い社会的ネットワークの人びとがどのように症状や能力低下を認識し、それとともに生活し、それらに反応するのかということを示すものと位置づけ、病いの経験や語りを記述することで慢性疾患をめぐる苦痛と医療の関係性について議論しています。このような病いの経験やナラティヴを扱う研究の多くは、病いの経験は当事者にとって全く異なる意味づけがなされていることを指摘し、

「病い（illness）は当事者や当事者をとりまく環境によって社会的に構成された1つの物語」であると見なしています。そのような仮説を持つことで，個別事例の具体性を重視し，複数の物語や矛盾する意味の共存，時間や状況による意味の変化を理解することが可能になります。

そしてこの理解は，語り手がいることだけでなく，聞き手がいることではじめて関係性が成立するということを忘れてはいけません。人びとはライフストーリーや自分自身などを語る行為により，経験の組織化と意味生成を行うといわれています。病いの経験を語ることは，病者が病いに対する苦痛を認識するとともに，病いとともに生きる自分を再構成する機会をもたらすといわれています。しかし，聞き手が存在しなければ，良い対話は生まれません。SEIQOL-DWの評価プロセスのなかで調査者が「QOLにとって重要な領域を5つあげてください」と聞くからこそ，病者は自分の日常生活を振り返りながら，日常生活をQOLとして変換し，調査者に語るために自分自身の経験を再構成するのです。特にSEIQOL-DWを実施する際には，病者が「語りたくないのか」，「語れないのか」，「語らないのか」を見極めることは，聞き手の役割の1つでもあります（福田・サトウ，2009）。よって，語る行為だけでなく聞く行為もまた同様に重要となります。

4-3　医療者−患者間の新しい関係性の構築に向けて
—— ナラティヴ・ベイスド・メディスンと iQOL

医療や福祉などの研究において，病者の当事者性（当事者性については12章参照）や個別性が重視されるにつれ，医療現場にも病者の「声」を反映させる必要性が高まっています。医療の現場においてナラティヴを重視する立場に「ナラティヴ・ベイスド・メディスン（Narrative Based Medicine: NBM: 物語と対話に基づく医療）」があります。斎藤・岸本（2003）では，NBMもまた，①患者の病いとその対処行動を患者のライフで展開される物語と見なす，②患者を物語の語り手として，患者の主体性を尊重し，患者自身の役割を最大限に重要視する，③1つの問題や経験が複数の物語を生み出すことを認め，「唯一の真実の出来事」という概念は役に立たないことを認める，④本質的に非線形アプローチである。すべての物事を因果論で考えず，むしろ複数の行動や文脈の複雑な相互交流から浮上すると見なす，⑤治療者と患者との間で取り交わされる対話を治療の重要な一部と見なす，などの特徴を持つと紹介されています。NBMでは，統計理論に基づく普遍的な根拠を持った医療を提供する「エビデ

ンス・ベイスド・メディスン（Evidence Based Medicine: EBM: 根拠に基づく医療）」も患者のナラティヴ同様，社会的に構成された1つの物語ととらえます。NBM は医療におけるあらゆる理論や仮説，病態の説明を「社会的に構成された物語」として相対的に理解し，EBM もまた医療における有力な物語の1つと位置づけています。

　NBM と同様に，iQOL の視点は，単に医療現場における医療者視点の QOL 研究に患者の視点を組み込むという，一種のパラダイムシフトを促すものではありません。iQOL という一人称的視点から現行の医療や患者のライフを省みることは，医療化と脱医療化の2極化を超えるものとして医療のあり方の再考を促すだけでなく，医療者 − 患者の新しい関係性を構築するものとして機能することを目指しています。病者の一人称的視点から語られる iQOL を重視することは，患者のライフやアドボカシーを尊重する視点の1つであり，かつ患者のニーズに則した医療を提供するための指標になりえるでしょう。iQOL の視点から患者を含む当事者と医療者の関係性を包括的にとらえ，両者が相互関係を保つことのできるような医療サービスや医療システムとして構築することが，今後の課題となるでしょう。

第**11**章
ライフ・エスノグラフィ
── 病いとともに生きる ──

1 難病，特に神経難病とは何か

1-1 病いとともに生きること

　「病い」といえば「治すもの」，「治るもの」と思う人も多いかもしれません。少なくとも，「病気になって幸福だ」と考える人はあまりいないでしょう。では，「治らない」病い ── 治療法が確立されていない，いわゆる「不治の病い」── を患ってしまったら？　多くの人は「不幸」，あるいは「怖い」といった印象を持つのではないでしょうか。

　こうした重篤な病いは，一般に「難病」と呼ばれています。多くの医師や科学者が治療法を見つけるために研究を重ねています。一方で，難病患者は重篤な症状に直面しながら，現に今も生活を営んでいます。ですから，「治す」ための研究を進めていくのと同時に，「たとえ明確に『治った』状態にならずとも，日々を充実したかたちで営んでいく」ための支援という道筋も追求されてよいはずです。

　「病い」は，「医学」だけでなく，広義の「医療」の対象です。ですから「病い」そのものに焦点を当てるのではなく，「病いとともに生きること」がどのように実践されるのか，というその「生き方」（生，ライフ）に注目する研究が，必要とされています。こうした視点は，医学や看護学よりも，心理学をはじめとした人文社会科学が得意とするテーマです。

　本章では，「難病」をはじめとした，病いとともに生きる病者のライフを記述することで実際的支援へと結びつけていく，新たな心理学研究 ──「厚生心理学」── を紹介します。キーワードは，「ライフ」と「文化」です。従来の心理学ではあまりなじみのないフレーズかもしれませんが，人類学や社会学などの，心理学の周辺領域との関わり合いのなかで生み出されてきた，先鋭的な研究の一端をご紹介します。

151

1-2 「難病」という言葉をめぐって —— 神経難病の位置づけ

衛藤（1993）によれば，「難病」は以下2つの条件を満たす疾病を総称しています。第一に「原因不明で治療法も確立されておらず，しかも後遺症を残すおそれが少なくない疾病である」，第二に「慢性的な経過をたどるため，経済的，精神的負担が大きく，また介護等に人手を要し家族の負担が大きい」，というものです。現在，「難病」の語は，「治りがたい病い」を指す一般用語であると同時に，国によって「特定疾患」として指定され，重点的な研究が行われている特定の病いを指す行政用語としての側面も持っています。「nambyo」（「難病」の英語表記）は，世界に通用する用語になりつつあります。

難病の区分（疾患群）は症状の生じる部位や機能に準じて決まっています（表11-1）。たとえば私たちが生きていくうえで重要となる（でも，普段は意識しない）視覚や聴覚も，病いによって著しく障害を受けることがあります。

「聴覚・平衡機能系疾患」に含まれる「メニエール病」は突発的な目まい，吐き気，嘔吐などの症状が30分から数時間にわたり続く難病であり，進行すると不可逆的に身体の平衡感覚を失ったり，難聴が進行する事態となります。また，「視覚系疾患」に含まれる「網膜色素変性症」は眼の細胞（視細胞）に異常が生じ，徐々に視力が低下したり，視野が狭くなる症状を生じます。特に重篤な場合には失明にも至ります。

表11-1　疾患群別に見る難病の一覧 （難病情報センター，2012に基づき，著者が整理したもの）

疾患群	疾患の具体例
血液系疾患	再生不良性貧血，原発性免疫不全症候群　他
免疫系疾患	ベーチェット病，悪性関節リウマチ　他
内分泌系疾患	先端巨大症，クッシング病　他
代謝系疾患	原発性高脂血症，アミロイドーシス　他
神経・筋疾患	クロイツフェルト・ヤコブ病，筋萎縮性側索硬化症　他
視覚系疾患	網膜色素変性症，難治性視神経症　他
聴覚・平衡機能系疾患	メニエール病，突発性難聴　他
循環器系疾患	肥大型心筋症，ミトコンドリア病　他
呼吸器系疾患	特発性間質性肺炎，サルコイドーシス　他
消化器系疾患	潰瘍性大腸炎，クローン病　他
皮膚・結合組織疾患	表皮水疱症（接合部型及び栄養障害型），膿疱性乾癬　他
骨・関節系疾患	後縦靭帯骨化症，特発性大腿骨頭壊死症　他
腎・泌尿器系疾患	難治性ネフローゼ症候群，多発性嚢胞腎　他
スモン	スモン

難病のなかには生命に，より直接的に関わってくる血液や免疫に異常を生じるものも数多くあります。「血液系疾患」に含まれる「原発性免疫不全症候群」は，先天的な免疫系の異常により感染症への抵抗力が落ちてしまい，重篤な肺炎，中耳炎，髄膜炎などを繰り返してしまう病いです。生命の危険があるのはもちろん，重篤な中耳炎を繰り返すことで難聴になってしまうなど，後遺症の可能性があるために日常生活上の困難も生じます。

私たちが何気なく行っている身体の動きや呼吸さえ，困難となる難病もあります。「神経・筋疾患」に含まれる「クロイツフェルト・ヤコブ病」は，脳に異常なたん白質が蓄積し脳神経細胞の機能に障害が生じることで，急速に認知症が進み，さらには呼吸も含めた全身の自発運動が不可能となっていく難病です。発症後1年から2年以内で，全身衰弱，呼吸麻痺，肺炎などによって生命を失ってしまう，きわめて重篤な病いです。

なお，「神経・筋疾患」は「神経難病」とも呼ばれています。ハリウッドの映画スターであったマイケル・J・フォックスが患者であることでも有名な「パーキンソン病」も神経難病の1つです。また，映画や小説の題材として神経難病が取り上げられることもあるため，皆さんもどこかで「名前（病名）くらいは聞いたことがある」と感じるかもしれません。神経難病であれ，その他の難病であれ，日常生活の困難を抱え，場合によっては生命の危険を伴いながら生きていくうえで，多様な視点からの支援が求められています。

このように一言に「難病」といっても，それぞれ症状はさまざまです。また国が定めた「難病」（特定疾患）に含まれないが，重篤な症状と生活の困難を抱える病いも多く存在します。そこで現在では，「病者の生活に寄り添い生活を『チューンナップ』する」（サトウ，2009）という視点から，困難とともに生きる人びとのより良い「生（ライフ）」を実現するための研究が，特に心理学をはじめとした人文社会科学領域で進められています。

1-3 「ライフ」を支える難病支援 —— 「文化」の記述が秘める可能性

「ライフ」を支える観点で行われる研究は，「現場性」を強く持つことが要請されます。重篤な難病と聞くと，「患者さんは，ご自分の人生を不幸に感じておられるに違いない……」といったイメージを持つ人もいるでしょう。でも当の患者さんはご自分なりに人生を楽しんでいるかもしれませんし，逆に研究者が想像もつかないような苦労をされている可能性もあります。

病いとともに生きるなかで病者が何を感じ，どのような困難を抱えているの

かという「実態」をとらえるうえで重要となるのが，「質的研究法」と呼ばれるものです。インタビューや参与観察と呼ばれる方法に基づいて，実際に人びとと関わりを持ちながら，その人びとの経験や生活をとらえていくための研究のやり方です。実際，「病いとともに生きるとは，どういうことなのか調べてみたい」と思っても，見当もつかない場合が多いでしょう。そこで質的研究法が得意とするインタビューや参与観察といった方法が，現場性をつかむうえでも非常に役立つわけです。

　質的研究法を用いて「現場」に臨むと，その場所ごと，その人ごとに異なる生活様式や経験に出会うことになります。これを理解していくうえで重要となるのが，「文化」という概念です。文化と聞くと「アメリカと日本」のような大きな単位で考えがちです。でも実際には「自分の家と友人の家」のような，もっと小さな単位でも，それぞれに生活習慣などに違いがありますよね？　もっと小さな単位 ── 人間と人間 ── を例にすれば，「お母さんと赤ちゃん」のやりとりもすごく特徴的です。赤ちゃんが言葉を理解しているかはわからないけれど，母子の間での意思疎通は行われていく。そこには，母子関係の「文化」としか表現できないような，独特なやりとりの仕方が存在しています。

　難病患者の持つ独特な経験，日常生活の工夫，周囲の人との関係のつくり方，さらには習慣，価値観，信念などもまた，「文化」という観点からとらえることで，「実態」として理解しやすくなります。では，（難病患者という）「文化」を調べ，支援につなげていくためにはどうすればよいのでしょうか？　次節では，人文社会科学領域における文化研究の先駆となった「文化人類学」の歩みを振り返りながら，文化を記述する方法論である「エスノグラフィ」についてご紹介します。

2　エスノグラフィによる文化の記述の意義

2-1　「文化」と「エスノグラフィ」── 文化人類学・社会学・心理学の歴史

　「文化」の研究およびその方法論は，文化人類学という学問領域が先駆けとなり，その後，社会学や心理学などにも伝わっていきました。それぞれの領域ごとの「文化」の扱い方や研究対象などは表 11-2 にまとめました。

　文化人類学の代表的な研究者はマリノフスキー（Malinowski, 1922）です。アジア・アフリカの地域を支配する植民地主義という時代背景もあり，西洋以外

表11-2　人類学・社会学・心理学におけるエスノグラフィと文化

	文化の扱い	主たるフィールド	記述単位（研究対象）
人類学	西洋社会から見た場合に異質に見える，ある集団の人びとに共通するような行動のパターンの背景にある信念や価値観を指す。	アジア・アフリカ地域等。	親族構造や宗教体系等。
社会学	同じ国家内，都市内，あるいはより小さな単位の場において，特定の人びとに共通するような行動のパターンの背景にある信念や価値観を指す。	都市におけるスラム，農村，学校の教室等。	（社会制度との関わりのなかでの）地域ごとの生活様式や，集団内の取り決めごと，逸脱行動等。
心理学	人間と人間の関係のなかで生じる，「記号」によって媒介されて成立する「径路」を指す。人が文化に属するのではなく，文化が人に属するととらえる。	母子関係のコミュニケーション，院内学級における支援活動等。	発話，行動，仕草など微視的な現象。

の「異文化」の人びとが何を考え，どのように日々を生きているのか，その文化の研究が要請されたのです。マリノフスキー（1922）は実際に人びとの生活の場に臨み生活をともにする「参与観察法」，および「エスノグラフィ」と呼ばれる「人びとが生きる日常世界を人びとに経験されたように記録し，人びとの視点から経験の意味を読み解くための手法」（Spradley, 1980）を開発したことから，フィールドワークの祖として位置づけられています。

　（異）文化研究およびその方法論としてのエスノグラフィは，1920年代のうちにアメリカの社会学，特に都市社会学と呼ばれる領域のなかで，アメリカ国内の「異文化」をとらえるための方法として導入されました。たとえば，ダンスホールにおけるダンサーと客の間の社会的世界を描いたクレッシー（Cressey, 1932）や，イタリア系移民の若者が地域文化へ与える影響，および彼らの人生観，組織形態と集団生活の関係を丁寧に記述したホワイト（Whyte, 1943）などは，代表的な研究者です。

　心理学におけるエスノグラフィの導入は，1980年代以降の発達研究をきっかけとしました。たとえば社会学者のコルサロ（Corsaro, 1985）は幼児を大人と異なる文化を持つ集団としてとらえ，子どもたちの対人行動に寄り添いながら，子どもたちがどのような文脈で，どのように人びとと接し，環境を自ら解釈し意味づけていくのかという点を，参与観察に基づいて分析しています。こうした視点は心理学，特に発達心理学に大きな影響を与えました。研究者があらかじめ意味を決めた項目を用いるような方法とは対照的に，まず実態をつかむことからスタートしたのです。異文化としての「子ども」を理解するために

は，参与観察法とエスノグラフィが適切なものと考えられたのです。

2-2　心理学におけるエスノグラフィ
──「文化」の視点で読み解く発達と社会

　心理学（の発達研究）において参与観察法とエスノグラフィが短期間に受け入れられた理由として，以下の2点をあげることができます。第一に，心理学の父であるヴントの「内省法」や，1920年代の行動主義的な発達研究に特徴的なように，「観察法」への関心が深く根付いていたこと。第二に，1970年代の発達心理学における「社会文化学派」と呼ばれる学派の台頭です。

　社会文化学派はヴィゴツキー（1987）という心理学者の発想に基づき，子どもの発達や，より広く人びとの活動を，「文化」と「記号」の概念から追究します。たとえば子どもが本を読んでいるときに，難しい漢字に出くわして読めずに困ってしまうことがあります。そういうときには周りの大人が，その漢字の読み方や意味を伝えます。自力でひらがな・カタカナは読める状態から，もっと有能な他者の手を借りて（媒介して），漢字の理解という能力を身に着けていくわけです。このように，人のさまざまな活動が成立していくときには，何かによって媒介されているととらえることができます。この何かが「記号」であり，記号の媒介によって成立した活動の径路を「文化」と呼びます。先の例で言えば，子どもにとっての漢字の読み方や意味という「文化」（あえて言えば漢字文化）は，周りの大人という「記号」による媒介によって成立した（能力として身についた）と，社会文化学派はとらえます。

　こうした点をとらえようとしたら，個人の内的な過程や特性だけに注目し，それを取り出していくような検査や測定では不十分です。人と人との関係のなかにこそ，「文化」が見いだされるからです。人がどのような他者との関係のなかに生き，何を感じ，どのような価値観や信念を抱いているのかをとらえる方法論 ── まさに参与観察とエスノグラフィが必要とされたわけです。

　現在，ヴィゴツキーの視点に基づいた研究は発達領域にとどまらず大きく広がり，「文化心理学」と呼ばれる領域を構成しています。発達研究においては「異文化」としての子どもたちを対象にしていましたが，異なる価値観，信念，生活様式を持つ人びとは他にもたくさん存在しています。たとえば「難病」とともに生きる人びともまた，独特な「文化」を作っているととらえることができます。重篤な症状と向き合いながら日々の生活をさまざまに工夫して，生存を図っていく ── そうした生活を難病患者自身はどのように感じ，経験してい

るのか。実態に即した支援を実現するうえでも，文化心理学とエスノグラフィを用いて現場に臨むことは有用なやり方なのです。

2-3　難病研究とライフ・エスノグラフィ
——文化心理学に基づいた「難病患者という文化」の記述に向けて

　病者の経験，病いの捉え方などに注目した研究は 1980 年代から盛んになりましたが，きっかけとなったのは「医療人類学」，特にアーサー・クラインマンの研究です。クラインマン（Kleinman, 1988）はエスノグラフィの技法を用い，医療者は病気を生物学的な視点に基づく「疾病（disease）」としてとらえ説明するのに対し，病者個人は一連の流れを持った物語（illness）としてとらえている，という視点の違いを浮き彫りにしました。つまり，医療者が考えているようには，病者自身は病いを経験していない，ということになります。

　心理学においても「医療」をフィールドとした研究は存在します。たとえば大橋ら（1985）は沖縄（沖縄出身者）を対象に，西洋的な精神医療が導入されていくなかで，沖縄の伝統的な信仰治療システムとどのようにせめぎ合い，展開されていったのかを社会心理学的に検討しています。また近年では，谷口（2004）が院内学級への参与観察を通じ，院内学級での支援と教育の特徴は退院後の地域への円滑な復帰を目標とする「つなぎ」援助であるとする知見を提示しています。

　こうした研究は病いとともに生きる人びとの実態に迫る貴重なものである一方，1 人の病者がどのように周囲の支援者と連携をとりながら日々を生きているか，という詳細な検討を行っている研究は十分ではありません。たとえば進行性の神経難病患者であれば，病いの進行に伴う身体の不自由さに直面するなかで，自分の活動を豊かに保つための工夫（活動を媒介するような記号の配置）を行う必要があります。いわば，「難病（とともに生きることを可能とする）文化」を構成しながら，歩んでいるわけです。

　文化構築のプロセスを明らかにしようと思ったら，1 人の病者（と呼ばれる人間）の生きる様に寄り添い，その生の全体像を記述するエスノグラフィが必要となります。生（ライフ）の記述という観点から，難病患者という文化に迫る「ライフ・エスノグラフィ」と呼ばれる新しいエスノグラフィが，こうした要請に応える 1 つの方法です。

第 11 章　ライフ・エスノグラフィ —— 病いとともに生きる 157

3 難病患者という文化の記述

3-1 病者の生きる場に臨む —— より良い生のための現場の文化

　難病患者の実態を研究していくことは，より良い支援につながる重要な課題ですが，難病患者の生活の場はどこだと思いますか？　「病院」や「施設」を思い浮かべる人が多いかもしれません。でも前に述べたように，一言に「難病」といってもさまざまな種類があります。症状や病態も多様ですから，生活に支障が生じる程度や内容も多岐にわたるはずです。たとえば難病のなかでも内臓の病いなどであれば外見上はわかりませんし，症状の程度によっては，自宅での生活や，通学・就労も可能なケースがあります（たとえば，赤阪ら，2011）。

　さらに例を出すと，神経難病患者のなかにも在宅療養を行っている人が多く存在します。意外に思われるかもしれませんが，「医療」と関わりが薄そうに感じられる自宅という場での生活が，近年ますます増えているのです。たとえば神経難病である「筋萎縮性側索硬化症（Amyotrophic Lateral Sclerosis, ALS）」は，在宅療養患者の数などについて把握が進んでいる病いの1つです。ALSにかかると，「病いの進行とともに徐々に，体が動かなくなっていき，意識は明瞭でありながら，呼吸や発話ができなくなっていく」というきわめて重篤な状態になっていきます。にもかかわらず，ALSにおいては人工呼吸器を装着している（つまり症状が進み，自発呼吸や音声言語の使用が困難な状態の）患者の多くが，在宅療養を行っているという調査結果も出ています（川村，2003）。

　人工呼吸器を付けながら，医師や看護師などが（日常的には）いない自宅という場で生きる。なんだかすごく大変なことのように思えませんか？　「人工呼吸器にトラブルが発生したら，命の危険がありそうだけど，誰が対処するのだろう」，など，いくつもの疑問が浮かんできます。私たちの多くは実態を知りません。実際に在宅療養中の神経難病患者のお宅にお邪魔して，生活の様子を見てみることからスタートしないと始まりませんよね。

　そこで次節では，在宅療養を行っているALS患者の自宅をフィールドにした，エスノグラフィをご紹介します。ここでご登場するALS患者は，症状が進行し，きわめて重篤な状態になっています。それでもなお，盛んに自らの経験の情報発信をし，在宅療養を楽しみ，さらには自らの生を充実したものとして肯定的にとらえています。では，この患者さんはどのように生活しているの

でしょうか。また，その生活を可能としているような記号，そして文化は，どのようなものなのでしょうか。

3-2　在宅療養の場のエスノグラフィ
── 生を支えるライフ・エスノグラフィ

　日高ら（2012）の研究は，ALS患者の在宅療養の場を数年にわたり参与観察し，日常生活の多くの時間を患者および家族とともにしながら，在宅療養の場で，（患者本人が快適と感じられるような）日々の活動を可能としている記号を描き出すことを目的としたものです。ALS患者である和中さん（許可を得て実名使用，図11-1）の自宅で生じている，人びとの日々の活動を記述すると，図11-2のようにまとめることができます。和中さんは人工呼吸器利用者であり，主として頬の筋肉を動かしてパソコンを操作し，文字を紡いでコミュニケーションを行います。

　「難病」と聞くと，ずっと「寝たきり」などのイメージを持たれるかもしれませんが，実は日々の活動は豊かなものになりうるということが，この研究では示されています。図11-2に示したように，和中さんの生活の場では，「楽しみを見つける」ことや，「ひとりの時間を持つ」といったような，（病いを持たない）1人の「生活者」としての側面も保たれていました。

　このような生活を可能としている記号は「他律の回避」です。身体の動作が大きく制限されるなか，ヘルパーや家族の支援を必要とする場面は多く生じます。しかし一方的にケアを行うのではなく，あくまで和中さんが自分の意思で

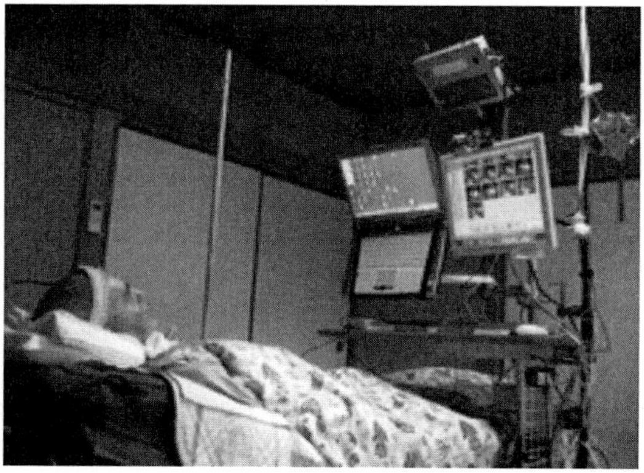

図11-1　和中さんとベッドの周辺風景

第11章　ライフ・エスノグラフィ ── 病いとともに生きる

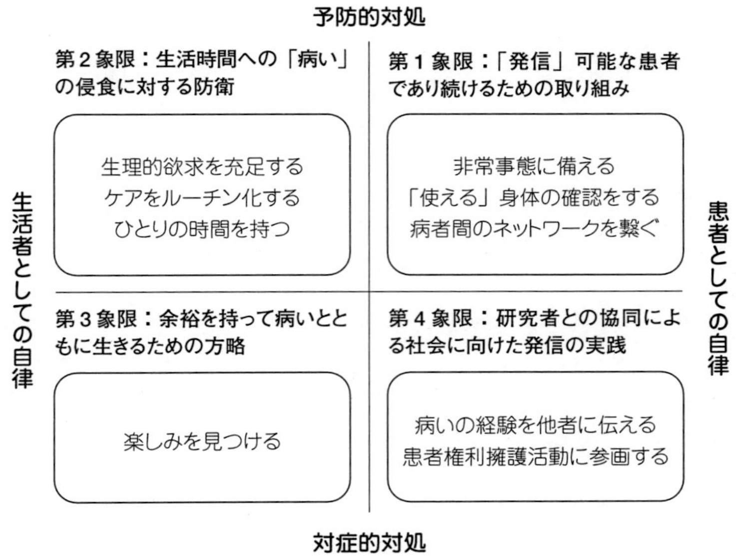

予防的対処

第2象限：生活時間への「病い」の侵食に対する防衛

生理的欲求を充足する
ケアをルーチン化する
ひとりの時間を持つ

第1象限：「発信」可能な患者であり続けるための取り組み

非常事態に備える
「使える」身体の確認をする
病者間のネットワークを繋ぐ

第3象限：余裕を持って病いとともに生きるための方略

楽しみを見つける

第4象限：研究者との協同による社会に向けた発信の実践

病いの経験を他者に伝える
患者権利擁護活動に参画する

生活者としての自律

患者としての自律

対症的対処

図11-2　在宅療養の場における和中さんの療養様式と具体的実践

他者に意思を伝え，そのつど確認をしながら進めていくことがこのフィールドの出来事に通底していました。簡単なサイン（Yes / No）を取り決めておくことも，コミュニケーション支援機器を安価な日用品でカスタマイズしてトラブル対処を容易にしておくことも，その他のさまざまな出来事も，「他律の回避」という記号によって媒介される日常生活 —— 難病とともに生きるという文化 —— として立ち現れているのです。和中さん自身も，ご家族も，ヘルパーも，みんなが「他律の回避」という記号に基づいて活動するなかで，「自律的に活動できて，生活者として（も）振る舞える」和中さんの姿が浮かび上がってきました。これは ALS とともに生きる和中さんご自身にとって，生の快適さの核にあるものとして，ご本人にもとらえられていました。

　日高ら（2012）のエスノグラフィは，匿名化され抽象化されたかたちで提出されたものではなく，場の文脈を含んだ，「厚い記述」（Geertz, 1973）による「難病患者という「文化」」の記述であるといえます。（文化）人類学が扱ってきたような「民族」としてのエスノ，および社会学が扱ってきたような「（特定の）集団」としてのエスノから，さらに詳細な「人間と人間」（の相互作用）という関係のなかに踏み込み，人びとの経験に迫っていく —— こうした新しい心理学のあり方として「厚生心理学」（病者の生の厚い記述）を提案するととも

に，その中心的な技法として，病者の生に密着したエスノグラフィである「ライフ・エスノグラフィ」を実践したことが，日高ら（2012）における到達点です。

3-3　ライフ・エスノグラフィと「モデル化」── 知見の転用に向けて

　これまで見てきたように，在宅療養の場には，病者自身，ご家族，支援者など多様な人びとによって織り成される「難病患者という文化」が存在しているようです。たとえ重篤な病いとともに生きることになっても，充実したかたちで日々を営むことができる ── これは，「難病になったら不幸だ」と考えてしまいがちな，私たちの病い観そのものへの異議申し立てであり，再考を促すものでもあります。

　もちろん，「この人の場合が特殊で，特に恵まれているのではないか」という疑問はありえます。もとより，質的研究法に基づいて産出された知見や，臨床領域における事例研究は，常にこうした批判（客観的ではない，一般化できない）にさらされてきました。このため，自然科学的な「妥当性」，「信頼性」に代わる視座として，「転用可能性」（サトウ，2004）や，「モデル化」（やまだ，2002）といった観点から，研究の意義を再検討する試みが多くなされています。個別具体的だからこそ価値のある現場の出来事を，他のフィールドに伝えるための方法が求められています。

　「モデル化」（やまだ，2002）という言葉を例に，皆さんの身近なテーマを扱いながら考えてみましょう。大学生の皆さんの就職活動が厳しいものになっている昨今，大学の「就職ガイダンス」や，インターネット上の記事などで，「私はこうして内定を取った」という先輩の経験談に触れる機会があります。自分には自分の特有の興味，適性があるのですから，コピーするかのように全く同じことをするのは不可能です。ですが，私たちは自分に引き付けて，こうした個別具体的な経験の語りを再構成し，参考にすることができます。この場合，就職した先輩はいわば「モデル」として，多くのヒントを示しているととらえることができます。

　ライフ・エスノグラフィとして提示した和中さんの生活の様相もまた，「モデル」としての意義を強く持ちます。個別具体的だからこそ，実態が伝わる。だから参考になり，助けとなるのです。たとえば「和中さんの場合は頬の筋肉が使えたから，そこを利用してコミュニケーションしていたな。私の場合は頬は難しいけど，唇はよく動くから，そこを使って何か意思疎通の方法を作れな

第11章　ライフ・エスノグラフィ ── 病いとともに生きる　161

いだろうか」といったような着想につながるならば，それは実践的な知見であるはずです。実際，本研究で示した生活実態や生活の工夫は，シンポジウムなどの場で，ALS患者や他の病いとともに生きる人，さらには研究者らに向けても報告されてきています（たとえば，日高ら，2008; 日高，2011）。多様な立場から病者・障害者支援を充実させていくための径路を構築することは研究成果を発表することの意義の1つであり，ライフ・エスノグラフィの最重要課題の1つでもあります。

4　エスノグラフィと厚生心理学

4-1　「病者の生の厚い記述」から伝わる「厚みのある生」
　　　──人を尊重するための研究

　文化心理学者ヴィゴツキー（2001）が言うように，言語（言葉）は私たちの思考を媒介する，きわめて重要なものです。「難病患者」という言葉があるからこそ，難病患者について注目し，疑問に思い，支援のための方策を考えることができます。私たちは言語を介して，特定の人びとについて思いを馳せることになりますし，出会うことにもなるといえるでしょう。

　ただ，こうした「難病」というラベル ── あらかじめ設定されているカテゴリーという意味で「所与カテゴリー」と呼ぶことにします ── は，先入観の元でもあるという点には留意が必要です。「難病患者はこういう人たちに違いない」といったようなイメージはなかなか拭いがたく，そのために，現場に混乱と困難をもたらすような支援や制度変更がなされることさえあります。

　これに対し文化心理学においては，所与カテゴリーを「人を尊重するための入り口」としてとらえることがより適切です。日高ら（2012）においては，「難病」という所与カテゴリーがあるからこそ，難病患者に出会い，現場の人びととともに研究を進めることができました。一方で丁寧に，場の人びとの日々の生活を厚く記述していくことで，「患者」という側面だけでなく，1人の人間である「生活者」という側面もまた，和中さんのなかに息づいていることが見いだされました。所与カテゴリーを入り口にしつつも，それで決めつけて論じることなく，むしろ所与カテゴリーそのものを疑っていくのです。これは従来の心理学の中心であった，実験心理学や量的調査などのように，あらかじめ決めたカテゴリーのなかでの比較や変動を見るというアプローチとは大き

く異なるものです。

「難病患者」と呼ばれているけれど，場合によっては人それぞれに，「父」や「会社員」や「学生」などさまざまな側面が存在し，全体としてその人を形作っています。これが人間の生の実際であり，1人の人間が持つ多様な側面を捨象せず，「厚い記述」を通じて，「厚みのある生」を描いて丁寧に理解していくことが，厚生心理学における重要な課題であると考えられます。

4-2　研究者の立ち位置はどこか ── リフレキシビティという難題

参与観察においては，研究者の役割もさまざまなものになります。どのような役割を持って場に臨むかによって，場の成員との接し方も多様に変わってきます。観察者自身がどのようにフィールドに入り，どのような関係を築くかによって，観察できるものも大きく変わるのが実際です。

特に病いや障害の経験は，多くの場合「誰にでも話せる」というものではないでしょうし，生活の場に研究者が入るということ自体も敬遠されることが多いでしょう。病院や施設などの場合は，介護ボランティアや職員といった役割を持ちえますが，「在宅療養の場」となると，なかなか役割らしいものが浮かばないのが実際です。日高ら（2012）においては，現場での片付け等の簡単なボランティアという役割を持つことで，場での研究者の位置を定めていきました。この立場だからこそ見えた「生活者」という位相，アクセスできた当事者の経験こそが，日高ら（2012）のオリジナリティであるといえます。

このような研究者の役割や立ち位置は，質的研究において，研究している自分自身をさらに見つめる「リフレキシビティ」（reflexivity；省察性）の重要性として議論がなされています（Flick et al., 2010）。研究の過程において研究者自身がどのように場や人びとに影響を与え，また人びとからどのように影響を受けたか，ということに自覚的であることが求められます。「再現性」（の乏しさ）という批判を恐れ無意味に「心理学的に」するのではなく，むしろ「この立場に立ったからこそ，この知見が提出できた」という点をきちんと示すことができるならば，研究の幅はもっと広がるはずです。

もちろん長い期間（あるいは今でも）悩み，苦しみ，日々気持ちの変容を感じながら生きている人びとの生に寄り添おうとするならば，長い期間をかけて現場の人びととの関係を構築していくことが求められます。そのなかで研究者と病者は，研究者－調査対象者という関係から，よりフラットな協同関係へ，さらには「共同発信者」へと変容していく可能性があります（赤阪, 2011）。研

第11章　ライフ・エスノグラフィ ── 病いとともに生きる　163

究のための研究ではなく，研究を媒介にして，より生きやすい社会作りを実現していくという，従来のエスノグラフィでは必ずしも重視されてこなかった「発信」の観点もまた，厚生心理学およびライフ・エスノグラフィの重要な課題です。

4-3　厚生心理学と「臨床の知」── その宛先性

　研究知見を誰に，どこに向けて発信するのかという点は，知見の社会還元が求められる現代において重要な論点になっています。こうした背景を踏まえ厚生心理学においては，研究知見の提示を「宛先性（addressivity）」（Bakhtin, 1986）の概念でとらえることが適切であると考えられます。バフチン（Bakhtin, 1986）は発話（あるいは広義のコミュニケーション）が必ず「宛先」を伴うものととらえ，対話を通じて活性化していくプロセスがあるとしています。

　厚生心理学の知見の「宛先」を，日高ら（2012）をもとに整理すると，以下3点にまとめられます。第一に，現場に生きる病者と支援者です。たとえばALS患者の在宅療養の場での「日用品のカスタマイズ」による支援機器の製作という事例は，他のフィールドや他の病いとともに生きる人びとにとっても，その現場に合わせたかたちで転用されていく可能性があります。第二に，病者・障害者への支援を担う研究者・実践家です。ライフ・エスノグラフィという方法論を用いることで生活実態の「現場性」に迫り，より快適な生活のための道具や機器を製作したり，生活技法を紹介したり……といった新たな研究を生じさせる可能性があります。

　第三に，支援のための人材，さらには法や制度を生み出す基盤となる社会全体です。「共同発信者」（赤阪, 2011）として患者とともにシンポジウムを企画し，「病いとともに生きる」ことの実際を社会に向けて伝えていくという活動を継続的に行っていくことは，患者の権利擁護にもつながる大切な課題です。また，ALS患者と学生が共同でワークショップを開催するなかで，学生が自分自身の経験や進路と引き付けて支援をとらえるようになったことを示した市山ら（2009）は，病いを身近なものとしてとらえるきっかけを提供しており，特に「教育」という観点からも意義深い取り組みであるといえるでしょう。

　1つの研究，1つの事例，1つのフィールドが，さらに新しい研究と人びとを呼び込み支援の輪が広がっていくこと，これが厚生心理学の目標です。斎藤（2008）は，中村（1992）の「臨床の知」という概念を引きながら，「臨床の知とは，単なる臨床現場に応用される一般的な知識ではなく，臨床実践における

個々の経験から描き出され，さらに新しい実践に投入されることによって，循環的に実践を改善すると同時に知そのものを高めることができるような，プロセスそのもの」であると述べています。このように，個々の実践から，新しい実践へと連結していくうねりのなかでこそ，はじめて実際に使える知見が生み出されるのではないでしょうか。「医療」「病い」「障害」に切り込んでいくためには，社会学や人類学，医学や看護学などさまざまな関連領域との対話を通じ，新しい心理学を打ち立てていく必要があります。厚生心理学は生を肯定し，生きるための促進的記号を配置していくという意味で，社会に向き合う心理学の新しいかたちなのです。

第12章
当事者研究のあり方

1 当事者研究という視座

　この章では「当事者研究」という新しい見方とそれに基づく知見について説明します。従来の心理学研究では「研究者」と「被験者」を分けて考えますが，当事者研究ではその2分法が問い直されます。なぜなら，当事者研究においては，これまで「被験者」としてしか考えられてこなかった当事者が主役となって研究を行う，というスタンスがとられるからです。まずは当事者研究を実践している筆者（「私」）の立場や姿勢を明らかにするところから始めようと思います。

　私は，20代半ばのある日突然「難病患者」になりました。それまでは体力には自信があり，むしろ健康なほうでした。しかし，長引く身体の不調に何かただ事ではない感じを抱き，病院で検査を受けたところ，「あなたの病気は残念ながら現代の医学では治療法がありません。一生付き合っていかなければなりません。」と言われました。晴天の霹靂（へきれき）とはまさにこのことで，当初はどこか他人事のような感覚を持っていたのですが，これまで経験したことのない苦痛と共に生活し，入退院を繰り返すなかで，自分が難病患者になったという現実を否応なしに突きつけられることになりました。そのとき，私は臨床心理学を学ぶ大学院生でしたが，それまで当たり前だった「普通の生活」すら，とても考えられない状態になり，もう自分にできることなど何もないと人生に対して絶望感を持つようになりました。しばらくして大学は退学し，家族と主治医以外ほとんど誰にも会わず，予定は何もなくなり，社会的なアイデンティティをすべて失いました。「何者でもない私」として生きることは，それまで築き上げてきたものをすべて捨てるということでした。言いようのない孤独感と虚しさ，ただ自分が病気であるという事実だけがありました。

　そんな生活が数年過ぎたころ，信頼できる主治医との出会いや，家族や友人の支えが，私に「この経験を活かして何か少しでも役に立てることはないだろ

167

うか」という思いを芽生えさせることになりました。その思いは少しずつ大きくなり、私はたくさんの不安を抱えながらも、大学で一からやり直す決心をしました。その後、大学院に入り、「難病者の心理的ケア」というテーマで研究を始めましたが、自らの当事者性（「難病当事者としての私」）をどう扱ったらいいか、ということにずっと悩んでいました。そんなとき、私は当事者研究というものに出会いました。そこでは当事者が主体となり、問題に向き合い、当事者自身の声を紡ぎあげていくこと、当事者としての問題意識や大切にしたいことを「宝物」としてきちんと扱っていくことが重視されます。

多くの心理学研究や対人援助実践は「研究する人－研究される人」「援助する人－援助される人」という一方向的なものであり、研究者・援助者自身の在りようは扱わない、表出させないことが通常です。それに対して近年、当事者との関係性を重視してその相互作用を積極的に扱う研究方法論や、援助者が当事者とともに支援のあり方を模索する臨床実践の感覚や姿勢である共創アプローチ（押江, 2010）といったあり方に注目が集まってきています。ここでは、研究者や援助者と当事者は双方向的な関係であるからこそ、研究者・援助者自身の経験や問題意識を重要視します。「当事者研究」もそのようなスタンスに拠った研究・実践のあり方です。以下、当事者研究を実践している「私」の経験を織り交ぜながら、当事者研究という視座について整理していくことにします。

2　当事者とは誰か

2-1　当事者をめぐる議論

当事者とはいったい誰のことを指すのでしょうか。辞書的な意味でとらえると「その事柄に直接関係している人」となりますが、もともと当事者という言葉は、ある出来事に主体として関わった人物という意味で法律用語として使われることが多かったようです。なお、近年の社会学や社会福祉の分野では、「問題状況の関与者」や「障害や問題を抱えた個人」としてではなく、社会的不利益を被っているために「社会的弱者」となった人びと、すなわち「ニーズの帰属する主体」として当事者をとらえる動きがあります（上野, 2011; 中西・上野, 2003）。学術研究においては、多くの場合「研究される対象」のことを指す言葉として使われます。

心理学においてはどうでしょうか。たとえば、自分がいじめの被害者になっ

た経験，家族が病気になった経験，抑うつ状態にある友人をサポートした経験など，心理学を学ぼうとする人のなかには，何かきっかけになる経験を持っている人が多いと思います。心理学というフィールドで当事者について考える際には，ある事象や現象に関わる人というのは，それを直接経験している個人やグループにとどまらず，その人の家族や周囲にいる人物，またその人が生きる社会にまで視点を広げていく必要があります。よって，当事者には，ある事象や現象を生きるすべての人が含まれると考えてもいいかもしれません。

2-2　当事者と研究者の位置

これまで心理学で行われてきた学術研究において，当事者と研究者がどのような位置関係にあるのかを整理しておきます。ここでは，トラウマ被害者の回復支援にあたる精神科医である宮地（2007）が提起した，「環状島モデル」というものを用います（図12-1・図12-2）。「環状島」とはドーナツ状の形をした島であり，「内海」と「外海」があります。宮地（2007）は，「トラウマのまっただ中にいる者は声を出せないし，生き延びることができなかった死者が証言することはできない」と指摘し，トラウマが語られる空間が中空構造になっていること，トラウマについて語ることができる者は環状島の陸地のどこかに位置しているということを立体的に表現した「環状島モデル」を提案したのです。「内海」は犠牲者の沈んだ領域であり，「ゼロ地点」は爆心地やグラウンド・ゼロを意味し，死体の形さえ残らない場所に当たります。「波打ち際」から「尾根」の内側，「内斜面」に位置しているのが「当事者」とされ，症状や被害，負担の重い人ほど内側に位置しています。また，「尾根」より外側，「外斜面」に位置しているのが支援者や関心を持つ者，わずかながらでもコミットしようとする「非当事者」とされ，コミットメントの程度が強い者ほど「尾根」に近づくとされます。そして「外海」の波打ち際には傍観者が位置し，そのほかには全く無関心な者，全くその問題について知らないでいる者がいるとされています。

さらに，宮地（2007）は環状島における研究者の位置について大きく2つに分けることができる，としています（図12-3）。1つは当事者たちから距離を置き，上空から全体を俯瞰する「超人的」な位置であり，客観性や普遍性を重視した従来の学問の価値観をあらわしています。宮地（2007）はメタファー（隠喩）として，また現実を反映するものとしてヘリコプターの図を用いてこの立場を説明しています。心理学においては，特に自然科学を強調してきた実験系

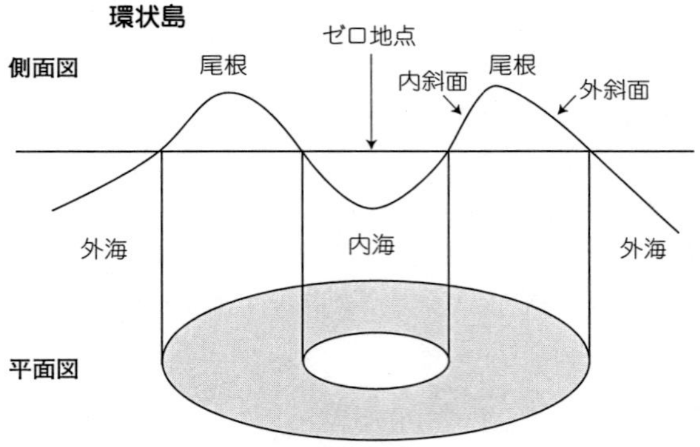

環状島

側面図

尾根　　　　　ゼロ地点　　　　尾根
　　　　　　　　内斜面　　　　　　外斜面

外海　　　　　　　内海　　　　　　外海

平面図

図12-1　環状島モデルの側面図と平面図（宮地, 2007）

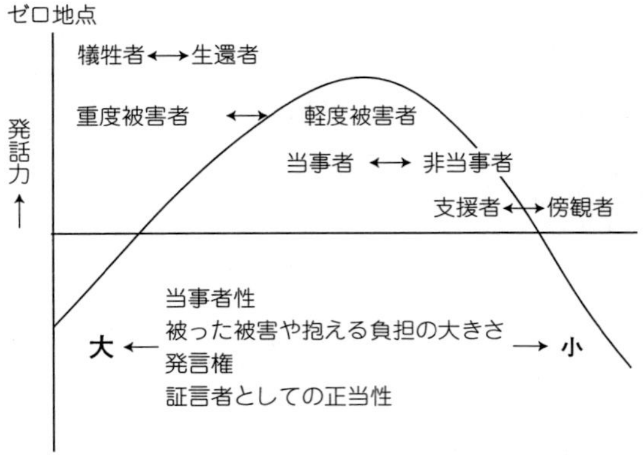

ゼロ地点

発話力 ↑

犠牲者 ←→ 生還者

重度被害者 ←→ 軽度被害者

当事者 ←→ 非当事者

支援者 ←→ 傍観者

当事者性
被った被害や抱える負担の大きさ
発言権
証言者としての正当性

大 ←　　　　　　　　　　　　　→ 小

図12-2　環状島モデルの側面図（右半分）（宮地, 2007）

心理学における研究がそれに該当するものと思われます。そこにおいては，研究者とフィールド（当事者）との関係は「匿名的関係」（鹿毛, 2002）であり，研究協力者はあくまで1データ，1サンプルとしてしか扱われません。もう1つは，当事者に密着し，地を這う低いところに視点を置いて物事を見る位置です。宮地（2007）は舟で「外海」から上陸し，「外斜面」から自分の足を使って探索していくイメージとしてこの立場を説明しています。心理学においては，現場への参与観察やインタビュー調査などをとおして当事者と密接に関わり合い，当事者の生きる世界を描き出すという志向を持った質的研究がそれに該当するものと思われます。そこにおいては研究者とフィールド（当事者）が「固有名詞的関係」（鹿毛, 2002）でもって研究が進められます。最近では，抽象化

170

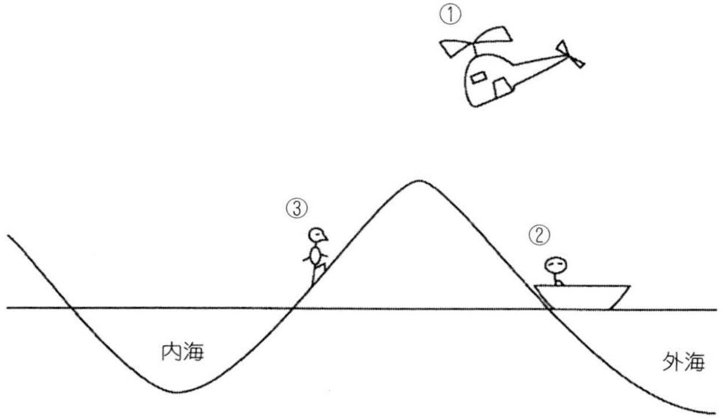

図12-3　環状島モデルにおける研究者の位置（宮地, 2007）

あるいは匿名化された「誰か」ではなく，実在している個人として生きている様を伝えることを狙いとして，研究協力者（当事者）も実名を用いて，共同発信者として研究者と共に肩を並べて学会発表を行うという試みもなされています（日高, 2011）。

2-3　当事者が研究者になるということ

　宮地（2007）は前項の2つの研究者の位置に加えて，さらにもう1つのパターンを示しています。当事者が研究者になるというパターンであり，「内斜面」を徒歩で登っていくイメージです。「当事者研究」もここに含まれます。当事者が自分の抱える問題に取り組むことは，それまで奪われてきた声や主体性，尊厳を取り戻すことにつながり，また当事者の「生の声」「現実」に迫りうる方法です。たとえば，自らも心臓病やガンの当事者である医療社会学者アーサー・フランクは自著で，長い時間を病いとともに生きる病者は，物語の語り手となり，それまで医療制度や医師によって奪われていた自らの声を請求し，奪い返し，自分自身の苦しみがその個人的な個別性のなかに認識されることを望む，と書いています（Frank, 1995/2002）。

　心理学の領域では当事者が研究者になるという立場で行われている研究は稀で，おそらく行動主義以降客観性や普遍性を担保することが最優先課題とされ，研究者の主観的立場を表明することが排斥されてきたことが大きく影響していると思われます。しかし，実際には当事者が研究者であるという状況は少なくないのではないかと思います。自分の経験から問いが生まれて，それについて

第12章　当事者研究のあり方　171

知りたい，学びたい，研究したい，役立てたい，という思いは，多くの心理学を学ぶ学生がごく自然に体験しているものなのではないでしょうか。

　なお，ここでは宮地（2007）が提示した3つの研究者の位置にならって説明してきましたが，これらは明確に分けられるものではなく，研究者の考え方や立場，状況によって変化しうるものです。さらに，生身の人間どうしが関わる状況においては，どれか1つに偏るのではなく，柔軟に対応していく必要があります。

3　当事者研究とは何か

3-1　当事者研究とナラティヴ・アプローチ

　当事者研究とは何であるか，についての明確な答えはまだありません。それは「当事者」「研究」についての言葉の意味そのものが非常に多様であることとも関連しているように思います。「当事者」の意味については1節に記しました。また「当事者研究」という文脈において使用される「研究」という語はいわゆる「学術研究」という意味だけでなく，「省察」や「探索」という意味が含まれます。よって，「当事者研究」という概念を用いる者がそれぞれに自分の考える当事者研究を実践しており，その目的や内容は多岐にわたるというのが現状です。

　一方で，多様な当事者研究の実践や考え方の根底には共通した考え方，つまり「当事者が研究に主体的に参与し，当事者を離れることなく，当事者と研究者が協同的に言葉を作り，物語る」という考え方が流れていると思います。この考え方はナラティヴ・アプローチと非常に近いものがあります。ナラティヴとは「語り（「語る」という行為）」「物語（語られたもの）」という意味です。ナラティヴ・アプローチは「ナラティヴという形式を手がかりにして何らかの現実に接近していく方法」と定義され（野口, 2005），「いまだ語られていない物語」を引き出すこと，語れるようにすることを重要視しています。さらに（ケアの場面では）通常のセラピーで当然の前提にされていた，専門家がクライエントの一段上のポジションから客観的に観察し指導するような「関係」ではなく，専門家とクライエントが共同で同じ問題に取り組むという「関係」を主張しています（野口, 2002）。このように，当事者研究は当事者の「声」を取り戻し，他者と協同的に言葉，物語を紡いでいく活動であるといえます。

3-2 「当事者研究」のいま

　「当事者研究」という言葉は，もともと北海道浦河町にある，精神障害等を抱えた当事者の地域活動拠点である「べてるの家」で行われている実践から生まれたものです。向谷地（2007）によると，当事者研究は統合失調症などの精神障害を持つ人が地域で暮らすなかで直面せざるを得ないさまざまな生きづらさを，当事者自身が仲間や関係者と連携しながら「研究」という視点からとらえ，その困難や課題を生きやすさに変えていく術を，当事者自身が生み出していく力を自ら引き出していくプログラムとして行われています。また，当事者研究は1人の場面でも，1対1でも，グループでも，その場に最も自然なかたちで行われていますが，一緒に考えてくれる「仲間」の存在を非常に重要視しています。

　もちろん，当事者研究はべてるの家で行われている実践にとどまりません。たとえば，綾屋・熊谷（2008）の『発達障害当事者研究』という著書では，発達障害における「コミュニケーション障害」といわれているものを初めから仮定するのではなく，発達障害当事者である自分自身の体験を可能な限り詳細に記述し，障害の特性そのものを従来の研究とは別の切り口からとらえ直そうとしています。そして，それを脳性麻痺当事者であり小児科医である共著者が，自らの当事者としての困難を羅針盤にしながら丁寧に咀嚼し，2人で綿密に対話を重ねて「共同作品」を作り上げています。やはり，この「作品」を作り上げるには，ともに研究する仲間の存在が不可欠であったといえるでしょう。

　また，このような1対1で行う当事者研究を研究法として位置づけ，当事者研究を行う者を「当事者研究者（メイン・リサーチャー）」それを支援する者を「リサーチ・パートナー」とした実践が行われています（高松，2012; 村久保，2010）。そこでは，「当事者」があることを語り，「リサーチ・パートナー」が質問したり「当事者」が応答したりするプロセスをとおして言葉をすり合わせていき，最後にそれについて語り合うという方法がとられています。ここでは，カウンセリングのようにクライエントを中心としてクライエントの「作品」が生まれていくのとは少し違い，2人の「共同作品」として物語が生まれていきます。

　さらに，べてるの家においてグループで行われている「当事者研究ミーティング」を応用した実践として，「当事者研究サポート・グループ（押江ら，2010）」というものがあります。べてるの家で行われている「当事者研究ミーティング」

では，同じような経験を持っている参加者の知恵を活かしながら当事者の問題を整理し具体的な対処方法の検討を行う自助の活動であり，専門家はその自助を側面的に援助します（向谷地, 2009）。一方，「当事者研究サポート・グループ」では，何らかの障害や疾病を抱えていない人びとにも利用しやすいよう方法が改変されており，一種のグループ療法として分類されます。「問題の専門家はあくまでその問題の当事者自身である」という認識のもと，メンバーによって「研究」がなされます。そして，このようなプロセスにおけるメンバーどうしの相互作用をとおして，「当事者」が自己理解を深める効果があるとしています（押江ら, 2010）。

4 難病支援をフィールドとした当事者研究
—— 当事者参加型アクションリサーチ

4-1 「私」と当事者研究

私がある日突然「難病患者」になってから，当事者研究を行うことになった背景については冒頭にも述べました。本章の 2-2 で紹介した環状島モデルを用いると，内海に突然突き落とされ，沈んでいた状態から這い上がり，内斜面をのぼったり落ちたりしながら何とか陸地にとどまっているという状況を生きています。

そのようななかで，いくつかの問いが浮かび上がってきました。「病いという経験や意味はいったい何なのだろうか」「他の人（病者）はどんな経験をしているのだろうか」「自分の思いや悩みを安心して話せる場はないだろうか」「心理臨床家は病者のケアにあたってどんな役割を担うことができるのだろうか」などの問いは，自分の生活や，実践を行っていく過程で新しく生まれたり，問い直されたり，を繰り返しています。

私は，そのような問いと向き合い，探索していくための 1 つの方法として，当事者研究を実践しています。当事者研究の視座は非常に多岐にわたると先述しましたが，今のところ私は当事者研究を，当事者である「私」が自分の経験から生まれた問いをもとに病者として生きる「私」自身と「私」を含めた難病者というフィールドについて研究すること，と考えています。

174

4-2　具体的な実践
── 難病者（慢性疾患病者）のためのサポート・グループ

　私は臨床心理学の見地から，病いとともに生きる人の心理的ケアの方策を検討するための研究を行っており，当事者でありながら心理士であり研究者でもあるという独特な立場にあるといえます。ここでは，私の実践について具体的に紹介します。

　「難病」と聞くと，どのようなイメージが浮かぶでしょうか。実は，一口に「難病」といっても，外見でわかりやすいもの，わかりにくいもの，進行性のもの，良くなったり悪くなったりという慢性的な経過をたどるもの，など，多種多様なものがあります。私がフィールドにしているのは内臓疾患病者で，一見して病気だとはわからないことが多く，慢性的な病態であるがゆえ，就労・就学などに困難が生じやすく，周囲の理解を得ることが難しい，といった特性があります。難病者や慢性疾患病者のケアは，主に病院内での個人を対象にした支援が中心ですが，慢性の病態をあらわす病いとともに生きる人にとって病いは日常生活とともにあるものであるため，病者が生活するコミュニティでの支援のあり方を検討する必要があります。松田（2010）は従来の個人に対するケアに代わるものとして，当事者相互のネットワーク化，経験交流・相互支援へつながる場の必要性を示唆しています。そこで，私は共通の問題を持つ仲間同士の支え合い（ピア・サポート）に着目した実践として，難病者（慢性疾患病者）のためのサポート・グループ（高松, 2009）を立ち上げ，定期的に開催しています。私は，このサポート・グループにおいて，参加者の1人でありながら，グループ全体を見渡し，ときに「交通整理」のような役割を担うファシリテーターという役割をとっています。このグループでは，あくまでメンバー全員で作っていくこと，権威的立場や上下関係を排除した，安心して語り合える対等な関係性を築き上げることを重視しています。

　このような取り組みは，当事者の側にスタンスを置いて，彼らが望む社会変革を目的として当事者自らがその研究の主体となる，当事者参加型アクションリサーチ（茨木, 2005）としての性質を持っているといえます。つまり，実践しているその場だけでなく，難病者・慢性疾患病者というフィールドを宛先として，病者のより良い支援のあり方を構築していこうとする取り組みでもあります。具体例としては，難病者・慢性疾患病者のサポート・グループのモデルを作ることができるということがあげられます。病者のピア・サポートに着目し

た取り組みは全国さまざまな場で行われていますが，ネットワーク化やそこで
の交流には，さまざまなノウハウや運営のための力量や資源も必要であり，そ
れらをどう支援するかは重要な課題（松田，2010）であるため，サポート・グル
ープの実践者やこれからやってみようとする人が参考にできるようなモデルが
あることは非常に有意義なことであると思われます。

　この実践をとおして，私は語る場所，そして社会に発信していく術を得まし
た。つまり，自分の「声」を取り戻している過程にあるといえます。自分の問
いに対する明確な答えが出たわけではありませんが，仲間と語り合うことをと
おして1人で悶々と考えているだけではたどり着けなかった地平を経験するこ
とができたと思います。言葉をかえれば，突然ふりかかった運命を仲間ととも
に向き合って引き受けていくプロセス，つまり私にとってこのような実践を行
うことは自らを支え，持ちこたえるための「生の技法」であるともいえます。

4-3　当事者として研究や実践を行うということ

　当事者として研究や実践を行うことの利点は，当事者の文化や事情をよく知
っていること，フィールドへの参入が容易である場合もあること，「当事者同
士の話」ができること，などがあげられます。しかしながら，当事者だから他
の当事者のことを簡単に理解できるという誤解もよく生まれます。たとえば，
「あなたはその程度だからまだマシ」「私のほうが薬の量が少ない」といったよ
うな単純な比較が行われがちです。しかし，同じ病いを持っている人同士でも
それぞれの経験や思いはその人だけのものであり，決して「同じ」ではないこ
とに注意が必要です。大事なことは，当事者としての自分の基準に照らし合わ
せて判断するのではなく，常に相手と真摯に，丁寧に向き合おうとする姿勢だ
と思います。

　また，当事者として研究や実践を行うということは，当事者であることを必
ずしも明示することや自分の主観ばかりを主張することと同じ意味ではありま
せん。状況や目的に応じて，当事者であることをどう扱うかについて考えなが
ら，研究者として，援助者として，当事者として生きている自分を常に意識す
ることが必要になってくるでしょう。具体的には，フィールドへの関わり方や
役割，研究動機やその場にいる自分の感情について自覚的であること，また客
観的でないという批判を恐れるがあまり自分の持つ「当事者性」を排除しよう
としすぎないことも含まれます。このようなことはリフレキシビティ（reflex-
ivity；省察性）の問題として，当事者と密接に関わろうとする研究においては

基本的前提として位置づけられており，きわめて重要かつ困難な課題でもあります。

　さらに，当事者として研究を行うということは自分の問題に直接的・間接的に向き合うことになるため，フィールドとの距離のとり方がときに困難であるという意味で傷つきやすさ（vulnerability）も問題になるでしょう。当事者研究者は自分が当事者であることをおりることはできません。よって，研究を行っていくなかで，他の人から受けた言葉や見聞きした情報がダイレクトに自分の現実に入り込んでくることにより，傷つき体験として残ってしまうことも少なくありません。よって，当事者として研究を行う際には研究者自身のケアにも目を向ける必要があるように思います。

4-4　当事者に直接触れるという経験の意義
──「見えない障害」をテーマとした病者の講演をとおして

「見えない障害」と聞いて，どのようなイメージを持ちますか？

　一口に「見えない障害」といっても，多種多様なものがありますが，今回はその一例として内臓疾患を取り上げます。赤阪ら（2011）は，高校3年生を対象に行った病いの経験についての講演による聞き手の「障害観」の変容について検討しました。講師は，内臓疾患の病者であり，見た目で病者であることを認識することはきわめて困難です。

　講演の前の高校生の「見えない」障害観は，「外見ではわからない」など，「見えない障害」という言葉からあまり広がりのない回答や，「脳障害」「視・聴覚障害」など具体的な障害名をあげている人が大半であり，漠然としたものでした。そして，講演後に見えない障害に対するイメージに変化があったかと尋ねたところ，大半の人が変化があったと回答し，なかには病いや障害は決して遠い存在ではなく，自分にとっても身近なものであることに気づき，過去の行いを反省し，どのように他者と関わっていけばよいか，というようなことに考えをめぐらせている人たちもいました。

　これは，高校生たちが目の前の病者を実際に見て，本当に「見えないのだ」ということを感じたり，見えない障害の多様性を知ったり，自分や家族や友人が病者になったらと考えたり，といったように自分に引き付けて病いや障害というものをとらえたことによる変容であると考えられます。人は他者の痛みや苦痛を理解しようとするとき，想像の範疇にあるものに置き換える傾向があると思います。そして，現象を理解しようとする姿勢が社会的な認識の広がりに

第12章　当事者研究のあり方　177

つながる可能性を持っているのではないでしょうか。

　病いや障害を題材にした作品はメディア上に無数に存在し，また自分や身近な人が病いや障害を経験しているという人は少なくないと思われ，誰にとっても切り離すことのできない存在であるといえるでしょう。講演を聴いた経験が上記の高校生の価値観や日常行動レベルの変化に直接的に結びつくのは難しいかもしれませんが，理解につながる 1 つのきっかけとして，このような機会は意味のあるものであると思います。当事者に直接触れる機会はあまり多くありませんが，今後そのような機会が増えることが望まれます。

5　当事者性と厚生心理学

5-1　多様な自己と当事者性

　2-1 において，「当事者」にはある事象や現象を生きるすべての人が含まれると述べました。これは，1 人の人間として生きている限り，誰しもある側面では「当事者性」を持っているという意味でもあります。たとえば，ある事象や現象を直接経験している人（病いというテーマでいえば病者やその家族など）はもちろん，ある研究テーマに興味を持っている人も，すでに当事者性を持っているととらえることもできます。

　さらに，人は自己というものを多様に持ち合わせており，個々人が持つ当事者性は 1 つではありません。そして，それが研究の文脈において非常に大きな影響を及ぼすことがあります。なぜなら，他者と密接に関わるにあたって，研究者は黒衣のような存在でいられるはずはなく，そこには必ず主体を持った 1 人の人間どうしとしての相互作用が起こるからです。たとえば，私が同じ疾患を持つ人たちにインタビューを行った際，私の持つ当事者性は一見「同じ疾患を持っていること」だけのようですが，実はそれだけではありませんでした。たとえば，病者として，研究者として，患者会スタッフとして，心理臨床家として，さらに，同年代の女性として，ある地方出身者として，などさまざまな自己と自己の相互作用によって関係性が変化しながら，語りが生まれることがわかりました。このように，自分の当事者性について自覚的であること（リフレキシビティの視点を持つこと）は，研究を行ううえであらゆる人に関係する重要なことであるといえるでしょう。

5-2 「当事者感覚」を持つことと了解可能性へ

　当事者研究やナラティヴ・アプローチといった考え方における客観性の位置づけは，自然科学に立脚した研究が目指す一般性や普遍性とは根本的に異なり，「了解可能であるかどうか」が問題になります。そのためには，生き生きした生の営みに研究者自身が接近しながら，その生の営みの裏面にある意味を掘り起こし，それを研究者自身が自分の「声」で語ること（鯨岡, 2012）が必要になります。そして多くの読み手にとって「なるほどわかる」というように了解可能性が高められたとき，その個別具体の事象はそれを経験した人の内部に閉じ込められることなく，一般に共有可能な意味を持つものと認めることができます（鯨岡, 2012）。

　そこで，ある現象や現実と対話し，了解可能なものにしていくためのツールとしての「当事者感覚」がきわめて重要になると思います（図 12-4）。「当事者感覚」とは，ある現象や現実を自分に引き付けてとらえて，知り，感じ，考えることによって，自分だったら，大切な家族だったら，恋人だったら，友人だったら，というような1人称，2人称的な視点に立ち，「他人事」ではなく「自分事」としてとらえる，関心を向けるということです。たとえば，A さんという病者がいたとします。他者が A さんの病いの現実を直接理解することは難しくても，「当事者感覚」を媒介とすれば A さんの現実におりていくことができます。そのとき，他者にとって A さんの現実は「どこかの誰かの話」ではなく，鮮明に迫ってくるものになるのではないでしょうか。そして，A さんと密接に関わることから生成された「生の厚い記述」が，他者が A さんの

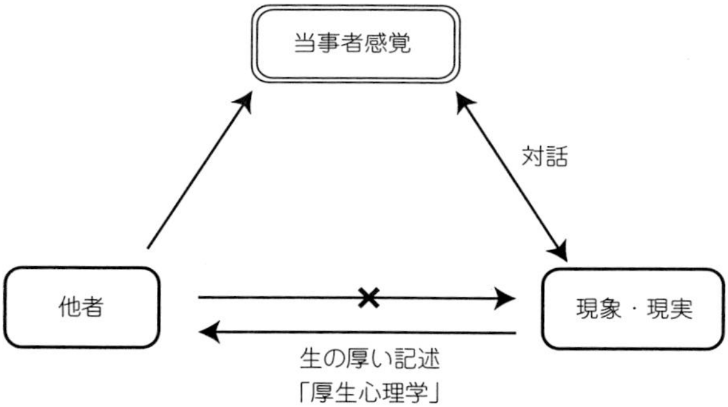

図12-4　現象・現実と対話するための「当事者感覚」

現実に対して「当事者感覚」とともに接近するための径路となりえると考えられます。そのように，病者の多様なライフ（生）をとらえ，厚く記述する試みが厚生心理学であり，病いという現実と他者をつなぐ概念であるともいえます。

　私たちは直接同じ体験をしていなくても，他者と丁寧に向き合い，対話しようとすることで，同じ社会に生きる者として重なる部分が見えてきます。そのためにも，私たちはどのような立場であろうと，1人の主体を持った人間であり続ける必要があるのだと思います。

5-3　当事者研究のあり方

　当事者研究は病いや障害にまつわる研究にとどまるものではありません。人が生きていくうえで発生したあらゆる問題意識のもとに存在しえるものであると考えられます。

　当事者研究は単なる技法や方法論にとどまらず，当事者自身の「声」を丁寧に扱い，研究者と当事者が協同的に「声」を発信していくというあり方にこそ特徴があるといえます。そこには，「当事者」「研究者」といった既存の枠組みを超えた，シンプルな人と人との関わり合いが粛然と存在しています。つまり，当事者の「声」を紡いでいくことは，これまで断絶されてきた「当事者」と「それ以外の人」の間に相互交流と融合をもたらします。そして，それを大切に扱うことこそが，当事者が声を発するための力を引き出し，新しい物語を紡ぎ出していくことになっていくと考えられます。

　このような視座は新しい知見を世に発表することを責務としている学術研究者においては，その意味や役割への問い直しを迫られるものであるといえるでしょう。何よりこのような取り組みが専門家内の共有にとどまらず，フィールドに役に立つかたちで返していけることが大事だと思います。

　人には多様な自己があります。その多様な自己の相互作用が行き交う社会において，一元的なものの見方ではなく，多角的な視点でとらえていく，そして同じ社会にともに生きる「誰か」の話が，また「誰か」に入り込み，有機的に「生きて」いく，そのようなプロセスが，広い意味での他者理解，支え合いにつながっていくのではないでしょうか。

第13章
対人援助職のシステムとそのストレス

1 対人援助職者とは誰か

1-1 対人援助職と対人援助学

　一般に対人援助職者とは医師，教師，看護師，保育士，介護士，福祉士，心理士などを指します。これらは他者へのケアをその仕事の中心とする職業人といえますが，一方で対人援助学会は「対人援助学」を英語で Science for Human Services と表現しており，対人援助職とは，広義には他者に対してケアも含めた「サービス」を提供する職業であるといえます。下山（2001, 2003）も「医師中心の管理システムが活動の基本」になる治療モデルと比して，援助モデルにおいては「まず第1にユーザーである利用者の主体性やニーズを尊重」し，そこでは「サービスの発想が基本」になるとしています。そして，援助専門職を「ヒューマンサービスの専門家（human-service professional）」と位置づけています。つまり，対人援助職者とは，他者に専門的なサービスを提供することで，その人のより良い人生や生活を追求する職業人といえるでしょう。

　また，望月（2007）は「昨今，教育，福祉，あるいは医療，看護といった対人援助実践領域における職業人は，対象者（当事者）に対して，従来の心理学が持つ『知る』『教える』『治す』といった機能で示される対応のみでなく，『支援』といった言葉に代表されるように，当事者の自己決定に基づいた行動の成立を過不足なく『助ける』機能に重点化した，『サービス』の供給者としての役割が求められている」としています。さらに，「対人援助という実践活動とは，当事者（被援助者）の自己決定を前提にその当事者にとって選択された行動の成立とその選択肢の拡大を促進する作業である。対人援助学とは，そのことを過不足なく行うための方法論であり表現方法と言える」として，「対人援助学」を新たな学範として提唱しています（望月, 2009）。

181

1-2 対人援助としての心理臨床

　対人援助活動の1つとして位置づけられる心理士の援助活動（以下，心理臨床）は，どのようなものでしょう。ここでは，人の人生や生活を物語（下山，2000）として理解する立場をとることで，対人援助としての心理臨床を考えてみます。

　下山（2000）は「自然科学では，客観的論理性を備え，時間の限定を超えた普遍的真実としての法則を定立するために，まず現実の時間性や虚構性を排除する」のに対し，「現実そのものに介入する心理臨床では，虚構を含めてさまざまな関係の重なり合いによって全体が構成され，時間とともに変化する現実をそのまま記述し，分析する」ため，現実の物語性というものに着目する必要があるとしています。

　前述のように対人援助はサービスの発想を基本としており，サービスの受け手を「当事者」と表現されることからもわかるように，サービスの受け手の主体性や自己決定が可能な限り尊重されます。人の人生や生活といった「生」を物語としてとらえる立場ではその物語の主役は当事者であり，当事者にとって援助を受ける経験もまたその物語の一部といえます。その意味で心理臨床活動は「何らかの理由で自己の時間を生きるのが困難になった人に対して，少しでもその人が主体的に自己の人生の物語を生きられるように援助する発達援助の活動」といえます（下山，2000）。

　筆者は大学病院という医療現場で心理臨床に携わる立場にあり，そこでは当事者は「患者」と表現されるようにある意味で独特なシステムや文化があります。本章前半ではそのような医療現場のなかで筆者がどのように心理臨床に携わっているのか，つまりは患者の人生という物語を患者自身が豊かなものにしていくのを，心理臨床の専門家としてどのように援助しているのかについて紹介します。また，対人援助職者は他者の人生の物語に関わっていく一方で，対人援助職者自身の人生の物語を生きています。そこで，本章後半では新人看護師にスポットを当て，医療現場に適応していくプロセスを追うことで，病院というシステムや文化のなかで新人看護師が対人援助職として入職した際に，どのような物語を生きているのかを紹介します。そして，最後に厚生心理学との関連で対人援助職について検討したいと思います。

2 病院における心理臨床

現在，日本の医療分野において，医学の進歩と医療技術の高度化，生活水準や公衆衛生の向上，平均寿命の伸びなどによって，疾病構造が結核等の感染症中心のものから生活習慣病等の慢性疾患中心のものへと変化し，QOL（Quality of Life：生命の質）という1つの価値観，あるいは人生観ともいえる概念が重視されるようになってきています。そして，従来のフィジカルな部分での疾患の治癒を目標とした「cure」の観点だけでなく，メンタルな部分も含めた患者の人生や生活を豊かにすることを目的とした「care」の観点も求められるようになっています。現代医学の進歩と発展を支えてきた従来の病気中心の生物医学的モデルから，患者中心の全人的モデルへとパラダイムの変換が生じているといえます（津田, 1994）。

そのようなパラダイムシフトに伴い，心理士にも医療の多くの場面でその専門的活動を要請されるようになっています。現在，筆者が大学病院で関わっている主な診療科，診療チーム，疾患領域だけでも，精神科はもとよりリハビリテーション科，小児科，糖尿病，緩和ケア，脳卒中，心不全，高次脳機能障害，ALS（筋萎縮性側索硬化症），SLE（自己免疫性疾患），HIV（ヒト免疫不全ウィルス）感染症など多様です。医療現場で働く他の心理士に目を向けると周産期・新生児医療や遺伝カウンセリング，HTLV-1（成人T細胞白血病ウィルス）などの領域で活動している心理士もいます。そこでは，「病理を治療するのは医療行為を行う医師であり，臨床心理士は，医学とは次元の異なる"病理を抱えてどのような人生の物語を生きるか"についての心理援助行為を行う」（下山, 2000）ことになります。また，援助の対象は患者に限らず，患者の家族や医療スタッフのメンタルケアを求められることもあります。

2-1 医療現場において心理士に求められる資質

心理士にとって病院という医療の現場は患者やその家族と個人的に出会う場であるだけでなく，医師，看護師，医療ソーシャルワーカー，薬剤師，栄養士，臨床検査技師，放射線技師，理学療法士，作業療法士，言語聴覚士といったさまざまな他の職業人と協働する場でもあります。また，病院は社会に対して決して閉ざされた世界ではありません。地域の保健所や他の治療機関と連携する

のはもちろんのこと，必要に応じて警察や学校，児童相談所といった外部機関との連携も求められます。大学病院で働く心理士であれば，大学附属の学生相談室と連携することも考えられます。また，病院は治療機関なので当然ですが，人と人が出会うときには必ず病気というものを媒介にしています。そこには医療現場特有のシステムや文化があります。そして，そのようなシステムのなかで心理士が対人援助職として活動するためには，システムを構成する一員としてシステム内を潤滑に動き回れるだけの知識やフットワーク，そして対人関係能力が求められます。

　まず第一に，病気を媒介として他職種と協働しながら患者に関わる以上，病気に関する医学的知識や他職種の役割に対する理解が必要とされます。どのような病気で，どのような治療法が選択肢としてあって，その治療に対して他職種がどのような専門性や役割を持ち協働しているのか，そのなかで心理士に求められる役割は何か，さらには治療プロセスにおいて患者やその家族がどのような苦痛を経験する可能性があるのかを知っておくことは大切です。

　第二に，多様な人が多様な関わり合いをしているシステムのなかで動き回れるだけのフットワークが求められます。もちろん無為無策に動くのではなく周囲のニーズに対応した動きをとる必要がありますが，直接顔を合わせることが互いの信頼感や安心感を生む部分も大きく，心理士が面接室に籠ってばかりいてはシステムのなかで周囲から信頼を得ることは難しくなります。直接病棟に行き看護師のカンファレンスに参加させてもらう，直接病室に行き患者やその家族に挨拶をする，そういった直に接することがシステムの一員として認めてもらう契機になることも少なくありません。

　そして第三に，他職種の各々の役割に対して敬意を持って連携するだけの対人関係能力が必要となります。そのためには，患者やその家族のニーズを尊重するのはもちろんのこと，他職種のニーズを把握してそのニーズに応えることが必要です。場合によっては患者や家族，そしてそれぞれの職種のニーズが異なるため，心理士がそれらのニーズをすり合わせていくという「つなぐ」役割を担う場合もあります。そのような人と人をつなぐ役割を心理士が担うことが，結果として患者の「生」を豊かにすることになるかどうかを意識しながら「動く」ことが大切です。私の恩師であるサトウタツヤ先生はフィールドワーカーの心得として「緩やかなネットワーク，軽やかなフットワーク」という言葉を掲げられていましたが（おそらく今でもそうでしょう），心理士が医療現場で対人援助活動をする際にはまさにフィールドワーカーのようなつながる力と動く力が求められるのです。

2-2 人生という物語の主役としての患者／共演者としての心理士

　先述のように対人援助活動ではサービスの理念を基本として当事者のニーズと自己決定が尊重されます。病院で対人援助活動をする場合も同様で，患者のニーズと自己決定が尊重されます。しかし一方で，患者の自己決定を尊重することが患者自身にとって大きな負担になることがあるのも事実です。特に，患者が病気という人生の大きな壁を前にして自分自身の力ではどうしようもないと無力感に陥っている場合，自分の人生や生活を主体的に選択していくというよりも，自分の人生が否応なしに病気から左右されてしまうように感じ，自身の人生に対する自己効力感や主体性そのものが大きく揺らされることになります。それは，人生の主役を「病気」に取って代わられそうになっているといえるかも知れません（福澤, 2002）。そのような場合，患者は文字通り「何とかしてほしい」という思いで心理士と出会うことになります。

　また，先述のように病院は病気を媒介として人と人が出会う場といえます。つまり，患者は病気を抱えたことではじめて「患者」と見なされ，心理士も含めた医療スタッフと出会うことになります。そのため，そこでは患者やその家族だけでなく医療スタッフまでもが関心を病気に集中してしまい，病気が主役となる方向に，その病気を「治療する」医療スタッフが治療の主導権をとる方向に向かいがちになってしまいます。その結果，患者は病気に対しても医療スタッフに対しても受け身になってしまいます。しかし，対人援助というサービスの理念のうえに立ち，心理士が当事者の主体的な行動や自己決定を尊重・支援するものとして機能するならば，病院という場であっても患者に主体性を取り戻してもらうための援助を行い，患者がその人生の主役として能動的に病気に関わっていけるよう，そしてその結果として患者が自身の人生を豊かなものにしていけるように援助していく必要があります。つまり，患者の「何とかしてほしい」という思いを受け止めつつも，患者が自身の人生に対する自己効力感・主体性を回復させ，治療も含めた人生に対して能動的に自己決定ができるように援助していくことが病院における心理臨床といえるでしょう。

2-3 患者が主体的に生活を豊かにする

　病院で働いていると患者から「心理士はどのような仕事をする人なのか」といった質問を受けることがあります。そのような場合，筆者は「病気を抱える

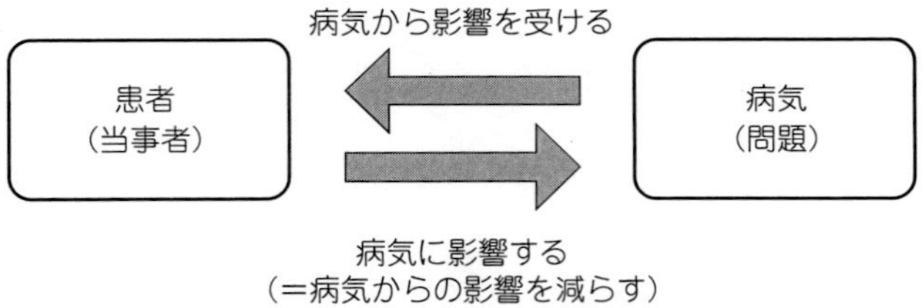

図13-1　病気の影響を相対化する

とストレスを感じたり，悩んだりするものだから，そのストレスや悩みを話し合うことで○○さんが少しでも楽に過ごせるようにお手伝いをする仕事です」と答えるようにしています。しかし，それにとどまらず「では医師とどう違うのか？」と心理士としての専門性をより深く追求／追究される場合もあります。そのような場合は，図13-1のようなものを描いてみせて「病気そのものを扱うというよりも，○○さんが病気から受けている影響，たとえば，病気のことを考えて落ち込んでいるとか，病気のせいで入院生活を余儀なくされてイライラしているといった病気から受けている影響を話し合っていく仕事です」と説明するようにしています。その際に，病気からの影響，たとえば「病気を抱えることで生活が制限されている」「今後どうなるかが心配である」「とにかく痛みが強くてゆっくり過ごせない」といった患者の「主訴」をしっかりと受け止めることが大切なのはいうまでもありません。しかし，さらに病気に対して患者のほうから影響している部分についても話題にしていくことで「病気から影響を受けないように○○さんなりにうまく対処することで落ち着いて過ごせていることもあるようですね。どうやってしてるんですか？」と患者と病気との関係を相対化するようにしています。

　ナラティヴ・セラピー（White & Epston, 1990; 野口, 2002）においては，このように患者（当事者）と病気（問題）の関係を相対化するやりとりをしていくことで，問題から一方的に影響を受け問題に人生や生活を振り回されているという受け身的な物語を，当事者のほうからも病気や問題に対して影響することができており，自分で自分の人生を生きているという主体的な新しい物語へとその人自身が書き換えていくのを援助します。

3　看護師のストレス

3-1　日本の医療における看護師不足

　日本の医療分野において，患者の最も近くに存在し，患者の QOL の向上に寄与している対人援助職者は看護師でしょう。ところが日本では長い間その看護師の不足が社会問題になっています。厚生労働省の「第七次看護職員需給見通しに関する検討会」報告書によると，平成 23 年は 56,000 人の看護師が不足しているとされています。そして，この看護師不足の問題は，患者の QOL に少なからず影響してくる問題であるだけでなく，看護師の過重労働，ひいては看護師の職業ストレスの増長や看護師自身の QOL の低下につながっていると考えられます。

　また，毎年およそ 4,000 〜 4,500 人の新人看護師が入職 1 年以内に離職しており，その新人看護師の早期離職が今日の看護師不足の主要な原因の 1 つと考えられています。そのため，新人看護師のストレスに関する研究は多くなされています。しかし，その一方で 9 割近くの新人看護師が離職せず看護師を続ける人生を選択している事実も忘れてはならないでしょう。そこでは新人看護師がさまざまな問題やストレスを抱えながらも看護師を続けることを選択するだけのリソース（資源や力）がはたらいているはずです。

　そこで，筆者は新人看護師の早期離職の背景にあると考えられる職業ストレスや職場不適応の問題に対する解決の可能性を探りました。具体的には，箕浦（1999）の提唱するマイクロ・エスノグラフィの手法を用いて，まず病院という新人看護師が実際に働いている現場で参与観察を行うことでリサーチ・クエスチョンを生成しました。そして，そのリサーチ・クエスチョンを元に 7 名の新人看護師にインタビューを行うことで，新人看護師の職場ストレスの実態と職場適応のプロセスを記述することを目的としたフィールド・ワークを行いました。

3-2　新人看護師の職業ストレス

　新人看護師の主な職業ストレスは「コミュニケーション面」に関するものと「業務面」に関するものの 2 つに大別されました。特に「コミュニケーション

表13-1　新人看護師の職場適応プロセスに関する語り

コミュニケーション面での変容	質問・会話の難しさ	「訊き難い」「訊くタイミングが分からない」「何となく話し難い」「何を話して良いか分からない」
	注意される＝怒られる	「注意されているのに怒られていると感じる」「何を言われてもきつい」
	孤立化	「できるだけ接しないようにしたら，距離ができてしまった」「何でも自分でやらなきゃと思った」
	質問の工夫	「相手を選んで訊くようになった」「『自分はこう思うんですけど』という前置きをつけるようにした」 「仕事を選んで頼めるようになった」「頼んでも良いものが分かるようになった」
	積極的	「少しでも不安なことは訊くようになった」「積極的に声掛けするようになった」 「自分から『これ，しましょうか?』『これ，私がします』と言っていくようにした」
	プライベートな関係	「職場の人たちと食事に行くようになった」「プライベートな話ができるようになった」
	相談相手を発見	「夜勤に入り始めて，相談できる人が見つかった」「最近，相談できる先輩ができた」
業務面での変容	不安	「分からないことからくる不安」「漠然とした不安」
	未熟さに直面化	「膨大な覚える量」「仕事を覚えなければならないきつさ」
	自分の仕事に専念	「とりあえず，自分のできることをきっちりやる」
	役割が増える	「やっとチームの一員になった感じ」「自分でできることが増えてきた」
	業務に慣れる	「環境に慣れてきた」「一通り日勤の業務に慣れてきたら，嫌とは思わなくなった」 「きついことが当たり前になってきた」「怒られるのに慣れてきた」
	安定化	「自分の中であまり焦らなくなった」「周りが見えるようになってきた」
	流れをつかむ	「一通り夜勤まで業務に入ると，一日の流れがつかめるようになった」
	余裕ができる	「患者の話をちゃんと聴けるようになってきた」「仕事中でも気分転換ができるようになった」
主なリソース	同期，家族	「最初，話せるのは同期と2年目の先輩だけ」
	受け持ち,器械出し	「受け持ち患者を持つようになると，先輩に相談するようになった」
	周囲の助言	「一年目は訊くのが仕事だから，しっかり訊きなさい」
	考え方の転換	「一年目だから言われるのも当然，言われる内が花」「怒られるのも仕事のうち」
	夜勤,飲み会	「休憩時間や飲み会で話せるようになった」
	患者からの声掛け	「患者からの声掛けが嬉しい，また頑張ろうという気持ちになる」
	希望的観測	「できることから徐々にしていけば，ましになるかなと思えるようになった」
休憩の質的変容	苦痛に感じる	「すごく苦痛だった」「休憩は要らないと思うぐらい居づらかった」「外で食べたかった」
	逃避	「わざと遅れて休憩室に入る」
	会話が生まれる	「プライベートな話ができ始めた」「休憩時間や飲み会で話せるようになった」
	休憩になり始める	「休憩時間が楽になってきた」「普通に休憩できるようになった」
	和やかに過ごせる	「今は休憩を十分にできている」「メンバーによっては和やかに過ごせるようになった」
休日の質的変容	内閉的	「帰ったらすぐ寝るという生活」「あまり人と会いたくなかった」
	仕事へのとらわれ	「休みなのに，休みとして捉えられない」「休みの日も遊んではいけない気がした」 「友人と会っても仕事の話が多かった，思いっきり楽しめてなかった」
	仕事の意欲低下	「病院に来ること自体が嫌」
	社交的	「実家に帰ったり，地元の友人に会うようになった」「外に出るようになった」
	仕事からの解放	「仕事から離れることができるようになった」「仕事を気にせずに遊べるようになった」 「休日を休日として過ごせるようになった」「友人と仕事の話をすることが減った」
	仕事の意欲向上	「出勤時も気が楽になった」「次の日が仕事でも嫌ではなくなった」

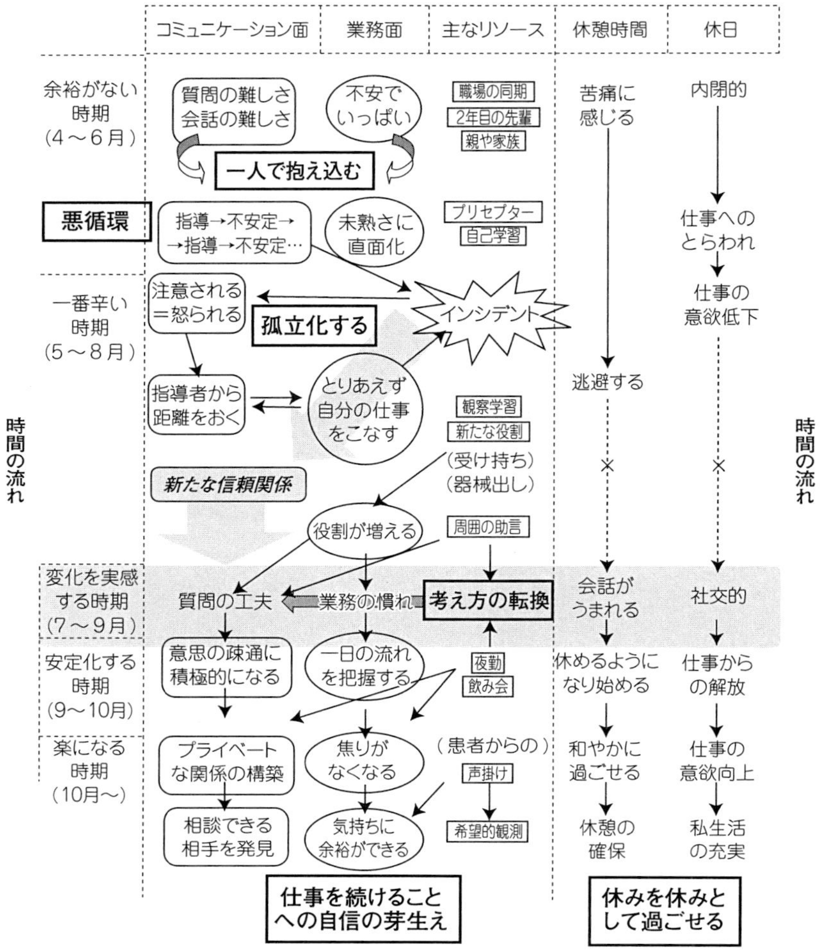

図 13-2　新人看護師の職場適応のプロセスと休養の質の変化

面」に関しては，7名の調査協力者のうち6名が最大のストレスとしてあげました。

　まず，新人看護師は入職直後で何もわからない「不安」な状態であるにもかかわらず，先輩看護師に対して「質問・会話の難しさ」を感じ先輩看護師に頼ることができないため自分1人で抱え込んでしまっていました。さらに，先輩看護師や上司からストレスフルな指導や注意を受ければ受けるほど先輩看護師から距離をおき「自分の仕事だけに専念する」という対処をとってしまったた

第 13 章　対人援助職のシステムとそのストレス　189

めに，ますます孤立化してしまっていました。これらは入職直後の時期におい
て新人看護師が「1人で抱え込む」あるいは「孤立化」といった周囲とコミュ
ニケーションをとらない方向に向かうプロセスを示しています。これらの対処
は，いずれもその場のストレスフルな状況を回避する方法としては妥当なもの
といえるかも知れませんが，長期的な視点で考えたときには，職場に適応して
いくための有効な方法とはいえません。

　しかし，継時的に見るとそれらのストレスとしてあげられていたものの，い
ずれもが変容しストレスではなくなっていることがわかりました（表13-1，図
13-2）。

3-3　リソース（資源）を利用して悪循環を脱する

　ある新人看護師は1人で抱え込み孤立化していく悪循環に自ら気づき，「あ
る先輩を怖くて避けてたんですね。避けてたけど，そしたら，どんどん距離が
離れるし。あ，やっぱりこれじゃあダメなんだって思って，他の人を見てたら，
けっこう，積極的にその先輩の仕事を手伝ったりとかしてたので，あぁ，私も
そうすればよいんだって思って。もう自分のことでいっぱいいっぱいだったん
で，それができてなくて。周りに目を配って少しでもできることを，『これ，
しましょうか？』とか『これ，私します』とか言えばよいのかなって」と語り
ました。この新人看護師は自身のことを振り返り，また他のスタッフの行動を
観察することで，新たなコミュニケーションの方法を見いだし孤立化から逃れ
ることができていますが，これは自身が持っている内省する能力や観察力とい
う内的なリソースと，モデルとなる他の看護師という外的なリソースをうまく
利用して観察学習をした例といえます。他にも自分の受け持ち患者を持たされ
たことがきっかけとなり質問を工夫するようになって先輩看護師とのコミュニ
ケーションが増えた例や，周囲から助言をもらったことで考え方を転換でき，
先輩看護師に質問しやすくなった例があげられます。

　そして，いずれの場合もコミュニケーション面を見ると，周囲とのコミュニ
ケーションをとらない方向からコミュニケーションをとる方向へ向かうという
変化が見られていました。

3-4　「問題」をもリソースとして利用する

　いわゆるヒヤリ・ハットやインシデント（重大事故（アクシデント）に対する

前事故事象をいい，適切な処理が行われないと事故となる可能性のある事象）に関しては問題あるいはストレス要因として論考されることが多く，たしかに新人看護師に限らずインシデントの経験がストレスになることが研究によって示唆されています。しかし，インシデントの経験が必ずしもストレスとしてだけ機能するとは限りません。新人看護師がインシデントを起こした後に，その新人看護師にとって役立つサポートが先輩看護師から与えられることで，その先輩看護師と新人看護師との間に非常に強い信頼関係が築かれる現象が観察されています。ある新人看護師は，インシデントを起こした際に先輩看護師から「次につなげればよいから」と声を掛けられたことで「インシデントの経験を今後に活かそうという姿勢が持てるようになった」と語りました。さらには「その先輩の存在は仕事を続けるうえで私の心の支えです」と振り返っており，この新人看護師にとってはその先輩看護師はインシデントというストレスフルな出来事を乗り越えるためのリソースとなっていました。それと同時に，長期的な視点に立てば，インシデントの経験は仕事を継続するのに必要な人間関係を築くきっかけとして機能しており，その経験自体もリソースとしてとらえることができます。さらにいえば，「次につなげればよいから」と声を掛けた先輩看護師は，インシデントという出来事を新人看護師にとっての今後の仕事に活かすリソースとして活用していたともいえるでしょう。

3-5　休憩時間の過ごし方の変容

業務が多忙で余裕がなく，他のスタッフと十分なコミュニケーションがとれていない時期には，ある程度の休憩時間や休日を物理的には確保していたとしても，十分に休めていないことがわかりました。そして，その休憩時間や休日の過ごし方に関しても変容が見られており，端的にいえば，休みを休みとして過ごせるようになっていました。

具体的に休憩時間に休めるようになるきっかけとしてあげられているのは，休憩時間に先輩看護師との間で「会話が生まれる」ことでした。そして，「夜勤」や「飲み会」であったり勤務後の先輩とのプライベートな食事をリソースとして活用することで，さらに他のスタッフとの会話が生まれ，その結果，休憩時間が楽になり休憩できるようになっていました。また，休日を休日として過ごせるようになるプロセスとしては，仕事にとらわれている状態から仕事から解放される状態へと，方向転換していたことがわかりました。

3-6 「新人」が適応する

　新人看護師がストレスを強く感じる時期を乗り越え職場に適応していくプロセスとして，コミュニケーションをとらない方向からコミュニケーションをとる方向へと方向転換していたといえます。また，そのような方向転換が職場ストレスの低減だけでなく，休憩時間や休日の充実にもつながっていました。これらはいずれも新人看護師が外界に対して「開かれた」状態になっていくプロセスともいえます。そして，これらは新人看護師に限った特徴ではなく，入職・入学・入部といった場面で，「新人」がその新たな場に適応していくプロセスのモデルの1つといえるのではないでしょうか。

　このように「新人」が抱えるストレスに注目するだけではなく，そういったストレスを感じながらもその新しい場に適応していっている側面に注目すると，その過程は「新人」がストレスに打ち負かされる受け身的な物語ではなく，リソースを活用することでストレスだったものを変容させ「開かれた存在」として外界とうまく交流できるようになる主体的な物語として記述することが可能になります。その際に，ストレスを強く感じる時期には「どのようにして何とか今を乗り切っているのか？」，ストレスとして感じなくなり余裕が出てくる時期には「どのようにして何とか乗り切れたのか？」を問い，リソースを発見することが，主体的な物語を記述するのに役立つでしょう。

4　対人援助職と厚生心理学

　エリクセン（Eriksen, 1977）は対人援助活動の目的を「社会の知識資源および科学技術の革新を利用することによって，市民がよりよく満足いく，より自主的な，より実りの多い生活をできるようにすること」としています。厚生心理学（サトウ，2009）が人間の「厚い生」，より豊かな「生」を目指す学範であるとするならば，対人援助職は厚生心理学を実践する職業といえるでしょう。一方で，先述のように医療という現場は「病気」に関心が集中しやすい文化があります。さらにいえば，援助される（べき）「患者」は何かしらの問題や課題，障害を抱えた存在として「評価」される傾向があります。しかし，病気に関心を集中させたり，その人の問題を抱えている側面だけを記述したならば，あまりにも「薄い生」になってしまうでしょう。

192

表13-2　統合失調症患者へのサービスの目標（神田橋, 1976　著者一部改変）

1.　入院しているより入院していない方が，その人にとって良いことである
2.　薬物摂取量は少ない程，その人にとって良いことである
3.　ある状態が得られたとき，その人が前の状態より「良い」と自己評価するならば，
　　良い結果が得られたのである

　神田橋（1976）は統合失調症患者に見られる「自閉」という行動傾向（態度・構え）を「自閉能力」としてとらえ直すことで統合失調症患者に医療サービスを提供する視点を提唱しています（表13-2）。ここでは提供されたサービスの結果の評価を，サービスを受ける側（患者）が行うことが明示されており，精神医療の現場において当事者の主体性を尊重するサービスとしての対人援助の萌芽を見ることができます。

4-1　当事者を開放システムとしてとらえる

　ここで著者が，本章において援助される存在としての「患者」と，援助する存在としての「新人看護師」について，その「厚い生」を記述するうえで有用だった視点を紹介します。

　まず，患者の物語としての「生」や新人看護師が病棟という場に適応するプロセスを記述する際に，その対象となる当事者を開放システム（Bertalanffy, 1968）としてとらえる視点が有用です。閉鎖システムは環境から孤立し環境と相互交渉をしないのに対し，開放システムはその置かれた特殊な環境と交換を行いながら存在しています。また，開放システムは外界との相互交渉を行いながら常に自分（システムとしての自身）を更新していきます（サトウら，2006）。そして，あらゆる生命体は開放システムであるとされます（Valsiner, 2001）。

　本章では患者や新人看護師を常に環境と相互作用をしている存在としてとらえてきました。そして，他の開放システムと同様，患者も新人看護師も常に自分を更新していくもの，変化していくものとしてとらえました。そのような更新・変化を経て，患者は病気との関係を語り直したり，新人看護師は職場に適応していくのです。実際，新人看護師が職場に適応するプロセスは，新人看護師自身が開放システムであるにもかかわらず，あたかも閉鎖システムのように振る舞うことで，孤立化していたところから，本来の開放システムとしての機能を取り戻し始めることで外界（職場）とうまく相互作用ができるようになる過程と見ることもできるでしょう。

第13章　対人援助職のシステムとそのストレス｜193

4-2 健康心理学，ポジティヴ心理学，そしてブリーフセラピーへ

さらに，本章において，患者が病気から影響される側面だけでなく病気に影響していくポジティヴな側面に，また新人看護師が職場で不適応を起こす過程ではなく適応していく過程に注目する背景には，健康心理学的な発想，ポジティヴ心理学的な発想，そしてブリーフセラピー的な発想があります。

健康心理学は，「健康の維持・増進に関する心理学的研究，およびその研究成果の専門的応用」と定義され，さらに，「健康心理学は対象の弱さやマイナス面に着目してそれを修正し補強するのではなく，彼らの肯定的資質に着目し，それらを成長させ，ウェルビーイングを強化するような関わりを志向している学問領域である」とされます（佐々木ら，2003）。また，そのような人間の健康生成的側面，ポジティヴな側面を重視する「動き」として，ポジティヴ心理学もあげられます（島井，2006）。ポジティヴ心理学の提唱者であるセリグマン（Seligman, 1998）は，「心理学が人間の病理的側面のみに目を奪われているのは誤った考え方である。心理学はもっと人間の積極的な側面に目を向けるべきである」と主張しています。一方で，白木（1994）は解決志向的なブリーフセラピーの治療実践の基本的な考え方／前提である8項目をあげています（表13-3）。このような人間の健康生成的でポジティヴな心理的側面に注目し，人間を常に変化する存在としてとらえ，その人が解決するためにすでに持っているリソースに着目する視点は，当事者がより「厚い生」を獲得していくのを援助する心理臨床に役に立つと感じています。

表13-3　解決志向的ブリーフセラピーの基本的な考え方・前提（白木，1994）

1.　変化は絶えず起こっており，必然である
2.　変化は多くの源泉と方向から生起・派生する
3.　小さな変化が大きな変化につながる
4.　解決を積み上げてゆく方が，問題解決（解消）より効果的である
5.　解決について知る方が，問題の原因を把握することよりも有用である
6.　問題のパターンと，解決を積み上げる活動との間には何らの明確な関連はない
7.　理論や規範にとらわれないこと―因果的な要因について確実に知る方法はなく，社会的な慣習が，何が正常かを決める
8.　クライエントは彼らの問題を解決するためのリソース（資源）を持っている

4-3　対人援助専門職としての社会性

　本章は主に看護師や心理士に焦点を当てましたが，対人援助職としてとらえれば他の職業，たとえば教師や保育士，福祉士などにも転用可能な考え方も多いのではないかと思います。

　最後になりますが，それらの対人援助活動を職とする人が専門職業人として活動するためには，その活動が社会に認められるものでなければなりません。対人援助職が専門職であるためには社会的要請に応じるだけの規律と社会性が要求されるのです（金沢, 2001）。しかし，一方で専門職の自律性に注目し，専門職化することの弊害も指摘されています（時井, 2002）。現在，日本においては医師や教師のように対人援助の専門職として高度にその自律性を認められている職種もあれば，臨床心理士のように専門職化の途上にあるものもあります。

　筆者は医療現場において心理臨床に対するニーズの大きさを痛感している一方で，臨床心理士が心理臨床の専門家として医療現場や社会に認められるためには，臨床心理士が己の活動を常にサービスたりえているか自省しつつ，目の前の当事者や関係者のニーズ，ひいては社会の要請に応えていくことが肝要だと考えながら日々の研鑽に励んでいます。

第 **4** 部

現代社会の問題

第 14 章　現代社会と血液型性格判断

第 15 章　現代社会とうつ病の治め方

第 16 章　現代社会とゲーミング

第 17 章　現代社会と「道草」

第 18 章　現代社会と青年期

第**14**章

現代社会と血液型性格判断

1　現代社会における血液型性格判断

1-1　血液型性格判断とは

「私はちょっと，B型で短絡的なところがあって，私の本意が伝わらないという部分があるということは，……」

これは，2011年の菅内閣のM元大臣が辞任の前に自身の不適切な言動を釈明するために述べた言葉です。この発言は大きな批判を受けました。血液型性格判断になじみがないヨーロッパのメディアは，「失敗を血液型のせいにできるのか」と驚きを隠しませんでした。また，M元大臣の放言よりも，血液型での性格や相性判断が日本で流行っている点に注目して伝えました。

「血液型と性格には関係がある」という素朴な仮説を血液型性格関連説と呼び（佐藤・渡邊, 1991），この仮説に基づいて自分や他人の性格を理解することを血液型性格判断といいます。

血液型性格判断は，「血液型 → 性格」という流れですが，他人の性格や行動パターン，雰囲気などから血液型を推測することを血液型当てと呼ぶことにします。また，血液型占いとは血液型ごとに自分や他人の運勢や未来，相性を予想しようとすることです。血液型性格判断は，日本だけではなく韓国，中国，台湾など東アジアの一部でも行われています。

雑誌やスポーツ新聞での人物紹介には血液型も記載されていることがあります。これは暗に性格を示していると思われます。佐藤・渡邊（1996）は，血液型をめぐるこのような風潮を一種の「カルチャー」としてとらえています。

1-2　血液型関連説の検討の仕方

佐藤（1994a）は，血液型性格関連説との関わり方を3つあげています。

199

1. 血液型と性格には関係があるのかないのか
2.（ないとしたら）なぜこれほど受容されるのか
3. 考え方の起源はどこにあるのか

また，長谷川（2005）の血液型性格判断の３つのレベルは，以下のとおりです。

レベル１：統計的には有意であるが実用的には役に立たない程度のわずかな差が見られるのかどうか，という学術レベルの議論
レベル２：実用的価値があるほどの顕著な差が見られるのかどうか，という日常生活への応用可能性についての議論
レベル３：生まれつきの属性（性別，血液型，人種など）と結びつけて他人を判断してしまうことの不当性はないか，という人権に関する根本的議論

　まず，血液型と性格に関係があるのかという問題ですが，佐藤の１を細かく分けたのが長谷川のレベル１，２ということになります。
　ところで，最近医療では，根拠に基づく医療ということがいわれています。かつて医療分野でも医師の勘や経験に頼っていたことがありました。その反省から生まれたより高いレベルの根拠を重視する方法論です。中山（2012）は，医学的根拠を経験に基づく経験的根拠と科学的な根拠によって明らかにされる科学的根拠に大別しています。さらに一般論を導くうえで重要な科学的根拠を，理論的根拠と臨床的根拠に分けました。臨床的根拠を医学以外の名称として実証的根拠とも呼んでいます。たとえば，動物実験を行った結果から，理論を構築して新たな治療法や薬を開発する段階では理論的根拠はありますが，人間に本当に効果があるかはわかりません。実際の患者や健康な人に臨床試験を行い，その有効性が確認できてはじめて，臨床的根拠があるといえます。

1-3　血液型と性格の関係の証明

　理論的根拠と実証的根拠は，それぞれ長谷川のレベル１，２に相当します。血液型性格判断の理論的根拠とは，血液型と性格が関連するという遺伝的証拠を発見するということになります。性格は，多くの遺伝子に影響を受ける形質（多因子形質）であるといわれています。形質の遺伝子を解析する手法がゲノム

ワイド分析です。この分析によって性格を（完全にではなく）一定の範囲で規定する遺伝子が見つかってきています。明らかに血液型と性格が関連するのであれば，性格と関連した遺伝子と ABO 式血液型の遺伝子との関連が真っ先に見つかってもおかしくありません。しかし，実際にはまだ発見されていません（小塩，2011）。

　実証的根拠は，たとえば，質問紙などの心理学的な方法によって血液型による性格の違いを見つけることになります。松井（1991）は，JNN データバンクと協力して 1980 年から 1988 年の間に 4 回の調査を行いました。「誰とでも気軽に付き合う」「目標を決めて努力する」など 24 項目の質問を各回約 3100 名に行い，血液型がわかった計 11,766 名の回答が分析されました。結果は，血液型によって性格が異なるという証拠は得られませんでした。これほどの規模のものではありませんが，近年も血液型と性格の関連を調べた研究が発表されています。しかし，血液型と性格が関連するという肯定的な研究はありません。

　すなわち，現時点では現在の科学的な検証に耐えうる理論的根拠，実証的根拠は得られていません（上村・サトウ，2006）。

　このように，「血液型と性格には関係があるのかないのか」を決定することは実は非常に困難です。英語でよく使われている言い回しに「証拠がないことは，ないことの証拠ではない」という言葉があります。イラク戦争時のラムズフェルド国防長官の発言で有名になりました。アメリカは，イラク戦争の口実としてイラクの大量破壊兵器の保持をあげていましたが，戦争終結後の捜索でも見つかりませんでした。中山（2012）によれば，国防長官の発言を換言すると，「大量破壊兵器が開戦前にあったという証拠は見つかっていないが，あるという証拠がないからといって，それによって大量破壊兵器がなかったと積極的に証明されるわけではない。単に，今のところ証拠が見つかっていないだけなのだ。」ということになります。「なかった」ということを積極的に証明することは難しいですから，詭弁ともいえますが，薬について「副作用は見つかっていない。だからといって，本当に副作用がないと積極的に言えるのか？」と言われると悩ましい問題となります。ですから，学問的には控えめに，「今のところ，血液型と性格の関連は見られない」という表現になってしまいます。

　長谷川（1994）は次のように述べています。「血液型人間『学』がある種の普遍性を主張する『理論』であるのに対して，「血液型と性格は関係がない」というのは理論ではない。研究の出発点となる作業仮説にすぎないのである。（中略）『血液型と性格は関係がない』という作業仮説のもとに地道にデータを集め，ある性格的特徴について明らかに血液型との関係を示すようなデータが

安定的に得られたときに初めてこの仮説を棄却するのである。これこそが，雑多な変動現象のなかから機能的に規則性を見いだそうとするときにとるべき科学的態度である。」

渡邊（2011）は，血液型性格関連説を肯定する側が信頼できる証拠を示す責任があると主張しています。

1-4　血液型と差別

佐藤（1994b）は，会話などで血液型を尋ねたり，血液型による人物描写をすることは，嫌がらせであることも多いということを強調して，「ブラッドタイプ・ハラスメント」という用語を考案しました。最近でも，就職の面接で血液型を聞いたり，エントリーシートに記入を求める企業もあることが報じられました（朝日新聞, 2011 年 8 月 22 日夕刊）。

血液型イメージと偏見・差別については次のような報告があります（山岡, 2011）。図 14-1 は，各血液型のイメージ得点（高いほどイメージが良い）の調査年による推移を示しています。A 型・O 型に比べて B 型・AB 型のイメージが悪くなっています。A 型は調査年によるイメージの変化はありませんが，AB 型のイメージが良くなってきています。また，イメージが悪くなると血液型に由来する不快体験率が高くなるという関係が見られました。B 型のイメージが最も悪かった 2005 年には B 型の不快体験率が高くなり，AB 型のイメージが良くなるにつれて AB 型の不快体験率が低下しています。さらに B 型以外の B 型嫌悪率，B 型の A 型嫌悪率は 2005 年が最も高くなり，また 2005 年には AB 型以外の不快体験率も最も高くなりました。山岡は，これらの 2005 年の反応は，2004 年に血液型性格判断を肯定したテレビ番組が集中的に放送されたた

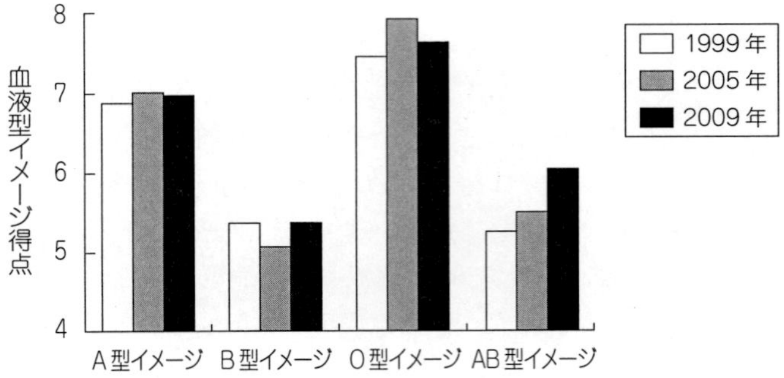

図 14-1　各血液型のイメージ得点の変化

めだと考えています。

現在は B 型よりも AB 型のイメージが良くなっているのですが，これは 90年代後半から「AB 型は天才型」といわれるようになったためだと考えられています。それに対して，B 型は 2004 年の多くのテレビ番組で「自己中心的」などと描かれたうえに他の血液型と相性が悪いとされたために，イメージが悪化して不快体験も増えたと考えられます。

偏見や差別の原因となる属性のことを，「スティグマ」といいます。もともとはギリシャ語で奴隷や犯罪者の身体になされた刻印のことです。ゴフマンが現在の意味で用い始めました（Goffman, 1963/2001）。そのような属性を持ち，差別される人たちは「スケープゴート（生けにえ）」と呼ばれます。

スティグマを持つ人びとがそれに対処する観点として，クロッカーら（Crocker et al., 1989）は，可視性と制御可能性をあげています。可視性とは，そのスティグマが具体的に目に見えるかどうかということです。人種や体型は隠すことが難しいですが，思想・信条やある種の病気などは隠すことが可能です。しかし，周りに知られないように気をつけなければなりません。制御可能性とは，本人がそのスティグマを制御することができるかどうかということです。人種は変えられませんが，体型は基本的に変えることができます。一般に体型などの制御可能性があるスティグマは，制御できない場合よりも他人から批判される傾向があります。血液型は可視性はありませんが，制御できません。これが長谷川（2005）のレベル 3 の問題となります。根拠のあるなしにかかわらず，偏見や差別は望ましくありません。血液型が B 型，AB 型の人たちは，現代日本のある種のスケープゴートにされているといえます。

2　血液型性格判断の社会心理学的な問題点

血液型性格判断について，ステレオタイプと認知の歪みという概念を中心に見ていきたいと思います。

2-1　ステレオタイプとは

「ステレオタイプ」は，あるカテゴリーに分類された人たちに共通すると思われている性格や身体の特徴，行動傾向などと定義されることが多く，たとえば，「日本人は勤勉である」「理系の人は白衣を着ていることが多い」などとい

う表現はステレオタイプの例です。よく使われるカテゴリーには人種，性別，年齢，外見，職業，社会状況などがあります。ステレオタイプという言葉は，もともとは印刷で使われていた鉛板（ステロ板）から来ています。これをアメリカのジャーナリストのリップマンが最初に用いました（Lippmann, 1922/1987）。

　ステレオタイプの内容が否定的であれば，それを一般に偏見といい（厳密には肯定的な内容でも偏っていれば偏見ですが），偏見に基づく敵意を持った行動が差別となります。

2-2　血液型とステレオタイプの定義

　詫摩・松井（1985）は，血液型と性格の関連を信じる意見は社会的に浸透しており，一種のステレオタイプであると考えて，血液型によって性格が異なるという信念を血液型ステレオタイプと命名しました。

　佐藤（1999）は，ステレオタイプに2つの用法があることを指摘しています。1つは，性格を血液型で判断するという見方自体がステレオタイプだという側面，もう1つは，各血液型の内容が固定的で紋切り型でステレオタイプ的だという側面です。詫摩・松井（1985）は，どちらかというと前者の意味で使用しています。「A型は几帳面だ」という記述は後者になります。潮村（2000）は，ステレオタイプを何らかのカテゴリーもしくはグループ（集団）を基礎にして形成されている単純化された認識枠組みであり，固定的な観念・イメージであると定義しており，両面を含んでいます。

　マクガーティ（McGarty, 2002/2007）は，ある人が持っているある集団に対する特定の印象や集団に関する長期的な知識をステレオタイプ的知識と呼び，「司書は物静かで本好きだ」などの言説をステレオタイプ的描写と呼ぶことが好ましいとしています。ステレオタイプ的知識の特徴の1つとして，カテゴリーの知識が組み込まれていることをあげています。「どのような点で互いが異なっているかを理解するために，異なった意味を持つものに関する知識を持たなければならない（McGarty & Turner, 1992）。」つまり，マクガーティの定義によれば，「血液型によって性格が異なるという信念」はステレオタイプ的知識，「A型は几帳面だ」はステレオタイプ的描写ということになります。また，ウィッテンブリンクら（Wittenbrink et al., 1997）は，社会情報の処理におけるステレオタイプ的知識のより上位の構造の特性が果たす役割を検討しています。彼らは，ステレオタイプ的知識は単に集団の属性を含んでいるのではなく，そのような属性どうしのつながりや知覚者の世界に関するより豊富な知識の結び

つきに関する因果構造も含むと述べています。このような単なるステレオタイプ的描写以上の認識枠組みは、「ステレオタイプ・スキーマ」とでも呼んだほうがいいように思われます。

2-3　ステレオタイプの特徴

マクガーティとイゼルビット（McGarty & Yzerbyt, 2002/2007）は、ステレオタイプ研究の3つの観点をあげて論を展開しています。

1つは、ステレオタイプは労力を軽減するために形成されるという見方です。これを認知的経済性といいます。人間の情報処理能力には限界があるので、できるだけ少ない認知的負担で効率よく情報を処理しようとするメカニズムのことです。そのために人は手っ取り早い情報処理の方法をとって、柔軟性がなく、極端で誇張された概念を生み出すとされます。「紋切り型」「固定観念」という訳は、ステレオタイプのネガティヴな面が強調されたものです。

それに対して、ステレオタイプは状況理解を助けるために形成されるという見方があります。タジフェルは、ステレオタイプの内容には偏りや誇張があることは認めながらも、ステレオタイプの過程自体は人びとに共通した正常な認知過程であると考えました（Tajfel, 1969）。すなわちステレオタイプをカテゴリー化過程の実例と見なします。カテゴリー化は人間の知覚の基本的機能です。人は入ってきたさまざまな情報を意識的、無意識的に類似点や差異に基づいて分類しています。さらに同じカテゴリーに分類されたものは実際よりも似ていると感じられ、別のカテゴリーのものは実際より違うと感じられます（強調効果）。このような過程を通じて刺激が整理されて規則性が明確になり、それらの認識、記憶、反応が可能になります。

強調効果は、人間の集団に対しても認められます。ある集団に属する人たちは皆同様の特徴があり、また違う集団に属する人たちとは違っているとみなされます。

自分が所属している集団を内集団、所属していない集団を外集団といい、外集団のメンバーよりも内集団のメンバーに対してより好意的になることを内集団バイアスと呼びます。また、外集団の人たちが似ていると思われやすい傾向を外集団均質化効果といいます。

3つ目は、ステレオタイプは共有された集団信念であるという見方です。多くの人が共有するためにいろいろな現象や問題が起こるといえます。これは、現在は前述のようにメディアによる影響が大きいと考えられます。

以上の論点は，血液型ステレオタイプにも適用でき，血液型差別の背景メカニズムとしても考えられます。

2-4　大村政男の FBI 効果

大村ら（たとえば，大村ら，2008）は，「血液型性格判断に対する信仰現象」をFBI 効果というキーワードで説明しています。F は Free size の F です。血液型の性格を示す特徴，たとえば，B 型は「マイペースな行動」，「しばられ，抑制されるのを特に嫌う」とされますが，誰でも程度の差はあれ持っている特性です。フリーサイズの T シャツのように，たいていの人に合ってしまうというところから名づけられました（通常この効果単体では，「バーナム効果」と呼ばれています）。この効果はセンター試験の問題に出題されました（平成 14 年度現代社会；出典は大村，1993）。

B は Brand の B です（当初は Label の B）。商標効果です。誰にでも適合する項目を多数収録して束ねてブランド（ラベル）を付けると，フリーサイズの項目に B 型や AB 型などの固有のニュアンスが生まれます。そこで，ブランド（ラベル）を替えると，すぐ別の血液型に変容してしまいます。

I は，Imprinting の I です。ある年齢のときにインプットされた情報は，なかなか消去せず，反対情報が伝えられても，インプットされた情報はますます強固なものになってしまう傾向があるとしています。

マクガーティ（2007）は，ステレオタイプ形成はステレオタイプ的描写の展開以上のもので，「背景的知識」，「知覚された等価性」，「集団ラベル」の 3 項の制約された関係性の組み合わせの展開であると述べています（図 14-2）。ブラウンとターナー（Broun & Turner, 2002/2007）は，ラベルはそれ自体で類似性と差異を説明するとしています。換言すれば，カテゴリーラベルと背景的知識は，お互いを制約し合うという考え方です。すなわち，フリーサイズである知識に血液型というラベルを付けることで，それらの結びつきが強くなるということになります。しかし，インプリンティング効果については，山岡（2011）や後述の上瀬・松井（1996）のように，内容が変化しうることから，不確かです。

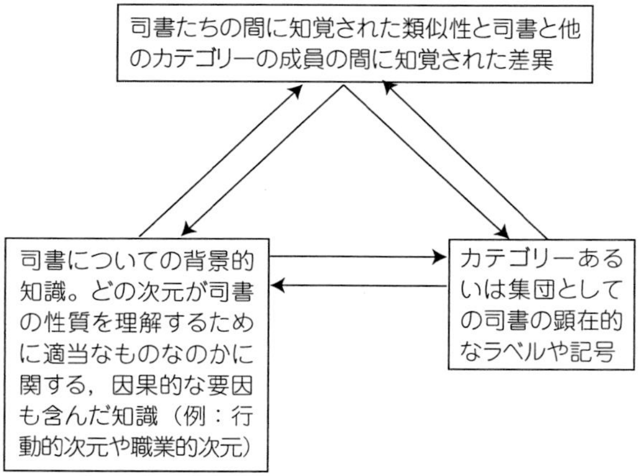

司書たちの間に知覚された類似性と司書と他のカテゴリーの成員の間に知覚された差異

司書についての背景的知識。どの次元が司書の性質を理解するために適当なものなのかに関する，因果的な要因も含んだ知識（例：行動的次元や職業的次元）

カテゴリーあるいは集団としての司書の顕在的なラベルや記号

図14-2　制約関係の観点から見たステレオタイプ的側面の表象

3　迷信を信じ続ける心理

3-1　仮説検証型の情報処理と選択的認知

　「証拠を見つけず決めつけるのは間違いだ。仮説を優先すると事実をねじ曲げてしまう。事実あっての理論だ。」（映画『シャーロック・ホームズ』2009年 ガイ・リッチー監督）

　人は，ある信念を持つとそれとよく一致する事象が生じると予測する傾向があります。信念と一致して「起こりうること」を予期し，それに従って新しい情報を探索し，解釈しようとする傾向が出てきます（池田, 1994）。これが情報処理における予期確認傾向を生み出します。端的にいうと，「見たいものしか見ない」ということで，予期とは一致しない否定的な情報は無視される傾向があります。

　すなわち，「血液型性格判断が正しい」という信念を持つと，「ある人の行動はその性格ゆえに生じ，それは血液型に規定されている」と予期することになります。たとえば，「O型がおおざっぱ」という信念を持っていると，「遅刻をした」などそれに当てはまる事例は注目されて「当たっている」と思ってしまいます。しかし，「人見知りする」など社交的とされるO型の性格と一致しな

第14章　現代社会と血液型性格判断｜207

い事例は，見過ごされがちになってしまいます。そのために，さらに「血液型性格判断が正しい」という信念が強化されることになります。

坂元（1995）は，血液型ステレオタイプによる選択的な情報使用に注目した実験を行いました。実験参加者は，ある人物の紹介文を読みました。その文章は各血液型の特徴を同数ずつ含んでいました。そして A 型群は，その人物が A 型に当てはまるかどうかを判断しました。B 型群は B 型，O 型群は O 型，AB 型群は AB 型に当てはまるかどうか判断しました。また，文章のどの部分に注目したかを選ばせました。その結果，①血液型ステレオタイプに一致した情報に注目しやすい，②その人物に対して血液型ステレオタイプに一致した印象を抱きやすい，③これらの傾向は血液型性格判断を信じる程度が高い人に顕著であるという結果を得ました。この研究を再検討した森ら（1998）の研究では，血液型を確証する情報に選択的に注目される傾向は見られなくなりましたが，印象形成の効果は見られました。一見不可解ですが，これは本人が意識していない潜在的ステレオタイプを測定したと解釈されました。

上瀬（2002）は，血液型ステレオタイプの自動的活性化という現象をあげています。多くの日本人は各血液型の特徴についての知識のネットワークを形成していて，よく用いている人ほどネットワークの各概念が強固に結びついています。そのため血液型に関する手がかりがあると，血液型ステレオタイプが活性化します。たとえば，「B 型」と聞くと自動的にその特徴がイメージされます。上瀬はまた，「血液型性格判断を遊びでしか使わないからいいんだ。」という意見に対して，遊びでも使えば使うほど自動的活性化をますます促進し，自分でも気づかないうちに相手を血液型で判断してしまうと警鐘を鳴らしています（根拠については後述）。

3-2 血液型と自己成就現象

池田（1994）は，血液型による自己成就現象について述べています。これは，根拠がなくても「自分は○○である」と思っていると，結果的にそれが実現することです。すなわち，「自分は＊型だから，～だ」と思っていると，本当にそうなってしまいます。

たとえば，2004 年に放送された番組で，あるタレントが「父親から自分は AB 型だと聞かされていたが，最近調べると本当は O 型であった」というエピソードを披露しました。「AB 型は二面性があると言われているが，今考えると無理して二面性を作っていた」と述べました（タレントの同様の例がもう 1 つあ

ります）。血液型性格関連説を信じて自分はそうなんだと思い込むのも問題ですが，まず親が子どもの性格がこうだから＊型に違いないという血液型当てを行い，検査もしないで子どもに伝えることは非難されるべきでしょう。

　また，「自分は＊型だから，わがままでいいんだ」「＊型だからおおざっぱで遅刻しても仕方がないんだ」といった言い訳に使われる場合もあります。このように血液型性格関連説を信じることは，性格を歪めかねません。ゴフマン（1963/2001）は，スティグマを持つ人はそれに起因しない他の理由で生じた失敗の口実として，スティグマを利用することがあると述べています。

3-3　血液型性格判断をしないために

　上瀬・松井（1996）は，大学の講義を利用して血液型ステレオタイプを解消する試みを報告しています。彼女らは，まず血液型性格関連説を否定する講義を行いました。内容は，血液型性格関連説の歴史，否定する実験や問題点などです。この講義の直前，直後，3ヵ月後の3回，血液型性格判断に対する考えについての質問紙調査を行いました。まず，「血液型と性格は関係があると思うか」の質問については，講義前は約7割が肯定的な意見でしたが，講義後は約7割が否定的な意見になりました。また，「＊型の人は嫌い」といった否定的感情も低下しました。しかし，コミュニケーションのツールとして楽しむことについては，有意な変化が見られませんでした。上瀬・松井（1991）は，娯楽として使うことが信念の強化につながることを示唆しています。血液型性格判断を実際に用いる程度についても，講義前後の変化はほとんどなく，講義を用いた方法の限界を暗示しています。

　ステレオタイプが解消されない人がいる原因として，サブタイピング（Weber & Crocker, 1983）が考えられます。これは，血液型性格判断が当てはまらない例を出しても，「＊型のなかにはそういう人もいる」と考えます。すなわち，血液型性格関連説そのものは誤っておらず，当てはまらないのは例外的なもの（サブタイプ）としてとらえます。そのために血液型ステレオタイプは維持されてしまいます。

　しかし，論理的に否定することが感情的な反応を低下させたことから，講義には一定の効果があったといえます。

4　迷信にだまされるな

　本章では，血液型性格判断についてさまざまな角度から見てきました。この迷信は，メディアの影響もあって一種のカルチャーとして定着し，日本のみならず東アジアの一部でも信じられています。血液型性格関連説は，実証されていないにもかかわらず，差別の原因にもなっています。社会心理学的には，ステレオタイプの１つとしてとらえることができます。血液型ステレオタイプの解消のためには，なぜ血液型性格関連説が誤っているのかを論理的に説得することが一定の効果を持つことを紹介しました。

　血液型性格判断は，娯楽としてそのときは楽しくても，多くの弊害があることは述べたとおりです。このことは肝に銘じてもらいたいものです。

210

第15章
現代社会とうつ病の治め方

1　現代社会におけるうつ病と自殺

1-1　現代日本の諸問題

　イギリスの社会心理学者エイドリアン・ホワイトによって作成された世界幸福度地図（World Map of Happiness）によれば，日本人の幸福度は世界178ヵ国中90位であり，他の国と比較しても，日本人が日々の生活に幸福感を感じていないことがわかります。

　このように日々の生活に幸福感を感じられないということは，言い換えれば，強いストレスを感じて過ごしている人が多いとも考えることができます。たとえば，今日の日本において学校や家，職場での人間関係に悩みを抱える人は少なくありません。

1-2　ストレスを抱える日本人

　家庭や学校，職場の人間関係に悩んだり，日々の生活のなかでやらなければならない仕事が増えれば増えるほど，うまくそれらに対処することができなくなることもあるでしょう。自分が対処できる範囲を超えてしまったとき，大きな失敗や人間関係に障害が生まれ，何をやってもうまくいかないと感じてしまうことがあるかもしれません。

　セリグマンによれば，何をやってもうまくいかない，頑張っただけの成果が伴わない状態が続くと無気力な状態になり，最終的には活動を停止してしまうことが明らかになっています。ここでいう「無気力状態」が，後にうつ病という「病い」へと変容してしまう要因となるのです（Seligman & Maier, 1967）。

　もちろん，何をやってもうまくいかないと感じたからといって，すべての人が無気力状態やうつ病になるわけではありません。自分なりの対処行動（スト

211

レスコーピング）や，周囲に援助が必要であることを訴えることができれば問題ないのです。しかし，時と場合によっては，そうした解決方法がとれないこともあります。

1-3　うつという病い

　過剰なストレスを抱え，またそれを誰にも相談せず 1 人で抱え込むと，最初は無気力な「状態」になります。しかし，その状態でさらに長期間過ごすと，それはうつ病という「病い」に変化してしまうのです。

　うつ病の詳しい説明は後にしますが，うつ病になると，物事をネガティヴにとらえがちになり，自分には何も楽しいこと，良いことがないのだと，間違った認知に陥りがちになってしまいます。そして，その認知から抜け出すことが難しくなってしまうのです。ティーズデイル（Teasdale, 1985）は，この状態を「抑うつスパイラル」と呼びました。ティーズデイルによれば，抑うつ的な人は，一度抑うつ状態になるとうつ気分から抜けることが難しくなり，自身の周囲で生じた事柄をネガティヴに処理してしまうとしています。この抑うつスパイラルは，病態が重い人ほど強く，改善することが困難であるといわれています（図 15-1）。

　このような状態になると，自分の力だけで病いを克服するのは非常に困難であると言わざるを得ません。なぜなら，抑うつスパイラルの状態にあると，本来の正常な判断ができなくなってしまうことが多いからです。特に，スパイラルの渦中にいる当事者が自ら医療機関や支援機関を訪ねるということができな

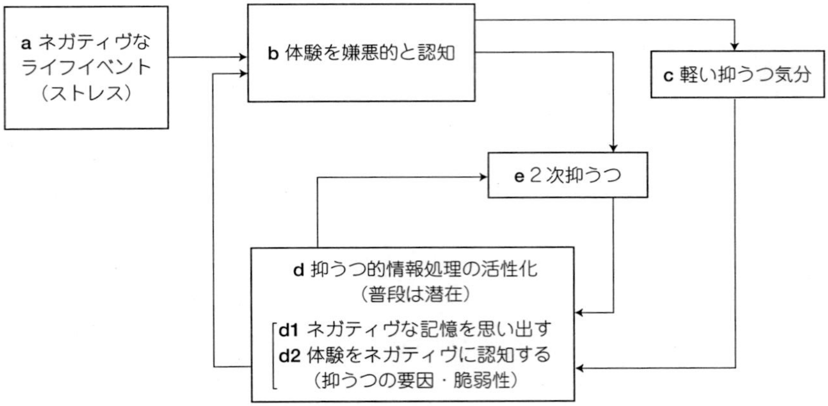

図 15-1　ティーズデイルの抑うつ的処理活性化説—認知と感情の抑うつスパイラル
（上里・北村 , 2006 より抜粋）

いこともあります。このようなとき，身近な人が異変に気づき，早期に苦しんでいる人に手を差し伸べることが最も重要であるといえるでしょう。

近年では，ネガティヴな思考回路に陥ってしまいがちな状態を改善するために，認知行動療法（Cognitive Behavioral Therapy: CBT）と呼ばれる心理療法が開発され，一定の効果があることがわかっています。うつ病を長期化させないためにも，早期に対策を打つことが重要といえるでしょう。

1-4　自殺という手段

医療機関や，支援をしてくれる他者に助けを求められず，また求めたとしても問題が解決できなかった場合，抱えている問題を解決する最後の手段として自殺という選択肢を選ぶ人がいます。「何をやってもダメだ」「自ら命を絶つしかない」と思い込んで，その思考から抜け出せなくなるところまで，追い込まれてしまうのです。

日本では，毎年3万人を超える人が自殺しており，その数は減少の兆しを見せることなく今日に至っています。警察庁の調査によれば，平成22年度の自殺者数の総数は31,690人であり，そのうち男性は22,283人と全体の70.3％を占めていました。特に中高年の自殺の割合が高く，全体の約半数（53.7％）を占めています（図15-2）。

自殺者のなかでも特に原因・動機が明らかなものを調査した結果によれば，身体的な病気を理由とする人よりも，うつ病等の精神疾患を理由とする人のほ

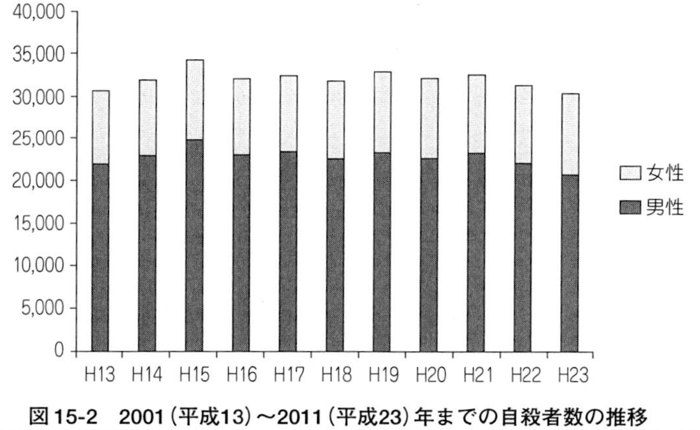

図15-2　2001（平成13）～2011（平成23）年までの自殺者数の推移
（警察庁　自殺統計（http://www.npa.go.jp/toukei/index.htm#safetylife）を参考に作成）

第15章　現代社会とうつ病の治め方　213

うが多いという結果が得られています。

　こうした状況に対して，わが国では近年になって自殺を防ごうとする動きが活発になっています。具体的な自殺対策の取り組みとしては，平成12年に「健康日本21（21世紀における国民健康づくり運動）」において，自殺予防対策が取り上げられたことに端を発し，平成18年には「自殺の防止」及び「自殺者の親族等に対する支援の充実」を目的とした自殺対策基本法が成立，さらに翌年の平成19年には同法に基づいた「自殺総合対策大綱」が発表され，わが国における自殺対策の基本方針が示されました。この「自殺総合対策大綱」では，経済的・雇用環境の改善の必要性を説いており，相談体制の整備等を含む総合的な自殺対策が講じられているものの，大幅な自殺者数の減少には至っておらず，自殺対策のあり方について今一度見直す必要性が出てきています。先に述べたことを考慮すれば，経済的・雇用環境の改善だけでなく，メンタルヘルスやうつ病の予防，支援体制を整える必要があるでしょう。

2　うつ病の歴史と新型うつ病

2-1　うつ病とは

　うつ病とは，「抑うつ気分」や，「興味関心の喪失」を中核的な症状とする精神疾患です。日本では2008年に患者数が70万人を超え，国民的な病いの1つとなっています。またうつ病は，誰でもかかる可能性があり，早期に適切な治療や支援が行われなければ，最終的に自殺という結果を招く可能性もあります。そのため，うつ病の早期発見や予防対策が今日では非常に重要になっています。

　さて，うつ病にはいくつかのタイプ（型）があるといわれています。その多くは，うつ病を発症した理由（病因）をもとに分類されたもので，内因性・心因性などと呼ばれるものがそれにあたります。うつ病のタイプにはさまざまなものがあり，多くの研究者がその時代や患者に応じたタイプを提唱しています。現在日本でもよくメディアに取り上げられる「新型うつ病」も，うつ病という病いのうちの1つのタイプであるといえるでしょう（図15-3）。

2-2　「うつ病」診断のこれまで

　うつ病をはじめとする精神的な病いは，ガンや骨折などのように，病気の核

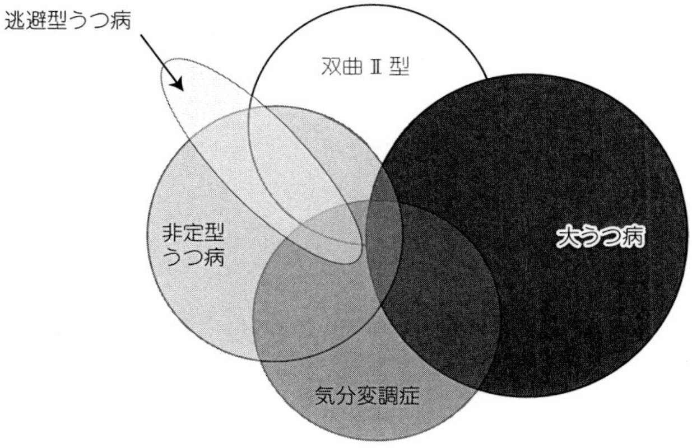

逃避型うつ病

双曲Ⅱ型

非定型
うつ病

大うつ病

気分変調症

図15-3　抑うつスペクトラム（坂本, 2009に基づいて作成）

を目で見ることはできません。そのため，どのような状態を「うつ病」と判断するかは，長年多くの医師や研究者によって議論され，大きな問題となってきました。今日では国際的な診断基準が導入されたことにより，一応の決着を見ていますが，いまだにその議論は終わることを知りません。では，今日の診断基準に至るまで，どのような議論をたどってきたのかを概観してみましょう。

　まず，今日私たちが「うつ病」と呼んでいるような病いは，古代ギリシアでは「メランコリー（黒胆汁病）」と呼ばれていました。このように呼ばれていた間，メランコリーは体質的な病理であると考えられていました。

　しかし，ドイツの精神科医であったクレペリンは，メランコリーを「体質的な病理」というより「心や脳の伝達物質に問題がある」ととらえ，名前をメランコリーから「ディプレッション（うつ病）」に変更しました。クレペリンはうつ病について，同じ人のなかでもうつ状態と躁状態が生じることを指摘し，さらにうつ病を「躁うつ病」ととらえ直しました。このクレペリンの主張以降，しばらくは「躁うつ病」概念が定説となりました。

　しかし，1960年代ごろから臨床データが積み重ねられると，クレペリンの説とは異なるデータが多く提出されるようになりました。野村（2008）によると，この時期から，以下の2つの議論が活発になったといわれています。

　1つは「双極・単極論争」と呼ばれるものです。この議論は精神科医であったレオンハルトがクレペリンの定説に対して疑義を唱えたのを発端とし，今日に至るまで長く議論されている問題となっています。

　レオンハルト（Leonhard, 1961）は，うつ状態を呈する者のなかには，躁状態とうつ状態を繰り返す者と，うつ状態のみを示す者とがおり，単純に「躁うつ

第15章　現代社会とうつ病の治め方　215

病」と括ることは危険であると指摘しました。この指摘をもとに，ペリス（Perris, 1966）は躁状態とうつ状態の両者を示す患者を「双極性（bipolar）」，うつ状態のみ示す患者を「単極性（unipolar）」とし，それぞれの差異について記述しました。以降，単極性うつ病と双極性うつ病の2タイプが存在することに異論を唱えることは少なくなったものの，現在でもこの議論は続いています。

　もう1つの議論は，「内因性・心因性の区別に対する議論」です。クレペリンは，精神疾患を原因論から「内因性」「心因性」「器質性」に分類しました。しかしながら，そのうちの「内因性」と「心因性」の区別は大変困難で，精神科医の間でもたびたび議論されてきました。

　そこで，「内因性」か「心因性」か判断する際の1つの要素として，素因としての病前性格を検討するようになったのです。今日多くの国で用いられている精神疾患の分類と診断の手引（Diagnostic and Statistical Manual of Mental Disorder: DSM）や疾病及び関連保健問題の国際統計分類（International Statistical Classification of Diseases and Related Health Problems: ICD）などの操作的診断基準には，こうした病前性格による診断基準は含まれていませんが，臨床現場ではいまだに貴重な判断基準として用いられています。

2-3　新しい基準の導入と新型うつ病

　今日，国際的に用いられているうつ病診断の基準は，操作的診断基準と呼ばれ，主にDSMとICDの2つが登場しています。この2つは，これまでの病因論に基づく診断では，精神科医間の診断が一致せず，さらにその診断は哲学的であり，診断根拠が曖昧であるという問題点を解決するために作成されました。神庭と黒木（2009）によれば，特にDSM-III以降は，病因論に基づいたさまざまな問題点をひとまず棚上げにし，症状の重症度を尺度化することによってうつ病を囲い込んだとされています。

　つまり，現在採用されている操作的診断基準は，うつ病を「程度」によって類型する方法が主流であり，メランコリー型うつなどのかつての類型は一部にのみその名称を残すにとどまっています。

　しかし，近年になってその診断基準が示す様相とは異なる症状を持った患者が多く報告されるようになりました。これがいわゆる「新型」うつ病と呼ばれるものです。「新型」うつ病は，ときに「現代型」うつ病とも呼ばれ，松浪・上瀬（2008）によれば，30代やそれ以前のやや若い年齢層を中心に見られるう

216

つ病とされています。

病気の様相としては，操作的診断基準が設けているうつ病の症状がすべて出そろわず，抑うつ症状のほかに当惑感や他罰的な様相を示すことが報告されています。また特に，うつ病の中核症状の1つである「興味・喜びの減退」が見られないことが大きな特徴とされています。これは，主流であったメランコリー型のうつ病（自責的で興味・喜びの減退が症状の主流）の様相とは大きく異なる点です。また，「新型」うつ病は，それまでの抗うつ薬では症状が改善しにくいということが明らかになっています（樽味・神庭, 2005）。

2-4 「新型」うつ病のこれから

「新型」うつ病を理解するうえで大きな問題となるのは，「新型」うつ病がどのような病相を示す病いなのかということが整理されておらず，不明瞭な点が存在するということです。ここでは「新型」うつ病理解のために，「症状の程度」と「長期化」の2点から，病相を考察してみましょう。

まず，「新型」うつ病を「症状の程度」の観点から概観すると，そのほとんどが「軽症」であるといえます。最新のDSMシリーズであるDSM-IV-TRによると，うつ病の程度は「軽症」「中等症」「重症」と区別されており，それぞれにおいて治療や対処法が異なります。このなかでも「軽症」は，日常生活を送るための機能があまり阻害されていないものを指しますが，「新型」うつ病とされる病態のほとんどは，この軽度の範囲内にあり，入院が必要になるような重症のケースは稀であるといえます。

次に，「長期化」の観点から見てみます。「新型」うつ病の特徴として，抗うつ薬等の投薬治療による効果を期待しにくく，症状がすぐに軽快することが少ないため，その多くは慢性的にうつ状態が継続することがあげられます（笠原, 1992）。

つまり，従来のメランコリー型うつ病とは異なり，脳の伝達物質以外の要因も強く影響していると考える必要があります。近年では，その要因として発達のバランスの悪さに由来する環境適応の困難さなどがあげられ，研究が行われ始めています（長田ら, 2008）。

「新型」うつ病は，ともすればその特徴から周囲の人の理解が得られず，「怠けているだけ」と誤解を招くケースもあります。これは，「新型」うつ病に対する理解がまだまだ不十分であることが大きな要因であると考えられます。「新型」うつ病についての不明瞭な部分について，さらに研究や議論を重ね，

第15章　現代社会とうつ病の治め方　217

「新型」うつ病をどのように扱い，どのような方法で支援を行うのがよいのかについて，より良い知見を早急に見いだす必要があります。

3　大震災・大きな出来事とうつ病

3-1　大事件が人に与えるインパクト

2011年3月11日，かつてない程の大震災が日本を襲い，多くの人が亡くなり家や仕事を失いました。このようにショックの大きな事件が人に与えるインパクトは，決して小さいものではありません。特に震災や大事件に合うと，不眠になったり，そのときのことをフラッシュバックしてしまうこともあります。こうした精神的に不安定な状態は，深刻なものになると「PTSD」と呼ばれる精神的な病いの1つになり，支援や治療が必要になってきます。

PTSDは，正式にはPost Traumatic Stress Disorderといい，日本語では「外傷後ストレス障害」と訳されています。外傷（トラウマ）を経験したことをきっかけとして生じるストレス障害とされており，わが国では，1995年に起きた阪神・淡路大震災，同年に起きた地下鉄サリン事件によってPTSDの認知度・関心度が高まったといわれています（窪田, 2005）。

わが国におけるPTSD研究はまだ浅い歴史しかありませんが，世界に目を向けてみると，トラウマ性のストレス障害の存在自体は19世紀には認められていました。特にベトナム戦争を経験した兵士の精神的後遺症や，性暴力や虐待などによって被った精神的苦痛に注目が集まるようになると，トラウマ性のストレス障害に対する注目度はさらに高まりました。

このような流れを経て，DSM-IIIからPTSDが正式に診断名として加わりました。DSM-IV-TRによると，PTSDは，「外傷的な出来事を体験したことに起因し，主要症状である再体験，回避・麻痺，覚醒亢進のそれぞれの症状を示していることが必要で，さらに，それらの症状が1ヵ月以上持続しており，自覚的な苦悩か社会的機能低下が明らかな場合にPTSDと診断される」となっています。

3-2　大事件の体験者とは

大事件や震災に遭う人が多大なストレスを経験し，PTSDやうつ病など精神

的な苦痛を抱えやすくなるということはすでに説明しました。しかしここで1つの問題点が浮かび上がってきます。事件や震災に「遭う」というのは，どの範囲の人のことを指すのでしょうか？　地震についていえば，被災地に住み，直接的な被害を受けた人だけを指すのでしょうか。

　実際は少し違います。直接的に被害を受けた人はもちろんですが，被災者の親戚や遠く離れている家族，そして被災者を援助するために被災地を訪れたボランティアや医療関係者，報道関係者も，震災に「遭った」体験者であるということができます。つまり，大事件に何らかのかたちで関わった人の多くが，PTSDになる可能性があるのです。

　今回の大震災においても，現地に赴いた医療関係者や消防隊員，自衛隊，民間ボランティアなどのなかからPTSDに似た症状を現す人があらわれています。彼らは，支援者としての仕事を行いながら，被災地の現状を目の当たりにすることによって自らも体験者となってしまうのです。東京のあるテレビ関係者のなかには，被災地を訪れなくとも，日々送られてくる現地の映像に連続してさらされたことによって，PTSDと似た症状を示していたという報告がなされています。

3-3　震災とうつ病

　被災した人に襲いかかる精神的な病いとして，第1にPTSDがあげられるでしょう。しかし，それだけではありません。うつ病もまた，被災した人が直面する問題であるといえます。現に，宮城県教職員組合が2011年度に東日本大震災で被災した宮城県内の教職員らに調査を行ったところ，約3割に「抑うつ傾向」が見られたということが明らかになっています。この「抑うつ傾向」が見られた職員のうち，「軽度」の抑うつ傾向であった教職員は23.2％，「中程度」の抑うつ傾向と見られる教職員は7.3％であったということです。しかし，被災してすぐに，「うつ病」のような症状を示す人は，むしろ少ないかもしれません。では，どのような状態から，人はうつ病のような症状を抱えるようになっていくのでしょうか。

　その答えの1つは「睡眠状態の変化」にあると考えられます。大きな事件に合った場合，人は過覚醒の状態に陥りやすくなります。これはいわば，一種の興奮状態です。この状態にあるとき，多くの人は普段どおりに眠ることが難しくなり，あらゆる睡眠の問題を抱えやすくなってしまうと考えられます。たとえば，9.11のアメリカ同時多発テロ事件直後にはアメリカ国民の約58％が，

週に数回の不眠を自覚していました。また，阪神・淡路大震災やスマトラ島沖地震の後にも，約6割の人に不眠が認められたといわれています（三島, 2011）。ただし，こうした不眠のほとんどは震災後の反応としてむしろ自然な反応であり，その多くが，だんだんと元の睡眠状態に戻っていくといわれています。

　しかしこうしたなかで，不眠などの問題が続き，慢性化してしまう人もいます。このような場合は，うつ病や他の病いを併発することもあるので，より注意が必要となってくるでしょう。特に，不眠などから集中力が低下し，ケアレスミスをするようになったり，日中うつうつとした気分で過ごすことが多くなってきたりすると，うつ病を発症するリスクも高くなってしまいます。

　震災をきっかけとするうつ病は，慢性化しやすくなると考えられます。これは家族や家，仕事などを失うという，喪失体験を伴うからです。こうしたケースだとうつ病に対する治療や支援のほかに「喪の作業（グリーフワーク）」と呼ばれるものが必要になってきます。平山（1998）によると，喪の作業には「ショックの段階」「怒りの段階」「抑うつの段階」「立ち直りの段階」の4つの種類があるとされています。これを悲哀のプロセスと呼びます。このプロセスは人によっては，行きつ戻りつしながら進んだり，いきなりある段階から違う段階へと移ったりすることもあり，喪失体験を受け入れられるようになるには，長い時間が必要であることがわかります。この喪の作業の段階に合わせて，うつ病も落ち着いたり，再発したりを繰り返す可能性があるため，焦らず，長い目でうつ病や自分自身と向き合っていくことが必要となるでしょう。

4　うつ病と心理学の可能性

4-1　「うつ病」という言葉

　かつて，うつ病に対する世間の認識は，今日のそれとは少し違っていました。うつ病は精神がおかしくなる病いである，心が弱い人がかかるものだ，といったようなイメージが強く根付いていました。もちろんこれらイメージの多くは偏見です。心の病いというものが一般に知られるようになった今日でも，それらのすべてが改善しているわけではありませんが，徐々にそうした認識を持つ人は減っているといえるでしょう。これもうつ病に対する情報や理解が世間に広まった影響によるものであると考えられます。

　しかし，うつ病の情報が世間に広まると同時に，「うつうつとした気分があ

る＝うつ病」というような，安直な認識も広がってしまいました。従来ではうつ病と見なされなかったような，ごく軽い，そして本来ならば正常な悲哀（たとえば近親者の死などによる気分の落ち込み）でさえも，「最近よく落ち込むようになった。もしかすると自分はうつ病なのかもしれない」と思い込んでしまう人が増えているといわれています。思い込めば，そこからどんどん自分がうつ病であるというストーリー（うつうつとした気分だけでなく，そういえば最近食欲がないし，夜眠れなくなった等が気になり始める）ができてしまい，そうして心療内科の門をくぐれば，実際にうつ病という診断が下ることも少なくありません。

　ではこの場合，病いとしてのうつ病の境界線はどこだったのでしょうか。そして，病いとしてのうつ病とはいったい何なのでしょうか。先にも述べましたが，うつ病そのものは目には見えないので，はっきりと「これがうつ病です」とは言えません。また現状では，診断基準のうち5つが当てはまれば，うつ病と呼ぶことにすると決めているだけですから，その基準が変われば，今うつ病と判断されているものは，容易に違う病いや名称に変わり，違う症状群がうつ病と呼ばれることになるでしょう。つまり，それほど「うつ病」と呼ばれるものの中身は変化しやすく，危ういものなのです。

4-2　ネガティヴな自分でよし

　何が病いとしてのうつ病で，何がそうではないのかという問題は，これからの心理学が，精神医学と協同して解決しなければならない大きな問題であるといえるでしょう。ここでは，その問いについて心理学の立場から考察する際に重要な視点を2つ提供します。

　まず1つ目はネガティヴであることがあたかも異常であり，悪いことであるという認識の危険性です。ネガティヴな思考を持つことや，ペシミスト（悲観主義者）であることは，世間的にはあまり良いものとして認識されていません。むしろネガティヴであることは，幸せな人生を送るうえで障害になるものと考えられているでしょう。たしかに過剰なネガティヴ思考やペシミストであることは，うつ病になる引き金となったり，幸せな人生とは程遠いものであるかもしれません。しかし，そうでない，過剰でない程度のものならどうでしょうか。それは，本当に病いとすべき，嫌悪すべきものなのでしょうか。

　アロイとアブラムソン（Alloy & Abramson, 1979）によれば，ネガティヴな人のほうが物事をより現実的に認識するということが明らかにされています。こ

第15章　現代社会とうつ病の治め方 | 221

の研究結果を見る限り，必ずしもネガティヴであることイコール悪いことであるとは言い切れません。この研究結果を1つの契機として，人がネガティヴな状態であることがどういうことか，安易に悪と見なしてないだろうかということをよく考えてみるべきでしょう。また，ときにはネガティヴになる自分のことを，「そういうときもある」「それでよい」と認めることができれば，先に述べたようなごく軽いうつ状態を病いと認識することはなくなるかもしれません。ネガティヴな気分を抱えることは異常なのか，もっといえば，どのような程度や種類のネガティヴな気分があれば異常なのかという視点をもって研究を行うことで，うつ病とそうでない状態との境界が明らかになるかもしれません。

4-3　自らを律する

2つ目の視点は，「自己管理，自己調整」が可能かどうかです。WHO（World Health Organization）が示した健康の定義は，従来の「完璧な身体的，心的，社会的 well-being 状態であり，単なる疾病や欠陥の欠如ではない」から「社会的・身体的・感情的な課題に直面するなかでの適応と自己管理の能力」（Huber et al., 2011）へと改められました。つまり，健康という概念について，以前に比べてより主体性を持った自己管理の能力に焦点が当てられたといえます。言い換えれば，日々うつうつとした気分を抱えていても，自分自身で調整を行うことによって環境に適応することが可能な範囲ならば，病いではないと判断するということです。

精神医学の領域では，薬物治療がある程度効果を持っていることを受け，たとえ病いか否かが疑わしくても，医師の判断によって薬物による治療が開始されるケースがほとんどでした。したがって，病いか否かの境界にいる患者に関して詳細に検討することはほとんどなく，そうした患者の自己管理能力や，自己調整能力に焦点を当てるということもあまりありませんでした。患者の健康な側面を横に置き，病的な症状だけを取り上げて医学モデルに則した支援を行ってきたのです。

しかし，問題も生じています。軽度のうつ状態にある人に抗うつ薬を処方することで，うつ状態が慢性化するケースが増加しているということが報告されたのです（笠原, 1992）。病いか否かの境界を見極めずに，医学モデルに当てはめての治療を行うことの弊害が，ここにきて浮き彫りになり始めているのかもしれません。

このような現状の背景には，薬で症状が軽快するなら，症状を自己管理や自

己調整によってコントロールするよりも楽でよいという思考や，うつ病に対する誤った情報の流布があげられます。これを正すことは，一筋縄ではいきませんが，自己管理能力という観点からうつ病か否かの境界を見極めることが求められています。

4-4　心理学におけるうつ病研究の可能性

今日の社会では，常にポジティヴであることが理想とされるようになり，ネガティヴな考え方や感情は悪いものと見なされるようになってしまいました。セリグマンが提唱したポジティヴ心理学が示すように，楽観主義は良い人生につながり，逆に悲観主義者は幸せな人生からは程遠いものであるとさえ，考えられています。こうした認識は，精神的な病いに対する認識に大きな影響を与えます。これまで，うつ病の多様なあり方について述べてきましたが，このような現代の混乱したうつ病のあり方は，ポジティヴでない状態は，病いなのだという考え方によって，本来の「うつ病」のあり方が見えにくくなっていることが大きく影響しているのかもしれません。

うつ病という病いは，社会や環境からの影響を受けやすいため，時代が変われば，それまでの定説を覆すような知見や，新しい病態が報告されることも珍しくありません。今日もおそらく，地球上のどこかで新しい情報が発信されていることでしょう。

こうしたなかで，これまでのうつ病概念を盲信することなく，患者の語る物語や社会環境を俯瞰的な視点から概観することが，心理学におけるうつ病研究において必要となるでしょう。うつ病という病いの有り様を，社会や文化との相互作用のなかから俯瞰することで，これからのうつ病理解に必要な知見を見いだすことができるのではないかと期待しています。

第 15 章　現代社会とうつ病の治め方 ｜ 223

第16章
現代社会とゲーミング

1　ゲーミングというコミュニケーション

　心理学を学んでいると，「なーんだ，こんなこと考えるのは自分だけかと思っていたけど，実は同じように考えている人ってたくさんいるんだ」と思うときがある一方で，「自分とは全然違うし，考えもしなかったけど，そんなふうに世界を感じている人がいるんだ」と思うことがあるかもしれません。このように，自分とは全く違うけれども，その人なりの方法で社会と関わっている人を理解することができるのは，心理学を学ぶことの1つの機能といえるでしょう。

　しかし，常にこのようにうまく他者を理解できるとは限りません。自分とは異なる社会的立場にある人（たとえば自分と対立する人，あるいは発展途上国の人びと）や障害とともに生きる人がどのような世界に生きているのかは，そうでない人にとってなかなか直感的に想像できないでしょうし，専門家や熟達者と呼ばれる人が世界をどのように見て判断しているのかは，その分野にこれから入ろうとする人には，なかなか理解できないでしょう。

　普段はそれほど問題にならないかもしれませんが，これら異なる立場の人の視点を理解することは，分業化し，グローバル化した現代において，ときどききわめて重要な問題になります。もちろんその際に重要なのは対話です。しかし，実際には「たしかに，話を聞けば，知識としてはわかる，でもピンとはこない」ということがあるのではないでしょうか。

　立場の異なる人を理解するのがなぜ難しいのかについて，状況的学習論（Lave & Wenger, 1991/1993）という考え方でうまく説明できるかもしれません。状況的学習論では，学習を，外部にある事実的知識のかたまりを「受容する」ようなものではなく，学習した行動を発揮する状況と不可分なものだと考えます。つまり，あなたが学生なら，「○号館の○番教室はどんなところか」という問いに対する回答は，学生という立場でアクセスできる範囲での知識です（「○

225

○先生の○○の授業の部屋で，後ろのほうに座ると先生の声が聞こえづらい」）。他方，あなたが大学の事務担当者であれば，事務担当者という立場でアクセスできる範囲の知識になるでしょう（「演習用の教室で，数年前から車椅子の学生も利用できるように修繕する必要が指摘されており……」）。これは，知識の違いだけではなく，その人の振る舞いにも及ぶでしょう。学生なら教室に入ったとき最初にすることは，どこに座ろうか，どこが自分にとって居心地のいい場所かを探すことであり，事務担当者なら，部屋に問題がないか確認することかもしれません。これは，あなたが生まれながらに持っていた知識や振る舞いでも，誰かに学習するように教えられたものでもなく，学生あるいは事務担当者になる過程を通じて学習したものではないでしょうか。状況的学習論では，その共同体への新規参入者（学習者）は，その共同体の全体にアクセスできる正統的な位置づけを付与されたうえで，失敗してもコストの小さいところから実際的に参加することで，共同体の「全体の構図がどういうことについてなのか，またそこではどんなことを学ぶべきなのかについての自分の考えを発展させる」ことができると考えています（Lave & Wenger, 1991/1993）。（もう忘れてしまったかもしれませんが）新入生のとき，自分がどこに座ったらいいのか戸惑ったのではないでしょうか。他の人が座る様子を見たり，自分でいくつかの授業を経験してみて，徐々に自分にとって座り心地のいい場所（人によっては後ろのほうだったり，前の端のほうだったりするでしょう）の見つけ方を発見し，その後は，新しい部屋でも割とすんなりと自分なりの場所に座れるようになったのではないでしょうか。

　つまり，状況的学習論に従えば，自分とは異なる社会的立場にある人や障害とともに生きる人がどのような世界に生きているのか，あるいは専門家や熟達者と呼ばれる人が世界をどのように見て判断しているのかが直感的に理解できないのは，その状況へのアクセスが許されていないからだといえます。

　では，異なる立場や状況の人から見える世界を伝え合うことは，絶対不可能なのでしょうか？　それはイエスでもありノーでもあるでしょう（第12章参照）。ある程度可能だと考えるなら，その方法として優れた方法の1つは，ゲーミング（ゲームを介してコミュニケーションすること）かもしれません。

　ゲーミングというと，遊びの一種にすぎず，コミュニケーションとは別モノであるといった印象を持つ人が多いと思います。しかし，将棋やチェスは，軍隊の指揮官の生活のある一面を直感的に伝えるものですし，シムシティなどの街作りゲームは，都市計画担当者の世界を伝えるものでしょう。街作りゲームを体験するまでは，単に「せっかくの森を壊してなぜ道路を作ったのだろう」と思っていたのが，ゲームを体験することで「ここに道路を作る前，隣町の人

はどうやって生活していたのだろうか」と，都市計画者的な視点でも見ることができるようになるかもしれません。

デューク（Duke, 1974/2001）は，コミュニケーションを「叫び声や信号などの原始的形式」「会話や手紙・数式・演技などの発展的形式」「統合的形式」の3種に分け，「統合的形式」については，映画やテレビなどの「マルチメディア」と「未来を語る言語」に分けています。そして地図や立体モデル，流れ図などとともに，「未来を語る言語」として扱われているのがゲーミングです。この「未来を語る言語」は，細かい断片を伝える会話などと異なり，システム全体を伝え，「もしこうだったら」という仮定の下に，代替案を試すのを助けると考えられています。

先ほど状況的学習論で紹介した，「全体の構図がどういうことについてなのか，またそこではどんなことを学ぶべきなのかについての自分の考えを発展させる」という体験は，まさにゲーミングが実現しようとしていることです。ゲーミングで体験することをとおして，新規参入者は，その状況で描かれている共同体がどういうことについての共同体なのか，またそこではどんなことについて学ぶべきなのかについての考えを発展させます。

このようにゲーミングをコミュニケーションとして使う傾向は，シリアスゲームとして開発される一連のゲームにおいて顕著です。このシリアスゲームとは，「①ゲームの開発・利用にエンターテインメント以外の特定用途で利用する意図があり，②その意図がゲームプレイに関係するかたちでデザインされた，ゲームの開発・利用」と狭義に定義されているものです（藤本, 2007）。

しかし，日常のコミュニケーションにおいて，それほど頻繁にゲームが使われるわけではありません。その理由はゲームを使ってコミュニケーションするには時間も労力もかかるからでしょう。また，原発関連企業と，反原発団体のような，一見ゲーミングが最適と思われ，かつ資金も時間もあるようなコミュニケーションにおいても，それほどゲーミングは使われていません。これは自分の手の内をさらすことになるからかもしれません。

2　ゲーミングが必要な社会問題

2-1　ゲームの分類

では，どのような場面でゲーミングは最も使われているのでしょうか。多

数のシリアスゲームを紹介しているウェブサイト（Social Impact Games：http://www.socialimpactgames.com/）では，ゲームは「教育＋学習ゲーム」「公共政策ゲーム」「政治＋社会ゲーム」「健康＋ウェルネスゲーム」「ビジネスゲーム」「軍事ゲーム」に主に分類されています（2012年3月15日現在）。「健康＋ウェルネスゲーム」には，小児ガンなど，さまざまな疾患当事者の世界を体験するものが含まれています。「教育＋学習ゲーム」には知識の習得を目的としたゲームが多く含まれますが，そのほかの分類に属するゲームの特徴は，普段私たちが生活していない文脈を体験させるものであるといえるでしょう。

　「全体の構図がどういうことについてなのか，またそこではどんなことを学ぶべきなのかについての自分の考えを発展させる」という体験が重要なのであれば，ゲーミングなどせずに，実地訓練（OJT：オン・ザ・ジョブ・トレーニング）をすればいいと考える方もいるでしょう。しかし，OJTが必ず適切とは限らないことがわかっています。ここでは井門（2011）の役割体験学習論を用いて，どのような社会問題の理解においてゲーミングが有効なのかについて整理してみましょう。

　井門（2011）は役割体験学習を2（場現実・場仮想）×2（主体現実・主体仮想）のマトリックスで整理しています（表16-1）。つまり，いわゆる実地訓練（場現実・主体現実），運転などの現実ではない場面のシミュレーション（場仮想・主体現実），目隠ししての散歩体験など日常の自分と異なる立場を経験する模擬体験（場現実・主体仮想），都市開発ゲームなどの現実ではない場面において日常での自分とは異なる立場を経験するゲーミング（場仮想・主体仮想）の4種です。

　この分類は，ゲーミングは，「場」が現実か仮想か，「主体」が現実か仮想か，という点で実地訓練と異なることを示しています。このように，「場」や「主体」が仮想であることが，それが仮想にすぎないというデメリットを超える，

表16-1　役割体験の4類型 （井門，2011をもとに一部改変）

	場現実	場仮想
主体現実	実地訓練（OJT）	運転シミュレータ 避難訓練
主体仮想	障害者体験 妊婦体験	ゲーミング

何らかの学習上のメリットがあるとき，ゲーミングは有効であるといえます。では具体的にはどのような場合でしょうか。「場」が仮想であること，「主体」が仮想であることのメリットをそれぞれ検討してみましょう。

2-2　ゲーミングのメリット

場仮想であることのメリット

　まず「場」が仮想であることの大きなメリットの1つとして，失敗が許されることがあげられます。ゲームは，たとえ失敗したところで現実に影響しない守られた環境です。大学経営を目指す人が試しに1つの学校の理事長をやってみるなんてことも普通できませんし，市場システムの勉強をしている人が試しに1000万ほど先物取引してみることもできないでしょう。しかし，バーチャルU（http://www.virtual-u.org/）やU-mart（塩沢ら，2006）などのゲームを使えば，失敗しても実際のコストを負うことなく，大学経営や市場の性質や仕組みを理解することができますし，発見した1つの解にこだわるのではなく，いろいろな戦略を試すことで同じくらいうまくいく複数の解の発見を目指し，深く理解することができます。

　場仮想の第2のメリットは，経験する頻度の少ない場面について体験できることです。たとえば，「災害」が起こった場合の対応は，日常的に体験するものではありませんが，もし起こったときには迅速に適切な対応が求められます。矢守ら（2005）が開発した「クロスロード」では，グループに分かれたうえで，たとえば，自分たちが避難所の食料担当の職員であるという設定で，避難所にいる人数全員に配るには数が足りない食料が届いた場合，配るか，それとも配らないかのどちらかに票を投じます。多数派になれば得点がもらえますが，グループのなかでたった1人別の意見がいた場合には別の種類の得点が得られます。ゲーム終了後のディブリーフィング（本章2-3参照）の段階には，これらの活動をとおして，災害時に見えなくなりがちな，さまざまな立場のアクターの視点を獲得し，「それぞれの災害対応場面で，誰もが誠実に考え対応すること，またそのためには災害が起こる前から考えておくことが重要であること」に気づくことが目指されています。同様に，遭遇する頻度が少ない状況をゲーミングで擬似的に発生させるゲームには，裁判員評議に関する一連のゲームもあげられるでしょう（荒川，2009; 井門，2011）。

　第3のメリットは，実地訓練では気づかないようなマクロな現象に気づきやすい点です。たとえば，環境問題は，重要といわれるのになかなか理解が広が

らない問題の1つでしょう。その理由の1つとして，環境に悪い行動であると
わかっていても，自分の行動が10年後の世界にどう影響するかなんてピンと
こないということがあるのではないでしょうか。1時間のプレイで，20年，30
年後を体験できるゲーミングは，このような教育に最適といえます（杉浦ら，
2006）。

主体仮想であることのメリット

　他方「主体」が仮想であることで，自分が普段経験しない立場に身を置き，
自分とは異なる立場になったときに，普段見ているものの見え方がどう変わる
のかを体験することができます。たとえば，スーダン西部のダルフールの難民
がどんな生活をしているかを理解するのに，命がけで現地で体験することもで
きないでしょうし，犯罪被害者がどんな体験をする可能性があるかを理解する
のに，自分も犯罪にわざわざ巻き込まれるのも好ましくないでしょう。私たち
は，1つの時間，場所でしか生きられません。「相手の立場に立って」とよく
言われますが，本人がどのような環境世界で生きているのかを理解するのはと
ても難しいことでしょう。それは人は，とかく自分の立場から世界を見るもの
だし，そのようにできているからです。「私は，苦しんでいる人の気持ちがよ
くわかる」といっても，「当事者でもないのに，想像だけで何がわかるものか」
といわれるかもしれません。ゲームでは，映像や物語としてではなく，擬似的
であれ，自分の体験として把握することを目指します。

　たとえば「ダルフール・イズ・ダイイング（Darfur is dying）」（www.darfurisdying.
com）は，難民の生活に対する理解と，問題意識を高めるために制作されたゲー
ムです。このゲームのプレイヤーは，ダルフールの一家のなかから1人（大人は
隠れるのが難しいので多くの場合子ども）を選んで，武装集団に捕まらないように，
水を汲みに行きます。途中で武装集団に捕まると，その子はいなくなります。プ
レイヤーはまた1人を選んでプレイを続けます。自分が操作する子どもが武装集
団に捕まり，家族のメンバーが1人減るのはゲームとはいえ，けっこう堪えます。
また，「被害者学教育ゲーム」（www.k2.dion.ne.jp/~kokoro/mivurix/victim2.html）は，
犯罪被害者の体験に対する理解を深めることを目的に制作されたゲームです。
このゲームのプレイヤーは，被害者の友人となって，被害者の権利拡大の運動
を行うなかで，被害者が受ける2次被害を体験します。友人や親戚の配慮に欠
ける発言，そして加害者の釈放や，医療費の高騰は，被害者には何の非もない
とわかっていても，心を揺さぶられる体験となるでしょう。

　主体仮想のゲーミングのなかには，自分の状況をとらえ直すものも含まれま

す。実在の少年ベンがモデルになって作られた「ベンズ・ゲーム（Ben's Game）」
（www.makewish.org/site/pp.usp?.c=cvLRKaO4E&b=64401）は，白血病当事者の子
どもの病気に対する理解を深め，闘病への意欲を持ってもらうために制作され
たゲームであり，プレイヤーは，体内にあらわれるさまざまなモンスターに，
薬を武器に戦いを挑みます。当事者の世界観をリフレームする機能を持ってい
るといえるでしょう。

ゲーム上で自分らしい振る舞いができるメリット

さて，これまで，場仮想と現実仮想に分けて，ゲームでできることについて
考えてきました。これらに加えて，ゲームのメリットとして，「ゲーム上での
自分らしい振る舞い」ができるというのがあります。ゲームにおいてプレイヤ
ーは，ある型を一方的に押しつけられるのではなく，ゲームに埋め込まれたさ
まざまな仕掛けの効力を試していくことで，自分なりに理解することが許容さ
れています。たとえば，環境問題についてのゲーム中，プレイヤーは，環境を
無視し，自分の利益を最大化しようとする「悪役」を演じることもできますし，
環境を守りながらうまく全体の利益を調整する「善人」役を演ずることもでき
ます。この両者は関わり方，ルールの使い方は違っていますが，それぞれの行
動が環境に与える影響を理解できるという点では，共通性があります。従来の
板書型授業が，ある種の理解の仕方が提示されてそれが伝達される形式で行わ
れ，それを自分なりに自由に使いながら学ぶことに不寛容であったのとは対照
的であるといえるでしょう。

OJT のほうが効率的なテーマ

これまで示してきたように，高度に発展していて全体へのアクセスが困難で
あり，失敗するとコストが高い場面，また自分がなることができない立場を理
解する場面において，ゲーミングは効果的な方法といえるでしょう。逆に，全
体へのアクセスが簡単で，失敗してもコストの少ないものは OJT（On the Job
Training）のほうが効率的です。シリアスゲームという概念が普及し始めたの
が，小学校・中学校の基礎教育レベルにおいてではなく，高度な技能が要求さ
れる高等教育領域や，経営領域，軍事領域であったことは偶然ではないのです。

2-3　ゲームの限界とデブリーフィング

他方で，ゲームにはさまざまな限界があります。その１つが，ゲームで表現

第 16 章　現代社会とゲーミング 231

できる内容量の制約です。どの領域のゲームであれ，世界を完璧に表現したゲームはありません。それができたとしたらそれは世界そのものでしょう。あるゲームは，極端な世界観であり，ごく少数の人の立場から見た世界を表現したものかもしれません。ただ，少数派の極端な世界をあらわしているゲームが良くないわけでもありません。逆に多数派の世界観をあらわしていたとしてもそのまま無批判に受け入れていいわけでもありません。

　教育目的でゲーミングを用いる際に必要なもの，それはゲーム終了後のデブリーフィングであるといわれています。ゲーム中，各プレイヤーはそれぞれの役割に没頭し，他のプレイヤーや全体の動きが見えないことが多くあります。このデブリーフィングをとおして，参加者はファシリテータとともに，体験したゲームが，現実のなかのどの部分に焦点を当てたものであり，描かれていないどのような部分があるのか，そして現実社会のその問題にどう取り組んでいくべきかを皆で議論します。このことで，ある一部の側面しか描くことのできないゲーミングの限界を乗り越え，単なる「楽しいゲーム」で終わるのではなく，そのゲームの限界を批判的に考え，また実世界に活かすことのできる知識となります。

3　ゲーミングの実際 ── 取調べ場面体験ゲーム

　ここでは，1つ実際のゲームを取り上げてみたいと思います。第9章では，虚偽自白という問題が扱われていました。しかし，冤罪の問題は，なかなか実感的にわかりにくい問題だと思います。この原因は，多くの人にとって，取調べた経験も取調べられた経験もないからということもあるでしょう。その結果，警察や検察を特別な悪者として扱うか，被疑者を心の弱い一部の人と考えるかの，どちらかの問題としてしまいがちです。

　この問題を考えるために，取調べの場面にどのような力がはたらいているかという浜田（2005）の分析を，ゲームとして表現しようとしたものが取調べ場面体験ゲームです（図16-1）（http://www.k2.dion.ne.jp/~kokoro/mivurix/ からダウンロードできます）。このゲームで，プレイヤーは，2人一組で，検察官役と，被疑者役との両方を模擬的に体験します。

　このゲームの学習目標は，取調べ場面を他人事としてではなく，自分の問題として体験的に理解すること，そしてそこにはたらくかもしれないさまざまな力を理解することです。これらの実現のために，浜田（2005）のモデル（図16-

図16-1　取調べ場面体験ゲーム

2) のうち，「自白から得る利得」「予想される刑罰」「羞恥や地位喪失」「真実を守りたい衝動」を得点に組み込み，「取調べの圧力・反発」を会話に負わせています。

　さて，このゲームで検察官役・被疑者役はそれぞれの事情カード（図16-3）を引きます。検察官には，「真実を守りたい」気持ちとともに，「起訴したい」と思う力がはたらいている場合があるでしょう（全員そうであるとか，一般的にそうであるとかいうわけではありません）。他方で，被疑者のほうも，「早くこの場を抜け出したい」理由が存在するかもしれません。このゲームは，そのような架空の状況を，この事情カードで表現しています。さて、その後、被疑者役

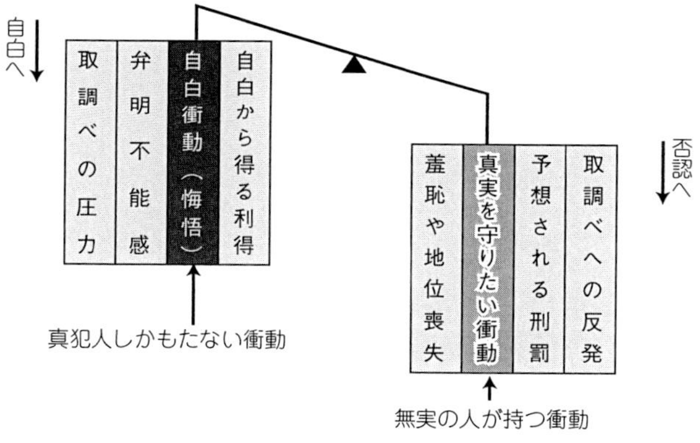

図16-2　取調べの場における被疑者の心的力動（浜田, 2005 を改変）

第16章　現代社会とゲーミング　233

事件❶	事件❶	事件❶
検察官の事情	**本人の体験7A**	**本人の体験8A**

事件❶

検察官の事情

前回取調べを担当して，嫌疑不十分で不起訴にした連続痴漢の被疑者が，釈放した翌日に強制わいせつで逮捕され，上司から叱責される。

⟶ 嫌疑不十分なら
ストレス＋10

図16-3　検察官の事情

事件❶

本人の体験7A

欲しかった腕時計をみつけたが，買い物カゴをとってくるのを忘れていた。あとで移しかえようと思って，持っていた紙袋の中に入れる。

事件❶

本人の体験8A

やっぱり思い直して紙袋から腕時計を出して，棚に戻した記憶がなんとなくある。

図16-4　本人の体験

事件❶

現場捜査

「被疑者が被害品を手にきょろきょろして，自分が見ると，慌てて，被害品をケースの上に置くのを見た」という人が現れる。

証明力3

図16-5　現場捜査の例

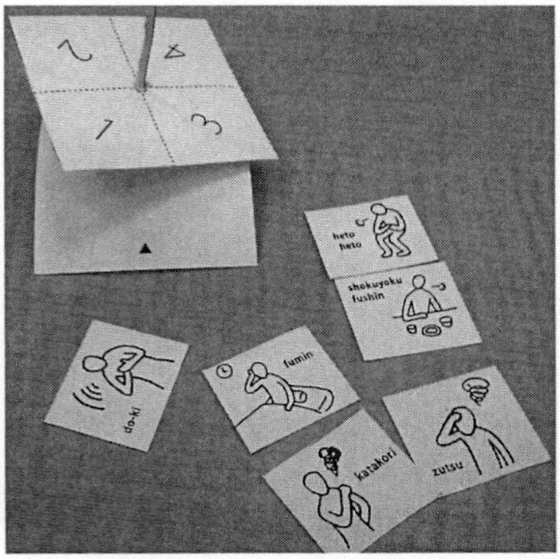

図16-6　ストレスカードとルーレット

は，本人の体験カードをひき，事件があったとされる当日の体験を決定します（図16-4）。他方，被疑者の検察官役は，事件の概要を読み，ゲームを開始します。ゲームでは21ターンの間，検察官は被疑者から事情を聞いたり，現場や周辺の人々の取調べをしたりすることができます（図16-5：先の，「弁明不能感」は，間接証拠が一定を超えると被疑者が否認していても起訴できるという仕組みによって，担保しようとしています）。被疑者は，取調べに応じることと自白することしかできません。このゲームのポイントは，ストレス値の大小でゲームの勝敗を決めていることです（図16-6）。真実発見はストレスに大きく関わりますが，その1つにすぎません。こうすることで，取調べ場面に働く多様なパワー

を再現しようとしています。

　プレイヤーがゲームをしているのを外側から観察していると，被疑者が絶対に犯人だと思えてきたり，おもわず，実際には持っていない証拠を口走る検察官役もいました。自分の体験に不安になってきて，おもわず「やったかもしれない」と言う被疑者役もいました。

　もちろんこのゲームは，現実を正確に反映していない部分もたくさんありますし，現実との矛盾やその他の問題について，デブリーフィングも必要です。たとえば，そもそもゲームで扱った事案でそれほど大掛かりに捜査することはまれでしょう。また，このゲームでは検察官としてのこれまでの経験の蓄積に考慮していませんし，司法警察員の取調べも考慮していません。さらに，本人の体験と証拠とが偶然によって決まり，連動していないのも現実と違うことの1つでしょう。

4　ゲーミングという表現の可能性

　心理学の量的研究法の思考は確率論に則ったものですが，どちらかというと，ある原因に対して，ある結果が起こるという因果の連鎖を想定しやすいものです。たとえば，「病気になる」→「あとは不幸な人生だと感じる」（という確率が高まる）といった具合です。たしかに病前・病後の幸福度の平均値を比較したら，統計的には有意に下がるかもしれません。しかし，個別に見てみると，「病気になって最初はもう終わりだと思ったけど，他者とのつながりのなかでこれまで考えもしなかった世界が見えてきた」という人もいるかもしれませんし，「〇歳で病気になったのが私の人生なので，比較して幸福度が上がったとか下がったとかいえない」という人もいるでしょう。

　ゲーミングでも，さまざまなエンディングがあります。たとえば，環境ゲームだったら，プレイヤーが個人の利益を優先させて，地球や環境を破壊して終わるのも1つの選択肢でしょう。

　私たちが経験している世界は，1つのあり方にすぎず，ちょっとルールを変えたり，物事の性質のある側面を強調するだけで，全く別の世界がありえることを体験させてくれるのは，ゲーミングの強みです。しかし，使い方によっては，ゲーミングは危険な道具でもあります。リアリティ感覚があるだけに，残酷な内容によって，ゲーム終了後の日常生活にまで，ゲーム中の対立や，強いネガティヴ感情が残る可能性があります。それは好ましくありません。ゲーミ

第 16 章　現代社会とゲーミング　235

ングは，他の教育法，コミュニケーションツールと同様に，完璧でも不謬のものでもありません。しかしさまざまな可能性を秘めたツールであるといえるでしょう。デブリーフィングがとても重要なのは前述のとおりです。

第**17**章

現代社会と「道草」

1 環境心理学とは何か

本章では，「環境心理学」という学問領域を取り上げながら，それがどのように私たちの「生きる世界」に対して，物理的および精神的な豊かさをもたらす「学問的パワー」を持ちえているのか，具体的な事例を交えながら示していきます。

1-1 問題解決型から理解・探索型の学問へ

まず，「環境心理学」とは，「環境 ―（と）― 人間」の間に生じる ―― あるいは交わされる「相互交流」の様子を「読み解く」学問と説明できるでしょう。

ここで注目していただきたいのは，環境と人間が関わっているまさにその「場」に対しての善し悪しを「ジャッジ」するのではなく，「場そのものを理解」していくというユニークな学問的スタイルについてです。

研究とは一般的に「問題」が設定され，その解決を図るために行われます。図式化すると，次のようになるでしょうか。

　　「問題の発見」→「調査およびデータの収集・分析」→「問題の所在の特定」
　　→「解決案や対策案の提示」

初期の「環境心理学」も，実はこうした流れが強くありました。それは，環境心理学がまず建築学の領域においていち早く盛んになり，発展したことと関わっています。たとえば，病院における医師や看護師の働きやすい空間計画や動線計画などに，環境心理学のアプローチが求められたのです。

空間を「計画する」のですから，必然的に最終的には「イジル」作業が入ります。そこには当然，「こちらの（空間計画の）ほうがいい」という，確固とし

237

た「判断＝ジャッジ」が下されてもいくわけです。

　しかし，領域での研究が深まっていくなかで，こうした判断をする「指標」そのものの扱いが問題となりました。判断基準はそう単純に定められるようなものではないということに気づき始めたのです。「価値」や「価値観」は，常に揺れ動いているからです。

　具体的なイメージをつかむために，「居酒屋の改築」という例で思考実験をしてみましょう。

　　あるところに，両親から小さなビルを譲り受けた長男がいました。そのままにしておくのはもったいないので，「居酒屋でも始めるか」と思い立ちます。さて，ここからが問題です。店として，お客さんを集めるために「良い」空間にするにはどうしたらよいでしょうか？

　たとえば，現在ならパーソナルな部分が非常に強く意識されていますから，室内スペースは「個室」中心がいい！となるかもしれません。ついでに，部屋からきれいな坪庭などが見える仕かけがあったりすると「もう最高！」なんて声も聞こえてくる気がしませんか？

　ですが，ここでちょっとだけ立ち止まってみてほしいのです。

　もし，時代背景が少しばかり異なっていたとしたらどうでしょうか。

　今からおよそ20年前の，バブルと呼ばれた時代にタイムスリップしてみます。経済成長率は恐ろしいほどに高く，金が有り余っている夢のような時代。飲食店で酒に酔いうとうとしていた女性がハッと目を覚ますと，「ポケットのなかがゴワゴワする」。あわてて手を突っ込んでみると，なんと「一万円札」だった，なんて体験談すら耳にするほどだったのです。

　超好景気に沸く時代，人びとは連れ立ってさまざまな場所を移動し，とても大きなお金を消費したものです。居酒屋にだって，大勢の人がやってきて，食べきれないほどの食事や酒を豪勢に注文します。享楽的な生き方に快感を得る人びとが，社会には溢れていました。

　すると，お店のつくりも必然的に，大人数が入れる広間や座敷が重宝されることになります。大空間には，たくさんの食べ物や飲み物が並べられるテーブルがドンと置かれることになります。トイレなども広くて何人もが同時に収容できる空間にならざるをえません。それだけでは足らず，（客席に使えず「無駄」なために）坪庭などはたとえあったとしても真っ先に潰されていくのです。収容人数を可能なかぎり増やすべく床面積を広げようとする，経済効率を最大限

に重視した店舗改修が珍しくなかったのです。

　しかし，バブルは弾けます。もはや，大人数でお客が来ることもなく，テーブルから溢れるほどの注文がなされることもない店内は，がらんとした空間だけが寂しさを誘うばかりです。「（それまで）良い！」と思っていたはずの空間は無用となり，時を待たずして，お店は閉鎖することとなるのです。

　こんなふうに，社会的な背景がわずかに変わるだけで，「（その場に求められていた，あるいは，信じ込まれていた）価値」は，大きくブレていることが理解されるのです。

　経済的価値や合理的判断（らしきもの）を前にするとき，しばしば「絶対的正義」とばかりに，環境などに対して「判定」を振りかざすのが私たちです。それは非常に短いスパン —— 目先の範囲 —— でしか考えられていないことも少なくないのですが，それでも「良かれ」と信じて環境を「短絡的に（腕力的に）イジロウ」とするのです。でも，その結果，居酒屋改築の例のように，自ら落とし穴にはまることが少なくありません。

　環境心理学を「識る」ということは，こういう罠に搦め取られず，もっと大きな視点から自分たちが生きる場 —— 環境と人間との関わりの場を俯瞰するための視点や態度，そこでの「振る舞いの作法」を身につけるということも意味しています。

　世間一般的な「価値」に重きを置くのではなく，まずはひたすら「環境 ——（と）—— 人間」が相互にどのように関わり合っているのか，そのことへの理解を深めることにこそ，この学問の特徴があるわけです。

　時代や人（インフォーマント）・場所・環境と，「己＝研究者」とが深い関わりを築くなかで，自分の思考を研究的視点に沿ってまとめる，「関係性」の学問といえるかもしれません。

　そうやって，その場を共有する人たちに"望まれがちな場 —— たとえば心地良いと感じられる環境のかたち"がはじめてイメージされていきます。環境に善し悪しのラベリングを施すのではなく，これからしばらくの間「どのような形を有する，心身ともに心地良くなれる環境を私たちは選択したいのか」について考える指標や視座を多面的に浮かび上がらせてみせるのが，環境心理学なのです。

　私見ですが，そうした学問的態度を通じて，己の人生哲学をも磨いていけるものと確信しています。

第17章　現代社会と「道草」　239

1-2　学問は「エモーショナル」に！

　研究を行う際によくとられがちなスタイルがあります。「己」を「研究者」として独立したポジションに置くことで，第三者的（客観的）な結論を導こうとすることです。

　しかし，「関係性」の学問である環境心理学では，いわゆる客観的立場からの「ジャッジ」など不可能なのです。先の居酒屋の例を見ても，「これ（だけ）が絶対にいいのだ！」とはとてもいえないはずです。でも，そこにこそ，この学問の面白さや味わい深さがあるのです。

　研究者は，フィールドのなかで対象との「関係性」を築き上げるなかで，己の意識を研ぎ澄まし，その場に共有されている「（目には）映らないが大切にされているモノや文化や作法」などを，できるだけ「見える」イメージとして浮かび上がらせていく喜びを味わえるのですから。

　1つの指標に簡単に収斂させられるような「（絶対的）価値」がないからこそ，深く物事を理解できる機会に恵まれるというわけです。

　私は，これを逆手にとって，あるコトの研究ができないかと思い立ちました。一言でいうと，「無用の用」の研究です（詳細は後述します）。生命や環境にわざわざ「特定の価値」を纏わせる必要は，はたしてありなのか？　という問いを，環境心理学で解き明かしてみたかったのです。

　言い換えると，「役に立つ／立たない」といった視点から離れたところから，人間を含むトータルな環境をとらえるための，己が納得できる視点を導きたかったのです。

　「あなたは何のために生きているの？　どんな役に立てるの？」

　難病などにかかると，私たちは直ちに，世間から暗黙の，そして辛辣な問いをぶつけられます。「ただ，ありのままに生きる」ということが，このように許されないのが今の世の中ではないでしょうか。

　「意味が，あるいは価値がなければ，生きていてはいけないのか？」

　なにか，こんな世の風潮にカウンターパンチを浴びせられないか，と己のなかに湧く（反骨精神といえば聞こえはいいが）実際にはある種の屈折した感情に振り回されるがままに研究を進めていると，「ほとばしり」という概念が導かれてきたのです。

　私たちの社会で金科玉条のごとく崇められている価値観「役に立つかどうか」といった視点に取って代わるもの，とそのとき直感していました。

前述の居酒屋の空間改修計画では，店主が「20世紀型」にありがちであった，経済的価値ばかりを最優先する姿勢にどっぷりとはまって，店内空間を改良したつもりで，結果的に店を傾かせてしまいました。

　これに対して，（21世紀をきっと豊かな社会に導くだろう）「環境心理学」の視点は，これからは「（経済と直結して，見えやすいだけの）価値」ではなく「（心の内側の見えにくいところからの）ほとばしり」を生じさせる仕掛けにこそ，人を気持ちよくさせ，結果的にその場を活性化させる力があることを示してくれるのです。

　たとえば，床面積をあえて大きく削ってでも築山や植栽などがある「気持ちよくなれる」中庭空間（パティオ）を付加してみたらどうなるか。お客を収容するという観点からは非経済的・非効率的な活用法だが，来場者には「居心地がいい」という感覚の「ほとばしり」が生じます。結果的に，リピーターが増えていくはずです。

　たとえ，経済的に直接的な結びつきを見いだせなくとも，あえてそれ ―― 「無駄」を（空間に）挿入すること ―― の「意味」がここに見え始めます。

　人間が本来，生物として（どこかからか）持たされている「感覚や感情」に注目してみることで浮かぶ，環境との関わり方の（隠された）技法があるのだと理解されます。

　これは，人間と環境との間に構築される文脈がきれいに読み込めているから出てくる視点であり，言い換えると，「環境心理学」とは，世間一般的な経済的価値や合理主義に一太刀浴びせかける学問ともいえるでしょう。人間が「脳－あたま」を主として使ったがために視野狭窄に陥った価値には見切りをつけ，「心」の自然なはたらきに付随する「ほとばしり」を対象とし，それを上手に喚起しようとするのが「環境心理学」なんですね。だって人間，気持ちよさにはかなわない！

　これは，とりもなおさず，研究スタイルにもそのまま当てはまっていきます。

　たとえば，研究の持続には大変な忍耐力が必要となりますから，やり遂げるには「ほとばしり」が大いに必要となるはずです。自分でも止められない，どうしようもない「ほとばしり」がなければ，そうそう研究など続けられるものではありません。だからこそ，研究目的にそのことを書く必要があります!!何をしたい研究なのか，背景について，自分自身の心境を交えて書く必要が生じるのです。そして「なぜ，その研究をするのか」という自問自答も欠かせません。対象となるフィールドと己との間の「関係性」に潜んでいる本質的意味合いを突き詰めていく作業こそが，結果的に良い論文といわれるものを導くの

第17章　現代社会と「道草」　241

だと思います。

　それでは，私自身が，具体的にどのように「ほとばしり」を育て，実際にどんな研究を行ってきたのかを，「子どもの道草研究」を例にあげながら次に紹介します。

2　子どもの道草研究から「識る」環境心理学

2-1　道草って無駄なの？

　道草と聞けば，世間では「無駄なもの」とイメージされがちです。事実，私たちは子どものころからずっと，「道草などしないように」と，言い聞かされてきました。

　だから万一，「人生の道草」などしたならば，「アイツは無駄な生き方をしている」と，後ろ指を指されるかもしれませんね。

　もう 10 年ほど前のことになります。そうした世の風潮に逆らうようにして，私はある学会で「子どもの道草」の研究発表を敢行しました。真っ先に出た質問は……

　「あなたは子どもに道草をさせようというのですか？」

　合理的・経済的な価値観が優先される世の中にあって，そんな無駄なことをわざわざやらせる意味はない，というわけです。思えばこの瞬間でした。私のなかに，なんともいえない「（怒りの）ほとばしり」がみなぎったのを自覚したのは。己でも止められないチカラが湧いてしまい，結局ここから，ひたすら道草研究に励むこととなるのです。

　しつこく続けていると面白いもので，かつての非難も，気がつけば，「子どもが道草できるまちづくり」を実現すべきだ，とまで変化してきたから驚きました。子どもの発達段階において，道草にはある種の効用があることがわかってきたのです。大きく 3 つに分けて説明しましょう。

2-2　道草の効用

その①　道草は頭や身体を働かせ感覚を鋭敏にする環境体験である

　道草とはいわば，出来事との遭遇です。それは，公園などの遊び場に目的を持って「遊びに行く」こととは決定的に異なるものです。逆にいえば，目的な

どないからこそ「道草」となるのですが……。

　道をプラプラと移動するなかで，子どもたちは目についた道ばたの草を見つけては引っこ抜いたりして遊び始めます。先端のふかふかした草 ── 猫じゃらしなどを見つけると，手の中で細かく握ったり離したりといった動作を繰り返し，草の頭がニョキニョキと，親指と人差し指で作った輪から上に向かって伸びてくる様子は，まるで手品を見せられているようでもあります。

　花を見つければ「ちぎり」，小さな口をすぼめて蜜をチュッと吸う。どぶ川に近づくと，土手に生える草で笹舟などをこしらえ流して遊ぶ。下り坂があれば，走り出す。まるで，ジェットコースターに乗っているかのように，きゃ～っと歓声があがります。

　通学路はいわば，たくさんの物語が連続して映し出される屋外映画場みたいなものかもしれません。子どもたちの移動に伴って，コマが次へと進んでいきます。角を曲がると風景が変わり，新しいシーンがまた展開される，という具合いに。

　「子どもの道草」は，学校の門（出口）を起点として家（終点）へと延びる「時間軸」に沿って，毎日上映されている上質な作品なのですね。

　彼らは決して"意味や効用"を意識して道草をするのでは，当然ありません。ただ，夢中になって ── 心の内側からの「ほとばしり」に従って ── 壁や地面や植物などにべたべたと触れ，木の実を口に入れ，坂道を走り，川の土手などを転がっています。そうした一連の，（大人からすると）無意味な行為の連続をとおして，自分の住む町が，固いのか柔らかいのか，おいしい味に囲まれているのか・そうでないのか，空気は良いのか悪いのか，などを全身の感覚器官で記憶しているのです。

　灼熱の太陽に照らされた，火傷するほどのコンクリートに触れた「熱さ」や，凍てつくような寒さのなかで触った鉄の「冷たさ」とそこに「指が貼りつく」感じ。文字通り「道草」をちぎっては口に入れて味わった「苦み」や，逆に花の甘い蜜の香り。そういったものを，手足や口や鼻といった五感に写し取っているのです。大人が頭に地図を描き，どこにいけば何ができるというふうに町を記憶するのとは，大いに異なっています。

その②　道草で子どもたちは精神を鍛える機会を得ている。また社会性を上手に発達させる場ともなっている

　道草とは，環境とのさまざまな関わり方により生ずる「出来事」の連続であるともいえます。ですから，遊びにとどまらず，社会・文化的な側面を宿して

もいるわけです。

たとえば，お葬式の家の前を通る際，子どもたちは神妙な顔をして静かに歩きます。たとえそれまで，大声をあげていたとしても，誰かが「ここは静かに歩かんといかんっちぇ」などと注意を促します。自分たちの住む社会に備わる暗黙のルールを共有する様子が見て取れるのです。

道草は，予測がきかないイベントですから，こんなことだって起こります。

ある子どもは，通学路を歩いていて子猫の死に遭遇しました。車に轢かれて，ぺしゃんこになっていたのです。ショックを受けたのか，周りにいた上級生に「なんで猫は死んだの？」と悲しそうに訊いていました。生き物の死に直面しながら，悲しみという「ほとばしり」に導かれるようにして，必死になって，何かを考えていたようでした。日常のなかで「死」というものに触れることで，深遠な問いを発する。それは，子どもの心や思考力を鍛える場にもなっていることでしょう。

万一，自分でこうした問題解決ができない場合，彼らはさらにどうすればよいかを考える独自のルートも持っています。駄菓子屋やパン屋さんに行って，大人をつかまえて尋ねるのです。さまざまな話をし，ときには，やってはいけないことをして怒られたりもします……。

下校路での道草には，地域に住む大人と子どもがふれ合える貴重な交流の機会が詰まってもいるのです。そこで彼らは，適切に社会化されていくのです。大人への階段をのぼる背中を，そっと後押ししてくれているのが，道草という環境体験なのです。

その③　道草は「ふるさと観」を形作る

調査を繰り返すなかで，子どもたちとの道草体験を重ねた私は，ある日，忘れかけていた記憶を取り戻すことになりました。大人になってからはいつの間にか，町を平面的になぞらえることが多くなっていましたが，かつてたしかに，私の町には垂直方向につながる道があったそのことを……。

塀を乗り越えてみたり，その上を恐る恐る歩いてみたり，という道のことです。木登りだってちょくちょくしていました。子どものころ，町は３次元の立体として認識されていたものです。身体を使うことによって，そのことが，当時のさまざまな想い出とともによみがえってきたのです。

私は今も記憶が残る「あの道」に行ってみることにしました。「子どもが体を横にしてギリギリ通れる」，壁と壁に挟まれた秘密の抜け道へ ── 。奇跡的に当時のままの姿を残しているのを見つけ，胸が弾みます。確実に無駄だとわ

244

かっていながらも，どうしても，体をそこに滑り込ませてみたい欲求（ほとばしり）に，もう抗うことはできなくなっていました。きな臭い，ひんやりとしたコンクリートの感触。私は，あっという間に過去へと連れ去られました。35年前，「僕はここが大好きだった」。

「町と僕」との関係性の記憶は，普段は全く自覚されず，いわば「無いもの・忘れ去られたもの」として放置状態にあります。しかし，こんなふうに「かかわり」の機会に恵まれると，私の（頭の）中で想起された心像が具体的にかたちを結びます。「環境と人間」の間に生じる文脈を見つめようとするとき，このことが意味するところは，実に奥深いのです。

ジェームズ・ギブソン（アメリカの心理学者）は，環境のなかに内在する情報のことを「アフォーダンス」という概念で説明づけましたが，これは環境との相互作用のなかでどんなことが可能となるのかという視点を提示してくれるものです。

たとえば，道に大きな石があれば，「そこに座ることができる」という情報（アフォーダンス）が読み取れます。

さて，道草をとおした環境体験の質を把握しようとする場合，このアフォーダンス概念へ，時間的契機に根差した情報が挿入されると，「環境 ―（と）― 私」の関係性の理解について，さらなる深まりに到達できる可能性が見えてくるのです。

ある環境と「私」との相互交流を環境体験の1つのユニットと見なすと，特定の場所において対応するアフォーダンスもそこで確定されます。たとえば，壁の隙間を「通りぬけできる」などと。ただその時点 ―― 目の前でとらえられる程度の時間的スパンにおける環境体験段階では，まだ，生物としての行動可能性が説明されるにすぎません。しかしもし，このユニットをもっと長いスパンのなかに位置づけたとしたらどうなるでしょうか。たとえば，「人生」という時間軸を想像してみます。

狭い壁の間を通ることや，町を3次元的に使い倒すことは，「現在の私（オーバー40歳）」にとっては，（当たり前ですが）不可能になっています。しかし，かつての（子ども時代の）私と環境との間に構築されていた1つの環境体験ユニットとしては残っています。すると，「町 ―（と）― 私」の間に結ばれた「物語」というかたちの記憶が「ある場所において」蓄積されていることがわかるのです。「そういえば『ここ』で，あんなふうにして遊んでいたなあ」と。

すでに表象としては眼前に浮かび上がらない「町 ―（と）― 子ども時代の私」との関係性ですが，地層の下に眠る「決して消えてはいない（記憶された）環

境体験」として，たしかにそこに留まっているように思うのです。

つまり，「土地における」記憶の蓄積の有り様を説明するモデルとなるのです。

慣れ親しんだ町を歩いていて，ある特定の「場所」の前にまで来ると，ふと鮮明に記憶がよみがえり驚いたことなどはないでしょうか？

2-3　身体と環境は共鳴している

子どもたちとの道草体験を共有するなかで導かれた，「私 ―（と）― 町」の「関係性」に根差した身体化された「知」は，「身体と環境は共鳴している」という事実なのです。それは，必ずしも一過性のものではなく，人生という時間軸の流れのうえに，浮かんだり沈んだりしながら1つの環境体験として薄れることのない記憶となって，私たち自身とそれをとりまく環境との間を結ぶ歴史を構築する基礎ともなっているのです。

これらの積み重ねが，故郷に対する原風景（ふるさと）観を作り上げているのかもしれません。

3　人生の道草と現代社会
── 複線径路的に人生を見つめる目を養う

3-1　「無駄」という考えの危うさ ── 無駄なものなど何一つない

子どもの道草研究をしていて，私は，現代社会で大事と信じられている「価値観」そのものに，さまざまな疑問が湧くようになりました。たとえば，「夢を叶えよう」とはよく耳にする台詞ですが，かなりの違和感があります。人生は道草などせず目標に直線的に近づくのが望ましい，といったある種の押しつけがましさを感じてしまうからですが，予定調和ばかりにそれほどの価値があるかどうははなはだ疑問が残ります。

よく，少子高齢化で青息吐息の私立学校などが，キャッチコピーとして（効率よく学生集めをしようと？）「（ウチにくれば）なりたい自分になれる！」などと煽っているのを目にします。でも，夢が破れ成功へのルートからリタイアするハメに陥ったら，どうしたらいいのでしょうか。

「（もうそこで）終わり」なのでしょうか。それとも「自己責任」？

いくら「なりたい！」と思ってみても，「なれない」場合だって少なくない

246

のが人生というものでしょう。にもかかわらず，うまくいかなかった場合のフォローの思想がここには見当たらないのです。学校や先生が口にする台詞には，嘘くささえ感じられて辟易してしまいます。

　世の中では失敗などない道が「最上」ととらえられがちですが，道草研究を長くやってきた私には，どうもそれでは真の幸せはつかめない気がしてなりません。成功まで一直線で来た人生には，魅力や味わい深さが感じられないからです。逆に，中身の薄い三流ドラマのようにも見えて仕方ないのです。

　「プロフェッショナル　仕事の流儀」というNHKの人気番組をご存知の方も多いでしょう。一流の仕事人が，どのような体験を経て今の地位にまで上り詰めたのかを，考え抜かれた構成で魅せて感動を誘ってくれますが，そこには1つの大きな特徴が見てとれます。必ず，「失敗談」が挿入されていることです。

　道半ばで大きくつまずき苦労した話があることで，共感を得ることができ，心を揺さぶるドラマとしても成立しているのです。かつて，一世を風靡した「プロジェクトX」という番組も，同じく「失敗」の部分にかなり強い光が当てられていました。

　「失敗することをそれほど厭う必要はないよ！　むしろそんなに悪いものでもないよ」，と教えてくれるようで嬉しくなります。逆に，人生において必要となるかなり大事な経験なのだ，とも。つまり，うまくいかずに回り道をするからこそ，見えてくる景色があり，生じる感情があり，登れる高みがある！というわけです。

　さてここで，今一度「無駄」という考えに対して「環境心理学」からアプローチしてみたいと思います。

　私たちは，万一無駄なことをしたら，あるいは，何かがうまくいかないと感じたら，それだけで苦しみます。もしかしたら，「損した」気分になるからかもしれません。だから，そんなことにならないように，いつも努力をしているようにも思います。実は，このあたりに，自分を苦しめる「罠」が見え隠れするように思うのです。望む環境を「（計画的に）つくろう」として，落とし穴にはまっている，といえるかもしれません。

　私はここに，「自力」を頼りに一直線に人生を切り開くことばかりを「よし」としがちな現代社会が，それゆえに内包してしまった「脆さ」の部分をこそ見いだしてしまうのです。

　人生を豊かにする「回り道」や「失敗」の経験は，樹木に置き換えて例えてみると，年輪がひとつひとつ増して幹が太くなっていくような感じが近いでしょうか。一見すると，無駄に思える経験のなかにこそ，本質的に重要な「種」

第17章　現代社会と「道草」　247

が隠されていることは間違いありません。

「無駄を（とことん）嫌う」というある種の合理的態度は，この「（大事な）種」を自ら捨てているようなものだとはいえないでしょうか。結果，少なくない人たちが，味気ない人生を歩むハメに陥っているように思うのです。

3-2　いつか「消えるモノ」はどこに行ってしまうのか？

それでは，「無駄」が有している魅力を，最後にもう一度だけ「道草的な活動」の有り様から見つめてみます。

夏の夕暮れに，海辺まで夕涼みに出かけた経験は誰にでもあることでしょう。

浜辺には夕日が長い影を落とし，寄せては返す心地良い波の音。その近くで，「砂の城」を造っている男女の姿を想像してみてください。やがて潮が満ちてきて浸食が始まると，「お城」は完全に飲みこまれ，真っ平らな砂浜に戻ってしまいました。数分後，海岸通りのアスファルトを歩く人たちがいます。浜辺を眺めますが，そこには，城があったとも無かったとももうわかりません。

さていったい，「消えた城」にはどんな意味があったというのでしょう？

こんなふうにいずれ消え去りゼロに戻るのだとしたら，普通は，そこにある種の「無駄」な香りを嗅ぎ取ってしまうかもしれません。

そうした問いに対して，場所と（そこに生きる）人間との関わりに注目する「環境心理学」の視点からは，「決して，そうではない！」と指摘できるのです。

いつか消え去ってしまうからこそ生み出される貴重な機会 —— 出会えるご縁 —— というものだってあるからです。失われるということがなければ生じえないこともある，と言い換えてもいいでしょう。

実は，砂の城はそのことを，とてもわかりやすく教えてくれるのです。

城のあった場所に再び目を移してみます。楽しそうだった男女の様子を思い出してください。なんだか，「お城」をつくっているときの息づかいが聞こえてくる気がしないでしょうか。その場所には，楽しかった想い出や，誰とどんなふうに時間を過ごしたのか，といった「かかわりの記憶」が埋まっているはずです。

潮が満ちればたしかに城は消え，すべては水のなかに隠れてしまいます。ですが，同時に何か大事なものも，そこに沈んでいることは間違いないようです。

城をつくった恋人たちは，想い出をきっといつまでも語り続けることでしょう。すると，その場所で何があったのかが，繰り返し再生されることになります。消えたからこそ，城と共に，どれほどの「価値ある」体験があったのかが

248

語られ，「人間と場所とのかかわりの場」が再構築されるのです。愛し合う2人からの「のろけ」を聞かされた周囲の人の頭にも，ゆらゆらと，恋人たちの微笑ましい情景が浮かぶことでしょう。

翻って，子ども時代の道草！　それだって，同じことだとわかるのです。

秘密の抜け道を通ったり，歩道と車道を分けるブロックの上を歩いてみたり，葉っぱをちぎって遊んだり，駄菓子屋に立ち寄ったりすることは，誰しも時が経てばしなくなります。大人になれば，もう興味を失ってしまうからです。だけれども，やらなくなったからこそ，はじめて思い出として語られるようにもなります。

調査のなかで，子ども時代の道草について私が尋ねると，皆さん生き生きと話をしてくれたものです。それは，質のとびっきり高い体験だったと共に，今では触ることもできなくなった出来事でもあるから，とはいえないでしょうか。もう道草をしなくなった「自分」だからこそ，再び見つけることが可能となった宝物なのです。

失ってしまったからこその「出会い」とでもいったらよいでしょうか。

場所と私がクロスするとき，土地に眠る記憶が「私」という媒介器を通過して表象されたのです。思い出とは，「消えていく」ものでも，まぼろしでもなく「環境 ―（と）― 人間」との関係性のなかに，実存として積層していることがわかります。

3-3　人生とは歩むもの？　歩ませてもらうもの？

結局，道草とは，人生の隠し味 ―― 秘密のスパイス ―― のような位置づけが近いのではないかと思うのです。自分という人間のキャラクターを，オリジナルに仕立ててくれる ―― 他の誰でもない「それが，あなただよ！」と教えてくれる ―― 「味」つけこそ，「道草スパイス」なのではないでしょうか。

しかし，私たちは，たとえ「回り道も大事なことだったのだ」と理解できてもなお，一抹の疑問を捨て去ることができません。

「本当に，本当に，無駄ではないのか……」と。

言うまでもなく，現代人にとって「人生とは有意義に歩むべきもの」ですから，万一，わずかでも「意味のない」と疑われる香りを嗅ぎ取ってしまうと，敏感に反応してしまいます。合理的行動を旨とする私たちは，こうして何にも増して「最短コース」を選択しがちです。でも，最速で目的地に向かおうとするあまりに損得勘定が芽生えてしまうと，今度は「これをすると無駄だから，

回り道になるかもしれないからやめておこう」などと，道草を意図的に避けるようにもなるのです。

　こうなると，（子どもたちの道草のように）無心で何かに打ち込もうとするような，いわゆる「ほとばしり」がきわめて小さくなり，逆に行動の後ろ側に鼻につくほどの計算が透け始めます。結果，（道草スパイスがゼロの）味気ない人生を招き寄せてしまう，そんな罠が見え隠れしているのです。いったい，こんな（自力で計算しながら成功を引き寄せようとしてドツボにはまる）落とし穴から，どうすれば抜け出せるのでしょうか？

　「他力」という（仏教の）考え方が，その一助になるかもしれません。

　他力と聞くと，一般的には他人の力頼みというようなイメージがあるかもしれません。でも，それは本当の「他力」の理解とは異なっています。

　私は本業が浄土真宗のお坊さんなので，ついこの話 ── 他力思想のことになると熱がこもってしまうのですが，そこはご愛敬，少々目をつぶってお付き合いください。

　「他力」とは，己の力ではどうもこうもしようがない「はたらき」のことだとイメージしてみてください。たとえば，あこがれの学校や会社に入ったはいいが，そこにどうしても好きになれない人がいた。これって，自分ではどうしようもないことですよね。病気になったり（仮病は別！），年をとったり，出会いや別れなども，自分でコントロールなどできませんよね。

　己の心の動きのなかにも発見することができます。私たちは「嫌いな人」を努力して自力で「好き」になることなどなかなかできません。ひとたび好きになった人を嫌いになることも同じく「自力」では難しい。

　ああ，どうしてこんなにも私たちは不自由なのでしょう。「自力」の及ぶ範疇にないことがあまりにも多すぎます。

　しかし，それほど悲観する必要はありません。なぜなら，これらこそが，自分の掌の上から離れた「他力」の「はたらき」と考えられるのですから。

　「他力」の考え方を援用すると，私たちが直面するさまざまな困難も，「どこからか"持たされた"もの」と，その解釈の輪を広げることができるような気がしてきます。

　「持たされたというからには，持たせてくださった人がいるはず」という視点だって導かれます。実は，浄土真宗では，その方こそが仏様 ── 阿弥陀如来 ── なのだと考えられているのです。

　「他力」とはすなわち，仏さんの「（お）はたらき」そのものというわけですから，ちょっと面白くありませんか？

すると，失敗も苦しみも回り道も無駄も，仏さんがくださったプレゼントかもしれない!?　そんな発想に立ってみることだって，あながち無理ではなくなります。

　「あの失敗があったから今の私がある」という，著名人たちの口から呟かれた台詞を聞いたことはないでしょうか。

　ここで，「道草」を同じ枠組みのなかに落とし込んでみましょう。これまであえて，「道草」の有用な点に触れて「無駄ではない」と論じてきました。しかし今，「役に立つから大事」とする論理に回収される必要性はすでに消滅していると理解されるのです。

　道草も仏さんから持たせてもらったものだから，無駄ではない，と。

　環境心理学的視点と仏教的な思考の枠組みとの整合性が見いだされるのです。

　ここにおいて，「無駄」という考えそのものが消え去ります。人生とは与えられたものであり「意味あるものの塊である」という考えに立脚する視点が拓けたのですから。もうわざわざ，「有益だから」などと（世間的価値を意識して）抗弁する煩わしい作業も必要なくなるのです。

　翻って現代人は，心の奥底から湧いてくる「ほとばしり」を意図的に遮断して，世の中一般の薄っぺらな価値基準のうえに己を乗せることばかりに気をとられているようです。勝手に，「こっちのほうが（世間的には）お得と思う」などと心得違いをして，結果，火傷を負ったりしています。「自分軸」を見失っているとも指摘できるでしょう。

　与えられた人生であるならば，そこには本来，損も得もない！　そうであれば，損得勘定抜きの己の心の奥底からの「ほとばしり」に身を任せてみることこそが，最も必要なことなのかもしれません。そこにこそ，自分らしく満足できる道が拓けてくるようにも思えるのです。大人にとっても，子どもにとっても，それは同じことだと思うのです。

　道草は無駄だからといって全くしなかった —— 親からさせてもらえなかった子どもと，「ほとばしり」を大事にした道草的日々を過ごした子どもは，どちらのほうが人生に有意義な「本物の」1ページを差し込むことができているでしょうか？

　本章では，無駄の代名詞のように考えられがちな「道草」を，環境心理学に加えて仏教的な視点からも扱ってみました。学問的な調査分析とフィールドでの（道草）実践過程で導かれた思想とが融合することで生まれた「経験的知性」は，こうして私たち「学徒」に生き方そのものを深く考えさせる楽しみまでも与えてくれるのです。心の荷物だって，少しは降ろせる気がしませんか。

第 17 章　現代社会と「道草」　251

第**18**章

現代社会と青年期

1 青年期という時代

1-1 青年期とは

　青年という言葉を意味する英語 adolescence の語源は，「成熟する・大人になる」という意味を持つラテン語 adolescere の動詞です。また，日本において青年という言葉が現在のような意味で用いられるようになったのは明治初期のことであり，YMCA（日本基督教徒青年会）が創立される際，young man の訳語として「青雲の志を持つ者」という意味を持って用いられたのが代表的です（加藤・森下, 2005）。

　心理学において「青年期」といえば，一般的にはエリクソン（Erikson, 1950）の提唱した発達段階に従ったものを指します。子どもから大人への移行期，年齢で言えば 10 歳を過ぎたあたり，児童期後期を終え思春期に差し掛かった時期から，社会に出る前（20 歳前半）の若者たちのことです。

　発達段階（developmental stage）というのは，人は生涯にわたって，時間的経過（加齢）に伴って心身の機能と構造が変容してゆき（「発達」），それが生涯続きますが（「生涯発達」），その過程は一見すると連続して見えるけれど，全体として見ると非連続で質的相違があることに着目した概念で，生涯における一定の区分された質的にまとまりのある時期のことを言います（西平・吉川, 2000）。エリクソンは，青年期は未熟な子どもから成熟した大人への途上にあり，自身の精神と肉体両面の発達に伴い，葛藤や反抗など，さまざまな変化を経験する時代であるが故に，人生のなかで最も冒険に満ちた時代であると述べています。

1-2 アイデンティティと青年期

　ハヴィガースト（Havighurst, 1953/1995）は，発達課題という概念を提唱して

253

発達心理学に大きな影響を与えました。発達課題とは，「人間が健全で幸福な発達を遂げるために，各段階で達成しておかなければならない課題」であり，また「次の発達段階にスムーズに移行するために，それぞれの発達段階で習得しておくべき課題」です。エリクソンも各発達段階に応じた課題について述べ，青年期の課題をアイデンティティの確立であるとしました。そして，それに際して，アイデンティティを確立できずに混沌とした状態におちいってしまう心理社会的危機があることを指摘しました。エリクソンはこれを，「アイデンティティ vs アイデンティティ拡散」と表現しています（表18-1）。ここで言う「危機」というのは，医学で用いられてきた「良くなるか悪くなるかの境目，決定的転換の時期」を示しています。「発達」という言葉は，それまでもっぱら，心身の機能の向上を指す前向きな言葉として捉えられがちでしたが，エリクソンは，発達には退行的要素や病理的方向への動きも持つことを表すため，このような言葉を用いたのです（岡本, 2007）。

アイデンティティという言葉は，私たちの日常語になるほど使われるように

表18-1　エリクソンの精神発達の漸成理論図（Erikson, 1964/1971, 一部改変）

生物的発達	1.口唇期	2.肛門期	3.男根期	4.潜伏期	5.性器期	6.成人期	7.成人期	8.老熟期
I.乳児期	信頼 vs 信頼							
II.幼児初期		自律性 vs 恥·疑惑						
III.遊戯期			主動性 vs 罪悪感					
IV.学齢期				生産性 vs 劣等感				
V.青年期	時間的展望 vs 時間的展望の拡散	自己確信 vs 自己意識過剰	役割実験 vs 否定的同一性	達成期待 vs 労働麻痺	アイデンティティ vs アイデンティティ拡散	性的同一性 vs 両性的拡散	指導性の分極化 vs 権威の拡散	イデオロギーの分極化 vs 理想の拡散
VI.初期成人期						親密さ vs 孤立		
VII.成人期							生殖性 vs 権威の拡散	
VIII.成熟期								統合性 vs 嫌悪·絶望

なりましたが,「自分とは何者か」,「正真正銘の自分とはどのような人間なのか」という自己認識を言います。重要なのは,「自分が自分である」という主観的,客観的な意識体験です（鑪, 1984）。そして,「時間的・歴史的に一貫した自分らしさの感覚（連続性）」と,「他者との関係の中で自分が独自の存在であることを認める感覚（斉一性）」という2つの軸から成り立っています（鑪, 2002）。この感覚は青年期に突然現れるものではなく,エリクソンはその形成過程を「赤ん坊と母親のごく早期の微笑みの交換の中に,すでに見出すことのできる相互的是認と結びついて自己実現の体験に始まり,生涯続く発達過程である」と述べています。

　青年期の心性として,エリクソンは,「自分が『自分であると感じる自分』に比べて他人の目にどのように映るか,それ以前に育成された役割や技術を,その時代の理想的な標準系にどう結びつけるかといった問題に,ときには病的なほど,ときには奇妙に見えるほどとらわれてしまう」ことを特徴として指摘しています。そして,「思春期や青年期においては,以前に信頼されていた斉一性と連続性が再び問題となる」と述べています。青年期には,それまでに形成してきたアイデンティティに対して疑問を抱き,「自分が何者かわからない」,「自分がない」などの感じや経験,つまりアイデンティティ拡散が生じます。エリクソンは,このような状態を回復させ,一度崩れてしまった斉一性や連続性を取り戻すことが青年期の課題であるとしたのです。あらためてアイデンティティを確立し直すには他者との関係が重要です。他者と同一化したり他者を自分に取り入れたり,他者とは違うと自分を独自化したり,その過程で生じる葛藤を繰り返しながら,自分の生きる社会に適応する自己の在り方を模索していきます。

2　青年と恋愛

2-1　ジェンダーアイデンティティ

　青年期の特徴として,身体的側面,心理的側面の両方にわたる大きな変化があげられます。身体的な側面ではホルモンの分泌による性的成熟が始まり,第二次性徴が出現し,男女の性差が顕著になり始めます。体毛や骨格や声変わり,性的機能の成熟などにより男性はより男性らしく,女性はより女性らしくその体を成熟させていきます。身長や顔立ちの差異も大きくなり,異性への関心が

強くなるのもこの時期です。

　しかし性的な変化は身体面だけではありません。人は誰しも，生物学的に持っている性別（sex）と，心理・社会的な性（gender）の２つの性を持っています。パーソナリティについて検討している研究者たちは，性の心理・社会的な側面として，「性的（ジェンダー）アイデンティティ」，「性（ジェンダー）役割」，「性的志向・関心の対象」の３つの基本的要素をあげています（Kroger, 2005）。

　ジェンダーアイデンティティは，「自分や他者は男である・女である」という認識であり，性役割とは「自分や他者が男性，女性，もしくは両性であることを表すために示す言動」のことです。また土肥（1996）はジェンダーアイデンティティとは，女性であれば女性としての，男性であれば男性としての自分らしい生き方の確立であると述べています。そしてそれは，自分の生得的な性を受容し，同性の大人を生き方のモデルとして同一化することによって促進されると指摘しています。青年期以前でも，すでに「自分は少年・少女である」といった認識はありますが，青年期では，明確に自分自身を男性もしくは女性として定義し，自分の個人的アイデンティティの感覚に新生した性的アイデンティティを統合することが重要な課題となります（Erikson, 1980/2011）。

2-2　恋愛の型 —— 恋愛色彩理論，愛着スタイル

　青年期は自己の性的アイデンティティの確立とともに異性への関心が高まり，多くの恋愛を経験する時期です。青年心理学でも恋愛について，さまざまな研究が行われています。ここでは，恋愛のタイプ（類型）と，青年のパーソナリティと恋愛との関係について検討した研究を紹介します。

恋愛色彩理論

　リー（Lee, 1974）は恋愛を６つの類型に分け，それによって恋愛の相性などを説明しようとしました。彼はその類型を色に見立て，補色の関係を示した色相環になぞらえて配置しています（図18-1）。それぞれの類型は原色にあたり，現実の恋愛はいくつかの型の混合，つまり混色にあたります。このようなモデルのため，リーの理論は恋愛色彩理論とも呼ばれます。

　この色彩理論では，類型どうしの位置関係も重要になります。ルダスとアガペ，プラグマとエロス，マニアとストーゲイはそれぞれ向かい合わせに位置していますが，カップルがこれらの組み合わせの恋愛類型だと，互いに相手の恋愛を理解できません。恋をゲームと考えるルダス型にとっては，奉仕型のアガ

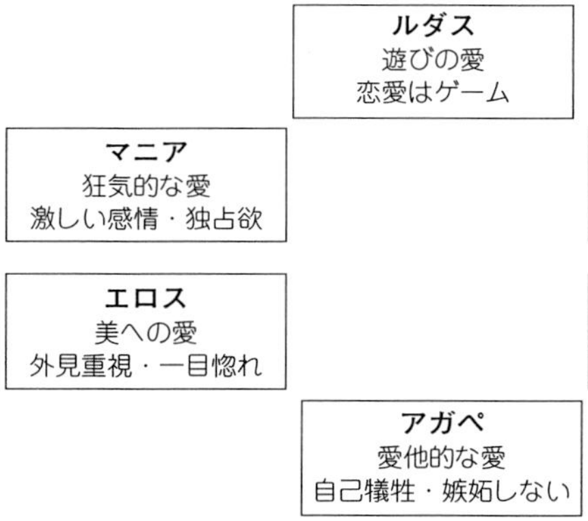

ルダス
遊びの愛
恋愛はゲーム

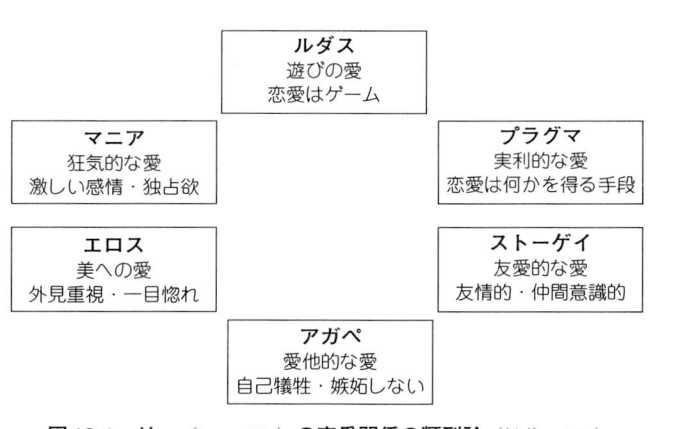

マニア
狂気的な愛
激しい感情・独占欲

プラグマ
実利的な愛
恋愛は何かを得る手段

エロス
美への愛
外見重視・一目惚れ

ストーゲイ
友愛的な愛
友情的・仲間意識的

アガペ
愛他的な愛
自己犠牲・嫉妬しない

図18-1　リー（Lee, 1974）**の恋愛関係の類型論**（松井, 1993）

ペ型の恋人はうっとうしく感じるでしょうし，献身こそ愛の本質と考えるアガ
ペ型にとっては，恋をゲームとして弄ぶ人は許せないでしょう。恋愛を道具に
使うプラグマ型と恋愛至上主義のエロス型，穏やかなストーゲイ型と激烈なマ
ニア型も，互いに理解しえないと考えられます。

　この理論は多くの関心を集め，日本でもいくつか研究が行われています（松
井, 1990）。それらによると，実際はマニアとエロスとアガペ，その他をそれぞ
れを頂点とした四角形のような形をとると考えられます。現代青年はマニア的
態度が強いこと，エロス的態度が関係の持続に重要であるということが多くの
研究で一貫していることを考えると，マニア，エロス，アガペの３つの型が青
年の恋愛において基本的で中心的なものであり，ほかの３つは特殊な恋愛を示
す，と松井（1993）は主張しています。

愛着スタイル

　ボウルビィ（Bowlby, 1969/1976）は愛着（アタッチメント）理論を提唱して，
とくに母子関係についての研究に非常に大きな影響を与えました。愛着はさま
ざまな定義づけがなされていますが，そのうちの１つが「対象との絆，すなわ
ち人が特定の他者との間に築く情緒的結びつき（emotional bond）」である，と
いうものです（数井・遠藤, 2005）。ボウルビィは子どもがアタッチメントの対
象（養育者）との経験をもとに，自分の周りの世界がどのようなものであるの
か，アタッチメントの対象および自分がどのようにふるまうのかといった心的
な表象モデルをつくると考え，そのモデルを内的作業モデル（Internal Working
Model : IWM）と名づけました。アタッチメントは「自らが安全であるという感

覚」をもたらし，形成された IWM は年齢を経た後も適宜想起され，活用されることによって，心身の恒常性を維持しようとします。子どもはこれらのモデルに支えられて，種々の出来事の認識，未来の予測をし，それにむかって自分の行動の計画を立てます。

　養育者との間にどのようなアタッチメントが形成されるのか，その質の違いに応じて，IWM には個人差が生じると考えられます。エインスワースら（Ainsworth et al., 1978）はこの個人差を捉えるために乳幼児に対する実験を行い，アタッチメントのタイプを大きく，A 型（回避型），B 型（安定型），C 型（抵抗／アンビヴァレント型）の３つに分けています。

　アタッチメントは乳幼児期に形成されますが，そこで完成というわけではなく，乳幼児期から青年期にかけてさらに発達しながら固定されてゆきます。

　少年期にはアタッチメントの対象は，親からピア（友人や恋愛対象）に移行します（Hazan & Zeifman, 1994）。乳幼児期には親が世話をし，子どもは世話を受けるという一方向的な養育態度的かかわりが中心でしたが，少年期には仲間どうしの関係が最も重要になります。そして青年期になると，そこに性的関心という別種の要素が付加されます。恋愛はこうした養育的かかわり（caregiving）と性的関心（sexuality）に，アタッチメントを加えた３つの要素の統合であると考えられています（Hazan & Shaver, 1994）。なかでもアタッチメントは，発達的に初期に現れ，他の２つの発達的要素にも影響を与えることから，より中心的な要素であると考えられています。

　青年期以降のアタッチメントはアダルト・アタッチメントと呼ばれ，やはり個人差が確認されています。バーソロミューとホロウィッツ（Bartholomew & Horowitz, 1991）は自己と他者，ポジティブとネガティブを軸とし，それらの組み合わせによってアタッチメントスタイルを「安定型」「拒絶型」「とらわれ型」「恐れ型」の４つに分けています。このモデルをもとに片岡・園田（2008）は恋愛と依存との関連について検討しています。その結果，とらわれ型と恐れ型は恋愛不安が高く，また恋人中心的な考え方を持つ傾向はとらわれ型＞恐れ型＝安定型＞拒絶型であることを明らかにし，アダルト・アタッチメントスタイルと恋愛依存には関係があると述べています（図 18-2）。

2-3　アイデンティティのための恋愛

　エリクソンは「青年期の恋愛は，その大部分が，自分の拡張した自我像を他人に投射する事により，それが反映され，徐々に明確化されるのを見て自己の

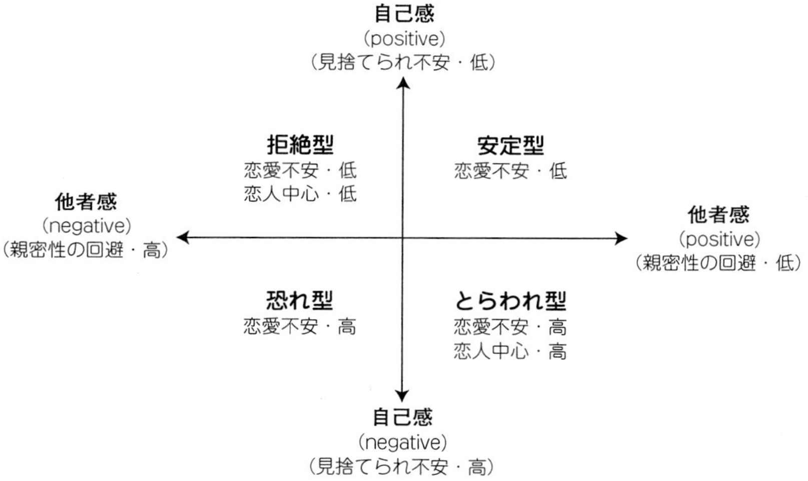

```
                        自己感
                      (positive)
                  (見捨てられ不安・低)
                          ↑
            拒絶型              安定型
          恋愛不安・低          恋愛不安・低
          恋人中心・低
 他者感                                          他者感
(negative)  ←──────────────────────────→      (positive)
(親密性の回避・高)                              (親密性の回避・低)

            恐れ型              とらわれ型
          恋愛不安・高          恋愛不安・高
                              恋人中心・高
                          ↓
                        自己感
                      (negative)
                  (見捨てられ不安・高)
```

図18-2　アダルト・アタッチメントスタイルと恋愛依存 (片岡・園田, 2008)

同一性を定義づけようとする努力である」と述べています。しかし，この「恋愛を通したアイデンティティの形成」が，肝心の恋愛関係に問題を生むこととなります。

　アイデンティティ形成の途上では，これが自分なのだという確信が持ないため，相手から賛美・称賛されることを，自信を得るための道具にすることがあります。相手を幸せにするよりも自分に関心を向け，相手から受けるのと同じだけ与えるという「相互性」を求められると重荷になってしまいます。

　大野（1995）は「アイデンティティは恋愛によって確立できるものではない。アイデンティティを統合している途中段階での恋愛は，自己のアイデンティティを恋人からの評価によって補強しようとする営みに終始するものであって，真の親密性を得るものではない。よってだいたい長続きしない」と述べ，青年期の「アイデンティティのための恋愛」を指摘しました。その特徴として，交際の初期に以下のような心理が見られます。

① 相手からの賛美・称賛を求める。
② 相手からの評価が気になる。
③ しばらくすると，相手に飲み込まれる不安を感じる。相手の存在が大きすぎて，自分がなくなってしまうような不安を感じる。
④ 相手の挙動に目が離せなくなる。相手が自分のことを嫌いになったのでは

と気になる。

⑤ 結果として交際が長続きしないことが多い。

本来「親密性の獲得」は青年期の次の発達段階にあたる成人期の発達課題です。アイデンティティ確立という課題が達成できていないうちの恋愛は，その解決のための関係に終始してしまい，親密性を得ることができず，別れへと至りがちです。

2-4　失恋の影響

失恋についての研究では，ヒルら（Hill et al., 1976）の研究が有名です。彼らは 100 組以上のカップルに対し縦断的な研究を行い，2 年後にも関係が持続しているどうかを調査しました。2 年後に関係が終了していたカップルの特徴として親密さや関係の深さのバランスの悪いこと，カップルの性格などの類似性が低いことをあげています。別れの時期としては相手との接近性が低くなる学年の切れ目，長期休業，卒業などが影響していることが明らかになりました。また日本でも大坊（1988），栗林（2001）がともに 3 月に最も別れが多いと報告しています。栗林はまた，失恋時には「悲哀・回顧」「未練」「幻滅」「反省」の 4 つの感情が顕著であり，「接近」「自己制御不能」「回避」という 3 つの行動が特徴的であることを見出しています。

加藤（2005）は失恋の痛手から男性の 48.6 ％，女性の 37.4 ％が 1 ヵ月で回復すること，山口（2007）は失恋後の心理的変化について，「今までよりも優しい人間になれた」といった肯定的変化が「もう恋愛をしたくないと思った」など否定的変化よりも高いことを示しています。西平・吉川（2000）は，青年の恋愛の意味は至高経験（peek-experience）と，どん底経験（bottom-experience）との交錯であると述べています。恋愛は発達のための素晴らしい経験を提供し，充実の瞬間を与えるとともに，懐疑と苦悩に打ちひしがれる瞬間ももたらします。西平・吉川は，その繰り返しにより，アイデンティティの形成，親密の獲得がなされるのだろう，と締めくくっています。

3 青年期の親子関係

3-1 青年と親子

　青年期には親からの独立欲求が強くなり，自立しようとする心理的離乳（psychological weaning）が生じます。親への反抗心を示し，口答えをするようになる，いわゆる第二反抗期を経て，親を「一人の人間として」見ることができるようになり，一段階上の親との関係が新たに構築されるのです。そのため，青年期では親子間の心理的距離が大きくなり，同時に友人や恋人関係を重視するようになります。それ故に，青年期における親からの影響は相対的に低くなるようにも考えられます。しかし先述したアタッチメントのように，それまでに築いてきた関係性は影響を与え続け，また青年期に経験する親とのさまざまな出来事は依然として，青年のアイデンティティや心理的健康，将来展望などに大きな影響を与えます。

3-2 親子の境界

　古くから，青年期における家族成員間の心理的境界の重要性が指摘されています。亀口（1992）は，子どもが青年期に達した家族には，夫婦関係の再考と祖父母世代との問題への対処といった課題への取り組みとともに，子どもの親離れと親の子離れが必要であり，親子の間に適切な境界が確立されることが望ましいと述べています。谷・宮下（2004）も同様に，青年のアイデンティティ確立に望ましい家族とは「明確な境界のある家族」であり，お互いを個として尊重しつつも，十分なコミュニケーションをとれることが望ましいとしています。

　逆に家族成員間の境界が曖昧な家庭では，アイデンティティ形成が阻害されがちです。そのような家族では，親と子どもの「親子同一化」が見られ，親は子どもを自身の分身とみなし，自分ができなかったことを子どもに望み，また子どもが得た評価を自分のもののように考えます。子ども自身もそのような親の期待を感じ，「親の希望は自分の希望」とばかりに親の意思を優先しようとします。過剰なまでに期待に応えようとする姿勢は，自分の気持ちを押し殺してでも親をはじめとする他者の期待に添った行動をとろうとする「良い子」や，

第18章　現代社会と青年期 261

自分の希望や目標が達成されず，挫折したときに自分自身を見失ってしまうといった「自分らしさの喪失」へとつながりります。

白井（2003）は次のように，女子学生が昔を回想した文章を紹介しています。

　　私には反抗期らしきものはなかった。親に対する不満はあったが，長女という立場上「良い子でいよう」という気持ちの方が強かったために，反抗したくても出来なかった気がする。そのせいか，その頃（小六から中一）は，精神的に非常に不安定で自分に対してはコンプレックスのかたまりである一方，周囲の人を見下していたり，突然意味もなく死にたくなったりと，ある種ノイローゼに近い状態だった。今から思えば，反抗する気持ちをそのまま周囲に表現していたら，そんな状態にならなかったのではないかと思う。ノイローゼ状態は中二までにいつのかにかなくなっていた。あの頃の自分は自分であって自分ではないみたいだ。

「良い子でいようとした」「親に嫌われたくない」という学生は少なくなく，白井はその理由として，「親の期待に応えないと，親は自分を愛してくれないのではないか」という不安をあげています。このような不安は過度に期待に応えることによる「燃え尽き症候群」や「思春期やせ症」，家族システムを維持するためのスケープゴートとしての問題行動といった種々の問題を引き起こします。

3-3　親子の結びつき

以上のように，親子の近すぎる距離や境界の曖昧さの問題が指摘されていますが，その一方で，親子間のつながり，結びつきがポジティブな影響を与えるという指摘もなされています。親からの期待を肯定的に受け取り，それに積極的に応えること，そして青年の「親は『自分が期待に応えている』と思っている」という認知は，心的健康の諸側面に肯定的な影響を与えることが指摘されています（Oishi & Sullivan, 2005）。その理由として，期待に応えることで親からの肯定的なフィードバックが得られること，期待に応えることで学業や運動などで良い成績を残したこと，それらがサイクルとなって能力が育成されること（Englund et al., 2004）が考えられます。

また林・岡本（2003）は，「自分は家族の一員であるという感覚が，斉一性と連続性を持って自分自身の中に存在し，またそれが他の家族成員にも承認さ

れているという認識」を家族アイデンティティとし，その青年のアイデンティティ意識における位置づけについて考察しています。家族アイデンティティの構成要素として，自分に対する家族からの評価と自己評価という「家族の一員としての評価」，考え方や性格における「家族との類似性」の2つをあげ，家族アイデンティティが強いほうが家族への満足感や家族行事への将来的展望が高いことを示しました。また青年へのインタビューを行い，家族関係は青年の個としてのアイデンティティ形成に対して背景的な要因に過ぎないと考えられてきたのに対し，家族アイデンティティとして青年のアイデンティティの一部を形成するという仮説を示しています（図18-3）。

　グローテヴァントとクーパー（Grotevant & Cooper, 1986）は高校生とその両親，きょうだいの間の言語的コミュニケーションについて研究し，「独自性」と「結合性」の2つの次元があるとしています。独自性は自己主張と分離，個人が他の成員に対して自分自身の意見や見解の相違を表明できることを表します。結合性は浸透性や相互性，他の成員に対する応答性の高さ，同意や配慮の表明といった他者との結びつきのことです。彼らはこの2つの次元について，家族が結合性をベースとしながらも互いに安心して独自性を発揮できる，独自性と結合性のバランスがとれた関係が望ましいと述べており，明確な境界がありながらも十分なコミュニケーションをとれる家族が望ましいとした谷・宮下と同様の考えを示しています。青年期の成員がいる家族の「家族システムとしての発達課題」とは，このような関係性の構築であると考えられます。

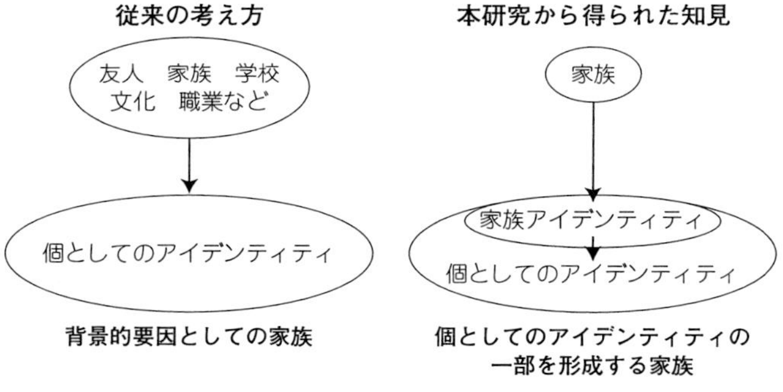

図18-3　個としてのアイデンティティ形成における「家族」の捉え方（林・岡本, 2003）

4 変化する現代社会と青年

4-1 「大人への移行」パターンの多様化

　青年期は子どもから大人への移行期，いわばモラトリアム（猶予期間）です。今このモラトリアムが長期化していると言われています。

　まず，「大人になる」とはどのようなことなのでしょうか。白井（2003）は成人の基準を考える際に，「社会的次元；制度的に成人と認められるような権利・義務関係に属しているかどうか」「個人的次元：社会的な権利・義務関係に属するにあたって最低限必要とされる身体的・精神的・社会的成熟がなされているか」「内面的次元：成人になるにあたって自分自身と折り合いをどのようにつけるのか」の3つの次元をあげています。

　かつては就職による経済的な自立や結婚して家庭を持つこと，社会的責任を負うことが大人になる基準であり，またそれが当たり前でした。しかし現代社会においては，学校教育の長期化による労働市場への参入の遅れ，晩婚化・非婚化など多様な価値観が認められたことでライフコースの多様化・個人化が見られています（宮本, 2004）。それは選択の自由が増す一方で，伝統的モデルの崩壊を伴うものであり，大人を見本モデルとして捉えること，将来の見通しを立てることが難しくなっているということでもあります。

4-2 青年と成人の狭間

　1950年に発達段階を発表したエリクソンは，その改良版として1982年に青年期と成人期の間に「若い成人期（young adult）」を加えました。青年期と成人期の間に，両者とは異なる発達段階が存在するという考えは，ほかの研究者からも出されています。アーネット（Arnett, 2000）は高度産業社会の国々の結婚年齢が25歳前後であることから，18歳から25歳までを青年期でも成人期でもない，青年期の延長によって生まれた新しい時期であるとし，「成人形成期」としました。同様に宮本（2004）は，20歳代半ばになっても親に経済的・心理的に依存し，モラトリアムが長期化している若者たちを表すために，「ポスト青年期」という言葉を用いています。

　その一方で，白井（2003）は「青年が青年期を持てなくなっているのではな

いか」と述べています。青年期は本来試行錯誤や探求の時期であるはずが，失敗の許されない学力能力主義の競争の中に組み込まれた青年は，発達課題を達成する心理的・時間的余裕を与えられず，そのため社会に出てから自分の役割を模索することになり，それが「青年期の延長」と呼ばれる現象ではないか，ということです。

　宮本は，ポスト青年期を出現させたのは，社会的に進学率が上昇するなかで教育費負担が拡大し，経済ユニットとして親子結合を強化させた社会的コンテクストがあると指摘しています。発達段階は社会や文化から影響を受け，それぞれによって異なるもの，変化していくものであると言えます。私たちが模索すべきなのは，青年期の発達課題を固定的に捉えることなく，現代の私たちの社会における適切な発達課題は何かを捉えることであり，それにどう対処するかではないでしょうか。

第 5 部

社会と向き合うための
方法論

第 19 章　涙なしの心理統計

第 20 章　未来を拓く質的研究法

第 **19** 章
涙なしの心理統計

1 心理と統計の関係

1-1 心を数字に置き換える

　私たちは普段，長さや重さ，時間や気温，面積や体積，速度や密度などの情報を数字に置き換えて理解しています。そうした数字は，誰もが理解しうる客観的な指標として，物事の状態を把握する際にとても便利です。

　では，心についての情報は，どのように理解したらよいでしょうか。たとえば，気分の落ち込みや恋愛感情の大きさを具体的に説明したいとき，どのように表現したら相手に伝わりやすいでしょうか。

　当然ながら，心の大きさや形を直接目で見ることはできません。そこで，心理学の研究では，こうした問題に対処するための１つの方法として，心を数字に置き換えて理解します。

　心についての情報を数字に置き換えた代表的な例として，質問項目への回答によって得られた得点（尺度得点といいます）や実験刺激への反応によって得られた時間（反応潜時といいます）をあげることができます。そのように集められたデータを検討することで，心の機能を客観的に理解しようと試みるのです。

1-2 心理統計の使い方

　しかし，数字に置き換えられた情報から有用な知見を導き出すことは，一筋縄ではいきません。上記のような方法で得られたデータは，一見するだけでは数字の羅列です。それをただ眺めているだけで，何らかの知見が自然に浮かび上がってくるということはありません。

　そこで，心理統計の出番がやってきます。心理統計によって分析を行うこと

269

で，膨大なデータのなかから意味のある情報だけを取り出すことが可能になるのです。

　このように書くと，心理統計が万能なものであるように聞こえるかもしれません。もちろん，適切に使うことによって，きわめて有用な結論をデータから導き出すことができるのですが，その半面，誤った使い方をすると，せっかく得られたデータから十分に情報を引き出せなかったり，あるいは，本来はありえないような結論が導かれてしまうこともあります。

　つまり，心理統計を有効な道具として利用するためには，正しい使い方をきちんと理解して，たしかな知識を持つことが大切になってきます。

1-3　記述統計と推測統計

　心理統計と聞くと，高度で難解なイメージが浮かぶかもしれませんが，必ずしも複雑なものばかりではありません。得られたデータの持つ情報をとりまとめるために，平均値を算出したり，また，値のばらつき具合を調べたりすることも心理統計の一部です。たとえば，図19-1は，2つの小学生のグループに，毎月のお小遣いの金額を尋ねた結果をあらわしています。どちらも平均値は同じですが，値のばらつき具合が異なります。こうした情報をしっかりと把握することも重要な意味を持ちます。

　このような分析によって，実際の手元のデータ（「標本」といいます）の特徴を整理する統計を，「記述統計」といいます。一方，手元のデータを利用して，その背後に存在する大きな対象（「母集団」といいます）の特徴を推測する統計

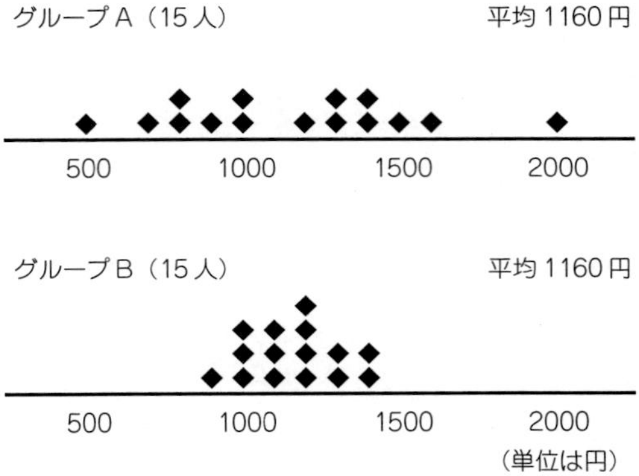

図19-1　小学生の毎月のお小遣い

を，「推測統計」といいます。

心理学の研究では，推測統計を用いたものが多く見られます。たとえば，ある大学の構内で大学生を対象に集められたデータから，一般的な大学生の特徴を推測するというようなものです。もう少し専門的に表現すると，標本に基づいて計算された数値（「統計量」といいます）から，母集団における真の値（「母数」といいます）を推測するということになります。

1-4 変数の特徴を理解する

心理学の研究では，さまざまなデータが収集されますが，そうしたデータはたくさんの変数の集合体であるといえます。「変数」とは，条件や状況によってさまざまに値が変わるものをいいます。たとえば，冒頭であげた尺度得点や反応潜時も変数にあたります。

変数は，その数的な特徴を分類する基準（「尺度水準」といいます）に基づいて，以下の4つに区分され，それぞれ可能な算術演算が異なってきます。

名義尺度
名義尺度は，カテゴリーやグループの分類を数値化したものです。たとえば，性別を分類する場合，1：男性，2：女性，というように任意に数字を割り当てて表現したものです。

これらの数字には，分類すること以上の意味はないので，値どうしの大小比較は意味を持ちませんし，四則演算（たし算・ひき算・かけ算・わり算のこと）も意味を持ちません。

順序尺度
順序尺度は，ものの大小や程度の順序を数値化したものです。たとえば，ある精神疾患の重症度を順に，1：無症状，2：軽症，3：中等症，4：重症，5：最重症，というように順位をつけて表現したものです。

数字の大小が順序性を持つので，値どうしの大小比較はできますが，その間隔が必ずしも等間隔とはいえないため（たとえば，1と2の内容は近くて，2と3の内容はかけはなれているということもありえます），四則演算は意味を持ちません。

間隔尺度
間隔尺度は，順序尺度と同じく数字の大小が順序性を持っており，さらに数

第19章　涙なしの心理統計 271

値間の間隔が等しいことが特徴です。たとえば，質問紙の調査で質問項目への回答に使われる，1：そう思わない，2：あまりそう思わない，3：どちらともいえない，4：ややそう思う，5：そう思う，というような選択肢がこれにあたります（厳密には，こうした選択肢が本当に等間隔であるという保証はありませんが，心理学の研究では，便宜的に等間隔であると見なしています）。

数値は順序性を持っているばかりではなく，値の間隔も等しいとされることから，値どうしの大小比較はもちろん，たし算・ひき算が可能になります。ただし，値の原点が任意に設定されるものなので，値どうしのかけ算・わり算はできません。

比例尺度

比例尺度は，間隔尺度と同様の特徴を持っており，さらに値の絶対的な原点が存在することが特徴です（0という数字が，物理的に何も存在しないことをあらわした原点になります）。たとえば，心理実験で得られるような秒単位の反応時間がその例です。

名前が示すように，この数値は倍数の関係を問題にすることができるので，すべての四則演算が可能です。

以上述べたように，心理学の研究で扱われる数値は，さまざまな異なった特徴を持ちます。得点差や平均値などを算出することが意味のあることかどうかは，こうした変数の持つ情報の質によって決まるのです。

2　平均値の比較

2-1　統計的仮説検定の手順

1-3でも紹介しましたが，心理学の研究では，推測統計が多用されます。つまり，手元のデータの特徴を手がかりにして，広く一般化できるような心理法則を導き出すことが，多くの心理学の研究のあり方であるといえます。

その具体的な方法としては，推測統計の手法の1つである「統計的仮説検定」（単に検定ともいいます）を利用します。統計的仮説検定の進め方は，大きく4つに分けることができます。

1. 仮説を設定する
2. 有意水準を決定する
3. 検定統計量を算出する
4. 仮説の採否を判定する

　統計的仮説検定は，さまざまな研究で活躍します。特に代表的なものに，平均値の比較を行う研究があげられます。そこで，ここでは研究例として，大学生が持つ幸福感に男女差が見られるかどうかを検討する研究を想定しながら，上記の手順の内容を説明します。

2-2　帰無仮説と対立仮説

　例にあげた研究では，大学生の男女の幸福感得点を測定して，その平均値の差を明らかにすることに関心があるわけです。よって，幸福感に男女差があると予想して行われる研究といえます。

　しかし，統計的仮説検定は，本来主張したいこととは逆の内容の仮説を設定することから始まります。すなわち，幸福感に男女差はないという仮説を立てるのです。

　少しややこしいですが，この仮説を棄却することができればよいのです。つまり，幸福感に男女差はないという主張が否定されれば，結果として，幸福感に男女差があるという主張が成り立つことになります（厳密には，幸福感に男女差はないとはいえないということになります）。こうした棄却することを目的にして立てられる仮説のことを，「帰無仮説」といいます。そして，帰無仮説が棄却されたときに採択する仮説を，「対立仮説」といいます。対立仮説として設定した内容が，研究を行ううえで本来主張したいことになります。

　まとめると，手元のデータの値が，帰無仮説に当てはまらないものであると判断された場合，帰無仮説を棄却して，対立仮説を採択します。その結果，大学生が持つ幸福感に男女差があると考えるのです。

2-3　有意水準の意味するところ

　手元のデータの値が，帰無仮説に当てはまらないものであると判断されれば，帰無仮説を棄却すると説明しました。その判断の基準になるのが有意水準です。

　「有意水準」は，帰無仮説が正しいという前提のもとで，手元のデータから

得られた統計量が，確率的に得られやすいものなのかどうかということをあらわす指標です（もっと端的にいうと，帰無仮説が成り立つ確率です）。心理学の研究では，5％や1％よりも低い場合に，帰無仮説を棄却することが慣例になっています。

どういうことかというと，幸福感に男女差はないという前提が正しければ，手元のデータにおける男女の平均値の差は，95％や99％の確率の範囲内で得られるような微々たる差になると考えます（つまり，帰無仮説が正しいという前提に当てはまるような，確率的に得られやすいものになるということです）。逆にそうした前提のもとで，手元のデータにおける男女の平均値の差が，5％や1％よりも低い確率でしか得られないような極端な差であれば，帰無仮説にそぐわない値が得られたと考えます（つまり，帰無仮説では説明が難しいようなことが起きたと考えます）。したがってこの場合，帰無仮説を棄却することになるのです。

こうした基準を設定することによって，手元のデータに見られる男女の得点差が，母集団における男女の得点差をあらわすほどに十分なものかどうかを判断します。

2-4 平均値を比較する検定

研究例としてあげたような2つの平均値を比較する検定を，「t検定」といいます。ここでは詳しい説明を省略しますが，実際にt検定を行うときには，手元のデータに見られる男女の平均値の差を利用して，t値という検定統計量を算出します。そして，算出したt値がどの程度の確率で生じうるものなのか（有意水準である5％や1％を下回るものなのか）ということを，t分布という確率分布を参照して判断します。そうすることで，帰無仮説の採否を判定するのです。

検定を行った結果，帰無仮説を棄却して，対立仮説を採択したとき，大学生が持つ幸福感には統計的に意味のある男女差があるということで，「有意差がある」と表現します。一方，帰無仮説を棄却することができなかったときは，「有意差がない」といいます。

ところで，ここでは2つの平均値を比較する研究を例にあげましたが，研究によっては，3つ以上の平均値の比較を行いたいこともあります。そうしたときには，t検定ではなく，別の手法を用います。

3つ以上の平均値を比較する場合には，「分散分析」という手法を利用します。分散分析を行った結果，帰無仮説が棄却されれば，いずれかの平均値の間

に差があることが考えられます。そこで，さらに「多重比較」という方法を用いて，どの平均値とどの平均値の間に統計的に有意な差があるのかということを詳しく検討していきます。

3　クロス表

3-1　度数を表にまとめる

これまで述べた検定は，先に説明した間隔尺度や比例尺度といった平均値を算出することができる変数を扱うものでした。ここでは，それに代わって名義尺度の変数などから得られる度数を問題にします。

度数のデータというのは，収集したデータをカテゴリーやグループの組み合わせなどによって集計したものです。心理学の研究では，そうして得られた度数の分布の特徴を検討することがよく行われます。その際，情報を表にまとめると理解が簡単です。たとえば，大学生の男女300人に，好きな人に自分から告白したことがあるかどうかについて尋ねて，その結果を表にしたところ，表19-1のようになったとします。こうした表のことを「クロス集計表」（単にクロス表ともいいます）といいます。なお，この表では性別と告白経験がそれぞれ2つずつに区分されているので，2×2のクロス集計表といいます。

表19-1　性別と告白経験のクロス集計表

	告白したことがある	告白したことはない	計
男	85	65	150
女	60	90	150
計	145	155	300

クロス集計表からは，縦方向と横方向の変数の連関，つまり，男女の違いによって告白経験に差があるかどうか，ということが見て取れます。

3-2　連関を検討する検定

こうした度数のデータから得られた情報を吟味するときにも，統計的仮説検定を適用することができます。特に，クロス集計表にまとめられた度数を扱う

第19章　涙なしの心理統計 | 275

場合には，「カイ2乗（χ^2）検定」という検定法が用いられます。この検定も心理学の研究ではよく見られる形式の統計的仮説検定です。

カイ2乗検定にはいくつかの利用方法がありますが，心理学の研究では，クロス集計表の縦方向と横方向の変数が独立であるか（あるいは連関があるか）どうかを検討するために用いるのが一般的です。上記の表においては，表中の縦方向と横方向の変数に統計的に意味のある連関があれば，性別によってこれまでに告白した経験の比率が異なってくると考えます。

検定の手順については，平均値の比較と同じように，仮説を立てることから始まります。帰無仮説は，2つの変数は独立であるという内容になります。対立仮説は，2つの変数には連関があるという内容になります。

そして，実際のデータから集計された度数（「観測度数」といいます）と，変数間に連関はないと考えられる場合に予想される度数（「期待度数」といいます）とのズレに基づいて，χ^2値という検定統計量を算出します。そのχ^2値が生じうる確率を，χ^2分布という確率分布から求めることで，帰無仮説を棄却することができるかどうかの採否を判定することになります。

3-3 有意な結果は，意味のある結果？

何らかの統計的仮説検定を行ったところ，統計的に有意な結果が得られたとしましょう。それは，研究によって明らかにしたかったことが支持されたという意味で，分析者にとっては望ましい結果であるといえます。しかし，ここで注意すべきことがあります。統計的仮説検定には，大人数のデータを集めれば検定結果が有意になりやすいという特徴があるのです。

平均値の比較であれば，ある心理検査を50人ずつの男女に対して行った結果，男女の平均値に有意差はなかったとします。しかし，これと同じことを500人ずつの男女に対して行ってみると，有意差が見られるということが起こりうるのです。この場合，性別に基づいた効果ではなく，データの人数が多いことが検定結果に大きく影響していると考えられます。

つまり，統計的に有意な結果が得られたからといって，その結果に必ずしも実質的な意味があるわけではないということです。逆に，検定結果が統計的に有意なものではなかったときも，直ちに意味のない結果だと結論づけることは間違いであることもあります。この場合，データの人数が少なすぎることが影響しているかもしれません。

検定結果を読み解くときには，こうしたことをしっかりと意識することが必

要です。また，心理学の研究を行うときには，数値の分析だけですべてを判断してしまうのではなく，心理統計とインタビューを組み合わせるなどして，さまざまな角度から問題の本質に迫る工夫をすることも大切です。

4 多変量解析

4-1 多変量解析の種類

これまで説明したように，統計的仮説検定では，少数の変数を用いた得点の比較や変数の関連性を検討することができます。しかし，扱う変数の数が多くなると，もっと複雑な分析を行う必要も出てきます。そこで，ここでは多変量解析と呼ばれる手法について説明します。

「多変量解析」は，多くの変数から構成されるデータを総合的に分析するための統計的手法の総称です。そのなかには，さまざまな種類の分析方法が含まれています。代表的なものをいくつかまとめると，表 19-2 のようになります。

表19-2　主な多変量解析の手法

手法	分析内容
重回帰分析	ある変数がある変数に与えている影響を明らかにする
因子分析	測定された変数に影響を与えている隠れた要因を明らかにする
主成分分析	多くの変数を統合して，総合的な意味を持つ変数を作る
クラスター分析	データの傾向が似た個体を集めて，グループにまとめる

数多くの変数を同時に扱うという性質上，多変量解析を行う際の計算量は膨大なものになります。したがって，多変量解析を手計算で進めることはきわめて困難です。しかし現在では，コンピュータやさまざまな統計パッケージの発展に伴って，科学技術分野や産業分野をはじめ，心理学の研究でも活発に利用されています。ここでは，特に利用されるもののなかから，因子分析とクラスター分析という手法について簡単に説明します。

4-2 隠れた要因を見つける因子分析

質問紙の調査から得られたデータを分析するにあたって，「因子分析」という手法がしばしば用いられます。因子というのは，測定した変数（質問紙の調

第 19 章　涙なしの心理統計　277

査の場合，それぞれの質問項目への回答のこと）に影響を与えていると仮定される隠れた要因のことです。因子分析を用いることによって，実際に測定された複数の変数の特徴から，その背後に存在する変数間の関係性の構造を検討することが可能になります。たとえば，恋愛感情を質問紙で測定する場合であれば，各質問項目への回答には，いとおしさやあこがれといった因子の影響があるかもしれません。

　因子分析は，利用目的によって探索的因子分析と確認的因子分析という２つの方法に大別されます。

　「探索的因子分析」は，因子についての明確な仮説を持たずに，測定した変数にどういった因子の影響が見られるかを探り出したいときに使われます。一方，測定した変数に影響する因子についての明確な仮説があって，その影響のあり方を検証するために利用されるのが「確認的因子分析」です。

　それぞれの変数が因子から受ける影響の程度は，「因子負荷量」という指標によってあらわされます。因子負荷量は，通常－１から１までの間の値をとります。この値によって，どの変数が，どの因子の影響をどの程度受けているのかということがわかります。

4-3　個体をまとめるクラスター分析

　「クラスター分析」は，手元のデータに含まれる複数の変数の特徴に基づいて，類似した個体をグループにすることを目的とします。たとえば，大学生に外向性や協調性などの複数の性格特性を測定するための検査に協力してもらい，その結果から，各学生をいくつかのグループにまとめるといった使い方ができます。このまとまりのことを「クラスター」といいます。

　クラスター分析には，さまざまな分類法が存在します。特に代表的なものとして，階層的クラスター分析と非階層的クラスター分析という分類法があります。

　「階層的クラスター分析」では，似ている個体どうしを順次まとめていくという手順をとります。結果の表記は，「デンドログラム」（樹状図ともいいます）という図を用いて表現されることが一般的です（図19-2）。デンドログラムは，低い場所で結合している個体どうしほど，類似した特徴を持っていることをあらわします。一方，「非階層的クラスター分析」では，あらかじめ分析者が個体を分割するクラスターの数を指定します。そのうえで，各個体がどのクラスターに属するかということを検討します。すべての個体をクラスターに割り当

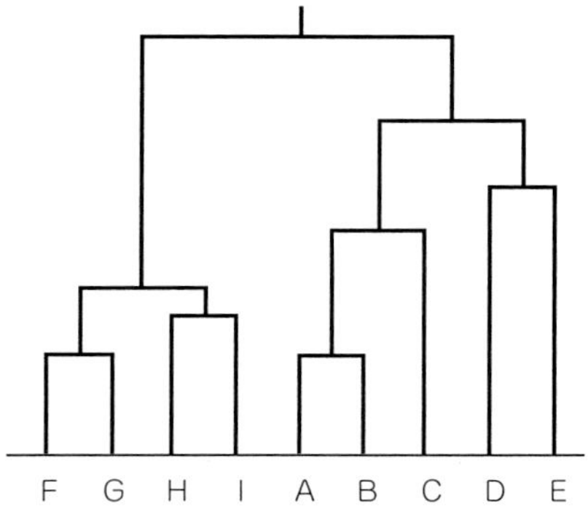

図19-2　デンドログラムの例

てたときに，最も収まりがよい分割結果が得られるように個体を分類し直すことを繰り返して，最終的な結果を得ることになります。

第**20**章

未来を拓く質的研究法

1　質的研究法の意義

1-1　21 世紀の心理学と質的研究法

　心理学の歴史をひもとくと，20 世紀，特にその前半期は「自然科学として
の心理学」を目指してきたといえます。そして，その影響が非常に強かったと
いえます。ただし，その影響は薄れてきており，20 世紀中盤以降は，社会と
関連する心理学，あるいは，意味を重視する心理学，が勃興してきました。

　21 世紀は，どのようになるのでしょうか。渡邊（2011）は今後の心理学の特
徴として，個人の主観を研究する方法が重視されると指摘し，その主要な方法
として質的方法をあげています。

1-2　質的研究法の特徴

　質的方法とは，データをとるときに数値化しない，ということがその基本に
ありますが，もちろん，数字になっていないデータを扱えば直ちに質的研究に
なるわけではありません。澤田・南（2001）は「言葉に限定せず，図や映像，
音声など，事物も出来事の様態を写したり記したりしたもの全般」としていま
す。文字や記号，図や映像を対象にしたうえで，それを数値化してカウントし
て，計算式に当てはめて満足するのではなく，得られたデータを説明し理解す
るための有効な概念を見いだし，結果を整理して表現する研究が質的研究だと
いえるでしょう。

　アメリカ心理学会が 2012 年に『心理学における研究方法』というハンドブ
ックを出版しました。全 3 巻，A4 で 2500 ページもの大きなハンドブックです
が，そのすべての論文の中の一番最初に収録されている論文がウィリッグによ
る「質的研究における認識論的基礎の展望」という論文です。アメリカ心理学

281

の後を追う必要もないですし，むしろ日本のほうが進んでいたともいえるかもしれませんが，質的研究が心理学において大きな位置を占めているということがこの『心理学における研究方法』を見るだけでわかります。

ウィリッグ（Willig, 2012）によると，質的研究とは意味もしくは意味づけ（meaning）に関心を持つものだ，と定義しています。そして，質的研究志向を持つ研究者は主観性と経験に関心を持っている，としています。量的研究のように，人を「変数の乗り物」として見てサンプルとして扱うのではなく，研究対象者の1人ひとりの主観や経験を重視するのが質的研究の基本的なスタンスです。

質的な探求法の特徴はどのようなところにあるのでしょうか？　マレシェク（Marecek, 2003）は「地雷原でダンス」という少し物騒な論文の中で，質的方法という代わりに質的スタンスという言い方を好んでいます。その質的スタンスの特徴として，以下のような節立てをして質的研究を説明しています。

表20-1　マレシェクによる質的研究の特徴（Marecek, 2003）

個人のライフ（生命・生活・人生）と社会史の結合
Why（なぜ）を問うのではなくHow（どのように）を問う
意図を持つ存在，意味を生成する主体として人間を再配役する
言語は主観的世界を知るための鍵である
研究における研究者の役割を促進する
質的探求の多重性

マレシェク（2003）があげた特徴から，逆説的に量的研究のことを考えてみるなら，量的研究の特徴は，個人のライフ（生命・生活・人生）を社会史と遮断し，Why（なぜ）を問い，人間が意図を持った存在とは見なさず，言語を軽視し，研究における研究者の役割を限定し，研究における問いを単純なものにする，ということがいえるわけです。こうしたスタイルを持つ量的研究ではなく，質的研究を行いたいと思う人が増えるのも当然だといえるでしょう。

1-3　心理学の諸分野における質的研究

質的方法を盛んにしよう，などというと，心理学において質的方法は当たり前のことで，ことさらに強調することではない，という人がいます。それはそれでたしかに正しく，サトウ（2011）は以下のように，これまでの心理学と質的方法の関係を整理しています。

表20-2　心理学の諸分野における質的研究の伝統（サトウ，2011）

社会心理学	フィールドワーク
発達心理学	自然観察法　日誌観察法　面接調査法
臨床心理学	事例研究
	ナラティヴ型アナログ研究。心理的問題を抱えている／いた人の語りを得て，その経験を描く
文化心理学	記号の発生を文化と見なし，さまざまな時空で生じる記号とそのはたらきについて描く
現象学的心理学	現象そのものに近づくために，臆見（ドクサ）をはがしていく

　たしかにこうした伝統はありますが，心理学は自然科学だという考えの前に，単なる補完的意味しか持ちえなかったのも事実です。しかしこれからは，心理学を実践するときの基本的な考え方の中心に質的方法を据える必要があるのです。なぜなら，人間のライフというものは，それを対象化して実験のような手段でアプローチできることは限られているからです。

【コラム1】中国における質的研究

　1980年代から，欧米に留学していた中国の研究者たちが質的研究という研究方法を本国に持ち帰ってきました。現在，中国では質性研究と呼ばれています。

　伝統的な量的研究と違うところが多いため，今は発展中です。特に，北京大学の陳向明教授が中国国内の総合的な質的研究ハンドブックを編集し，教育学と社会学における質的研究の教学を積極的に進めています。また，教育現象学と叙事教育学を唱えている劉良華教授と丁剛教授も代表的な研究者です。

　日本と異なり，中国ではまだ質的心理学会が成立しておらず，心理学界では「質性心理学」という言い方も普遍的に認められていないようです。そのため，わずかな質的心理学研究者もばらばらになっており，お互いの交流のチャンスも少ないのが現状です。

　しかし発展していないからこそ，今後に期待する価値があるのではないでしょうか。

1-4　質的研究法のタイプ

　さて，サトウ（2011）は，質的方法がデータとして扱うのは，個人がある場所を観察したときに行ったメモや，聴き取りを行った際の個人の語りなど，言

語であらわされた「ナラティヴ・データ」であるとしています。さらに細かく見てみると，大きく以下の4つに分けられます。

表 20-3　質的研究のタイプ

1	アーカイブ分析	映像や日記などすでに存在するテキストの分析
2	ナラティヴ分析	当事者による語りの研究
3	フィールドワーク	観察による文化の記述
4	アクションリサーチ	実践活動を行いながらの記録
5	テキストマイニング	テキストの分析

　以下，本章では，語りの研究のためのインタビュー法，フィールドワーク法，アーカイブ分析のためのテキストマイニング法，について解説していきたいと思います（アクションリサーチについては，今回触れることができませんでした）。

2　インタビュー

　インタビューは文字通り「相互の（inter）」「視点（view）」を意味し，2人以上の人の間でコミュニケーションをし，語りを引き出すことを意味します。インタビューにはいろいろな形式がありますが，これらは2つの種類に大きく分けることができます。1つは，情報を得るためのインタビューです。たとえば，テレビのニュースでよく見かける街頭インタビュー，新聞・雑誌などのジャーナリズムで使われる著名人の対談，消費者意識を調査するマーケティング・インタビューなどが，情報収集を目的としたインタビューの典型といえるでしょう。もう1つは，専門家が素人をアセスメントする手段としてのインタビューです。これはしばしば「面接」と言い換えられるもので，臨床心理士が行うカウンセリング，就職活動のジョブ・インタビューなどが該当します。質的研究では，主に前者が使われます。調査したい現象に迫るためにインタビューを行うため，調査インタビューと呼ばれることもあります。
　調査インタビューでは多くの場合，研究者が研究目的と知的関心に基づいてデータ収集をします。調査インタビューは，実際のインタビュー構造化の程度や目的に応じてさまざまに区分されますが，すべてのインタビューに共通していえることは，①インタビューをされる人の自己表現をとおして情報を得る方法であるため，内的世界を把握しやすいこと。②インタビューをされる人の経験を，その背景を含めて把握することを目的とする調査に適した方法であるこ

とです。

　なお，インタビューは，1対1で行われる場合もありますが，グループで行われる場合もあります。これをグループ・インタビューといいます。グループ・インタビューには，自分では何も言うことがないと思っている人が，他のメンバーの発言を聞いて自分の意見を言い出せること，緊張したり不安になったりする人も，集団のほうがリラックスして発現できるなどという利点があります（田垣, 2004）。個別のインタビューにせよ，グループ・インタビューにせよ，対象についてのより良い理解をするための最も基本的な質的研究法の1つであることに変わりありません。

2-1　ナラティヴ的な現象理解

　実際の場面で，「あなたが○○について体験したお話を聞かせてください」というようにインタビューを行います。インタビューのなかで最も鍵となるのは，インタビューをする人とされる人の知の協働的な創造の役割です。質的研究法のインタビューは，街頭インタビューやマーケティング・インタビューと比べて一歩踏み込んだ次元まで分析をし，対象を理解しようとします。特にその人の人生の語り方や意味づけ方を重視する立場から，インタビューの場で生成された語りを「広義の言語によって語る行為と語られたもの」を意味する「ナラティヴ（narrative；語り・物語）」と呼びます（やまだ, 2007）（「広義の言語」とは，いわゆる「言葉」として語られるテキスト情報だけではなく，声のトーンや抑揚，ジェスチャーなどの周辺言語，さらには映像，身体，建築，芸術，パフォーマンス，都市などのような記号化された情報のすべてが含まれます）。こうしたインタビューにおけるコミュニケーションを従来の心理学と比較してモデルとしてとらえると，図20-1のようになります。

　図20-1にあらわされているように，ナラティヴモデルにおいてインタビュー調査から生成される「ナラティヴ」は，インタビューをする人のものでもされる人のものでもありません。ナラティヴ的な現象理解において語りは，インタビューをする人とされる人の ── 「私」と「あなた」の ── 「間」で生成されるものとして中間に位置づけられます。そして，インタビューの内容について，相互的なやりとりによる語られ方，物語の構成の仕方や意味づけ方，語りの変化プロセスなどが分析されます（やまだ, 2007）。また，ナラティヴ的な現象理解のなかで，従来の心理学で重視されてきた「客観」，「事実（fact）」を問うような考え方をしないことも特徴の1つといえるでしょう。語られたことを

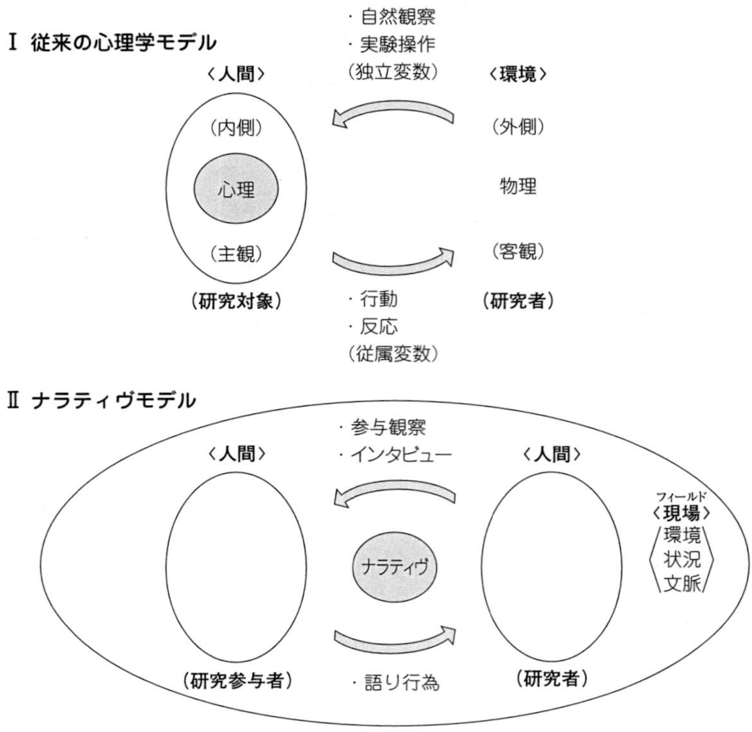

Ⅰ 従来の心理学モデル

・自然観察
・実験操作
（独立変数）

〈人間〉　　　　　　　　　　〈環境〉

（内側）　　　　　　　　　　（外側）

心理　　　　　　　　物理

（主観）　　　　　　　　　　（客観）

（研究対象）　・行動　　　**（研究者）**
　　　　　　　・反応
　　　　　　（従属変数）

Ⅱ ナラティヴモデル

・参与観察
・インタビュー

〈人間〉　　　　　　　　　　〈人間〉

フィールド
〈現場〉
環境
状況
文脈

ナラティヴ

（研究参与者）　・語り行為　　**（研究者）**

図20-1　従来の心理学モデルとナラティヴモデル（やまだ, 2007）

理解するとき，たとえインタビューをされる人の口から嘘が語られたとしても，その語りはその人の人生あるいは，その人の属する社会・文化的文脈に特有の語りの形式とルールに基づいていると考え，それを明らかにしようと試みるためです。

2-2　インタビューの実際 —— 語りの人称性・時間性

インタビューでは，インタビューされる人の体験や考え方を口述で問います。インタビューによって得られる語りは他でもない「当事者としての私」の語りであり，語られる事柄の時間性は必ずしも「事実」としての出来事の順序に沿っていないこともあります。

従来の心理学では，研究者が多数の対象者に調査や実験を行い，その結果を数量化，平均化することで匿名の平均的・標準的な「ヒト」の像を作ってきま

した。これに対して，質的研究のインタビューにおいて明らかにしようとするのは，個人の一人称的な認識になります。たとえ語りに矛盾やズレがある場合にも，それを無視するのではなく，個人が他でもない自分自身の経験を語った内容として敬意をもって丁寧に分析をします。時間という観点からインタビューのなかでの語りは，必ずしも歴史の年表のように過去から未来へと向かう正確な順序性に基づくとは限りません。インタビューをされる人は「過去」については経験や時間経緯を，「未来」については展望を，インタビューをされる「現在」の自分の立場から語ることになります。つまり，そこにはその人の人生自体に流れていた時間，それを再編して語ったときの語られた出来事に流れている時間，語っている時間という異なる3つの時間性が存在することとなるのです（サトウ, 2007）。こうした複合的な時間の感覚のなかにこそ，人の生きられた時間があるといっても過言ではないでしょう。

　語られたインタビュー・データが担う役割を，フリックは表20-4のようにまとめています。

表20-4　質的研究を行ううえで果たすインタビュー・データの役割（フリック, 2002/1995）

・研究結果の根拠となる基礎的データ
・解釈の根拠
・研究結果を提示し伝達するための主要媒体

　インタビュー・データの担う役割は，研究者の思考の流れとともに変容していきます。「研究結果の根拠となる基礎的データ」と「解釈の根拠」としてのテキストは研究の過程において，「研究結果を提示し伝達するための主要媒体」としてのテキストはインタビューの結果を他者と共有する過程において，それぞれ重要性を持つことになります。

【コラム2】幼稚園での観察とインフォーマルインタビュー

　インタビューというと質問を用意して話を聞くというイメージが強いですが，観察研究などでは，インフォーマルインタビューが時に重要です。
　たとえば，幼稚園での観察研究で，子どもの行動について先生方と話をする機会があったとします。先生方は観察者が知らない他の日の出来事からデータの解釈に役立つ情報を提供してくれることがあります。そこからさらにお聞きしていけば，インフォーマルインタビューとなります。

他にも，保護者の方々とかわす何気ない会話も，インフォーマルインタビューといえるかもしれません。その会話には親として子育てをする中で興味のあることや気になることが含まれています。その内容は幼稚園での観察ではうかがい知れない子どもの様子を知る手がかりになります。

　20世紀には行動の観察が重視されましたが，21世紀の心理学は，行為の意味や意味づけを重視するようになってきました。意味を理解するには，その文脈をとらえることが重要になります。インフォーマルなインタビューは，観察で得られた子どもの行動の意味を知るために必要な文脈を広げてくれるのです。

2-3　インタビューが開く意味の世界

　質的研究法のインタビューでは，インタビューをする人とされる人の関係性を重視し，インタビューをされる人の経験の意味づけやその語りに込められた「声」をどのようにとらえるか考えます。インタビューで得られたデータの分析はとても根気がいる作業です。データの分析の前に，語り全体の構成や内容を把握し，何が語られたかを把握することが必要になります。膨大なインタビュー・データを整理し，自分なりの分析上の観点を作り上げていくためです。研究者は真摯な姿勢で何度も繰り返しインタビュー・データを読み返し，分析の手がかりを探るのです。

　分析に際しては，多面的な見方を心掛けますが，主に「内容」（何が語られたか），「構造（形式）」（どのように語られたか），「意味」（各事象が全体の文脈にどのように位置づけられているか）という3つの視点に注目するといいでしょう（徳田，2004）。これら3つのうちいずれの観点からも，インタビューされる人の経験を解釈していくこと，そして時間的経緯に位置づけながらその経験をとらえていくことが大切な作業となります。語りの意味を解釈していくうえで，本人の認識のみに従うのではなく，その人が生きた現実とナラティヴを結びつけながら考察していくことで，当事者の語りをより深く理解することができるという見解もあります。インタビュー・データをどのように解釈するかは，表20-5のようにまとめられています。

　個人の語りは，人生の渦中にある本人が語るものであるため，主観的データもしくは，社会的構成産物としてとらえることがふさわしいと考えられます。なかでも，社会的構成産物としてとらえることで，個人の語りと他者・文化の語りとの間の相互作用性を知ることができるようになります。そこに生じる普

表20-5　ライフストーリーの概念と用途（Wallance, 1994; 野村, 2005 から抜粋）

主たる関心	ライフストーリーと現実との結びつき		
	客観的データ	主観的データ	社会的構成産物
個人の人生	個人の人生について の事実を収集するた めの手段	人生経験に対する主 観的な認識に接近す る方途	人生についての社会 的構成産物
社会現象	文化的・歴史的な事 実を収集するための 手段	社会的・歴史的出来 事に対する主観的な 認識に接近する方途	人生についての社会 的構成産物

遍性や差異を探っていくことで，単なる個別性を超えて現象を理解することが可能になるのです。つまり，質的研究のインタビューにおいては，個人が生きた時代背景や個別具体的な状況を考察し，インタビューをされた人が生きた世界についての解釈をすること，そこから意味の世界の扉を開くことを可能にするのです。このようにとらえると，インタビューが語りから新たなモノの見方を再発見するための創造的な手段の1つであることがわかるでしょう。

3　フィールドワーク

3-1　フィールドワークとは？
── さまざまな方法論の合わせ技で挑む，「記号の記述」

「フィールドワーク」はさまざまな領域で用いられている方法論です。たとえば建築学の「研究者」が建物を実地で観察したり，地理学者が地形の測量をしたりすることがあります。こうした「現場」に出る調査は，広義のフィールドワークであるということができます。心理学においては，人びとが活動している特定の現場（学校の教室，公園等）や，特定の現象が生起している現場（母子関係の相互作用等）をフィールドとし，その場に入り込みながら調査を進める「参与観察法」が，フィールドワークの中心的な技法となっています。

心理学においても，フィールドワークは観察法の発展とともに古くから行われてきた歴史があります。ゲシュタルト心理学の視点に基づいて，人間の日常生活をその生態環境を含めて全体的にとらえることを試み，アメリカ中西部のとある町をフィールドとした研究（Baker & Wright, 1949）や，発達研究において子どもたちの相互作用が行われている現場に参与し，場の文脈を崩さずに実

態をとらえることを試みた研究（Corsaro, 1985）は，重要な先駆的研究となっています。

実験法などと比較すると，フィールドワークは，たまたまその場面で起こったことを観察する「あてずっぽう」なもの，という印象を受けるかもしれません。しかし実際のところ，フィールドワークは次項で述べるように，不明確なものでもなければ，非効率的なものでもありません。むしろこれまでの心理学的方法論では迫ることの難しかった，人びとの生の実態を鮮明に示すための有効な方法です。

人類学のエスノグラフィもフィールドワークを用いますが，人類学が「民族」「部族」という大きな単位での人びとの行動パターンをまとめていくのに対し，文化心理学は文化と人びととの関わりのあり方により焦点を合わせ，「その場／場の成員の活動は何が媒介となり，可能となっているのか」という点を，記号概念（たとえば，ヴィゴツキー，1987）に基づいた，「記号の記述」（semiography; セミオグラフィ）として追究します。人類学でも文化心理学でも，フィールドワークは観察法，インタビュー法，文献学的検討など，さまざまな方法を駆使しながら取り組んでいく技法であり，丁寧な観察を通じた「厚い記述」（Geertz, 1973）を目指します。

3-2　フィールドワークの実際 —— 問いが視点と始点を決める

参与観察する際に重要となるのは，「リサーチ・クエスチョン」（Research Question, RQ）の設定です。「それを調査することで，どのような「問い」に答えたいのか？」について，回答できる問いのかたちであらわしたものが RQ です。RQ 次第で，どのような目的で，何を，どのように見るのか，という観察の根幹が決まってきます。似たような言葉との関係でいえば，「素朴な疑問」，「問い」，「RQ」の順番に，観察の具体性が高まっていくととらえるとわかりやすいかもしれません（たとえば，サトウ，2007）。

以下，神経難病である筋萎縮性側索硬化症（Amyotrophic Lateral Sclerosis: ALS）患者の在宅療養の場へのフィールドワークを行った日高らの研究（2012）を例に，フィールドワーク／参与観察の実際を概説します。この研究では，フィールドに入った当初は，「患者さんは身体がほとんど動かず，辛いに違いないのに，なんだかすごく楽しげに生活しておられるように見える。不思議だ。なんでだろう？」といった曖昧で，「素朴な疑問」がありました。ここから出発して参与観察を続けるなかで，「重篤な病いとともに生きるなかで，病者本人が

快適と感じられるような日々の活動はどのように成り立っているのか？」とい
う「問い」を立てました。この問いへの回答を視野に入れて，「痰の吸引や，
楽しみの発見などの日常的な活動に通底するものは何か？」という RQ を立案
する，というように問いが具体的なものになっていきました。

　このような問いの具体化および RQ の立案をスムーズに行っていくためには，
参与観察のモードを「全体観察」，「焦点観察」，「選択的観察」の３つで推移さ
せながら（図 20-2），調査を遂行することが重要となります（Spradley, 1980）。
段階ごとの課題と，日高ら（2012）で実際に行った事柄については表 20-6 に
まとめました。

　全体観察においては（素朴な疑問に基づきながらも）広範なデータを採集する
ことに努め，焦点観察においては集中的にデータ採集の対象とする重要な現象
をきちんと見定め，選択的観察においてはデータの分析や解釈枠組みの導入も
行いながらさらに具体的な観察を行っていく，という手順です。

　こうしたプロセスを経て，RQ への回答となる仮説を生成することになりま
す。これは，あらかじめ設定した仮説を（演繹的に）検証する「仮説検証」に
対して，「仮説生成」と呼ばれます。現場で収集されたデータに基づいて，帰
納的（ボトムアップ）に生み出された，現象に対する説明仮説です。といって
も仮説は，一足飛びに，思いつきで，生成できるものではありません（多くの
場合，説明しきれないような例外的事象が新たに見つかったり，解釈が恣意的あるい

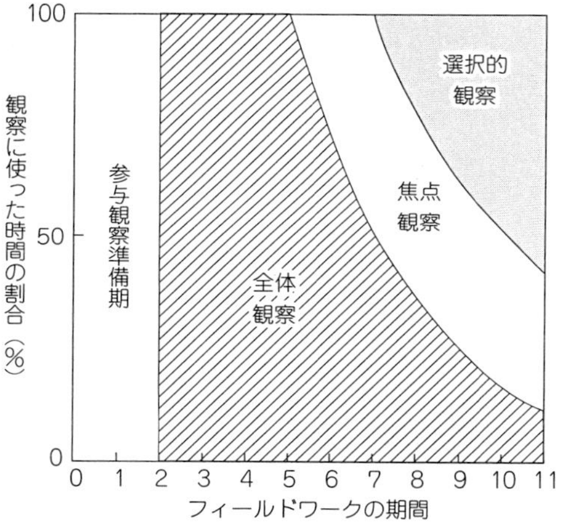

図 20-2　データ採集のための観察モードの推移
（Spradley, 1980 をもとに箕浦，1999 が作成したもの）

表20-6 観察モードの推移と，それぞれのモードにおける課題

	一般的課題	日高他（2012）における具体的内容 （データ採集および分析的な手続きを含む）
全体観察	とにかく目に付いたものや気になったものを広く観察することを心がけ，場で起きている現象を把握することに努める。	場の成員についてのデモグラフィックな情報（年齢，性別，患者の病歴等）や，患者の自室の間取り，患者の一日の療養スケジュール，家族およびヘルパーの活動内容や（家の中での）所在など，場で日常的に生起する現象を広く捉えるための観察を実施した。 観察後フィールドノートを精査することを繰り返し行い，療養生活に関わる現象のうち頻度の多いもの（患者のベッドサイドで実践される痰の吸引や，患者がベッド上から機器を操作して別室にいるヘルパーを呼ぶ，などの活動）を整理し，これを焦点観察のユニットとした。
焦点観察	全体観察の結果を踏まえ，どのような現象をデータとして記述し，観察する現象の境界を明確にし，一貫した方針でデータを採集する。	患者のベッドサイドで展開される療養生活上の出来事に焦点を当て，さらに観察を遂行した。特に習慣的に行われているケアや，それにまつわる機器・道具などについては，どのような場合に，どのように使用するのかについて患者やヘルパーにインタビュー（雑談形式）で確認し，データとした。 また，用途不明な事物および意味を判りかねる習慣などの点についても観察およびインタビューを通じデータを取った。さらに観察はされなかったが存在が予想される事項についても同様に項目としてまとめ，これらを併せたものをエピソードとして122点抽出した。
選択的観察	現象を読み解くための理論的枠組みを用いながら，さらに具体的なデータを収集する。	全体観察・焦点観察の結果をもとに，その用途や日常的な運用方法，いつごろから定着したものであるかなどの問いを立て，患者，家族，ヘルパーらにインタビューにて確認し補足することで場の人々にとっての意味や重要性を確認した。 記述された現象を解釈するための理論枠組みを析出するにあたり，フィールドノートも再読しながら検討を行った。患者自身の決定に基づいて（自律的に）療養生活が実践されていること，ならびに「患者」ではない一人の「生活者」としての活動も生起していることから，「対人援助学」や，「自己論」の領域の文献を検討し，適切な理論枠組みを探索，採用した。 観察とデータ分析は並行して行い，例外的な現象は生じていないか（データをきちんと解釈，考察しきれているか）という点を念入りに繰り返し検討していくことを続けた。

は独りよがりであったり……といった事態に直面します）。したがって，分析方法論をきちんと修得し，丁寧にデータを扱っていくことが求められます。

3-3 フィールドワークのデータ分析
── 科学の基本に立ち返り，未来を拓いていくために

　フィールドワークでは，得てして膨大で雑多な（雑多に「見える」と表現した
ほうが適切かもしれません）データが集まります。膨大で雑多に見えるデータに，
何とかして一定の方向性をつけて，「場で起きていたことは，こういうことだ
ったのだ」という説明を行えるようにするために，フィールドワーカーは常に
考え，常に新たなデータをとり，常にデータを分析・整理し……という課題に
取り組むことになります。より具体的にいえば，データ採集，分析，文献検討，
執筆が並行しながら進んでいく，ダイナミックさがフィールドワークの特徴で
もあります。

　質的データの分析方法論は，カテゴライズもしくはシークエンスの分析（た
とえば，会話データを実際に語られた流れに沿って分析する等）に２分されます
（Flick, 1995/2002）。カテゴライズする方法論としては，KJ 法（川喜田, 1967）や
グラウンデッド・セオリー・アプローチ（Grounded Theory Approach: GTA）
（Glaser & Strauss, 1967/1996），修正版 GTA（木下, 2007）などがよく用いられて
います。シークエンスの分析としては，会話分析（Sacks, 1992; 好井ら, 1999），
マイクロ分析（Bamberg, 2012）などが有名です。

　エスノグラフィにおいてはカテゴライズする方法が中心的に用いられてきた
一方で，エスノグラフィの魅力の１つである「プロセス（の記述）」を，時間
を捨象しないかたちで表現するための方法も追究されてきました。これは文化
心理学，特に（進行性の）病いを扱う研究においては非常に重要な観点です。
人の発達（質的な変容）を，開放システム（ある特定の地点にたどり着くための径
路は複数ありえる ── つまり因果論的には人の生は説明できないとの立場に立つ）の
観点から描く複線径路・等至性モデル（Trajectory Equifinality Model: TEM）
（Valsiner & Sato, 2006; サトウ, 2009）はこうした要請に応える方法の１つであり，
厚生心理学との接続のための議論も進められています（Sato et al., 2012）。

　問いの立案，丁寧な観察，そして適切な分析方法論の選択こそが科学の基本
です。「調べたいことは何か」，「それを調べるための方法は何か」，といった点
を問い直していくことは，フィールドワークにおいて特に重要性が強調される
ものですが，こういう姿勢は，より広く，「科学的な研究」の基礎を成すもの
としてもとらえることができるでしょう。「数字を使えば客観的」，「統計検定
を使わないと（科学的な）心理学にはならない」といった主張・批判で思考停

止するのではなく、「研究を通じて未来を拓く」という大きな目標を設定することで、心理学におけるフィールドワークの可能性は大きく広がっていくのです。

【コラム 3】フィールドエントリーとその難しさ

私は生徒と教師の関係に興味を持ち、近隣の高校に研究受け入れを依頼しました。誠意があれば、フィールドに入れてもらえる、これが当初のフィールドエントリー観でした。しかし、「教育委員会以外の研究依頼は受け入れません」「個人情報保護の問題からお断りします」等、何校にも断られ続けました。

そこで私は、さまざまな研究会へ足を運び、学校関係者を紹介していただきました。次に、研究内容を「どの活動において、どのような形で、誰に何を聞きたい／観察したいのか」まで明確に伝えるように心がけました。

「私が何者なのか」がわかるようにアプローチすること、現場でお手伝いできる内容や研究計画・見通しを明確にし、個人情報保護への取り組みも明文化することが重要です。

こうした工夫の末、ボランティア活動をしながら研究をさせてもらえることになりました。現場に根ざした心理学研究が広まるなか、何よりもまず現場への配慮をもつアプローチが重要だと学びました。

4　テキストマイニング

4-1　テキストマイニングとは

「テキストマイニング（text mining）」は、コンピュータを利用して、テキストデータから新しい知識を「掘り起こす（mining）」ことで、テキストを量的データとして扱い分析する手法です。テキストマイニング自体は、人文・社会科学に限らず経営学・看護学・社会福祉学など、方法論として多様な領域に用いられつつあります（喜田, 2008; 藤井ら, 2005, 松村・三浦, 2009; 稲葉, 2011）。主に本書で扱ってきた社会心理学のテーマに用いるとすれば、インタビューやフィールドワークまたは質問紙調査などをとおして得られたテキスト（文章）データを対象とすることが考えられます。すでに、インタビューやフィールドワークといった研究手法については述べられていますが、テキストマイニングはデータを取るという段階というよりも、さまざまな方法で得られたテキストデー

タを理解するための手法です。つまり，どのような手法でデータを取るかという点はあまり関係がありません。そのため心理学の質問紙調査であっても，テキストマイニングによって扱うことができます。

　心理学で質問紙調査などを行う場合，自由記述の欄を「一応」設けるという人は多いはずです。しかし，自由記述ということもあり，実験論文にする際にはあまり使えていないというのが現状の方も多いと思われます。質問紙データにも基本的には質的分析の手法は有効ですが，実験論文という性質上，定性的な手法を嫌う傾向が心理学を学ぶ人または研究者に多いように思われます。このような場合にテキストマイニングはテキストデータを数値化するので，この結果を統計手法によって処理することで，実験参加者の質問に対する考えや反応の傾向を量的にもとらえることが可能になります。よって，テキストマイニングの利用によって，テキストデータに対して客観的に体系化された「数量化」をすることが可能です。逆に，この意味において質的研究に「数量化」と「視覚化」を取り込んだ手法ともいえるでしょう（藤井ら，2005）。

4-2　テキストマイニングの実際

　テキストマイニングは，収集されたテキストデータに対して，言語学分野で開発された「形態素解析（分かち書き）」や「構文解析（係り受け）」と呼ばれる自然言語処理を行います。収集したテキストデータを解析し数量化することで，それらの結果を統計手法やグラフ化をとおして視覚的にわかりやすいかたちにして，その結果の解釈を研究者が行います。基本的にテキストマイニング用ソフトウェアはこの処理，または視覚化までのインタフェースを提供しています。ソフトウェアも現在シェア・ウェア（有料）からフリー・ウェア（無料）まで各種あります。シェア・ウェアのものとしては，Text Mining Studio, Word Miner など，フリー・ウェアのものとしては KH Coder (http:// khc.sourceforge.net/)，Tiny Text Miner （http://mtmr.jp/ttm/) などがあります。各ソフトウェアのインストール手順は HP 等を参照してください。また各ソフトウェアの専門書もそれぞれ出ていますので，使用方法に関してはこれらの書籍を参照してください。以下ではテキストマイニングに共通する基本的な流れについて触れていきます（図 20-3）。

データ整形
収集されたテキストデータはさまざまなファイル形式またはメディアで存在

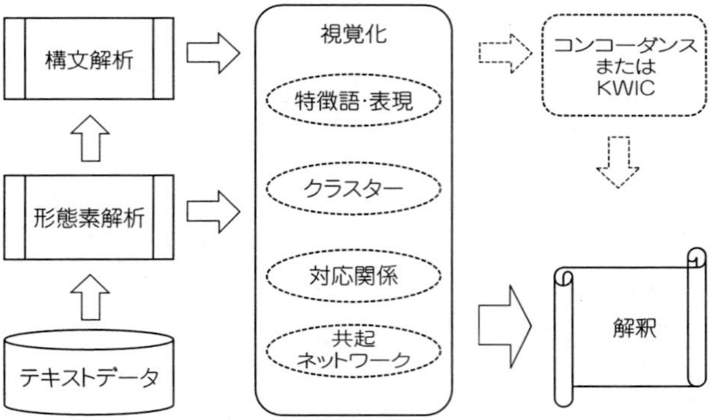

図 20-3　テキストマイニングによるデータ分析プロセス（稲葉，2011 に基づき作成）

しているはずですが，まずはそれを各種ソフトウェアに必要なかたちに整形しなければなりません。多くの場合，入力ファイルとして「CSV ファイル」をサポートしています。たとえば，Microsoft 製エクセルとしてデータが保存してある場合は，「ファイル」→「名前を付けて保存」を選択し，フォーマットで「CSV ファイル」を選択することで CSV ファイルを作成することができます。必要なデータ整形の方法については，各種ソフトウェアの指示に従ってください。

解析

　データを整形した後は，ソフトウェアを起動し，解析するテキストデータとして整形した CSV ファイルを指定します。テキストマイニングでは大きく分けて 2 つの解析方法があります。1 つは形態素解析（分かち書き）と呼ばれるもので，文章を品詞（形態素）に分割してくれる，最も基本的な処理です。「人民の人民による人民のための政治を目指します」という文章は，形態素解析ソフト（Chasen）を使うことで，「人民／の／人民／による／人民／の／ため／の／政治／を／目指し／ます」という品詞（形態素）に分割されます。表 20-7 は，「人民の人民による人民のための政治を目指します」を Chasen によって形態素解析をした例です。テキストマイニングのソフトウェアの多くはこれらの品詞のうち名詞，形容詞，動詞などを抽出し，同じ語（ここでは「人民」）の頻度を数えてくれます。

　2 つ目は構文解析（係り受け解析）で，この処理では文章中における語句の依存関係または修飾関係を解析します。図 20-4 は「人民の人民による人民のための政治を目指します」という言葉を構文解析した結果です。構文解析で

表 20-7　Chasen による形態素解析の例

見出し(出現形)	読み(出現形)	発音(出現形)	見出し(基本形)	読み(基本形)	発音(基本形)	品詞	品詞細分類	活用型	活用形
人民	ジンミン	ジンミン	人民	ジンミン	ジンミン	名詞	一般	―	―
の	ノ	ノ	の	ノ	ノ	助詞	連体化	―	―
人民	ジンミン	ジンミン	人民	ジンミン	ジンミン	名詞	一般	―	―
による	ニヨル	ニヨル	による	ニヨル	ニヨル	助詞	連語	―	―
人民	ジンミン	ジンミン	人民	ジンミン	ジンミン	名詞	一般	―	―
の	ノ	ノ	の	ノ	ノ	助詞	連体化	―	―
ため	タメ	タメ	ため	タメ	タメ	名詞	副詞可能	―	―
の	ノ	ノ	の	ノ	ノ	助詞	連体化	―	―
政治	セイジ	セイジ	政治	セイジ	セイジ	名詞	一般	―	―
を	ヲ	ヲ	を	ヲ	ヲ	助詞	一般	―	―
目指し	メザシ	メザシ	目指す	メザス	メザス	動詞	自立	五段・サ行	連用形
ます	マス	マス	ます	マス	マス	助動詞	―	特殊・マス	基本形

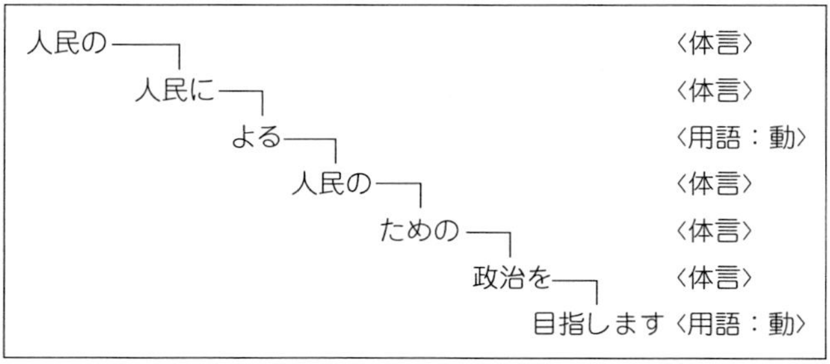

図 20-4　構文解析の例

「人民に／よる」という品詞は 2 つに分かれ，「よる」という語が動詞として続く「人民の／ための」を修飾していることがわかります。このように単語間の依存・修飾関係を抽出することができます。

視覚化

　形態素解析や構文解析によって抽出された単語頻度や係り受けをもとに，視覚的にわかりやすく表現することで，テキストデータ中の意味のあるパターンを見つけ出すことができます。ソフトウェアによっては，ここから先は別の統計ソフトを用いて視覚化を行う場合もあります。基本的にはテキスト内の特徴語や特徴表現，単語や文章のクラスター，語句と属性との対応関係，語句の共起関係に基づく共起ネットワーク，などを視覚的に提示する機能が提供されます（稲葉, 2011）。これらの結果は，布置図やデンドログラムのように「視覚化」されたものとして把握することができます（藤井ら, 2005）。

解釈

稲葉（2011）によれば，テキストマイニングにおける最も重要な作業は，研究者がテキストデータの視覚化の結果から意味のあるパターンを見つけ出すこと，つまりこの解釈の部分であるとされています。

ここでは視覚化された結果から，重要な語句を見つけ出し，その語句がどのように使用されているかについて，再度テキストデータに戻って読み直すことで，テキストに対する理解を深めていきます。テキストマイニングのソフトには基本的に「コンコーダンス」または「Keyword in Context: KWIC」と呼ばれる機能が用意してあります。この機能は，抽出された重要語句が使用されている箇所を検索し表示してくれるものです。

視覚化の結果に基づく解釈によって，テキストマイニングの結果は，一般的な質的研究によるテキスト解釈よりも客観性のあるものを研究に提供することが可能になります。

4-3　テキストマイニングの結果の理解

次に，実際にテキストイニングによって形態素解析された結果を見てみましょう。表20-8 は，模擬裁判員裁判の評議過程の会話データの分かち書きした結果から，裁判員と裁判官の使用頻度に分けて両者の違いをあらわしています。

ここで評議とは，被告人が有罪か無罪か，有罪であれば量刑はどれぐらいかを，市民6名と裁判官3名で決める議論の過程です（詳細は第5章を参照のこと）。この評議過程の会話に高頻度で出てくる単語は，その評議において議論された重要なトピックと考えられます。また市民と裁判官には法に関する圧倒的な知識差があり，これが評議に反映されている可能性が指摘されています。よって裁判員6名，裁判官3名という人数差を考慮した χ^2 検定を行い，その差を比較したものが表20-8 になります。

結果，有意差のある語（＊がついている語）は「正当防衛」「過剰防衛」「執行猶予」など専門用語に多いことがわかります。つまり，裁判官は3名と少数ながら，これらの語の使用が多いことを意味しています。実際にこの裁判では，殺意を持たず相手の攻撃に反撃した結果被害者が死に至った（正当防衛）のか，殺意を持って反撃した（過剰防衛）のかが争われていました。こういったテキストの背景・状況を鑑みて解釈すれば，裁判員裁判評議過程では裁判官が争点となるようなトピックを専門用語化し，法的な議論に位置づけている可能性が考えられます。テキストマイニングを用いることで，テキスト内にあるこのよ

表20-8　ある模擬裁判員裁判・評議過程における裁判官と裁判員の高頻出語の違い

	出現頻度	裁判員	裁判官	X^2
被告人	126	41	85	**
私（一人称）	123	75	48	n.s.
被害者	99	42	57	**
包丁	90	44	46	**
菜箸	72	34	38	**
正当防衛	45	18	27	**
暴力	43	18	25	**
流れ	45	22	23	*
傷	34	13	21	**
殺意	35	18	17	*
行為	27	10	17	**
過剰防衛	25	8	17	**
感じ	30	17	13	n.s.
手	28	17	11	n.s.
可能性	22	12	10	n.s.
普通	17	9	8	n.s.
状態	17	11	6	n.s.
執行猶予	17	5	12	**
判断	16	7	9	*

うなパターンを見つけ出すことができます。

【コラム4】質的研究における映像分析の可能性

　会話分析やナラティブ分析など，対話を録音テープや観察ノートから文字起こししてデータ化する分析が質的研究の主流となっています。しかし近年，音声データに加え，映像データの分析方法も開発されています。

　映像データの分析の特徴は，映像とテキスト，音声などのデータを横断してコーディングを行う点です。話している対象者の様子とその話す内容を関連づけるだけでなく，表情やうなずき，無言の反応といったノンバーバルな部分のコミュニケーションもデータ化することができます。

　多人数での対話場面では，目配せや注視なども細やかに拾い上げることが可能になります。現在は映像データ分析用のソフトウェアも開発されつつあります（HULINKS社 Nvivo, URL: http://www.hulinks.co.jp/software/nvivo/）。

　映像分析を行う場合，複数視点から撮影することと，観察ノートとの照合による恣意性の排除は必須です。身体動作もナラティブだと考えることで，映像分析は新しい質的研究の可能性を開くのです。

4-4　テキスト理解の手法としてのテキストマイニング

　上記のようにテキストマイニングは，コンピュータによって現象を記述した膨大なテキストデータのパターン化を行い，情報を理解しやすくすることを目的としています。この意味で，テキストマイニングを用いて分析（視覚化）することだけが研究の終わりではなく，研究者が再びテキストに立ち返り，新たな視点からそのテキストを読み直すことが重要だと考えられています。そして，その結果として新たなテキスト理解を可能にし，新たな現象の意味を構築することができます。この意味で，テキストマイニングは，「仮説検証」ではなく，「仮説生成」として用いることが望ましいでしょう。

　松村ら（2009）は，「テキストマイニングは料理のようなものである」と述べています。具材（テキストデータ）をどう調理（分析）するかによって，出来上がる料理（分析結果）が異なるという意味です。ここに1つ加えるならば，出来上がった料理がどのような味（意味）になるのか？という点からスタートし，次に「こういう（意）味を創ろう！」という再分析のプロセスを何度か経て，ようやくテキスト（具材）の深い理解がなされるものと思われます。また，社会心理学の領域でテキストマイニングを用いるような場合に，単語頻度や係り受けが心理学的にどのような意味を持つかについて，その対象となる研究フィールドに沿った解釈がされるべきだと思われます。

文　献

第1章　応用社会心理学と文化心理学

Hermans, H. J. M. & Kempen, H. （1993）. *The dialogical self: Meaning as movement.* Academic Press. （溝上慎一・水間玲子・森岡正芳（訳）（2006）.『対話的自己 —— デカルト／ジェームズ／ミードを超えて』新曜社.）

サトウタツヤ　（2012）.『学融とモード論の心理学 —— 人文社会科学における学問融合をめざして』新曜社.

サトウタツヤ・高砂美樹　（2003）.『流れを読む心理学史 —— 世界と日本の心理学』有斐閣.

サトウタツヤ・渡邊芳之　（2011a）.『あなたはなぜ変われないのか —— 性格は「モード」で変わる　心理学のかしこい使い方』筑摩書房.

サトウタツヤ・渡邊芳之　（2011b）.『心理学・入門』有斐閣.

Valsiner, J. （2007）. *Culture in minds and societies: Foundations of cultural psychology.* Sage. （サトウタツヤ（監訳）（2012予定）.『心と社会のなかの文化 —— 文化心理学の基礎』新曜社.）

第2章　社会心理学から心の文化差へ

Asch, S. E. （1946）. Forming impressions of peronality. *Journal of Abnormal and Social Psychology, 41*, 258-290.

Asch, S. E. （1951）. Effects of group pressure upon the modification and distortion of judgments. In H. Guetzkow （Ed.） *Groups, leadership and men.* Carnegie Press, pp.177-190.

Heider, F. （1958）. *The psychology of interpersonal relations.* Wiley. （大橋正夫訳（1978）.『対人関係の心理学』誠信書房.）

Heine, S. J., Lehman, D. R., Markus, H. R., & Kitayama, S. （1999）. Is there a universal need for positive self-regard? *Psychological Review, 106*, 766-794.

James, W. （1892）. *Psychology: Briefer course.* Macmillan. （今田寛訳（1992-1993）.『心理学　上・下』岩波書店.）

Kelley, H. H. （1967）. Attribution theory in social psychology. In D. Levine （Ed.）, *Nebraska symposium on motivation* （Vol.15）. University of Nebraska Press, pp.192-240.

Kuhn, M. H. and McPartland, T. S. （1954）. An empirical investigation of self-attitudes. *American Sociological Review, 19*, 68-76.

Markus, H. R. & Kitayama, S. （1991）. Culture and the self: Implications for cognition, emotion, and motivation. *Psychological Review, 98*, 224-253.

Masuda, T. & Nisbett, R. A. （2001）. Attending holistically versus analytically: Comparing the context sensitivity of Japanese and Americans. *Journal of Personality and Social Psychology 81*, 922-934.

三隅二不二（1984）.『リーダーシップ行動の科学（改訂版）』有斐閣.

Moscovici, S., Lage, E., & Naffrechoux, M.（1969）. Influence of a consistent minority on the responses of a majority in a color perception task. *Sociometry, 32*, 365-380.

Ross, L.（1977）. The intuitive psychologist and his shortcomings: Distortions in the attribution process. In L. Berkowitz（Ed.）, *Advances in experimental social psychology*（vol.10）. Academic Press, pp.173-220.

Tesser, A.（1988）. Toward a self-evaluation maintenance model of social behavior. In L. Berkowitz（Eds.）, *Advances in experimental social psychology*（Vol.21）, Academic Press, pp.181-227.

第3章　文化心理学——文化の違いと異文化変容

電子政府（2012）.「薬事法」〈http://law.e-gov.go.jp/〉（2012 年 7 月 10 日確認）

Fuhrer, U.（2004）. *Cultivating minds: Identity as meaning-making practice*. Routledge.

石田かおり（2005）.「岐路に立つメトロセクシャル —— 現在の男性の化粧表現に見られる問題点と解決策」『駒沢女子大学研究紀要』*12*, 1-13.

石黒広昭・亀田達也（編）(2010).『文化と実践 —— 心の本質的社会性を問う』新曜社.

香川秀太（2012）.「実践知と形式知, 単一状況と複数状況, 分析と介入, そして質と量との越境的対話 —— 状況論・活動理論における看護研究に着目して」『質的心理学フォーラム』*3*, 62-72.

柏尾眞津子・箱井英寿(2006).「大学生における被服行動と時間的志向性との関連性について」『繊維製品消費科学』*47*, 661-670.

木戸彩恵（2006）.「二つの文化的状況下にある青年期日本人女性学生の化粧 —— 日本と米国でのインタビュー調査の質的分析」『日本質的心理学会第 3 回大会アブストラクト集』53.

河野哲也（2012）.「心理学のテーマとしての身体」『質的心理学フォーラム』*3*, 20-28.

Rogoff, B.（2003）. *The cultural nature of human development*. Oxford University Press.（當眞千賀子（訳）(2006).『文化的営みとしての発達 —— 個人, 世代, コミュニティ』新曜社.）

佐藤公治（2012）.「言語と対話 —— ヴィゴツキーの視座」茂呂雄二・有元典文・青山征彦・伊藤崇・香川秀太・岡部大介（編）『状況と活動の心理学 —— コンセプト・方法・実践』新曜社, pp.52-59.

サトウタツヤ・渡邊芳之（2011）.『心理学・入門 —— 心理学はこんなに面白い』有斐閣アルマ.

Valsiner, J.（2001）. *Culture in minds and Societies: Foundations of cultural psychology*. Sage.（サトウタツヤ（監訳）(2012 予定).『心と社会のなかの文化 —— 文化心理学の基礎』新曜社.）

Valsiner, J.（2011）. Uneasiness of culture: The discontent with quantifying civilization in cultural psychology. In S. Salvatore. & T. Zittoun.（Eds.）, *Cultural psyochology and psychoanalysis pathways to synthesis*. Information Age Publishing, pp.7-10.

Valsiner, J.（2012）. Culture in psychology: A Renewed encounter of inquisitive minds. In J. Valsiner.（Ed.）, *The Oxford handbook of culture and psychology*. Oxford University Press, pp.3-24.

Yamamoto, T & Takahashi, N.（2007）. Money as a cultural tool mediating personal relationships:

Child development of exchange and possession. In J. Valsiner & A. Rosa（Eds.）, *Cambridge handbook of socio-cultural psychology*. Cambridge University Press.

第4章　複線径路・等至性モデル（TEM）── 人生の径路をとらえる

荒川歩・安田裕子・サトウタツヤ（2012）.「複線径路・等至性モデルの TEM 図の描き方の一事例」『立命館人間科学研究』25, 95-107.

文部科学省生涯学習政策局調査企画課（2011）.「教育指標の国際比較 平成23（2011）年版」文部科学省.

サトウタツヤ（編）（2009）.『TEM ではじめる質的研究 ── 時間とプロセスを扱う研究をめざして』誠信書房.

安田裕子（2005）.「不妊という経験を通じた自己の問い直し過程 ── 治療では子どもが授からなかった当事者の選択岐路から」『質的心理学研究』4, 201-226.

安田裕子・荒川歩・髙田沙織・木戸彩恵・サトウタツヤ（2008）.「未婚の若年女性の中絶経験 ── 現実的制約と関係性の中で変化する, 多様な径路に着目して」『質的心理学研究』7, 181-203.

安田裕子・サトウタツヤ（編）（2012）.『TEM でわかる人生の径路 ── 質的研究の新展開』誠信書房.

第5章　法心理学と裁判員裁判

Bartol, C. R. & Bartol, A. M.（2006）. History of forensic psychology, In I. B. Weiner & A. K. Hess（Ed.）, *The handbook of forensic psychology*. John Wiley & Sons, pp.3-27.

Davis, J. H.（1973）. Group decision and social interaction: A theory of social decision schemes. *Psychological Review, 80*, 97-125.

Delahunty, J. G. & Wakabayashi, K（2012）. Adversarial forensic science experts: An empirical study of jury deliberations. *Current Issues in Criminal Justice, 24*, 85-103.

Devine, D. J., Clayton, L. D., Dunford, B. B., Seying, R & Pryce, J.（2001）. Jury decision making: 45 years of empirical research on deliberating groups' psychology. *Public Policy, and Law, 7*, 622-727.

藤田博康（2010）.『非行・子ども・家族との心理臨床 ── 援助的な臨床実践を目指して』誠信書房.

藤田政博（2005）.「市民の語彙と既知感を知る手がかりとして」『自由と正義』56, 79-91.

後藤昭（監修）日本弁護士連合会裁判員制度実施本部　法廷用語の日常語化に関するプロジェクトチーム（編）（2008）.「裁判員時代の法廷用語 ── 法廷用語の日常語化に関する PT 最終報告書」

浜田寿美男（2005）.『新版 自白の研究 ── 取調べる者と取調べられる者の心的構図』北大路書房.

小西聖子（編著）（2008）.『犯罪被害者のメンタルヘルス』誠信書房.

Loftus, E. F. & Palmer, J.（1974）. Reconstruction of automobile destruction: An example of the interaction between language and memory. *Journal of Verbal Learning and Verbal Behavior, 13*, 585-589.

Loftus, E. F. & Zanni, G. (1975). Eyewitness testimony: The influence of the wording of a question. *Bulletin of the Psychonomic Society, 5*, 86-88.

Loftus, E. F., Miller, D. G., & Burns, H. J. (1978). Semantic integration of verbal information into a visual memory. *Journal of Experimental Psychology: Human Perception and Performance, 4*, 19-31.

牧野英一 (1919).『刑事学の新思潮と新刑法』警眼社.

Neisser, U. (1982). *Memory observed: Remembering in natural contexts*. W. H. Freeman. (富田達彦 (訳) (1988).『観察された記憶 —— 自然文脈での想起 (上・下)』誠信書房.)

西田典之 (2006).『刑法総論』弘文堂.

越智啓太 (2012).『Progress & Application 犯罪心理学』サイエンス社.

佐伯昌彦 (2010).「犯罪被害者の刑事裁判への参加と手続的公正の社会心理学 —— 英米法圏での実証研究をふまえて」『法と心理』(サブ特集 法と心理学領域における公正概念の再検討) *11*, 73-82.

サトウタツヤ (2003).「心理学と社会 —— 心理学領域の拡大」サトウタツヤ・高砂美樹『流れを読む心理学史 —— 世界と日本の心理学』有斐閣.

サトウタツヤ (2012).『学融とモード論の心理学 —— 人文社会科学における学問融合をめざして』新曜社.

司法制度改革審議会 (2001).「司法制度改革審議会意見書 —— 21 世紀の日本を支える司法制度」

Stern, L. W. (1904). Wirklichkeitsversuche, *Beitrage zur Psychologie der Aussage, 2*, 1-31.

白井美穂 (2009).「量刑判断の要因についての実験的検討 —— 前科情報の種類による効果」『法と心理』*8*, 114-127.

杉森伸吉 (2002).「裁判員制における市民 - 専門家の異質性の融和 —— 社会心理学的考察」『法と心理』*2*, 30-40.

杉森伸吉・門池宏之・大池彰道 (2005).「裁判員に与える情報が複雑なほど裁判官への同調が強まるか？ —— 裁判員への認知的負荷が裁判官から受ける正当性勢力に及ぼす影響」『法と心理』*4*, 60-70.

Tyler, T. R., Smith, H. J., Boeckmann, R. J., & Huo, Y. J. (1997). *Social justice in a diversity society*. Westview Press. (大渕憲一・菅原郁夫 (訳) (2000).『多元社会における正義と公正』ブレーン出版.)

山崎優子・仲真紀子 (2008).「『未必の故意』に関する教示が司法修習生と大学生の裁判理解および法的判断に及ぼす影響」『法と心理』*7*, 8-18.

若林宏輔 (2011).「問題 16 司法の現場からはどのような心理学が生まれたか」サトウタツヤ・鈴木朋子・荒川歩 (編著)『心理学ポイントシリーズ・心理学史』学文社, pp.54-55.

若林宏輔・佐藤達哉 (2012).「寺田精一の実験研究から見る大正期日本の記憶研究と供述心理学の接点」『心理学研究』*83*, 174-181.

綿村英一郎・分部利紘・高野陽太郎 (2010).「一般市民の量刑判断 —— 応報のため？ それとも再犯抑止やみせしめのため？」『法と心理』*9*, 98-108.

第6章　被害面接・被害者学・刑罰論

Bull, R., Cooke, C., Hatcher, R., Woodhams, J., Bilby, C. & Grant, T.（2006）. Offender profiling and linking crime. In R. Bull, C. Cooke, R. Hatcher, J. Woodhams, C. Bilby, & T. Grant, *Criminal psychology: A beginner's guide*. Oneworld Pubns.（「犯罪者のプロファイリングとケース・リンケージ」山崎優子（訳）／仲真紀子（監訳）（2010）.『犯罪心理学』有斐閣, pp.20-42.）

Butler, E. W., Fukurai, H., Dimitrius, J-E. & Krooth, R.（2001）. The first Mcmartin trial. In E. W. Butler, H. Fukurai, J-E. Dimitrius, & R. Krooth, *Anatomy of the Mcmartin child molestation case*. University Press of America.（「マクマーチン裁判 —— 第一次公判」仲真紀子（訳）／黒沢香・庭山英雄（監訳）（2004）.『マクマーチン裁判の深層 —— 全米史上最長の子ども性的虐待事件裁判』北大路書房, pp.179-229.）

Dwyer, J., Neufeld, P. & Scheck, B.（2003）. Wrong numbers. In J. Dwyer & P. Scheck, *Actual Innocence*. Sterling Lord Literistic.（「だまされた陪審員」西村邦雄（訳）／指宿信（監訳）（2009）.『無実を探せ！イノセンス・プロジェクト —— DNA鑑定で冤罪を晴らした人々』現代人文社, pp.ll-55.）

Goodey, J.（2004）. Contextualising victims and victimology. In J. Goodey, *Victims and victimology: Research, policy and practice*. Longman Group United Kingdom.（「被害者と被害者学の状況論的考察」宮崎英生（訳）／西村春夫（監訳）（2011）.『これからの犯罪被害者学 —— 被害者中心的司法への険しい道』成文堂, pp.l-55.）

金井直美（2011）.「修復的司法の限界と可能性 —— 当事者の主体性尊重の観点から」『法政論叢』47, 13-25.

河合幹雄（2004）.『安全神話崩壊のパラドックス —— 治安の法社会学』岩波書店.

河合幹雄（2000）.「日本の被害者学と被害者運動の動向」『犯罪社会学研究』25, 141-147.

Memon, A. & Walker, N.（1999）. Interviewing children: Techniques for improving the acuracy and completeness of children's reports. Psychology and Law International Conference, Preconference programme of applied courses.

仲真紀子（2004）.「捜査面接法」厳島行雄・仲真紀子・原聰『目撃証言の心理学』北大路書房, pp.106-132.

千手正治（2004）.「ニュージーランドにおける修復的司法の発展とマオリ族」藤本（編）『諸外国の修復的司法』中央大学出版部, pp.43-79.

Tomporowsk, B., Buck, M., Bargen, C. & Binder, V.（2011）. Reflections on the past, present, and future of restorative justice in Canada. *Alberta Law Review*, 48, 815-829.

渡辺昭一（2004）.「心理学と犯罪捜査のかかわり」渡辺昭一（編）『捜査心理学』北大路書房, pp.1-6.

吉田卓司（2007）.「フィンランドの修復的司法」『法と政治』58, 180-146.

第7章　正義と公正感情

Bies, R. J.（2005）. Are procedural justice and interactional justice conceptually distinct? In J. Greenberg & J. A. Colquitt（Eds.）, *Handbook of organizational justice*. Lawrence Erlbaum Associates, pp.85-112.

Deutsch, M. (1975). Equity, equality and need: What determines which value will be used as the basis for distributive justice? *Journal of Social Issues, 31*, 137-149.

Fisher, R., Ury, W., & Patton, B. (1981). *Getting to Yes: Negotiating agreement without giving in*. Penguin Books.

Greenstein, T. N. (2009). National context, family satisfaction, and fairness in the division of household labor. *Journal of Marriage and Family, 71*, 1039-1051.

Lerner, M. J. (1980). *The belief in a just world: A fundamental delusion*. Plenum Press.

Lind, E. A., & Tyler, T. R. (1988). *The social psychology of procedural justice*. Plenum Press.

中山元 (2011). 『正義論の名著』筑摩書房.

大渕憲一 (2004). 「集団の社会心理学と公正」『法と心理』 *1*, 43-53.

Thibaut, J. W., & Walker, L. (1975). *Procedural justice: A psychological analysis*. Erlbaum.

Thompson, L. (1991). Family Work: Women's sense of fairness. *Journal of Family Issues, 12*, 181-196.

Tyler, T. R. (2000). Social justice: Outcome and procedure. *International Journal of Psychology, 35*, 117-125.

Tyler, T. R. (2001). Social Justice. In R. Brown & S. L. Gaertner (Eds.), *Blackwell handbook of social psychology: Intergroup processes*. Blackwell Publishing, pp.344-364.

Tyler, T. R. (2006). *Why people obey the law*. Princeton University Press.

Tyler, T. R., & Lind, E. A. (1992). A relational model of authority in groups. In M. P. Zanna (Ed.), *Advances in experimental social psychology*. Academic Press. Vol.25, pp.115-191.

第8章 共感と虚偽と道徳性

Allport, G. W. (1937). *Personality a psychological interpretation*. New York: Henry holt.

Austin, R. (2010). Documentation, documentary, and the law: What should be made of victim impact videos? *Scholarship at Penn Law, 322*, 979-1017.

Baron-Cohen, S. (2003). *The essential difference: Men, women and the extreme male brain*. Basic Books. (三宅真砂子 (訳) (2005). 『共感する女脳, システム化する男脳』NHK 出版.)

Batson, C. D., Duncan, B. D., Ackerman, P., Buckley, T., & Birch, K. (1981). Is empathic emotion a source of altruistic motivation? *Journal of Personality and Social Psychology, 40*, 290-302.

Chapin, F. S. (1941). Preliminary standardization of a social insight scale. *American Sociological Review, 7*, 214-225.

Davis, M. H. (1996). *Empathy: A social psychological approach*. Westview Press. (菊池章夫 (訳) (1999). 『共感の社会心理学 —— 人間関係の基礎』川島書店.)

Dymond, R. F. (1949). A scale for the measurement of empathic ability. *Journal of Consulting Psychology, 13*, 127-133.

出口保行・大川力 (2000). 「非行少年の共感性に関する研究 —— 非行種別、道徳判断との関連を中心として」『犯罪心理学研究』 *38*, 17-36.

Eisenberg, N. & Strayer, J. (1991). *Empathy and its development*. Cambridge University Press.

Freud, S.（1975）. *Jokes and their relation to the unconscious.*（trans. by Strachey, J.）, The Hogarth Press.（Original work published 1905.）

藤田博康（2010）.『非行・子ども・家族との心理臨床 —— 援助的な臨床実践を目指して』誠信書房.

Hoffman, M. L.（2000）. *Empathy and moral development: Implications for caring and justice.* Cambridge University Press.（菊池章夫・二宮克美（訳）（2001）.『共感と道徳性の発達心理学 —— 思いやりと正義のかかわりで』川島書店.）

川崎惣一（2009）.「道徳的行動の主たる要因としての共感について」『北海道教育大学紀要, 人文科学・社会科学編』*60*, 15-27.

子安増生・大平英樹（編）（2011）.『ミラーニューロンと〈心の理論〉』新曜社.

Kohler, W.（1929）. *Gestalt psychology.* Liveright.

Lipps, T.（1903）. Einfühlung, innere nachahmung, und organempfindungen. *Archiv Für Die Gesamte Psychologie, 1*, 465-519.

Mehrabian, A., & Epstein, N.（1972）. A measure of emotional empathy. *Journal of Personality, 40*, 525-543.

Meltzoff, A. N. & Moore, M. K.（1977）. Imitation of facial and manual gestures by human neonates. *Science, 198*, 75-78.

元良勇次郎（1889）.『心理学』金港堂.

中島義明・安藤清志・子安増生・坂野雄二・繁桝算男・立花政夫・箱田裕司（編）（1999）.『心理学辞典』有斐閣.

仲島陽一（2006）.『共感の思想史』創風社.

野村理朗（2011）.「『向社会的』共感の心理生物学的メカニズム」子安増生・大平英樹（編）『ミラーニューロンと〈心の理論〉』新曜社, pp.103-131.

Nussbaum, M. C.（2004）. *Hiding from humanity.* Princeton University Press.（河野哲也（監訳）（2010）.『感情と法 —— 現代アメリカ社会の政治的リベラリズム』慶應義塾大学出版会.）

岡本英生・河野荘子（2010）.「暴力的犯罪者の共感性に関する研究 —— 認知的要素と情動的要素による検討」『心理臨床学研究』*27*, 733-737.

Rizzolatti, G., Fadiga, L., Gallese, V. & Fogassi, L.（1996）. Premotor cortex and the recognition of motor actions. *Cognitive Brain Research, 3*, 131-141.

Rogers, C.（1957）. The necessary and sufficient conditions of therapeutic personality change. *Journal of Consulting Psychology, 21*, 95-103.

渋谷昌三・渋谷園枝（1993）.「対人関係における deception（嘘）」『山梨医大紀要』*10*, 57-68.

下山晴彦（2007）.「面接技法の訓練のポイント」菅原郁夫・下山晴彦（編）『実践 法律相談 —— 面接技法のエッセンス』東京大学出版会.

菅原郁夫（2007）.「情報の共有のための基本技術」菅原郁夫・下山晴彦（編）『実践 法律相談 —— 面接技法のエッセンス』東京大学出版会.

諏訪雅顕（2010）.「刑事裁判における被害者参加制度の問題点 —— 実務上真の被害者救済になり得るものか」『信州大学法学論集』*15*, 55-90.

Stotland, E.（1969）. Exploratory investigations of empathy. *Advances in Experimental Social*

Psychology, 4, 271-314.

Smith, R. J.（1978）. *The psychopath in society.* Academic Press.

Tichener, E. B.（1973）. *Lectures on the experimental psychology of the thought-processes.*（Ed. by Gerdner, H. & Gerdner, J. K.）, Arno Press.（Original work published 1909）.

登張真稲（2003）.「青年期の共感性の発達 —— 多次元視点による検討」『発達心理学研究』*14*, 136-148.

登張真稲（2010）.「協調性とその起源 —— Agreeableness と Cooperativeness の概念を用いた検討」『パーソナリティ研究』*19*, 46-58.

Wispe, L.（1986）. The distinction between sympathy and empathy: To call forth a concept, a word is needed. *Journal of Personality and Social Psychology, 50,* 314-321.

World Health Organization（1994）. *Life skills education in school.* World Health Organization.（JKYB 研究会（訳）（1997）.『WHO ライフスキル教育プログラム』大修館書店.）

安村直己（2008）.「ロジャーズとコフートの理論と臨床における接点について」『甲子園大学紀要』*36*, 223-240.

第9章　冤罪を防ぐ心理学 —— 目撃証言の誤りと虚偽自白

Asch, S. E.（1951）. Effects of group pressure upon the modification and distortion of judgments. In H. Guetzkow（Ed.）, *Groups, leadership and men.* Carnegie Press, pp.177-190.

Dwyer, J., Neufeld, P. & ScheckActual, B.（2000）. *Innocence: Five days to execution & other dispatches from the wrongly convicted.* Doubleday.（西村邦雄（訳）（2009）.『無実を探せ！イノセンス・プロジェクト —— DNA 鑑定で冤罪を晴らした人々』現代人文社.）

Gudjonsson, G. H.（1992）. *The psychology of interrogations, confessions, and testimony.* John Wiley.（庭山英雄・浜田寿美男・渡部保夫・村岡啓一（訳）（1994）.『取調べ・自白・証言の心理学』酒井書店.）

浜田寿美男（2001）.『自白の心理学』岩波新書.

浜田寿美男（2005）.『新版 自白の研究 —— 取調べる者と取調べられる者の心的構造』北大路書房.

浜田寿美男（2006）.『自白が無実を証明する —— 袴田事件, その自白の心理学的供述分析』北大路書房.

浜田寿美男・伊藤哲司（2010）.『「渦中」の心理学へ —— 往復書簡 心理学を語りなおす』新曜社.

法と心理学会・目撃ガイドライン作成委員会（編）（2005）.『目撃供述・識別手続に関するガイドライン』現代人文社.

一瀬敬一郎・厳島行雄・仲真紀子・浜田寿美男（2001）.『目撃証言の研究 —— 法と心理学の架け橋をもとめて』北大路書房.

小嶋信勝・安達敏男（2012）.『冤罪を生まないための裁判員裁判 —— 証拠の見方と心得』日本加除出版.

Leo, R. A. & Drizin, S. A.（2004）. The problem of false confessions in the post-DNA world. *North Carolina Law Review*, Vol.82. Available at SSRN: http://ssrn.com/abstract=1134094（伊藤和子（訳）（2008）.『なぜ無実の人が自白するのか —— DNA 鑑定は告発する』日本評論社.）

Loftus, E. F.（1975）. Leading question and the eyewitness report. *Cognitive Psychology, 7*, 550-572.

Loftus, E. F., Loftus, G. R., & Messo, J.（1987）. Some facts about "weapon focus." *Law and Human Behavior, 11*, 55-62.

Loftus, E. F., & Palmer, J. C.（1974）. Reconstruction of automobile destruction: An example of the interaction between language and memory. *Journal of Verbal Learning and Verbal Behavior, 13*, 585-589.

日本弁護士連合会人権擁護委員会（2009）.（編）『誤判原因に迫る —— 刑事弁護の視点と技術』現代人文社.

小田中聰樹・佐野洋・竹澤哲夫・庭山英雄・山田善二郎（2001）.『えん罪入門』日本評論社.

小笠原安里子（2006）.「食い違いの見られる証言についての供述心理学的検討 —— 浜松事件を題材に」『立命館大学応用社会心理学演習卒業論文集』, *2*, 1-17.（未公刊）

大橋靖史（2005）.「取調べと自白」菅原郁夫・サトウタツヤ・黒沢香（編）『法と心理学のフロンティア II 巻 犯罪・生活編』北大路書房, pp.83-113.

最高裁判所（2009）.「裁判員制度（裁判員 Q&A「どうして裁判員制度を導入したのですか」）」http://www.saibanin.courts.go.jp/qa/c1_1.html

最高裁判所（2012a）.「裁判所／証拠調べ」http://www.courts.go.jp/saiban/syurui_keizi/keizi_02_02/index.html（2012 年 6 月 1 日確認）

最高裁判所（2012b）.「裁判員等経験者に対するアンケート調査結果報告書（平成 23 年度）」http://www.saibanin.courts.go.jp/topics/pdf/09_12_05-10jissi_jyoukyou/h23_q1.pdf（2012 年 6 月 1 日確認）

斎藤進也・稲葉光行（2008）.「地域の知を集める —— 協調的ナラティヴの蓄積による日本文化アーカイブの構築」『情報処理学会研究報告』, 2008-CH-*78*（9）, 61-68.

サトウタツヤ（編）（2009）.『TEM ではじめる質的研究 —— 時間とプロセスを扱う研究をめざして』誠信書房.

高木光太郎（2006）.『証言の心理学』中央公論新社.

Trankell, A.（1972）. *Reliability of evidence: Methods for analyzing and assessing witness statements.* Stockholm: Beckman（distr.）.（植村秀三（訳）（1976）.『証言のなかの真実 —— 事実認定の理論』金剛出版.）

Undeutsch, U. von（1967）. *Forensische Psychologie.* C. J. Hogrefe.（植村秀三（訳）（1973）.『証言の心理 —— 性犯罪被害者の供述を中心として』東京大学出版会.）

山田早紀（2011）.「自白供述分析の 3 次元的視覚化システムにおけるテクノロジー —— 法学、心理学の融合のかたち」法と心理学会機関誌編集委員会（編）『法と心理』日本評論社, *10*, 107-109.

山田早紀・サトウタツヤ（2012）.「供述調書の理解を促進するツールの有用性の検討 —— 裁判員の理解支援をめざして」『立命館人間科学研究』*25*, 15-31.

第 10 章　クオリティ・オブ・ライフとは何か？

Fayers, P. M. & Machin, D.（2000）. *Quality of life: Assessment, analysis and interpretation.* John Wiley.（フェイヤーズ, P. M.・マッキン, D.／福原俊一・数間恵子（監訳）（2005）.

『QOL 評価学 —— 測定, 解析, 解釈のすべて』中山書店.)

福田茉莉・サトウタツヤ（2009）.「SEIQoL-DW の有用性と課題 —— G. A. Kelly のパーソナル・コンストラクト・セオリーを参照して」『立命館人間科学研究』*20*, 133-140.

福田茉莉・サトウタツヤ（2012）.「神経筋難病患者の Individual QoL の変容 —— 項目自己生成型 QOL 評価法である SEIQoL-DW を用いて」『質的心理学研究』*11*, 81-95.

福原俊一（2001）.「いまなぜ QOL か —— 患者立脚型アウトカムとしての位置づけ」池上直己・福原俊一・下妻晃二郎・池田俊也（編）『臨床のための QOL 評価ハンドブック』医学書院, pp.2-7.

福原俊一（2002）.「臨床のための QOL 評価と疫学」『日本腰痛学会雑誌』*8*, 31-37.

早原敏之（2001）.「神経難病患者の QOL 評価法」萬代隆（監修）『QOL 評価法マニュアル —— 評価の現状と展望』インターメディカ, pp.365-373.

Kleinman, A.（1988）. *The illness narratives: Suffering, healing and the human condition.* Basic Books.（クラインマン. A.／江口重幸・五木田紳・上野豪志（訳）（1996）.『病いの語り —— 慢性の病いをめぐる臨床人類学』誠信書房.）

Lawton, M. D.（1983）. Environment and other determinants of well-being in older people. *Gerontologist, 23*, 349-357.

萬代隆（2010）.「QOL 総論」Quality of life 研究会（編）『QOL 学を志す人のために』丸善プラネット, pp.2-12.

三重野卓（2002）.「『生活の質』の論理とその展開 —— 生活指標の構築から『生命』をめぐる数量化へ」『社会政策研究』*3*, 8-28.

O'Boyle, C. A.（1994）. The schedule for the evaluation of individual quality of life（SEIQoL）. *Journal of Medical Health, 23*, 3-23.

O'Boyle, C. A., McGee, H. M., Hickey, A., Joyce, C. R. B., Browne, J., O'Malley, K., & Hiltbrunner, B.（1993）. *The schedule for the evaluation of individual quality of life（SEIQoL）: Administration manual.* Dublin: Department of Psychology, Royal College of Surgeons in Ireland.

大生定義・中島孝（監訳）（2007）.「個人の生活の質評価法（SEIQoL） 生活の質ドメインを直接的に重み付けする方法（SEIQoL-DW） 実施マニュアル日本語版（暫定版）」.

斎藤清二・岸本寛史（2003）.『ナラティブ・ベイスト・メディスンの実践』金剛出版.

サトウタツヤ（2010）.「QOL, 再考 —— 死よりも悪い QOL 値を補助線として」『生存学』*2*, 171-191. 生活書院.

鈴木伸一（編）（2008）.『医療心理学の新展開 —— チーム医療に活かす心理学の最前線』北大路書房.

大沼優子（2008）.「人生 with 病い —— 難病患者のための QOL に関する検討」『応用社会心理学研究』*4*, 43-55.

Parsons, T.（1951）. *The soccial system.* The Free Press.（佐藤勉（訳）（1974）.『社会大系論』青木書店.）

WHO-QOL（1994）.Group: Development of WHOQOL: rational and current status. *International Journal of Mental Health, 23*, 24-56.

第11章 ライフ・エスノグラフィ ── 病いとともに生きる

赤阪麻由（2011）．「学術研究における新しい関係性のかたち ──『研究者・協力者・当事者』から『共同発信者』へ」『共同対人援助モデル研究』2, 43-49.

赤阪麻由・日高友郎・サトウタツヤ（2011）．「『見えない障害』とともに生きる当事者の講演による高校生の障害観の変容」『立命館人間科学研究』24, 49-62.

Bakhtin, M. M.（1986）．*Speech genres and other late essays*.（C. Emerson & M. Holquist Eds.; V. W. McGee, Trans.）. University of Texas Press.

Corsaro, W. A.（1985）．*Friendship and peer culture in the early years*. Norwood, NJ: Ablex.

Cressey, P. G.（1932）．*The taxi-dance hall: A sociological study in commercialized recreation and city life*. University of Chicago Press.

衛藤幹子（1993）．『医療の政策過程と受益者 ── 難病対策にみる患者組織の政策参加』信山社.

Flick, U., Kardorff, E. V., & Steinke, I.（2010）. What is qualitative research? An introduction to the field. In Flick, U., Kardoff, E. V., & Steinke, I.（Ed.）, Jenner B.（Tr.）*A companion to qualitative research*（3rd. Ed.）. Sage, pp.3-11.

Geertz, C.（1973）. *The interpretation of cultures: Selected essays*. Basic Books.

日高友郎・久住純司・水月昭道・堀田義太郎・中田喜一・長谷川唯・山本晋輔（2008）．「神経難病患者と大学生によるアシスティブ・テクノロジー・ワークショップの実践」科学技術社会論学会2008年度年次研究大会, 10-12.（於：大阪大学）

日高友郎（2011）．「厚生心理学とライフエスノグラフィー ── ALS患者の生を支えるコミュニケーション支援の分析から」『共同対人援助モデル研究』2, 1-12.

日高友郎・水月昭道・サトウタツヤ（2012）．「神経難病患者の生を捉えるライフ・エスノグラフィ ── 在宅療養の場の厚い記述から」『質的心理学研究』11, 96-114.

市山雅美・田坂さつき・日高友郎・水月昭道・大野英隆（2009）．「ALS当事者との出会いからはじまるサービスラーニング ── 湘南工科大学・立命館大学・立正大学との連携によるITプロジェクト報告」『湘南工科大学紀要』湘南工科大学紀要委員会, 43, 119-134.

川村佐和子（2003）．「平成15年度厚生労働科学研究補助金厚生労働科学特別研究事業 ALS患者における在宅療養環境の整備状況に関する調査研究（第6回在宅及び養護学校における日常的な医療の医学的・法律学的整理に関する研究会資料）」

http://www.mhlw.go.jp/shingi/2004/11/s1115-9.html（情報取得 2009/1/28）

Kleinman, A.（1988）. *The illness narratives : Suffering, healing, and the human condition*. Basic Books.

Malinowski, B. K.（1922）. *Argonauts of the western Pacific*. Routledge & Kegan Paul.

中村雄二郎（1992）．『臨床の知とは何か』岩波書店.

難病情報センター（2012）．「難病情報センター｜疾患群別 索引」.

http://www.nanbyou.or.jp/entry/503（情報取得 2012/5/7）

大橋英寿・作道信介・堀毛裕子（1985）．「二重治療システムをめぐる病者と家族の対処行動 ── シャーマニズムと精神医療の機能関連」『社会心理学研究』1, 15-24.

斎藤清二（2008）．「ナラティヴ・ベイスト・メディスンと臨床知 ── 青年期慢性疼痛事例における語りの変容過程」やまだようこ（編）『質的心理学講座 第2巻 人生と病いの語り』

文献 311

東京大学出版会, pp.133-163.

サトウタツヤ（2004）.「心理学からみた質的研究」サトウタツヤ（編）『フィールド・質的・カルチュラル —— 対人援助の実践と研究を支える技法と理論』立命館大学人間科学研究所, pp.3-43.

サトウタツヤ（2009）.「第6章 TEM がもたらす未来　第2節 時　文化　厚生」サトウタツヤ（編著）『TEM ではじめる質的研究 —— 時間とプロセスを扱う研究をめざして』誠信書房, pp.185-199.

Spradley, J.（1980）. *Participant observasion.* Orlando: Harcourt Brace Jovanovich.

谷口明子（2004）.「病院内学級における教育実践に関するエスノグラフィック・リサーチ —— 実践の"つなぎ"機能の発見」『発達心理学研究』*15*, 172-182.

ヴィゴツキー, L. S.／柴田義松他（訳）（1987）.『ヴィゴツキー著作選集1 心理学の危機 —— 歴史的意味と方法論の研究』明治図書出版.

ヴィゴツキー, L. S.／柴田義松（訳）（2001）.『思考と言語』新読書社.

Whyte, F.（1943）. *Street corner society: The social structure of an Italian slum.* University of Chicago Press.

やまだようこ（2002）.「現場心理学における質的データからのモデル構成プロセス ——『この世とあの世』イメージ画の図像モデルを基に」『質的心理学研究』*1*, 107-128.

第12章　当事者研究のあり方

綾屋紗月・熊谷晋一郎（2008）.『発達障害当事者研究 —— ゆっくりていねいにつながりたい』医学書院.

Frank, A. W.（1995）. *The wounded storyteller: Body, illness, and ethics.* University of Chicago Press.（鈴木智之（訳）（2002）.『傷ついた物語の語り手 —— 身体・病い・倫理』ゆみる出版.）

日高友郎（2011）.「厚生心理学とライフエスノグラフィー —— ALS 患者の生を伝えるコミュニケーション支援の分析から」日高友郎・滑田明暢・サトウタツヤ（編）『厚生心理学と質的研究法 —— 当事者（性）と向き合う心理学を目指して』立命館大学人間科学研究所, pp.1-12.

茨木尚子（2005）.「日本の障害研究における『当事者参加型アクションリサーチ』導入の可能性と課題 —— 障害のある人たちが, 調査対象から, 調査する主体となるための試み」『明治学院大学社会学・社会福祉学研究』*122*, 181-205.

鹿毛雅治（2002）.「フィールドに関わる『研究者／私』—— 実践心理学の可能性」下山晴彦・子安増生（編）『心理学の新しいかたち —— 方法への意識』誠信書房, pp.132-172.

鯨岡峻（2012）.『エピソード記述を読む』東京大学出版会.

松田亮三（2010）.「Ⅵ医療における対人援助のこれから」望月昭・サトウタツヤ・中村正・武藤崇（編）『対人援助学の可能性 ——「助ける科学」の創造と展開』福村出版, pp.185-207.

宮地尚子（2007）.『環状島＝トラウマの地政学』みすず書房.

向谷地生良（2007）.「当事者研究」*Schizophrenia Frontier, 8*, 26-30.

向谷地生良（2009）.『統合失調症を持つ人への援助論 —— 人とのつながりを取り戻すために』金剛出版.

村久保雅孝（2010）.「当事者研究の醍醐味」『日本人間性心理学会第29回大会発表論文集』10.

中西正司・上野千鶴子（2003）.『当事者主権』岩波新書.

野口裕二（2002）.『物語としてのケア —— ナラティヴ・アプローチの世界へ』医学書院.

野口裕二（2005）.『ナラティヴの臨床社会学』勁草書房.

押江隆（2010）.「地域実践における共創アプローチ —— 2事例の検討から」『関西大学心理臨床カウンセリングルーム紀要，創刊号』21-28.

押江隆・瓜﨑貴雄・河本清美・可児美緒・木谷恵（2010）.「『当事者研究サポート・グループ』開発の試み」『関西大学大学院心理学研究科心理学叢誌』3, 131-140.

高松里（2009）.『サポート・グループの実践と展開』金剛出版.

高松里（2012）.「異文化体験としての吃音 —— ナラティヴ・アプローチと当事者研究」『スタタリング・ナウ』209, 2-8.

上野千鶴子（2011）.『ケアの社会学 —— 当事者主権の福祉社会へ』太田出版.

第13章　対人援助職のシステムとそのストレス

Bertalanffy, L. von.（1968）. *General system theory*. G. Braziller.（長野敬・太田邦昌（訳）（1973）.『一般システム理論 —— その基礎・発展・応用』みすず書房.）

Eriksen, K.（1977）. *Human services today*. Reston Publishing.（豊原廉次郎（訳）（1982）.『ヒューマン・サービス —— 新しい福祉サービスと専門職』誠信書房.）

福澤理香（2002）.「緩和ケアのエントランス」三木浩司（監修）『死をみるこころ生を聴くこころ —— 緩和ケアにおける心理士の役割』木星舎, pp.33-44.

金沢吉展（2001）.「臨床心理学の社会性」下山晴彦・丹野義彦（編）『講座　臨床心理学1　臨床心理学とは何か』東京大学出版会, pp.155-170.

神田橋條治・荒木冨士夫（1976）.「『自閉』の利用 —— 精神分裂病への助力の試み」『精神神経学雑誌』78, 43-57.

箕浦康子（編著）（1999）.『フィールドワークの技法と実際 —— マイクロ・エスノグラフィー入門』ミネルヴァ書房.

望月昭（2007）.「対人援助の心理学とは」望月昭（編）『朝倉心理学講座17 対人援助の心理学』朝倉書店, pp.1-18.

望月昭（2009）.「対人援助と研究倫理」望月昭・中村正・サトウタツヤ（編）『「対人援助学」キーワード集』晃洋書房, pp.142-143.

野口裕二（2002）.『物語としてのケア —— ナラティヴ・アプローチの世界へ』医学書院.

佐々木雄二・小玉正博（2003）.「編集責任者のまえがき」日本健康心理学会（編）『健康心理カウンセリング概論（健康心理学基礎シリーズ3）』実務教育出版.

サトウタツヤ（2009）.「時　文化　厚生」サトウタツヤ（編著）『TEMではじめる質的研究 —— 時間とプロセスを扱う研究をめざして』誠信書房, pp.185-200.

サトウタツヤ・安田裕子・木戸彩恵・高田沙織・ヤーン＝ヴァルシナー（2006）.「複線径路・等至性モデル —— 人生径路の多様性を描く質的心理学の新しい方法論を目指して」『質的心理学研究』5, 255-275.

Seligman, M. E. P.（1998）. Building human strength: Psychology's forgotten mission. *APA*

Monitor, 29, January, 2.

島井哲志（2006）．「ポジティヴ心理学の背景と歴史的経緯」島井哲志（編著）『ポジティヴ心理学 —— 21世紀の心理学の可能性』ナカニシヤ出版, pp.3-21.

下山晴彦（2000）．『心理臨床の基礎1 心理臨床の発想と実践』岩波書店.

下山晴彦（2001）．「臨床心理学の専門性と教育」下山晴彦・丹野義彦（編）『講座 臨床心理学1 臨床心理学とは何か』東京大学出版会, pp.73-95.

下山晴彦（2003）．「臨床心理学の理念」下山晴彦（編）『よくわかる臨床心理学』ミネルヴァ書房, pp.2-3.

白木孝二（1994）．「BFTC・ミルウォーキー・アプローチ」宮田敬一（編）『ブリーフセラピー入門』金剛出版, pp.102-117.

時井聰（2002）．「専門職論再考 —— 保健医療観の自律性の変容と保健医療専門職の自律性の変質」学文社.

津田彰（1994）．「ストレス社会におけるメンタルヘルス」的場恒孝・野中共平（編）『QOL＝生存の質を高める生き方（久留米大学公開講座5）』石風社, pp.38-53.

Valsiner, J.（2001）．*Comparative study of human cultural development*. Fundacion Infancia y Aprendizaje.

White, M. & Epston, D.（1990）．*Narrative means to therapeutic ends*. Dulwich Centre Publications.（小森康永（訳）（1992）．『物語としての家族』金剛出版.）

第14章 現代社会と血液型性格判断

Broun, P. M. & Turner, J. C.（2002）．The role of theories in the formation of stereotype content. In C. McGarty, V. Y. Yzerbyt, & R. Spears,（Eds.）*Stereotypes as explanations: The formation of meaningful beliefs about social groups*. Cambridge University Press.（「ステレオタイプの内容形成における理論の役割」マクガーティ, C.・イゼルビット, V. Y.・スピアーズ, R.（編著）／国広陽子（監修）／有馬明恵・山下玲子（監訳）（2007）．『ステレオタイプとは何か ——「固定観念」から「世界を理解する"説明力"」へ』明石書店, pp.89-116.）

Crocker, J., Major, B., & Steele, C.,（1998）．Social stigma. In D. T. Gilbert, S. T. Fiske, & G. Lindzey（Eds.）, *Handbook of social psychology*（4th ed., Vol.2）, McGraw-Hill, pp.504-553.

古川竹二（1927）．「血液型による気質の研究」『心理学研究』*2*, 612-634.

Goffman, E.（1963）．*Stigma: Notes on the management of spoiled identity*. Prentice-Hall.（ゴフマン, E.／石黒毅（訳）（2001）．『スティグマの社会学 —— 烙印を押されたアイデンティティ 改訂版』せりか書房.）

長谷川芳典（1994）．「目分量統計の心理と血液型人間学」詫摩武俊・佐藤達哉（編）『血液型と性格 —— その史的展開と現在の問題点（現代のエスプリ324）』至文堂, pp.121-129.

長谷川芳典（2005）．「批判的思考のための『血液型性格判断』」『岡山大学文学部紀要』*43*, 1-22.

池田謙一（1994）．「自己成就する偏見としての血液型ステレオタイプ」詫摩武俊・佐藤達哉（編）『血液型と性格 —— その史的展開と現在の問題点（現代のエスプリ324）』至文堂, pp.139-145.

Jamais Jamais（2007）．『B型自分の説明書』文芸社.

上瀬由美子（2002）.『ステレオタイプの社会心理学 —— 偏見の解消に向けて』サイエンス社.

上瀬由美子・松井豊（1991）.「血液型ステレオタイプの認知的側面と感情的側面」『日本グループダイナミックス学会第39回大会発表論文集』107-108.

上瀬由美子・松井豊（1996）.「血液型ステレオタイプの変容の形 —— ステレオタイプ変容モデルの検証」『社会心理学研究』*11*, 170-179.

Lippmann, W.（1922）. *Public opinion*. Macmillan.（掛川トミ子（訳）（1987）.『世論』岩波書店.）

松田薫（1994）.『改訂第二版「血液型と性格」の社会史 —— 血液型人類学の起源と展開』河出書房新社.

McGarty, C.（2002）. Stereotype formation as category formation. In C. McGarty, V. Y. Yzerbyt, & R. Spears,（Eds.）*Stereotypes as explanations: The formation of meaningful beliefs about social groups*. Cambridge University Press.（「カテゴリー形成としてのステレオタイプ形成」マクガーティ, C.・イゼルビット, V. Y.・スピアーズ, R.（編著）／国広陽子（監修）／有馬明恵・山下玲子（監訳）（2007）.『ステレオタイプとは何か ——「固定観念」から「世界を理解する"説明力"」へ』明石書店, pp.29-55.）

McGarty, C. & Turner, J. C.（1992）. The effects of categorization on social judgement. *British Journal of Social Psychology, 31*, 253-268.

McGarty, C., Yzerbyt, V. Y.（2002）. Social, caltural and cognitive factors in stereotype formation. In C. McGarty, V. Y. Yzerbyt, & R. Spears,（Eds.）*Stereotypes as explanations: The formation of meaningful beliefs about social groups*. Cambridge University Press.（「ステレオタイプ形成の社会的・文化的・認知的要因」マクガーティ, C.・イゼルビット, V. Y.・スピアーズ, R.（編著）／国広陽子（監修）／有馬明恵・山下玲子（監訳）（2007）.『ステレオタイプとは何か ——「固定観念」から「世界を理解する"説明力"」へ』明石書店, pp.9-27.）

松井豊（1991）.「血液型による性格の相違に関する統計的検討」『東京都立立川短期大学紀要』*24*, 51-54.

目黒宏次・目黒澄子（1970）.『気質と血液型』現代心理研究会.

森津太子・徳井千里・山田紀代美・坂元章（1998）.「血液型ステレオタイプによる選択的な情報使用 —— 坂元（1995）の再検討」『性格心理学研究』*6*, 154-156.

中山健夫（2012）.『京大医学部の最先端授業! 「合理的思考」の教科書』すばる舎.

能見正比古（1971）.『血液型でわかる相性』青春出版社.

小塩真司（2011）.『性格を科学する心理学のはなし —— 血液型性格判断に別れを告げよう』新曜社.

大村政男（1993）.「血液型気質相関説と血液型人間学の心理学的研究 II」『日本大学文理学部人文科学研究所紀要』*46*, 71-92.

大村政男・浮谷秀一・藤田主一（2008）.「『血液型気質相関説』の史的評論 II —— 目黒宏次・澄子と能見正比古の構想を中心にして」『応用心理学研究』*33*, 59-72.

坂元章（1995）.「血液型ステレオタイプによる選択的な情報使用 —— 女子大学生に対する2つの実験」『実験社会心理学研究』*35*, 35-48.

佐藤達哉（1994a）.「血液型と性格・まとめ」詫摩武俊・佐藤達哉（編）『血液型と性格 —— その史的展開と現在の問題点（現代のエスプリ 324）』至文堂, pp.194-203.

佐藤達哉（1994b）.「ブラッドタイプ・ハラスメント ── あるいは AB 型の悲劇」詫摩武俊・佐藤達哉（編）『血液型と性格 ── その史的展開と現在の問題点（現代のエスプリ 324）』至文堂, pp.154-160.

佐藤達哉（1999）.「ステレオタイプとしての血液型性格判断」佐藤達哉（編）『偏見とステレオタイプの心理学（現代のエスプリ 384）』至文堂, pp.152-161.

佐藤達哉（2002）.『日本における心理学の受容と展開』北大路書房.

佐藤達哉・渡邊芳之（1991）.「血液型性格関連説と人々の性格観」『東京都立大学人文学部人文学報』*223*, 159-174.

佐藤達哉・渡邊芳之（1996）.『オール・ザット・血液型』コスモの本.

潮村公弘（2000）.「ステレオタイプ的認知」小林裕・飛田操（編著）『教科書　社会心理学』北大路書房, pp.162-167.

Tajfel, H.（1969）. Cognitive aspects of prejudice. *Journal of Social Issues, 25*, 79-97.

詫摩武俊・松井豊（1985）.「血液型ステレオタイプについて」『人文学報（東京都立大学）』*172*, 15-30.

上村晃弘・サトウタツヤ（2006）.「疑似性格理論としての血液型性格関連説の多様性」『パーソナリティ研究』*15*, 33-47.

渡邊芳之（2011）.「血液型性格判断のウソ」サトウタツヤ・渡邊芳之『あなたはなぜ変われないのか ── 性格は「モード」で変わる 心理学のかしこい使い方』筑摩書房, pp.107-168.

Weber, R., & Crocker, J.（1983）. Cognitive processes in revision of stereotypic beliefs. *Journal of Personality and Social Psychology, 45*, 961-977.

Wittenbrink, B., Gist, P. L. & Hilton, J. L.（1997）. Structual properties of stereotypic knowledge and their influences on the construal of social situations. *Journal of Personality and Social Psychology, 72*, 526-543.

山岡重行（2011）.「テレビ番組が増幅させる血液型差別」『心理学ワールド』*52*, 5-8.

第 15 章　現代社会とうつ病の治め方

上里一郎・北村俊則（2006）.『シリーズこころとからだの処方箋⑩　抑うつの現代的諸相 ── 心理的・社会的側面から科学する』ゆまに書房.

Alloy, L. & Abramson. L.（1979）. Judgments of contingency in depressed and non-depressed students: Sadder but wiser? *Journal of Experimental Psychology General, 108*, 441-485.

Huber, M. Knottnerus, J. A., Green, L., van der Horst, H., Jadad, A. R., Kromhout, D., Leonard, B., Lorig, K., Loureiro, M. I., van der Meer, J. W., Schnabel, P., Smith, R., van Weel, C., & Smid, H.（2011）. How should we define health? *BMJ, 343*, d4163.

神庭重信・黒木俊秀（編）（2009）.『現代うつ病の臨床 ── その多様な病態と自在な対処法』創元社.

笠原洋勇（1992）.「うつ病の軽症化」『医学のあゆみ』*160*, 823-826.

北村俊則（編）（2006）.『シリーズこころとからだの処方箋⑩　抑うつの現代的諸相 ── 心理的・社会的側面から科学する』ゆまに書房.

窪田文子（2005）.「日本における PTSD 対策」『予防時報 2005 年秋号』14-19.

Leick, Nini, L. & Davidsen-Nielsen, M.／平山正実・長田光展（訳）（1998）.『癒しとしての痛み

── 愛着、喪失、悲嘆の作業』岩崎学術出版社（原著は, *Den nodvendige smerte* というタイトルでデンマークで出版された。）

Leonhard, K. (1961). *Aufteilung der Endogenen Psychosen*. Akademie-Verlag.

松浪克文・上瀬大樹（2008）.「現代型うつ病」『精神療法』*32*, 308-317.

三島和夫（2011）.「東北地方太平洋沖地震に関連した不眠・睡眠問題への対処について」厚生労働省 e-ヘルスネット.

長田陽一・節家麻里子・藤井明人・本間裕士・岩崎俊司・松原繁廣（2008）.「内因性うつ病の病状が軽快した後も社会復帰に困難が続く 3 症例」『臨床精神医学』*37*, 1241-1248.

野村総一郎（2008）.『うつ病の真実』日本評論社.

Perris, C. (1966). A study of bipolar (manic-depressive) and unipolar recurrent depressive psychosis. *Acta Psychaitry Scandinavia [Suppl]*, *194*, 15-44.

坂本薫（2009）.「非定型うつ病はうつ病か？── 非定型うつ病の診断と治療をめぐる controversy」神庭重伸・黒木俊秀（編）『現代うつ病の臨床 ── その多様な病態と自在な対処法』創元社, pp.155-167.

Seligman, M. E. P. & Maier, S. F. (1967). Failure to escape traumatic shock. *Journal of Experimental Psychology, 74*, 1-9.

樽味伸・神庭重信（2005）.「うつ病の社会文化試論」『日本社会精神医学会雑誌』*13*, 129-136.

Teasdale, J. D. (1985). Psychological treatment for depression: How do they work? *Behaviour Research and Therapy, 23*, 157-165.

第16章　現代社会とゲーミング

荒川歩（2009）.「裁判員裁判ゲーム」の開発とゲームの効果『シミュレーション＆ゲーミング』*19*, 9-16.

Duke, R. D. (1974). *Gaming: The future's language*. Sage.（中村美枝子・市川新（訳）（2001）.『ゲーミングシミュレーション ── 未来との対話』アスキー.）

藤本徹（2007）.『シリアスゲーム ── 教育・社会に役立つデジタルゲーム』東京電機大学出版局.

浜田寿美男（2005）.『新版 自白の研究 ── 取調べる者と取調べられる者の心的構図』北大路書房.

井門正美（2011）.『役割体験学習論に基づく法教育 ── 裁判員裁判を体感する授業』現代人文社.

Lave, J. & Wenger, E. (1991). *Situated learning: Legitimate peripheral participation*. Cambridge University Press.（佐伯胖（訳）（1993）.『状況に埋め込まれた学習 ── 正統的周辺参加』産業図書.）

塩沢由典・中島義裕・松井啓之・小山友介・谷口和久・橋本文彦（2006）.『人工市場で学ぶマーケットメカニズム』共立出版.

杉浦淳吉・吉川肇子・矢守克也・網代剛（2006）.「KEEP COOL を体験しよう ── 環境政策ゲームによる教育の可能性」『日本シミュレーション＆ゲーミング学会全国大会論文報告集 2006 年春号』pp.45-46.

矢守克也・吉川肇子・網代剛（2005）.『防災ゲームで学ぶリスク・コミュニケーション』ナカ

ニシヤ出版.

第17章　現代社会と「道草」

槙究（2004）.『環境心理学 —— 環境デザインへのパースペクティブ』春風社.

南博文（編著）（2006）.『環境心理学の新しいかたち』誠信書房.

水月昭道（2006）.『子どもの道くさ』東信堂.

水月昭道（2012）.『他力本願のすすめ』朝日新書.

Norman, D. A.（1988）. *The psychology of everyday things*. Basic Books.（野島久雄（訳）（1990）.『誰のためのデザイン？ —— 認知科学者のデザイン原論』新曜社.）

Norman, D. A.（2004）. *Emotional design: Why we love (or hate) everyday things*. Basic Books.（岡本明・安村通晃・伊賀聡一郎・上野晶子（訳）（2004）.『エモーショナル・デザイン —— 微笑を誘うモノたちのために』新曜社.）

呉宣児（2004）.『語りからみる原風景 —— 心理学からのアプローチ』萌文社.

Reed, E. S.（1996）. *Encountering the world: Toward an ecological psychology*. Oxford University Press.（細田直哉（訳）（2000）.『アフォーダンスの心理学 —— 生態心理学への道』新曜社.）

佐々木正人（1995）.『アフォーダンス —— 新しい認知の理論』岩波書店.

サトウタツヤ（編著）（2009）.『TEM ではじめる質的研究 —— 時間とプロセスを扱う研究をめざして』誠信書房.

第18章　現代社会と青年期

Ainsworth, M. D. S., Blehar M.C., Waters, E., & Wall, S.（1978）. *Patterns of attachment*. Lawrence Erbaum.

安藤智子・遠藤利彦（2005）.「青年期・成人期のアタッチメント」数井みゆき・遠藤利彦（編著）『アタッチメント —— 生涯にわたる絆』ミネルヴァ書房, pp.127-142.

Arnett, J. J.（2000）. Emerging adulthood: A theory of development from the late teens through the twenties. *American Psychology, 55*, 469-480.

Bartholomew, K. & Horowitz, l. M.（1991）. Attachment styles among young adults: A test of a four-category model. *Journal of Personality and Social Psychology, 61*, 226-244.

Bowlby, J.（1969）. *Attachment and loss: Vol. 1. Attachment*. Basic Books.（黒田実郎ほか（訳）（1976）.『愛着行動』岩崎学術出版社.）

大坊郁夫（1988）.「異性間の関係崩壊についての認知的研究」『日本社会心理学会第 29 回大会発表論文集』64-65.

土肥伊都子（1996）.「ジェンダー・アイデンティティ尺度の作成」『教育心理学研究』44（2）, 187-194.

Englund, M. M., Luckner, A. E., Whaley, G. J. & Egeland, B.（2004）. Children's achievement in early elementary school: Longitudinal effects of parental involvement, expectations, and quality of assistance. *Journal of Educational Psychology, 96*, 723-730.

Erikson, E. H.（1950）. *Childhood and society*. Norton.（仁科弥生（訳）（1980）.『幼児期と社会 1, 2』みすず書房.）

Erikson, E. H.（1964）. *Insight and responsibikity: Lectures on the ethical implications of psychoanalytic insight*. Norton.（鑪幹八郎（訳）（1971）.『洞察と責任 —— 精神分析の臨床と倫理』誠信書房.）

Erikson, E. H.（1980）. *Identity and the life cycle*. Norton.（西平 直・中島由恵（訳）（2011）.『アイデンティティとライフサイクル』誠信書房.）

Erikson, E. H.（1982）. *The life cycle completed*. Norton.（村瀬孝雄・近藤邦夫（訳）（1989）.『ライフサイクル、その完結』みすず書房.）

Grotevant, H. D. & Cooper, C. R.（1986）. Individuation in family relationships: A perspective on individual differences in the development of identity and role-taking skill in adolescence. *Human Development, 29*, 82-100.

Havighurst, R. J.（1953）. *Human development and education*. Longmans, Green.（庄司雅子（監訳）（1995）.『人間の発達課題と教育』玉川大学出版部.）

林奈那・岡本祐子（2003）.「青年の家族行事体験が家族アイデンティティ形成に及ぼす影響」『青年心理学研究』*15*, 17-31.

Hazan, C., & Shaver, P. R.（1994）. Attachment as an organizational framework for research on closer relationships. *Psychological Inquiry, 5*, 1-22.

Hazan, C. & Zeifman, D.（1994）. Sex and psychological tether. In K. Bartholomew, K. & D. Perlman（Eds）. *Advances in personal relationships: Vol.5 Attachment processes in adulthood*. Jessica Kingsley. pp.151-177.

Hill, C. T., Rubin, Z., & Peplau, L. A.（1976）. Breakups before marriage: The end of 103 affairs. *Journal of Social Issues, 32*. 147-168.

亀口憲治（1992）.「家族システムの心理学 ——〈境界膜〉の視点から家族を理解する」北大路書房.

春日秀朗・宇都宮博（2010）.「親からの期待が大学生の自尊感情に与える影響 —— 子どもの反応様式に注目して」『立命館人間科学研究』*22*, 45-55.

片岡祥・園田直子（2008）.「青年期におけるアタッチメントスタイルの違いと恋人に対する依存との関連について」『久留米大学心理学研究』*7*, 11-18.

加藤隆勝・森下由美（1989）.「『青年』ということばの由来をめぐって」『筑波大学心理学研究』*11*, 57-64.

加藤司（2005）.「失恋の心理」斉藤勇（編）『イラストレート恋愛心理学』誠信書房, pp.113-123.

数井みゆき・遠藤利彦（2005）.『アタッチメント —— 生涯にわたる絆』ミネルヴァ書房.

Kroger. J.（2000）. *Identity development: Adolescence of through adulthood*. Sage.（榎本博明（監訳）（2005）.『アイデンティティの発達 —— 青年期から成人期』北大路書房.）

栗林克匡（2001）.「失恋時の状況と感情・行動に及ぼす関係の親密さの影響」『北星論集』*38*, 47-55.

Lee, J. A.（1974）. The styles of loving. *Psychology Today*, 43-51.

松井豊（1990）.「恋愛関係の類型（3）」『日本心理学会第54回大会発表論文集』175.

松井豊（1993）.『恋心の科学』サイエンス社.

宮本みち子（2004）.『ポスト青年期と親子戦略 —— 大人になる意味と形の変容』勁草書房.

西平直喜・吉川成司（編著）（2000）．『自分探しの青年心理学』北大路書房．

Oishi, S., & Sullivan, H. W.（2005）. The mediating role of parental expectation in culture and well-being. *Journal of Personality, 73*, 1267-1294.

岡本祐子（2007）．『アイデンティティ生涯発達理論の展開』ミネルヴァ書房．

大野久（1995）．「青年期の自己意識と生き方」落合良行・楠見孝（編）『講座生涯発達心理学 4　自己への問い直し：青年期』大日本図書, pp.70-95.

白井利明（2003）．「大人へのなりかた ── 青年心理学の視点から」大日本出版社．

谷冬彦・宮下一博（2004）．『さまよえる青少年の心　アイデンティティの病理 ── 発達臨床心理学的考察』北大路書房．

鑪幹八朗（1984）．『自我同一性』ナカニシヤ出版．

鑪幹八朗（2002）．『心理学研究法特論』放送大学教育振興会．

山口司（2007）．「失恋後の心理的変化に影響を及ぼす要因の検討 ── 自己受容と失恋」『北星学園大学大学院社会福祉学研究科北星学園大学大学院論集』*10*, 75-87.

第19章　涙なしの心理統計

足立浩平（2006）．『多変量データ解析法 ── 心理・教育・社会系のための入門』ナカニシヤ出版．

山田剛史・村井潤一郎（2004）．『やわらかアカデミズム・〈わかる〉シリーズ　よくわかる心理統計』ミネルヴァ書房．

第20章　未来を拓く質的研究法

Baker, G. & Wright, F.（1949）. Psychological ecology and the problem of psychosocial development. *Child Development, 20*, 131-143.

Bamberg, M.（2012）. Narrative analysis. In H. Cooper（Chief Editor）, *APA handbook of research methods in psychology*（vol.2）. APA Press, pp.85-102.

Corsaro, W. A.（1985）. *Friendship and peer culture in the early years*. Ablex.

Flick, U.（1995）. *Qualitative Forschung*. Rowohlt Taschenbuch Verlag Gmbh.（小田博志・山本則子・春日常・宮地尚子（訳）（2002）．『質的研究入門 ──「人間の科学」のための方法論』春秋社．）

藤井美和・小杉考司・李政元（2005）．『福祉・心理・看護のテキストマイニング入門』中央法規．

Geertz, C.（1973）. *The interpretation of cultures: Selected essays*. Basic Books.

Glaser, B. G., & Strauss, A. L.（1967）. *The discovery of grounded theory: Strategies for qualitative research*. Aldine.（グレイザー, B. G.・ストラウス, A. L.／後藤隆・大出春江・水野節夫（訳）（1996）．『データ対話型理論の発見 ── 調査からいかに理論をうみだすか』新曜社．）

日高友郎・水月昭道・サトウタツヤ（2012）．「神経難病患者の生を捉えるライフ・エスノグラフィ ── 在宅療養の場の厚い記述から」『質的心理学研究』*11*, 96-114.

稲葉光行（2011）．「テキストマイニング」末田清子・抱井尚子・田崎勝也・猿橋順子（編著）『Research Methods in Communication Studies コミュニケーション研究法』ナカニシヤ出版,

18 章, pp.226-224.

川喜田二郎（1967）.『発想法 —— 創造性開発のために』中央公論社.

喜田昌樹（2008）.『テキストマイニング入門 —— 経営研究での活用法』白桃書房.

木下康仁（2007）.『ライブ講義 M-GTA 実践的質的研究法 —— 修正版グラウンデッド・セオリー・アプローチのすべて』弘文堂.

Marecek, J.（2003）. Dancing through minefields: Toward a qualitative stance in psychology. In P. M. Camic, J. E. Rhodes, L. Yardley（Eds.）, *Qualitative research in psychology: Expanding perspectives in methodology and design*. American Psychological Association, pp.49-69.

松村真宏・三浦麻子（2009）.『人文・社会科学のためのテキストマイニング』誠信書房.

箕浦康子（1999）.「フィールドワーク前期」箕浦康子（編著）『フィールドワークの技法と実際 —— マイクロ・エスノグラフィー入門』ミネルヴァ書房, pp.41-55.

野村晴夫（2005）.「老年期の語り，意味，自己」遠藤利彦（編）『心理学の新しいかたち6 発達心理学の新しいかたち』誠信書房, pp.239-259.

Sacks, H.（1992）. *Lectures on Conversation*（vols. I and II.）. Jefferson, G.（Ed.）Blackwell.

Sato, T., Fukuda, M., Hidaka, T., Kido, A., Nishida, M., and Akasaka, M.（2012）. The authentic culture of living well: Pathways to psychological well-being. In J. Valsiner（Ed.）, *Oxford handbook of culture and psychology*, Oxford University Press, pp.1078-1091.

サトウタツヤ（2007）.「研究デザインと倫理」やまだようこ（編）『質的心理学の方法 —— 語りをきく』新曜社, pp.16-37.

サトウタツヤ（2011）.「心理学と社会の未来」サトウタツヤ・渡邊芳之『心理学・入門』有斐閣, 第9章第2節, pp.220-234.

サトウタツヤ（編著）（2009）.『TEM ではじめる質的研究 —— 時間とプロセスを扱う研究をめざして』誠信書房.

サトウタツヤ・渡邊芳之（2011）.『心理学・入門 —— 心理学はこんなに面白い』有斐閣アルマ.

澤田英三・南博文（2001）.「第2章 質的調査～観察・面接・フィールドワーク」南風原朝和・市川伸一・下山晴彦（編）『心理学研究法入門 —— 調査・実験から実践まで』東京大学出版会, pp.19-62.

Spradley, J.（1980）. *Participant observation*. Harcourt Brace Jovanovich.

田垣正晋（2004）.「グループ・インタビュー —— 集団の力が語りを生む」無藤隆・やまだようこ・南博文・麻生武・サトウタツヤ（編）『質的心理学 —— 創造的に活用するコツ』新曜社, pp.155-162.

徳田治子（2004）.「ライフストーリー・インタビュー —— 人生の語りに立ち会う作法」無藤隆・やまだようこ・南博文・麻生武・サトウタツヤ（編）『質的心理学 —— 創造的に活用するコツ』新曜社, pp.148-154.

Valsiner, J. & Sato, T.（2006）. Historically structured sampling (HSS): How can psychology's methodology become tuned in to the reality of the historical nature of cultural psychology? In J. Straub, C. Kölbl, D. Weidemann, & B. Zielke（Eds.）, *Pursuit of meaning: Advances in cultural and cross-cultural psychology*. Transcript, pp.215-251.

ヴィゴツキー, L. S.／柴田義松他（訳）（1987）.『ヴィゴツキー著作選集 1 　心理学の危機 —— 歴史的意味と方法論の研究』明治図書出版.

渡邊芳之（2011）.「20 世紀の対立を越えて」サトウタツヤ・渡邊芳之『心理学・入門』有斐閣, 第 9 章第 1 節, pp.212-220.

Willig, C.（2012）. Perspectives on the epistemological bases for qualitative research. In H. Cooper（Chief Editor）, *APA handbook of research methods in psychology*（Vol.1）. APA Press, pp.5-21.

やまだようこ（編）（2007）.『質的心理学の方法 —— 語りをきく』新曜社.

好井裕明・山田富秋・西阪仰（1999）.『会話分析への招待』世界思想社.

人名索引

■あ 行

アイゼンバーグ　Eisenberg, N.　112
アイヒホルン　Aichhorn, A.　71
赤阪麻由　158, 163, 164, 177
上里一郎　212
アッシュ　Asch, S. E.　23, 28, 124
アドラー　Adler, A.　14
アーネット　Arnett, J. J.　264
アブラムソン　Abramson, L.　221
綾屋紗月　173
荒川歩　64, 229
アロイ　Alloy, L.　221

池田謙一　207, 208
石黒広昭　43
イゼルビット　Yzerbyt, V. Y.　205
市山雅美　164
井門正美　228, 229
稲葉光行　294, 297, 298
茨木尚子　175
イングルンド　Englund, M. M.　262

ヴァルシナー　Valsiner, J.　20, 34, 36, 50, 193, 293
ヴィゴツキー　Vygotsky, L. S.　14, 34, 156, 162, 290
ウィッテンブリンク　Wittenbrink, B.　204
ウィリッグ　Willig, C.　282
上野千鶴子　168
ウェーバー　Weber, E. H.　12, 13
ウェーバー　Weber, R.　209
上村晃弘　201
ウェルトハイマー　Wertheimer, M.　14
ウェンガー　Wenger, E.　225, 226
ウォーカー　Walker, L.　104

ウォーカー　Walker, N.　90
ヴント　Wundt, W. M.　13, 14, 69, 156
ウンドィッチ　Undeutsch, U. von.　127

エインスワース　Ainsworth, M. D. S.　258
衛藤幹子　152
エプスタイン　Epstein, N.　110
エプストン　Epston, D.　186
エリクセン　Eriksen, K.　192
エリクソン　Erikson, E. H.　14, 16, 253-256
遠藤利彦　257

オオイシ　Oishi, S.　262
大川力　111
大沼優子　147
大野久　259
大橋英寿　157
大橋靖史　128
大平英樹　118
大生定義　143
大渕憲一　99
大村政男　206
小笠原安里子　130
岡本英生　111
岡本祐子　254, 262, 263
押江隆　168, 173, 174
小塩真司　201
オースチン　Austin, R.　109
越智啓太　70
オールポート　Allport, G. W.　118

■か 行

香川秀太　33
鹿毛雅治　170

笠原洋勇　217, 222
柏尾眞津子　39
数井みゆき　257
片岡祥　258, 259
加藤隆勝　253
加藤司　260
金井直美　92, 93, 94
金沢吉展　195
上瀬大樹　216
上瀬由美子　206, 208, 209
亀口憲治　261
亀田達也　43
河合隼雄　14
河合幹雄　85, 87
川喜田二郎　293
川崎惣一　115
川村佐和子　158
神田橋條治　193
神庭重信　216, 217

ギアツ　Geertz, C.　160, 290
岸本寛史　149
喜田昌樹　294
北村俊則　212
北山忍　30
木戸彩恵　39
木下康仁　293
キャッテル　Cattell, J. M.　69, 70

鯨岡峻　179
グッディ　Goodey, J.　86, 87
グッドジョンソン　Gudjonsson, G. H.　127
クーパー　Cooper, C. R.　263
窪田文子　218
熊谷晋一郎　173
クラインマン　Kleinman, A.　148, 157
栗林克匡　260
グリーンスタイン　Greenstein, T. N.　102
グレイザー　Glaser, B. G.　293
クレッシー　Cressey, P. G.　155

クレペリン　Kraepelin, E.　215, 216
クロガー　Kroger, J.　256
黒木俊秀　216
クロッカー　Crocker, J.　203, 209
グローテヴァント　Grotevant, H. D.　263
クーン　Kuhn, M. H.　21

ケーラー　Köhler, W.　14
ケリー　Kelley, H. H.　26
ケンペン　Kempen, H.　17

河野荘子　111
コーケン　Kohnken, G.　89
後藤昭　77
小西聖子　72
コフカ　Koffka, K.　14
コフート　Kohut, H.　110
ゴフマン　Goffman, E.　203, 209
子安増生　118
コルサロ　Corsaro, W. A.　155, 290

■さ　行────────
斎藤清二　149, 164
ザイフマン　Zeifman, D.　258
佐伯昌彦　77
坂元章　208
坂本薫　215
佐々木雄二　194
サックス　Sacks, H.　293
サトウタツヤ（佐藤達哉）　12, 15, 17, 38,
　39, 50, 56, 69, 72, 130, 141, 143, 145, 146,
　149, 153, 161, 192, 193, 199, 201, 202,
　204, 282, 283, 287, 290, 293
サリヴァン　Sullivan, H. W.　262
澤田英三　281

シェーヴァー　Shaver, P. R.　258
ジェームズ　James, W.　16, 21
塩沢由典　229
潮村公弘　204

渋谷昌三　111
渋谷園枝　111
島井哲志　194
下山晴彦　108, 181-183
シュテルン　Stern, L. W.　69-71
白井利明　262, 264
白井美穂　77
白木孝二　194
ジンバルドー　Zimbardo, P.　15

菅原郁夫　108
杉浦淳吉　230
スキナー　Skinner, B. F.　14
杉森伸吉　78
鈴鴨よしみ　141
ストットランド　Stotland, E.　110
ストラウス　Strauss, A. L.　293
ストレイヤー　Strayer, J.　112
スプラッドリー　Spradley, J.　155, 291
スミス　Smith, R. J.　111
諏訪雅顕　109

セリグマン　Seligman, M. E. P.　194, 211
千手正治　93

園田直子　258, 259

■た　行─────────
大坊郁夫　260
ダイモンド　Dymond, R. F.　118
ダーウィン　Darwin, C. H.　13
高木光太郎　126
田垣正晋　285
高砂美樹　12
高橋登　37
高松里　173, 175
詫摩武俊　204
タジフェル　Tajfel, H.　205
鑪幹八郎　255
ターナー　Turner, J. C.　204, 206

谷冬彦　261
樽味伸　217

チボー　Thibaut, J. W.　104

津田彰　183

ディヴァイン　Devine, D. J.　77
デイヴィス　Davis, J. H.　77, 110
ティーズデイル　Teasdale, J. D.　212
ティチナー　Tichener, E. B.　117
テイラー　Tyler, T. R.　73, 96, 98, 104
出口保行　111
テッサー　Tesser, A.　22
デューク　Duke, R. D.　227
寺田精一　72, 73
デラハンティ　Delahunty, J. G.　79

ドイッチ　Deutsch, M.　99
ドゥヤー　Dwyer, J.　81
時井聰　195
徳田治子　288
登張真稲　112, 114, 115
土肥伊都子　256
トランケル　Trankell, A.　127
ドリズィン　Drizin, S. A.　130
トールマン　Tolman, E. C.　14
トンプソン　Thompson, L.　100, 101
トンポロウスキ　Tomporowski, B.　92

■な　行─────────
ナイサー　Neisser, U.　70, 71
仲真紀子　77, 89, 90
中島孝　143
長田陽一　217
中西正司　168
中村雄二郎　164
中山元　96
中山健夫　200, 201

西田典之　69
西平直喜　253, 260
ニスベット　Nisbett, R. A.　32

ヌスバウム　Nussbaum, M. C.　108, 109

野口裕二　172, 186
野村総一郎　215
野村晴夫　289

■は　行

ハイダー　Heider, F.　25
ハイネ　Heine, S. J.　31
ハヴィガースト　Havighurst, R. J.　253
箱井英寿　39
ハザン　Hazan, C.　258
長谷川芳典　200, 201, 203
バーソロミュー　Bartholomew, K.　258
パーソンズ　Parsons, T.　140
バトソン　Batson, C. D.　111
バトラー　Butler, E. W.　89
バートル　Bartol, A. M.　69
バートル　Bartol, C. R.　69
バフチン　Bakhtin, M. M.　164
浜田寿美男　4, 72, 125, 126, 128, 232, 233
ハーマンス　Hermans, H. J. M.　16
林奈那　262, 263
早原敏之　139
ハル　Hull, C. L.　14
バンバーグ　Bamberg, M.　293

ピアジェ　Piaget, J.　15
ビーズ　Bies, R. J.　103
日高友郎　159-164, 171, 290-292
ビネ　Binet, A.　69, 70
平山正実　220
ヒーリー　Healy, W.　71
ヒル　Hill, C. T.　260

フィッシャー　Fisher, R.　106

フェイヤーズ　Fayers, P. M.　137, 141
フェヒナー　Fechner, G. T.　12, 13
福澤理香　185
福田茉莉　145, 146, 149
福原俊一　135, 137, 138, 141
藤井美和　294, 295, 297
藤田博康　71, 108
藤田政博　77
藤本徹　227
フューラー　Fuhrer, U.　33
ブラウン　Broun, P. M.　206
フランク　Frank, A. W.　171
フリック　Flick, U.　163, 287, 293
ブル　Bull, R.　82, 90
フロイト　Freud, S.　13, 71, 110

ベイン　Bain, A.　117
ベーカー　Baker, G.　289
ペリス　Perris, C.　216

ボウルビィ　Bowlby, J.　257
ホフマン　Hoffman, L. M.　112-114
ホロウィッツ　Horowitz, L. M.　258
ホワイト　White, M.　186, 211
ホワイト　Whyte, F.　155

■ま　行

マイアー　Maier, S. F.　211
マーカス　Markus, H. R.　30
マクガーティ　Mcgarty, C.　204-206
増田貴彦　32
松井豊　201, 204, 206, 209, 257
マッキン　Machin, D.　137
マックパートランド　McPartland, T. S.　21
松田亮三　175, 176
松浪克文　216
松村真宏　294, 300
マリノフスキー　Malinowski, B. K.　154, 155

マレシェク　Marecek, J.　282
萬代隆　135

三浦麻子　294
三重野卓　136
三島和夫　220
三隅二不二　29
南博文　281
箕浦康子　36, 291
宮地尚子　169-172
宮下一博　261
宮本みち子　264
ミラー　Miller, G. A.　14
ミルグラム　Milgram, S.　15

ムーア　Moore, M. K.　113
向谷地生良　173, 174
村久保雅孝　173

メモン　Memon, A.　90
メーラビアン　Mehrabian, A.　110
メルツォフ　Meltzoff, A. N.　113

モスコビッチ　Moscovici, S.　28
望月昭　181
元良勇次郎　118
森津太子　208
森下由美　253

■や　行────────────
安田裕子　52, 56, 57
安村直己　110
山岡重行　202, 206
山口司　260
山崎優子　77
山田早紀　131
やまだようこ　161, 285, 286
山本登志哉　37
矢守克也　229

ユーイ　Yuille, J.　90
ユング　Jung, C. G.　14

好井裕明　293
吉川成司　253, 260
吉田卓司　92

■ら　行────────────
ライト　Wright, F.　289
ラーナー　Lerner, M. J.　97

リー　Lee, J. A.　256, 257
リゾラッティ　Rizzolatti, G.　118
リップス　Lipps, T.　116
リップマン　Lippmann, W.　204
リンド　Lind, E. A.　104

レイヴ　Lave, J.　225, 226
レヴィン　Lewin, K.　14
レオ　Leo, R. A.　130
レオンハルト　Leonhard, K.　215

ロゴフ　Rogoff, B.　33
ロジャーズ　Rogers, C. R.　15, 71, 110, 118
ロス　Ross, L.　27
ロック　Locke, J.　16
ロートン　Lawton, M. D.　135
ロフタス　Loftus, E. F.　71, 73, 123, 124
ロンブローゾ　Lombroso, C.　70

■わ　行────────────
若林宏輔　68, 72, 79
渡辺昭一　82
渡邊芳之　15, 17, 38, 39, 199, 202, 281
綿村英一郎　77
ワトソン　Watson, J. B.　14

事項索引

■数字・アルファベット

20 答法　21

ADL　⇒日常生活動作

ADR　⇒裁判外の紛争解決手段

DNA 鑑定　81, 123

DSM　216

EBM　⇒エビデンス・ベイスド・メディスン

FBI 効果　206

GTA　⇒グラウンデッド・セオリー・アプローチ

HRQOL　⇒健康関連 QOL

HRQOL 尺度　140, 141

ICD　216

iQOL　⇒個人の QOL

IWM　⇒内的作業モデル

KACHINA CUBE システム　131

KJ 法　293

NBM　⇒ナラティヴ・ベイスド・メディスン

NHRQOL　⇒健康に関連しない QOL

PROs　⇒患者報告型アウトカム

PTSD　⇒外傷後ストレス障害

QOL　⇒クオリティ・オブ・ライフ

QOL 評価法 142

RQ　⇒リサーチクエスチョン

SEIQOL-DW　⇒個人の生活の質評価法-直接的重みづけ法

TEM　⇒複線径路・等至性モデル

t 検定　274

VOM　⇒被害者と加害者との調停

■あ　行

愛着（アタッチメント）理論　257

アイデンティティ　16, 254　⇒自己同一性

──拡散　255

──のための恋愛　259

── vs アイデンティティ拡散　254

家族──　263

ジェンダー──　256

アウトカム評価　140

アタッチメント　257

アダルト・──　258

厚い記述　160, 179, 290

厚い生　194

宛先性　164

アフォーダンス　245

イノセンス・プロジェクト　81

異文化　155

──摩擦　19

医療　183

医療人類学　157

インシデント　190

因子負荷量　278

因子分析　277

インタビュー　284

グループ・──　285

調査──　284

嘘　111, 112

うつ病　212, 214, 220

「現代型」──　216

「新型」──　216, 217

映像分析　299

エスノグラフィ　155, 290

エビデンス・ベイスド・メディスン（EBM）　149, 150

エモティコン　34

冤罪　121

お小遣い文化　37
親子同一化　261

■か　行

外傷後ストレス障害（PTSD）　218
カイ2乗（χ^2）検定　276
階層的クラスター分析　278
開放システム　193, 293
会話分析　293
確認的因子分析　278
学問と社会　17
家事労働の分担　100
仮説検証　291, 300
　　——型情報処理　207
仮説生成　291, 300
家族　261
悲しい嘘　125
カルチャーショック　19, 42
間隔尺度　271
環境心理学　237, 247
関係モデル　105
看護師　187
患者報告型アウトカム（PROs）　142
感情移入　116
環状島モデル　169

危機　254
記号　14, 34, 156, 290
　　——としてのお金　37
　　——としての化粧　39
　　促進的——　39
記述統計　270
傷つきやすさ　177
帰属　26
　　基本的な——の錯誤　27
　　原因——　25
帰無仮説　273
キャリア　47

共感　107, 109, 116, 117
　　——的理解　110
　　——の発達　112
共感覚　117
共感性尺度　110, 112
共感的苦痛　114
凶器注目効果　123
供述調書　123
供述分析　72, 126, 127
　　浜田式——　128
矯正心理学　71
共創アプローチ　168
共同発信者　164
共変モデル　26
虚偽自白　125, 232
距離減衰理論　82

偶有性　62
クオリティ・オブ・ライフ（QOL）　135, 183
グラウンデッド・セオリー・アプローチ
　　（GTA）　293
クラスター分析　277, 278
グループダイナミクス（集団力学）　5, 27
クロス集計表　275
グローバリゼーション　18, 43

経験的知性　251
経験の語り　63
形態素解析　295
刑罰　91
ゲシュタルト心理学　14
化粧　39
血液型ステレオタイプ　204
血液型性格特性　24
血液型性格判断　199
ゲノムワイド分析　200, 201
ゲーミング　226, 235
原因帰属　26
健康関連 QOL（HRQOL）　137
健康心理学　194

健康神話　139
健康に関連しない QOL（NHRQOL）　137
健康の定義　222

構成概念　15
公正感　73, 97
厚生心理学　160, 192
公正世界信念　97
公正判断　98
行動主義　14
構文解析　295
合理的選択理論　82
個人の QOL（iQOL）　143
個人の生活の質評価法-直接的重みづけ法
　（SEIQOL-DW）　143
固有名詞的関係　170

■さ　行―――――――――――――――――
在宅療養　159
裁判員制度　74
裁判外の紛争解決手段（ADR）　103
サポート・グループ　175
参与観察法　155, 289

ジェネリックな力　20
ジェンダー平等指数　102
視覚化　295, 297
自己　16, 21, 255
　――高揚　31
　――成就現象　208
　――同一性　16　⇒アイデンティティ
　――評価　22
　　対話的――　17
至高経験　260
自己観　30
　　相互協調的――　30
　　相互独立的――　30
　　文化的――　29
事後情報効果　124
自己評価維持モデル　22

自殺　213
思春期やせ症　262
疾患　148
質的研究　63
　――の特徴　282
　――法　154
質的方法　281
疾病　157
失恋　260
自白供述　68
　――分析　72
自白調書　126
社会意思決定図式　77
社会的ガイド　54
社会的示唆　41
社会的洞察　110
社会的認知　23
社会的方向づけ　54
社会問題解決のモード　80
尺度　271, 272
　――水準　271
　――得点　269
　　共感性――　110, 112
重回帰分析　277
集団意思決定　77
集団価値モデル　104
集団問題解決　77
修復的司法　91
主観的健康感　137
主観的公正　96
主成分分析　277
生涯発達　253
状況的学習論　225
証言心理学　69
少数派　28
少年法　83
所与カテゴリー　162
震災　219
人生 with 病い　147
人生径路　48

330

心理学：
　　──実験室　13
　　──的距離化　20
　　──の歴史　11
心理的離乳　261
心理統計　269
心理臨床　182

推測統計　270
数量化　295
スケープゴート　203
スティグマ　203
ステレオタイプ　24, 203
ストレス　211

成員異質性　78
生活者　162
正義　96
精神物理学　12
精神分析　13
生態学的妥当性　70
青年期　253
　　──の延長　265
　　ポスト──　264
性被害者　88
世界幸福度地図　211
セルフ・サービング・バイアス　27, 31
宣言的知識　7
選択的認知　207

相互作用的公正　103
捜査心理学　82
操作的診断基準　216

■た　行────────────

対人援助：
　　──学　181
　　──活動　192
　　──職　181
対人的正確さ　110

対人認知　23
態度　24
第二次性徴　255
第二反抗期　261
対立仮説　273
多重比較　275
多変量解析　277
他力　250
他律の回避　160
探索的因子分析　278

中絶経験　57

通過儀礼　40

テキストマイニング　79, 294
「手続き厳密化－論考粗雑化」パラドック
　　ス　64
手続き的公正　73, 104
　　──効果　104
手続き的知識　7
デブリーフィング　232
デンドログラム　278
転用可能性　161

道具的モデル　104
統計的仮説検定　272
統計量　271
洞察　110
当事者　126, 168, 181, 286
　　──感覚　179
　　──研究　167, 172
　　──性　178
等至性　50
等至点　52
同情　116
同調　28, 124
度数　275
　　観測──　276
　　期待──　276

事項索引　331

ドメスティックバイオレンス　87
取調べ場面体験ゲーム　232
どん底経験　260

■な　行

内観　13
内的作業モデル（IWM）　257
ナラティヴ　148, 172, 285
　　──・アプローチ　172
　　──・セラピー　186
　　──・データ　284
　　──・ベイスド・メディスン（NBM）149
難病　151, 152, 162
　　──患者　167

二次被害　88
日常活動理論　83
日常生活機能　137
日常生活動作（ADL）　141
認知行動療法　213
認知心理学　14, 70
認知的一貫性理論　25

■は　行

媒介　34
バーセルインデックス　141
パターン理論　83
発生の三層モデル　55
発達課題　253
発達段階　253
ハビトゥス　44
バランス理論　25
反抗期　262
犯罪者　83, 107
　　──矯正　71
犯罪被害　81
　　──者　83, 85
　　──者支援　72

ピア・サポート　175

被害者　107
　　──学　86
　　──と加害者との調停（VOM）　92
非階層的クラスター分析　278
非可逆的時間　52
比較文化心理学　35
被験者　167
非行臨床　71
被告人の自白　123
必須通過点　54
人質司法　125
ヒヤリ・ハット　190
病人役割概念　140
標本　270
比例尺度　272

フィールドエントリー　294
フィールドワーク　289
フェヒナーの法則　13
複線径路・等至性アプローチ　56
複線径路・等至性モデル（TEM）　50, 130,
　　293
ブラッドタイプ・ハラスメント　202
ブリーフセラピー　194
プロファイリング　82
文化　33, 154, 156
　　──的自己観　29
　　──的無自覚　33
文化心理学　35, 156
分岐点　53
分散分析　274
分析的思考　31

平均値　274
閉鎖システム　193
偏見　24
変数　271

包括的思考　31
法心理学　67

──の歴史　69
ポジティヴ心理学　194
母集団　270
母数　271
ポスト青年期　264

■ま　行────────────

マイクロ・エスノグラフィ　187
マイクロ分析　293
マクマーチン裁判　89
マジカルナンバー7　14, 15

見えない障害　177
道草　242

無意識的転移　124
無気力状態　211
無駄　247

名義尺度　271
メタ認知　44
面接　284

燃え尽き症候群　262
『目撃供述・識別手続に関するガイドライン』　124
目撃者　81
　　──証言　68, 123, 126
モデル化　161
モード論　17
物語　63, 157
モラトリアム（猶予期間）　264

問題行動　262

■や　行────────────

病い　148

有意差　276
有意水準　273

■ら　行────────────

来談者（クライアント）中心療法　15, 71
ライフ・エスノグラフィ　157, 161
ライフスキル教育プログラム　115
ライフストーリー　289
ラポール　90

リサーチ・クエスチョン（RQ）　290
リサーチ・パートナー　173
リーダー　29
リーダーシップ　29
リーダーシップPM理論　5
理念的正義　96
リフレキシビティ（省察性）　163, 176
両極化した等至点　55

歴史的構造化サンプリング　52
恋愛　258
　　──色彩理論　256

ローカル・ルール　20

■わ　行────────────

若い成人期　264

事項索引　｜　333

編者

サトウタツヤ（佐藤達哉）【序章，1章，20章1】
　東京都立大学大学院文学研究科博士後期課程退学。博士（文学　東北大学）。福島大学行政
　社会学部助教授等を経て，現在，立命館大学文学部教授。研究部長／衣笠総合研究機構長
　（2012-2015）。
　専門は，応用社会心理学，心理学史。著書『TEMではじめる質的研究』など多数。

若林宏輔（わかばやし・こうすけ）【5章，20章4】
　立命館大学大学院文学研究科博士後期課程単位取得満期退学。現在，立命館大学総合心理
　学部准教授。
　専門は，法心理学，集団問題解決。

木戸彩恵（きど・あやえ）【3章，20章2】
　京都大学大学院教育学研究科博士後期課程単位取得満期退学。博士（教育学）。現在，関西
　大学文学部准教授。
　専門は，よそおい・化粧行為の発達心理学的観点からの研究。

著者（あいうえお順）

赤阪麻由（あかさか・まゆ）【12章】
　立命館大学大学院文学研究科博士後期課程に在学。臨床心理士。
　専門は，臨床心理学。主に難病者の心理的ケアのあり方を，コミュニティの観点から研究し
　ている。

荒川歩（あらかわ・あゆむ）【16章】
　同志社大学大学院文学研究科博士後期課程単位取得退学。博士（心理学）。現在，武蔵野美
　術大学造形学部准教授。
　専門は，心理学史，非言語コミュニケーション，法と心理学。

上村晃弘（うえむら・あきひろ）【14章】
　立命館大学大学院文学研究科博士後期課程単位取得満期退学。現在，立命館大学立命館グ
　ローバル・イノベーション研究機構客員研究員。
　専門は，社会心理学，認知心理学。

春日秀朗（かすが・ひであき）【18章】
　立命館大学大学院文学研究科博士後期課程に在学。
　専門は，家族関係が青年に与える影響。

川嶋伸佳（かわしま・のぶよし）【2章】
　東北大学大学院文学研究科博士課程修了。博士（文学）。現在，東北大学大学院文学研究科

助教。

専門は，社会心理学，公正に関する研究。

川本静香（かわもと・しずか）【15章】

立命館大学大学院文学研究科博士後期課程修了。現在，独立行政法人国立精神・神経医療研究センター精神保健研究所研究員。

専門は，病いとしての抑うつ状態の在り様についての研究。

神崎真実（かんざき・まみ）【コラム3】

立命館大学文学部卒業。現在，立命館大学大学院文学研究科博士課程前期課程，日本学術振興会特別研究員。

専門は，単位制・通信制高校のエスノグラフィー。

田一葦（でん・いちい）【コラム1】

深圳（シンセン）大学日本語学部日本語言語文学専攻卒業。現在，立命館大学文学研究科心理学専修研究生（国費留学生）。

専門は，質性心理学（質的心理学），大学生のアイデンティティの形成と変容。

中妻拓也（なかつま・たくや）【8章】

関西国際大学大学院人間行動学研究科修士課程修了。修士（人間行動学）。立命館大学大学院文学研究科博士後期課程単位取得退学。現在，立命館大学衣笠総合研究機構客員協力研究員。

専門は，法と心理学・社会心理学・共感。

滑田明暢（なめだ・あきのぶ）【7章】

立命館大学大学院文学研究科博士課程後期課程修了。博士（文学）。現在，滋賀大学国際センター特任講師。

専門は，家庭内役割分担に関わる公正感。

日高友郎（ひだか・ともお）【11章, 20章3】

立命館大学大学院文学研究科博士後期課程単位取得満期退学。修士（文学）。現在，福島県立医科大学医学部衛生学・予防医学講座助手。

専門は，社会心理学，厚生心理学。

廣瀬翔平（ひろせ・しょうへい）【コラム2】

立命館大学文学部卒業。現在，立命館大学大学院文学研究科博士課程前期課程に在学。

専門は，乳幼児の発達心理学。

福田茉莉（ふくだ・まり）【10章】

岡山大学大学院社会文化科学研究科博士後期課程修了。博士（文化科学）。現在，島根大学医学部助教。

専門は，医療や健康に関する応用社会心理学。

松島淳（まつしま・じゅん）【13章】
　久留米大学大学院心理学研究科臨床心理学専攻前期博士課程修了。修士（臨床心理学）。現在，佐賀大学医学部附属病院精神神経科所属臨床心理士。また，佐賀大学医学部助教。
　専門は，医療領域における心理臨床。

松原実香（まつばら・のりか）【コラム4】
　立命館大学文学部卒業。現在，立命館大学大学院文学研究科博士前期課程に在学。
　専門は，"萌え"についての行動や感情，生理的反応。

水月昭道（みづき・しょうどう）【17章】
　九州大学大学院博士課程修了。博士（人間環境学）。現在，学校法人筑紫女学園法人本部職員。著書に『高学歴ワーキングプア』『他力本願のすすめ』など。
　専門は，環境心理学，環境行動論。

安田裕子（やすだ・ゆうこ）【4章】
　立命館大学応用人間科学研究科修士課程修了。京都大学大学院教育学研究科教務補佐員／研究員を経て，現在，立命館大学立命館グローバル・イノベーション研究機構特別招聘研究教員（准教授）。博士（教育学）。著書に『不妊治療者の人生選択』。
　専門は，臨床心理学，生涯発達心理学，ナラティヴ，女性と子ども，人生の選択。

山崎優子（やまさき・ゆうこ）【6章】
　北海道大学大学院文学研究科博士後期課程修了。博士（文学）。現在，立命館大学立命館グローバル・イノベーション研究機構ポストドクトラルフェロー。
　専門は，法心理学，認知心理学。

山田早紀（やまだ・さき）【9章】
　立命館大学大学院文学研究科博士前期課程修了。現在，日本学術振興会特別研究員。立命館大学大学院文学研究科博士後期課程に在学。
　専門は，法心理学。

渡邉卓也（わたなべ・たくや）【19章】
　立命館大学大学院文学研究科博士後期課程単位取得満期退学。現在，立命館大学大学院文学研究科研究生。
　専門は，パーソナリティ心理学，サイコメトリックス，サイエントメトリックス。

社会と向き合う心理学

初版第 1 刷発行	2012 年 9 月 25 日
初版第 3 刷発行	2016 年 9 月 15 日

編　者	サトウタツヤ
	若林宏輔
	木戸彩恵
発行者	塩浦　暲
発行所	株式会社 新曜社

　〒101‑0051
　東京都千代田区神田神保町 3‑9 第一丸三ビル
　電話　03(3264)4973・FAX　03(3239)2958
　E‑mail　info@shin‑yo‑sha.co.jp
　URL　　http://www.shin‑yo‑sha.co.jp/

印刷・製本	株式会社 栄　光

©Tatsuya Sato, Kousuke Wakabayashi, Ayae Kido, 2012　Printed in Japan
ISBN 978‑4‑7885‑1305‑1　C1011

新曜社の関連書

方法としての心理学史 心理学を語り直す	サトウタツヤ	A5判224頁 本体2400円
学融とモード論の心理学 人文社会科学における学問融合をめざして	サトウタツヤ	A5判320頁 本体3300円
キーワードコレクション **心理学** 改訂版	重野　純 編	A5判472頁 本体3400円
キーワードコレクション **心理学フロンティア**	子安増生・二宮克美 編	A5判240頁 本体2500円
キーワードコレクション **社会心理学**	二宮克美・子安増生 編	A5判242頁 本体2400円
キーワードコレクション **認知心理学**	子安増生・二宮克美 編	A5判240頁 本体2400円
こころの旅 発達心理学入門	山岸明子	A5判184頁 本体1900円
しあわせ仮説 古代の知恵と現代科学の知恵	ジョナサン・ハイト 藤澤隆史・藤澤玲子 訳	四六判424頁 本体3300円
複雑さと共に暮らす デザインの挑戦	ドナルド・ノーマン 伊賀聡一郎・岡本明・安村通晃 訳	四六判348頁 本体2800円
オーバーフローする脳 ワーキングメモリの限界への挑戦	ターケル・クリングバーグ 苧阪直行 訳	四六判258頁 本体2600円
行動を起こし，持続する力 モチベーションの心理学	外山美樹	四六判240頁 本体2300円

＊表示価格は消費税を含みません。